Atypische Arbeitskampfmittel
der Arbeitnehmerseite

Europäische Hochschulschriften

European University Studies

Publications Universitaires Européennes

Reihe II **Rechtswissenschaft**

Series II Law

Série II Droit

Band/Volume **5958**

Philipp Nonnenmühlen

Atypische Arbeitskampfmittel der Arbeitnehmerseite

Arbeitskampfrechtliche Zulässigkeit atypischer Arbeitskampfmittel unter besonderer Berücksichtigung des „Flashmob"-Urteils des Bundesarbeitsgerichts

PL ACADEMIC RESEARCH

Bibliografische Information der Deutschen Nationalbibliothek
Die Deutsche Nationalbibliothek verzeichnet diese Publikation in der Deutschen Nationalbibliografie; detaillierte bibliografische Daten sind im Internet über http://dnb.d-nb.de abrufbar.

Zugl.: Hamburg, Bucerius Law School, Diss., 2017

H 360
ISSN 0531-7312
ISBN 978-3-631-73465-0 (Print)
E-ISBN 978-3-631-73595-4 (E-PDF)
E-ISBN 978-3-631-73596-1 (EPUB)
E-ISBN 978-3-631-73597-8 (MOBI)
DOI 10.3726/b11963

PL Academic Research ist ein Imprint der Peter Lang GmbH.
Peter Lang – Frankfurt am Main · Bern · Bruxelles · New York · Oxford · Warszawa · Wien

Diese Publikation wurde begutachtet.

www.peterlang.com

Meinen Eltern

Vorwort

Diese Arbeit wurde im Juli 2016 vorgelegt und im Juni 2017 vom Promotionsausschuss der Bucerius Law School – Hochschule für Rechtswissenschaft – in Hamburg als Dissertation angenommen. Das Rigorosum fand am 12. Juli 2017 statt. Literatur und Rechtsprechung sind überwiegend auf dem Stand des Termins der Einreichung im Juli 2016. Entwicklungen jüngeren Datums konnten vor Drucklegung noch vereinzelt berücksichtigt werden und wurden dementsprechend eingearbeitet.

Mein Dank gebührt in erster Linie meinem Doktorvater, Herrn Professor Dr. Matthias Jacobs, für die hervorragende wissenschaftliche Betreuung dieser Arbeit und für viele wertvolle Anregungen. Er war es auch, der schon im Grundstudium meine Begeisterung für das Arbeitsrecht weckte und somit den Grundstein für diese Dissertation legte.

Herrn Professor Dr. Jens M. Schubert danke ich für die Übernahme und die zügige Erstellung des Zweitgutachtens.

Meiner Partnerin Lara danke ich von Herzen für ihre liebevolle Unterstützung in der Endphase der Erstellung dieser Arbeit und dafür, dass sie immer an meiner Seite ist und mein Leben jeden Tag bereichert.

Schließlich gilt mein tiefster und herzlicher Dank meiner Familie, insbesondere meinen Eltern, für ihre Unterstützung in jeder Lebenslage. Nicht nur während meiner gesamten juristischen Ausbildung und der Dauer der Dissertation standen sie mir stets mit Rat und Tat zur Seite. Sie sind mir eine große Stütze und haben mit wertvollen Anregungen und moralischer Unterstützung zum Gelingen dieser Arbeit beigetragen. Auf ihren Rückhalt kann ich mich in jeder Phase meines Lebens verlassen. Ihnen ist diese Arbeit gewidmet.

Hamburg, im Juli 2017 *Philipp Nonnenmühlen*

Inhaltsübersicht

Inhaltsverzeichnis

Abkürzungsverzeichnis

a. A.	anderer Ansicht
a. a. O.	am angegebenen Ort
a. E.	am Ende
a. M.	am Main
Abs.	Absatz
AcP	Archiv für civilistische Praxis (Zeitschrift)
Anm.	Anmerkung
AP	Arbeitsrechtliche Praxis, Nachschlagewerk des Bundesarbeitsgerichts
ArbG	Arbeitsgericht
Art.	Artikel
AuA	Arbeit und Arbeitsrecht (Zeitschrift)
AÜG	Gesetz zur Regelung der gewerbsmäßigen Arbeitnehmerüberlassung
AuR	Arbeit und Recht (Zeitschrift)
BAG	Bundesarbeitsgericht
BB	Betriebs-Berater (Zeitschrift)
Bd.	Band
Beil.	Beilage
BetrVG	Betriebsverfassungsgesetz
BGB	Bürgerliches Gesetzbuch
BGH	Bundesgerichtshof
BVerfG	Bundesverfassungsgericht
BVerfGG	Bundesverfassungsgerichtsgesetz
bzgl.	bezüglich
bzw.	beziehungsweise
ca.	circa
DB	Der Betrieb (Zeitschrift)
DGB	Deutscher Gewerkschaftsbund
d. h.	das heißt
EFZG	Entgeltfortzahlungsgesetz
EGMR	Europäischer Gerichtshof für Menschenrechte
EGV	Vertrag zur Gründung der Europäischen Gemeinschaft
EMRK	Europäische Menschenrechtskonvention
ESC	Europäische Sozialcharta
EU	Europäische Union
EuGH	Europäischer Gerichtshof
EuZA	Europäische Zeitschrift für Arbeitsrecht (Zeitschrift)
evt.	eventuell
f., ff.	folgende

FA	Fachanwalt Arbeitsrecht (Zeitschrift)
Fn.	Fußnummer
FS	Festschrift
GDL	Gewerkschaft Deutscher Lokomotivführer
GmbHG	Gesetz betreffend die Gesellschaften mit beschränkter Haftung
GG	Grundgesetz
GRC	EU-Grundrechtscharta
GS	Gedächtnisschrift
HBV	Gewerkschaft Handel, Banken und Versicherungen
h. M.	herrschende Meinung
Hrsg.	Herausgeber
IG	Industriegewerkschaft
IBM	International Business Machines Corporation
ILO	Internationale Arbeitsorganisation (International Labour Organisation)
insb.	Insbesondere
i. S. d.	im Sinne des (r)
i. V. m.	in Verbindung mit
JbArbR	Jahrbuch des Arbeitsrechts
Jura	Juristische Ausbildung (Zeitschrift)
jurisPR-ArbR	Juris PraxisReport Arbeitsrecht
jurisPR-ITR	Juris PraxisReport IT-Recht
JZ	Juristenzeitung (Zeitschrift)
KSchG	Kündigungsschutzgesetz
LAG	Landesarbeitsgericht
MMR	MultiMedia und Recht (Zeitschrift)
m. w. N.	mit weiteren Nachweisen
n. F.	neue Fassung
NGG	Gewerkschaft Nahrung-Genuss-Gaststätten
NJW	Neue Juristische Wochenschrift (Zeitschrift)
NVwZ	Neue Zeitschrift für Verwaltungsrecht (Zeitschrift)
NZA	Neue Zeitschrift für Arbeitsrecht (Zeitschrift)
NZA-RR	Neue Zeitschrift für Arbeitsrecht – Rechtsprechungs-Report (Zeitschrift)
NZG	Neue Zeitschrift für Gesellschaftsrecht (Zeitschrift)
NZV	Neue Zeitschrift für Verkehrsrecht (Zeitschrift)
öAT	Zeitschrift für das öffentliche Arbeits- und Tarifrecht (Zeitschrift)
RdA	Recht der Arbeit (Zeitschrift)
RGZ	Entscheidungen des Reichsgerichts in Zivilsachen
Rn.	Randnummer
RSU	Rappresentanza Sindicale Unitaria
s.	siehe
S.	Satz (im Text); Seite (in der Fußnote)

SAE	Sammlung arbeitsrechtlicher Entscheidungen (Zeitschrift)
SGB	Sozialgesetzbuch
s. o.	siehe oben
sog.	so genannt(e)
StGB	Strafgesetzbuch
u. a.	unter anderem
UNI	Union Network International
usw.	und so weiter
u. U.	unter Umständen
v.	vom
v. a.	vor allem
ver.di	Vereinte Dienstleistungsgewerkschaft
vgl.	vergleiche
WSI-Mitt.	Mitteilungen des Wirtschafts- und Sozialwissenschaftlichen Instituts des Deutschen Gewerkschaftsbundes
ZAAR	Zentrum für Arbeitsbeziehungen und Arbeitsrecht
z. B.	zum Beispiel
ZESAR	Zeitschrift für europäisches Sozial- und Arbeitsrecht (Zeitschrift)
ZfA	Zeitschrift für Arbeitsrecht (Zeitschrift)
ZStW	Zeitschrift für die gesamte Strafrechtswissenschaft (Zeitschrift)

Einleitung

A. Einführung

„Flashmob-Aktionen sind nicht generell rechtswidrig."[1]

Diese noch zurückhaltend anmutende Formulierung des Bundesarbeitsgerichts (BAG) in seinem Urteil vom 22.9.2009 sorgte nicht nur in der breiten Öffentlichkeit, sondern vor allem auch in der Jurisprudenz für heftige Reaktionen. Bisher brachte man mit einem „Flashmob" sich plötzlich koordinierende Menschenmassen in Verbindung, die auf öffentlich zugänglichen Flächen begeisternde Gesangs- oder Tanzeinlagen boten, sich danach in alle Himmelsrichtungen verstreuten und staunende Zuschauer zurückließen. Nun hat der „Flashmob", wenn auch in modifizierter Ausführungsart, ebenfalls in das Arbeitskampfrecht Einzug erhalten.

Im Jahr 2007 führte die tarifzuständige Gewerkschaft ver.di zur Durchsetzung ihrer Tarifforderungen einen Streik durch. Dieser erzielte nicht die erwünschte Druckwirkung, da die Streikfolgen insbesondere durch den Einsatz von Leiharbeitnehmern abgefedert werden konnten. Streikbegleitend rief die Gewerkschaft daher via Internet und SMS sowohl ihre Mitglieder als auch Sympathisanten dazu auf, den Geschäftsverkehr in einem Rewe-Supermarkt in Berlin auf verschiedene Art und Weise zu behindern. Sie wurden aufgefordert, zur gleichen Zeit einen „Pfennig-Artikel" zu kaufen und damit für längere Zeit den Kassenbereich zu blockieren. Zudem sollten zeitgleich Einkaufswagen wahllos vollständig beladen und anschließend in den Gängen stehen gelassen werden. Darüber hinaus sollten die Teilnehmer gegen den Einsatz von Leiharbeitnehmern als Streikbrecher im Einzelhandel protestieren. Die Aktion wurde am 08.12.2007 wie geplant durchgeführt. An dem ungefähr 45 Minuten andauernden „Flashmob", der den Arbeitgeber unvermittelt traf, nahmen ca. 40–50 Personen teil. Neben den Vorschlägen der Gewerkschaft wurde ein Teilnehmer zusätzlich kreativ tätig, indem er Artikel im Wert von fast 400 € erst von der Kassiererin einscannen ließ und anschließend unter Applaus der übrigen Aktionsteilnehmer erklärte, er habe sein Portemonnaie „vergessen".

Die überwiegend kritischen Reaktionen auf das Urteil des BAG sind vermutlich auch darauf zurückzuführen, dass diese im Wissen getätigt wurden, dass die Formulierung des BAG nicht eine grundsätzliche Rechtswidrigkeit des Arbeitskampfmittels „Flashmob" und nur eine ausnahmsweise zu begründende Rechtmäßigkeit indiziert. Die Formulierung ist vielmehr auf die traditionelle richterliche Vorsicht bei der generellen Bewertung von Kampfmitteln zurückzuführen, deren konkrete Gestalt und Variationsvielfalt für die Zukunft noch nicht in allen Einzelheiten zu überblicken ist.[2]

---

1 BAG v. 22.9.2009, NZA 2009, 1347, 1349, Rn. 19.

2 *Rehder/Deinert/Callsen*, S. 109.

Mit der damit einhergehenden Zulassung dieses Arbeitskampfmittels, das auf die aktive Störung betrieblicher Abläufe (auch durch Dritte) in öffentlich zugänglichen Betrieben ausgelegt ist, wächst die Sorge, dass damit der Grundstein zu einer Fehlentwicklung des deutschen Arbeitskampfrechts gelegt wurde. „Eine grundlegende Neujustierung des Arbeitskampfrechts?“[3], „erlaubt ist, was gefällt“[4], „das konturenlose Arbeitskampfrecht des BAG“[5] oder „der Arbeitskampf im Wandel zum Partisanenkampf“[6] spiegeln lediglich einen Auszug der Überschriften zu Beiträgen wider, die eine solche Besorgnis ausdrücken. Generell wird nun eine Toleranz solcher Arbeitskampfmaßnahmen befürchtet, die regelmäßig Rechtsgutsverletzungen oder Straftaten beinhalten. Auch die Einbeziehung von Personen, die weder Mitglieder der streikenden Gewerkschaft noch Arbeitnehmer eines der Mitgliedsunternehmen des bekämpften Arbeitgeberverbandes sind, wird überwiegend kritisch gesehen. Die möglicherweise fehlende Legitimationswirkung des Arbeitskampfes durch die Gewerkschaftsmitglieder sowie der drohende Kontrollverlust während der Arbeitskampfmaßnahme sind dabei die beiden dominierenden Kritikpunkte.

Diese Bedenken fallen in eine Zeit, in der Gewerkschaften, beeinflusst von neuen Methoden aus den USA, aus unterschiedlichen Gründen verstärkt neue Arbeitskampfmittel, abseits vom „typischen“ Streik, anwenden. Insbesondere ist dies darauf zurückzuführen, dass sich im Laufe der Zeit die Strukturen am Arbeitsmarkt verändert haben. In bestimmten Branchen entfaltet ein Arbeitskampf, der sich allein auf den Streik als Arbeitskampfmaßnahme konzentriert, keine ausreichende Druckwirkung mehr, sodass dort, um der Gefahr einer Paritätsverschiebung zu Lasten der Arbeitnehmer vorzubeugen, der Einsatz neuer Kampfmittel notwendig ist. Verstärkt wird im Zuge der neuen Kampfmittel auf den Einsatz sog. „neuer Medien“ gesetzt, womit neue Fragen hinsichtlich der rechtlichen Bewertung aufgeworfen werden.

Der in einem Berliner Supermarkt durchgeführte „Flashmob“ ist dabei lediglich ein Beispiel für ein Arbeitskampfmittel, welches aktiv in die Betriebsabläufe eingreift. Weitere Beispiele sind die bereits bekannten Arbeitskampfmittel „Betriebsblockade“ und „Betriebsbesetzung“, die aufgrund des BAG-Urteils zum „Flashmob“ einer neuen Rechtmäßigkeitsüberprüfung bedürfen. Die Kreativität der Gewerkschaften zeigt sich zudem in sog. virtuellen Arbeitskampfmaßnahmen, die sich dadurch auszeichnen, elektronische Unternehmensressourcen zu blockieren oder neue Medien auf eine andere Art und Weise auszunutzen. Insbesondere zielen neue, atypische Arbeitskampfmaßnahmen auf eine Einbeziehung der Öffentlichkeit ab. Die Öffentlichkeit soll zum einen aktiv in Arbeitskampfmaßnahmen eingebunden werden, wie dies z. B. bereits beim „Flashmob“ der Fall war. Zum anderen führen ungewöhnliche Aktionen zu einer verstärkten Medienpräsenz. Die so entstehende öffentliche Druckbildung auf den Arbeitgeber soll diesen zur Tarifeinigung bewegen.

3 *Simon/Greßlin*, BB 2010, 381.
4 *Krieger/Günther*, NZA 2010, 20.
5 *Otto*, RdA 2010, 135.
6 *Säcker*, NJW 2010, 1115.

Die Maßnahmen reichen von Kampagnen, Boykottaktionen, „Tanzflashmobs“ in Hotellobbys und Unterschriftensammlungen bis hin zu „Putz-Olympiaden“ oder der Aktion „Dreckiger Schuh“. Die veränderte Beurteilung von bestimmten Verhaltensweisen im Arbeitskampf durch das BAG wirft zudem die Frage auf, ob die Rechtmäßigkeit ungewöhnlicher Arbeitskampfmaßnahmen, die bereits aus der Vergangenheit bekannt sind, wie das „Sick-Out“, der „Bummelstreik“ oder die kollektive Ausübung von Individualrechten heutzutage anders zu beurteilen ist. Schließlich stellt sich die Frage, ob der Arbeitskampf sogar insoweit entfesselt wurde, dass nun auch Arbeitskampfmaßnahmen wie „Sabotageaktionen“ oder das aus Frankreich bekannte „Bossnapping“, bei dem hochrangige Manager entführt werden, erlaubt werden müssen.

B. Ziele der Untersuchung

Ein Ziel dieser Untersuchung ist es daher, die rechtliche Zulässigkeit der neuen Erscheinungsformen des Arbeitskampfes zu bewerten und Lösungsvorschläge für die dadurch aufkommenden Probleme zu unterbreiten. Wie richtig angemerkt wird, muss die Fragestellung für neue Arbeitskampfformen lauten: „Welche rechtlichen Grenzen hat die Rechtsprechung in Bezug auf eine neue Arbeitskampfform zu beachten?“[7] Die Rechtswissenschaft hat die Aufgabe, zu analysieren, welche Konturen die Gerichte anhand der entschiedenen Fälle herausgearbeitet haben und Vorschläge zur weiteren Ausgestaltung und Entwicklung dieser Konturen für die Zukunft zu unterbreiten. Darüber hinaus muss allerdings der bisher rechtlich abgesteckte Rahmen beachtet werden. Neue Arbeitskampfformen müssen neben den noch besonders zu entwickelnden auch den bereits allgemeingültigen Kriterien genügen.

Eine Besonderheit des Arbeitskampfrechts ist es, dass dessen Systematik aufgrund fehlender gesetzlicher Regelungen fast ausschließlich auf der Rechtsprechung des Bundesverfassungsgerichts (BVerfG) und des BAG fußt. Daraus ergibt sich jedoch eine weitere Problematik: In den vergangenen Jahrzehnten hat sich ein kaum mehr zu überblickendes Konstrukt aus verschiedenen Prinzipien und Grundsätzen herausgebildet. Als Beispiel sollen hierfür zwei tragende Prinzipien des Arbeitskampfrechts dienen: Das Paritäts- sowie das Verhältnismäßigkeitsprinzip. Deren Wichtigkeit wurde von den Gerichten zwar immer wieder betont, jedoch wurden sie oftmals so unterschiedlich behandelt und berücksichtigt, dass ihre genaue Stellung und Prüfung mit der Zeit unklar geworden ist. Die Bedeutung des Paritätsprinzips an sich, die Handhabung des Verhältnismäßigkeitsprinzips und die Frage, worin genau der Bezugspunkt der Verhältnismäßigkeitsprüfung zu sehen ist, sind nur einige der aufgekommenen Fragen. Vor allem ist strittiger denn je, in welchem Verhältnis die beiden Prinzipien zueinander stehen und wie die zwei Säulen nebeneinander funktionieren können. Nicht ohne Grund wird von der Aufgabe des

7 *Deinert*, in: Rehder/Deinert/Callsen, S. 47.

Paritätsprinzips „bis zur Bedeutungslosigkeit“[8] und von der „Monopolisierung des Verhältnismäßigkeitsgrundsatzes zum alleinigen Prüfungsmaßstab“[9] geschrieben.

Ein weiteres Ziel dieser Untersuchung ist es daher, die angeführten offenen und strittigen Fragen dieser beiden und anderer wichtiger Prinzipien des Arbeitskampfrechts zu diskutieren und deren Verhältnis zu strukturieren. Diese Struktur ist notwendig, um eine angemessene rechtliche Würdigung neuer atypischer Arbeitskampfmittel vornehmen zu können und zudem aufzeigen zu können, wie deren Prüfung durch die Gerichte erfolgen kann.

Insbesondere ist die zum „Flashmob“-Urteil des BAG vorgebrachte Kritik aufzuarbeiten und die kurzen Ausführungen des BAG zu deuten sowie zu bewerten. Unter Berücksichtigung der Ausführungen des BAG sind Kriterien aufzuzeigen und Vorschläge zu unterbreiten, wie vor allem mit aktiv betriebsstörenden Arbeitskampfmitteln umzugehen ist.

Des Weiteren ist die Rechtmäßigkeit weiterer Arbeitskampfmittel zu untersuchen. Es gilt zu beleuchten, inwieweit und welche für den „Flashmob“ entwickelten Kriterien auch auf andere atypische Arbeitskampfmittel übertragbar sind und welche besonderen rechtlichen Probleme und Fragestellungen bei diesen von Bedeutung sind. Die neuere Rechtsprechung könnte darüber hinaus eine erneute Überprüfung bereits länger existierender, atypischer Arbeitskampfmittel wie der Betriebsbesetzung oder der Betriebsblockade erforderlich machen. Auch hierauf ist ein Augenmerk zu richten.

C. Gang der Untersuchung

Durch die aufgezeigten Problemstellungen und Ziele ist der Gang der Untersuchung vorgezeichnet.

Ausgangspunkt der Untersuchung ist die Auseinandersetzung mit der Frage, was unter einer Arbeitskampfmaßnahme zu verstehen ist und welche Merkmale diese zu einer „atypischen“ machen. Zudem werden die Charakteristika atypischer Arbeitskampfmaßnahmen beleuchtet. Anschließend werden überblicksartig die Rechtsgrundlagen aufgezeigt, auf denen das Arbeitskampfrecht fußt und es wird dargestellt, welchen Einflüssen die Arbeitskampfrechtsentwicklung ausgesetzt ist. Dies leitet über zu den anerkannten Grundsätzen des Arbeitskampfrechts, welche vorgestellt und auf ihre aktuelle Relevanz hin untersucht werden. Dabei wird vor allem ihre Bedeutung für die Bewertung von atypischen Arbeitskampfmaßnahmen herausgearbeitet. Im Besonderen wird sich hierbei auf den Grundsatz der Verhältnismäßigkeit konzentriert, der nach der neuen Rechtsprechung des BAG im Fokus steht. Auch die darauf folgende Untersuchung des Umfangs der freien Kampfmittelwahl der Arbeitskampfparteien ist für die Bewertung neuer, atypischer Arbeitskampfmittel von herausragender Bedeutung.

---

8 *Rüthers/Höpfner*, JZ 2010, 261, 262.
9 *Picker*, ZfA 2010, 499, 527.

Der zweite Teil der Untersuchung widmet sich dem „Flashmob" als atypische Arbeitskampfmaßnahme. Zunächst werden die Instanzentscheidungen zum „Flashmob" dargestellt. Darauf folgend wird der „Flashmob" auf seine Rechtmäßigkeit hin untersucht, wobei sich ausführlich mit den aus der Literatur vorgebrachten Bedenken auseinandergesetzt wird. So gilt es grundsätzlich zu hinterfragen, ob „Flashmob"-Maßnahmen vom Schutzbereich des Art. 9 Abs. 3 GG umfasst sind. Dabei wird insbesondere darauf eingegangen, wie die gezielte Einbeziehung außenstehender Dritter in den Arbeitskampf zu bewerten ist.

Im dritten Teil geht es um atypische Arbeitskampfmaßnahmen im Allgemeinen. Es erfolgt eine grobe Einteilung atypischer Arbeitskampfmittel in verschiedene Gruppen, die bezüglich ihrer Besonderheiten untersucht werden. Dabei werden die anlässlich des „Flashmobs" bereits gewonnenen Erkenntnisse auf die weiteren atypischen Arbeitskampfmittel angewendet.

Abschließend werden in einem vierten Teil verschiedene atypische Arbeitskampfmittel und ihre Varianten anhand von kurzen Beispielsfällen illustriert und die wesentlichen Ergebnisse der Untersuchung zusammengefasst.

1. Teil Grundsätze des Arbeitskampfrechts

A. Begriff der (atypischen) Arbeitskampfmaßnahme

Um im späteren Verlauf der Untersuchung eine Bewertung anstellen zu können, ob und unter welchen Voraussetzungen gewisse atypische Arbeitskampfmaßnahmen rechtmäßig sein können, muss zunächst geklärt werden, welche Verhaltensweisen einer Gewerkschaft als (atypische) Arbeitskampfmaßnahmen gelten können. Gerade bei der Untersuchung atypischer Arbeitskampfmaßnahmen ist eine solche vorangestellte Überlegung sinnvoll, da man sonst Gefahr liefe, jegliches Verhalten einer Gewerkschaft an den Rechtmäßigkeitsvoraussetzungen eines Arbeitskampfes zu überprüfen.

I. Definition einer Arbeitskampfmaßnahme

Welche Verhaltensweisen als „Arbeitskampf" angesehen werden, wird uneinheitlich beurteilt. Der Begriff ist nicht gesetzlich definiert, auch wenn er öfter gesetzlich verwendet wird. Der „Arbeitskampf" ist ein Gebrauchsbegriff und es wird vorausgesetzt, was man darunter zu verstehen hat.[10] Aus der Subsumtion unter den Begriff „Arbeitskampf" können allerdings noch keine Rückschlüsse auf die Rechtmäßigkeit der Verhaltensweise gezogen werden, sondern es geht vielmehr darum, das „soziale Phänomen" zu erfassen.[11] Es gilt dabei, einen rechtlichen Rahmen abzustecken.

An dieser Stelle soll und muss auch nicht Stellung bezogen werden, welcher Definitionsversuch einer Arbeitskampfmaßnahme richtig ist. Vielmehr soll aufgezeigt werden, was allgemein als Voraussetzung einer Arbeitskampfmaßnahme verlangt wird. Einigkeit besteht darin, dass

(1) die Gegenseite zielgerichtet unter **Druck** gesetzt werden soll, um sie verhandlungsbereit zu machen.[12]

(2) Dies soll durch eine **kollektive Maßnahme** geschehen.[13] Dies setzt, voraus, dass jedenfalls auf der Seite der abhängigen Arbeit eine Gruppe von Personen betroffen ist.[14] Dieses Kriterium bereitet jedoch keine Probleme, da es im Folgenden ausschließlich um von einer Gewerkschaft organisierte Arbeitskampfmaßnahmen geht.

---

10 *Richardi*, in: FS Wolf, 549, 550.

11 *Otto*, § 1 Rn. 1; *Kissel*, § 13 Rn. 1; *Rehder/Deinert/Callsen*, S. 88; *Zöllner/Loritz/Hergenröder*, § 43 Rn. 14.

12 *Däubler*, in: Däubler, § 8 Rn. 3; *Linsenmaier*, in: ErfK, Art. 9 GG Rn. 94; *Gamillscheg*, KollArbR I, S. 934; *Ricken*, in: MüArbR, § 193 Rn. 3; *Fischinger*, in: Staudinger, Vorb. zu §§ 611 ff. BGB Rn. 815.

13 *Brox/Rüthers/Henssler*, Arbeitsrecht, Rn. 741 ff.; *Linsenmaier*, in: ErfK, Art. 9 GG Rn. 94; *Junker*, § 9 Rn. 592; *Otto*, § 1 Rn. 5 f.; *Ricken*, in: MüArbR, § 193 Rn. 2 f.

14 *Däubler*, in: Däubler, § 8 Rn. 2; *Kissel*, § 13 Rn. 2.

(3) Ferner muss ein **bestimmtes Ziel durch die kollektive Druckausübung** zu erreichen erstrebt werden.[15] Ob eine Arbeitskampfmaßnahme dadurch gekennzeichnet ist, dass sie als Ziel den Abschluss eines Tarifvertrags hat und ob dies sogar eine Rechtmäßigkeitsvoraussetzung für diese ist, ist umstritten,[16] muss an dieser Stelle jedoch nicht erörtert werden, da es in der vorliegenden Arbeit lediglich um solche gewerkschaftlichen Maßnahmen geht, die auf den Abschluss eines Tarifvertrages abzielen.

(4) Problematisch ist, ob es Definitionsvoraussetzung für eine Arbeitskampfmaßnahme ist, dass sie durch **kollektive Störungen der Arbeitsbeziehungen** gekennzeichnet ist. Dies wird teilweise als Kriterium angesehen.[17] Um auch andere Erscheinungsformen der Arbeitskampfmittel als die typische Verweigerung der Arbeit in die Definition einzubeziehen, will *Otto* bereits allgemeine Nachteile für die andere Seite genügen lassen und damit auf dieses Kriterium verzichten.[18] Vermittelnd will *Däubler* es genügen lassen, wenn ein Bezug zur abhängigen Arbeit besteht.[19] Wie noch im Rahmen der Kampfmittelfreiheit näher beschrieben werden wird,[20] soll das Arbeitskampfrecht lediglich den Rahmen bilden, innerhalb dessen die Kampfparteien agieren und es diesen weitestgehend selbst überlassen, welcher Mittel sie sich bedienen.[21] Es geht bei dem Definitionsmerkmal „Störungen der Arbeitsbeziehungen" jedoch eigentlich um nichts anderes als eine Beschränkung des Arbeitskampfes auf den Streik oder streikähnliche Aktionen.[22] Daher muss schon allein vor dem Hintergrund, dass hier für eine umfassende Kampfmittel(-erfindungs-)freiheit plädiert wird und weitere zur Druckausübung geeignete (atypische) Arbeitskampfmaßnahmen untersucht werden, auf dieses Merkmal als Definitionsvoraussetzung verzichtet werden. Eine Beschränkung der Druckausübung auf eine Störung der Arbeitsbeziehungen ergibt sich zudem auch nicht aus dem Begriff des Arbeitskampfes,

15 *Linsenmaier*, in: ErfK, Art. 9 GG Rn. 94; *Brox/Rüthers*, Arbeitskampfrecht, Rn. 17; *Hromadka/Maschmann*, § 14 Rn. 14; *Otto*, § 1 Rn. 6; *Ricken*, in: MüArbR, § 193 Rn. 3.

16 Vgl. hierzu schon: 1. Teil C. II. S. 46 ff.; *Linsenmaier*, in: ErfK, Art. 9 Rn. 96 m. w. N.; *Brox/Rüthers*, Arbeitskampfrecht, Rn. 130, 138; *Czycholl*, S. 40; so auch noch *Hueck/Nipperdey*, Bd. II/2, S. 887 ff.; dies für die Begriffsbestimmung für unerheblich haltend *Brox/Rüthers/Henssler*, Arbeitsrecht, Rn. 746, *Zöllner/Loritz/Hergenröder*, § 43 Rn. 7 und *Ricken*, in: MüArbR, § 193 Rn. 3 – gleicher sieht dies aber als Rechtmäßigkeitsvoraussetzung: *Ricken*, in: MüArbR, § 200 Rn. 29 ff.; ablehnend *Däubler*, in: Däubler, § 8 Rn. 5, § 9 Rn. 16 und *Hromadka/Maschmann*, § 14 Rn. 18.

17 Andeutungsweise *Gamillscheg*, KollArbR I, S. 934; *Brox/Rüthers/Henssler*, Arbeitsrecht, Rn. 745; *Junker*, § 9 Rn. 592; *Zöllner/Loritz/Hergenröder*, § 43 Rn. 9 ff. mit dem Verweis darauf, dass dies nicht zu eng gesehen werden dürfe.

18 *Otto*, § 1 Rn. 3.

19 *Däubler*, in: Däubler, § 8 Rn. 4; auch *Kissel*, § 13 Rn. 7 sieht andere Möglichkeiten der Druckausübung.

20 Siehe: 1. Teil D. S. 85 ff.

21 So auch *Ricken*, in: MüArbR, § 193 Rn. 3.

22 So auch *Rehder/Deinert/Callsen*, S. 89.

sodass die Frage nach dem Mittel zur Druckausübung vielmehr ein Teil der rechtlichen Bewertung sein muss als eine vorbeugende Exklusion.[23] Entscheidend ist damit allein, dass Druck auf den Arbeitgeber ausgeübt wird. Wie dies im Einzelfall geschieht, ist nicht von Belang.

(5) Zudem könnte man als Kriterium erwägen, dass es sich um Verhaltensweisen handeln muss, die **nicht von vornherein erlaubt** sind.[24] Allerdings wird berechtigterweise bezweifelt, ob dieses Merkmal gleich zum Definitionsmerkmal einer Arbeitskampfmaßnahme erhoben werden muss oder allgemein erlaubte Verhaltensweisen generell als zulässige Arbeitskampfmaßnahmen angesehen werden können.[25] Natürlich begegnen nur solche von der Gewerkschaft im Arbeitskampf durchgeführte Maßnahmen, die grundsätzlich verboten sind, Rechtsverletzungen mit sich bringen oder in fremde Rechte eingreifen, Bedenken hinsichtlich der Zulässigkeit als im Arbeitskampf zulässige Koalitionsbetätigung und sind daher rechtfertigungsbedürftig. Eine Lichtshow vor dem Bundeskanzleramt ist damit z. B. ohne weiteres zulässig, jedenfalls soweit dadurch nicht gegen öffentlich-rechtliche Vorschriften oder private Rechte Dritter verstoßen wird.[26] Die Zulässigkeit als Koalitionsbetätigung war neben der allgemein zu bewertenden Rechtmäßigkeit ein zentraler Aspekt in der „Flashmob"-Entscheidung des BAG.[27]

Wenn man die Auffassung vertritt, dass grundsätzlich erlaubte Verhaltensweisen nicht unter den Arbeitskampfbegriff fallen, müssen beim Einsatz des Mittels durch eine Gewerkschaft während eines Arbeitskampfes aber dennoch die arbeitskampfrechtlichen Grundsätze, wie etwa die Friedenspflicht, eingehalten werden.[28]

Es spricht dann jedoch viel dafür, auf das Kriterium zu verzichten und somit auch allgemein erlaubte Verhaltensweisen unter den Arbeitskampfbegriff subsumieren zu können. Auch wenn diese im Regelfall keine oder nur wenige Rechtsfragen aufwerfen werden, kann es dennoch vorkommen, dass aufgrund des Einsatzes der Gewerkschaft und der kollektiven Ausübung grundsätzlich erlaubte Verhaltensweisen einen solchen Druck entfalten können, dass das Mittel einer anderen Arbeitskampfmaßnahe gleichkommt und daher neu auf seine Rechtmäßigkeit hin untersucht werden muss.[29] Dann müsste schon vor der Untersuchung der eigentlichen Arbeitskampfmaßnahme

---

23 *Ricken*, in: MüArbR, § 193 Rn. 3.

24 *Rehder/Deinert/Callsen*, S. 89; so wohl auch *Däubler*, in: Däubler, § 8 Rn. 6.

25 *Rehder/Deinert/Callsen*, S. 89 mit Verweis auf die Benutzung dieses Elements als Abgrenzung zu grds. erlaubten Verhaltensweisen von *Dieterich*, in: ErfK, 13. Aufl., Art. 9 GG Rn. 94.

26 *Rehder/Deinert/Callsen*, S. 89.

27 BAG v. 22.9.2009, NZA 2009, 1347.

28 *Rehder/Deinert/Callsen*, S. 89 f.

29 Vgl. dazu auch *Rieble*, NZA 2005, 1, 3 f.; hinsichtlich des kollektiven Widerspruchs beim Betriebsübergang mit a. A. BAG v. 30.9.2004, NZA 2005, 43, 47; *Däubler*, in: Däubler, § 8 Rn. 7.

geklärt werden, ob das ursprünglich erlaubte Verhalten aufgrund der Kollektivität der Ausübung überhaupt noch erlaubt ist. Auch die Frage, ob dieses Arbeitskampfmittel in zulässiger Weise eingesetzt wurde (etwa unter Beachtung des Verhältnismäßigkeitsprinzips), kann auf diese Weise einheitlich beantwortet werden.

II. Definition einer atypischen Arbeitskampfmaßnahme

Nachdem erläutert wurde was unter einer gewöhnlichen Arbeitskampfmaßnahme verstanden wird, soll nun dargelegt werden, was eine Arbeitskampfmaßnahme im Sinne dieser Untersuchung zu einer „atypischen" macht.

Atypisch meint im generellen Sprachgebrauch das Abweichen vom Typischen und Normalen. Bezogen auf das Arbeitskampfrecht lassen sich atypische Arbeitskampfmaßnahmen demnach als solche Mittel verstehen, die von der gewöhnlichen Arbeitskampfmaßnahme abweichen. Es bleibt jedoch die Frage: Was ist abseits der wissenschaftlichen Definitionsmerkmale unter einer gewöhnlichen Arbeitskampfmaßnahme zu verstehen? Als Indiz dafür kann das allgemeine Sprachverständnis herangezogen werden. Spricht der Durchschnittsbürger vom „Arbeitskampf" meint er üblicherweise den „Streik". Auch in der arbeitsrechtlichen Literatur wird der Streik oftmals als „klassisches" Arbeitskampfmittel bezeichnet.[30] *Thüsing* und *Waldhoff* betonen, dass der Streik als einziges Arbeitskampfmittel der Arbeitnehmerseite bisher vom BVerfG anerkannt worden sei und somit die „Typik" des Arbeitskampfrechts prägen würde. Gemeinsames Merkmal der Arbeitskampfmittel sei ihre kollektive Natur sowie ihr Bezug auf die Arbeitsbeziehungen, sodass das Mittel der Druckausübung nur die Vorenthaltung der Arbeitsleistung sein könne. Zudem schlussfolgern sie aus der Tatsache, dass sie den Streik als einzig taugliche Grundform des arbeitnehmergeführten Arbeitskampfes ansehen, dass keine aktive Beteiligung Dritter sowie kein Eingriff in Gesundheit, Freiheit und Eigentum des Gegenübers eine rechtmäßige Arbeitskampfmaßnahme sein könne.[31] Dass diese Schlussfolgerungen nicht zwingend sind, wird im weiteren Verlauf dieser Untersuchung dargelegt werden. Übernommen werden soll jedoch der dem Arbeitskampfrecht immanente Gedanke, der sich zum Teil auch in der späteren Darstellung zur freien Kampfmittelwahl offenbaren wird, dass als klassisches Arbeitskampfmittel der Streik angesehen wird und den Arbeitnehmern somit grundsätzlich nur die Zurückbehaltung der eigenen Arbeitsleistung im Rahmen des Arbeitskampfes zuerkannt wird. Alle Arbeitskampfmaßnahmen, die von diesem Grundsatz abweichen und über die bloße Arbeitsniederlegung hinausgehen, sind im Sinne dieser Arbeit daher als „atypisch" zu bezeichnen.

Dabei soll nicht verschwiegen werden, dass gerade aus der sozialwissenschaftlichen Perspektive auch eine andere Einteilung von „klassischen" und „atypischen" Arbeitskampfformen vertreten wird. Der Streik sei eine „intermediäre Aktion", da

---

30 Vgl. nur *Gamillscheg*, KollArbR I, S. 912; *Ricken*, in: MüArbR, § 200 Rn. 27, *Thüsing/Waldhoff*, ZfA 2011, 329, 342.

31 *Thüsing/Waldhoff*, ZfA 2011, 329, 342 ff.

ein Rückgriff auf eine „Standardinstitution" erfolge. Anfang und Ende der Aktion seien kalkuliert und die Aktionsformen auf spezifische Bereiche und Orte sowie Praktiken und Verfahren begrenzt.[32] Atypische Arbeitskampfformen würden sich dagegen eher im Bereich der „direkten" und „demonstrativen" Aktionen bewegen. Ein weiteres Ziel sei es, die Umwelt für die Zwecke der Gewerkschaft einzubeziehen und zu gewinnen. Es sei ein Charakteristikum der „direkten" Aktionen, dass es keine von vornherein festgelegte Teilnehmergruppe an der Arbeitskampfmaßnahme gebe, sodass insbesondere auch eine unbekannte und beliebige Anzahl Dritter sich an solchen Aktionen beteiligen könne. Sie seien in kein vorgegebenes Regelungskorsett gezwängt.[33] Mit „demonstrativen" Aktionen sei dagegen vor allem bezweckt, die Öffentlichkeit von der eigenen Position zu überzeugen oder über die Missstände bei einem bestimmten Arbeitgeber zu informieren und sie zu einem bestimmten Verhalten zu bewegen.[34] Insgesamt lässt sich nach dortiger Analyse festhalten, dass neue, atypische Formen weniger institutionalisiert und nur bedingt organisationsvermittelt sind und darauf abstellen, externe Dritte direkt und indirekt in die Auseinandersetzung einzubeziehen.[35]

Somit sind im Sinne dieser Arbeit vor allem solche Arbeitskampfmaßnahmen zu untersuchen, die ihre Atypik zum einen daraus beziehen, dass sie als Arbeitskampfmittel nicht auf die Zurückbehaltung der eigenen Arbeitsleistung abzielen und zum anderen daraus, dass sie im Zeitgeist der modernen Gesellschaft die Öffentlichkeit auf unterschiedliche Art und Weise in den Arbeitskampf einbeziehen möchten.

III. Charakteristika atypischer Arbeitskampfmaßnahmen

Des Weiteren sind die Charakteristika atypischer Arbeitskampfmaßnahmen von Interesse.[36] Es ist nicht gesagt, dass alle Merkmale bei jeder atypischen Kampfform auftreten. Verschiedene neuartige Arbeitskampfformen zeichnen sich jedoch durch einige dieser Merkmale aus und indizieren so auch den Unterschied zu klassischen Kampfmitteln.[37] Im Folgenden wird der Fokus auf diese Merkmale gelegt. Vor allem ist der Frage nachzugehen, ob die Eigenschaften neuer Arbeitskampfmittel rechtlich relevante Unterschiede mit sich bringen und ob daher modifizierte oder zusätzliche Rechtmäßigkeitsanforderungen zu verlangen sind.[38]

---

32 *Raschke*, S. 278 f.; *Rehder*, in: Rehder/Deinert/Callsen, S. 10.

33 *Raschke*, S. 279 f.; als bekanntes Beispiel im Arbeitskampf wird etwa die „Flashmob"-Aktion von ver.di aus dem Jahr 2007 genannt: *Rehder*, in: Rehder/Deinert/Callsen, S. 10 f.

34 *Raschke*, S. 280 f.; *Rehder*, in: Rehder/Deinert/Callsen, S. 11.

35 *Rehder*, in: Rehder/Deinert/Callsen, S. 11.

36 Der folgende Abschnitt orientiert sich an der stimmigen Darstellung bei *Rehder/Deinert/Callsen*, S. 90 f.

37 *Rehder/Deinert/Callsen*, S. 90.

38 Auch *Rehder/Deinert/Callsen*, S. 90 sehen darin eine Hauptaufgabe der Rechtswissenschaft.

1. Anlass

Gerade im Verlauf der letzten Jahre haben die Gewerkschaften neuartige Arbeitskampfmittel entwickelt, die sie alternativ oder parallel zum Streik einsetzten.[39] Bei der Frage aus welchem Grund dies geschah und nötig wurde, gibt es unterschiedliche Begründungsansätze. Die Gründe, aufgrund derer Gewerkschaften auf atypische Arbeitskampfmaßnahmen zurückgreifen, sind dabei vielschichtig.

Zunächst ist anzumerken, dass der Rückgriff auf neuartige Arbeitskampfmittel, die einen gewissen Eventcharakter mit sich bringen oder nur unter Zuhilfenahme der neuen Medien vollzogen werden können, zu einem gewissen Teil „Modeerscheinungen" sind.[40] Eine weitere und sehr bedeutende Ursache für neuartige Arbeitskampfmaßnahmen ist, dass sich die strukturellen Bedingungen in einigen Bereichen deutlich verschlechtert haben, sodass die Handlungs- und Durchsetzungsfähigkeit der Gewerkschaften nicht mehr sichergestellt ist.[41] Während der Organisationsgrad der Gewerkschaften traditionell im Industriesektor (spezifische Bereiche ausgenommen) besonders hoch ist, ist er dagegen im privaten Dienstleistungsbereich wenig ausgeprägt.[42] Atypische Arbeitskampfmaßnahmen sind mithin zum Teil eine Erfolgsvoraussetzung eines Tarifstreits. Für die Bereiche, in denen Gewerkschaften ohnehin nicht stark organisiert sind, gilt dies von Natur aus. Die Hinzuziehung externer Sympathisanten sowie der Öffentlichkeit kann dabei ebenso notwendig sein wie die Schaffung von Arbeitskampfmaßnahmen, die durch ihre Eigenart nur geringe personelle Rekrutierung benötigen. Durch einen einsetzenden Strukturwandel gilt dies nun aber auch für Bereiche, in denen Gewerkschaften stets gut organisiert sind und ein Streik daher bislang die benötigte Druckwirkung erzeugen konnte. Es wird zu Recht kritisiert, dass den zu Zeiten der 70er und 80er Jahre aufgestellten Paritätsszenarien und Verhältnismäßigkeitspostulaten „durch die Entwicklung der Boden entzogen worden" sei und Verschiebungen zu Lasten der Arbeitnehmer nicht berücksichtigt würden.[43]

Als Teile der strukturellen Veränderungen müssen so z. B. folgende Komponenten berücksichtigt werden: Die zunehmende Technisierung, die zwar für Arbeitnehmer auch Vorteile mit sich bringt, jedoch auch deren leichtere Ersetzbarkeit zur Folge hat[44]; die wirtschaftliche Entwicklung gepaart mit sozialen Umwälzungen, die Einfluss auf das Niveau der Arbeitnehmer(schutz)rechte nehmen[45]; politische und soziale Veränderungen, wie etwa die Massenarbeitslosigkeit, die den Druck auf Arbeitnehmer erhöhen und den Willen und die Fähigkeit zum Arbeitskampf ebenso

39 Siehe dazu vor allem im Folgenden: 3. Teil B. S. 194 ff.
40 *Rehder*, in: Rehder/Deinert/Callsen, S. 12.
41 Instruktiv dazu ein *Interview mit Thomas Klebe*, Magazin Mitbestimmung, Heft 11/2009, S. 58, 59.
42 *Rehder*, in: Rehder/Deinert/Callsen, S. 14 f., 18.
43 *Berg*, in: BKS, Grundlagen, Rn. 160; vgl. anschaulich *Götz*, S. 63.
44 *Berg*, in: BKS, Grundlagen, Rn. 161, Rn. 192.
45 *Berg*, in: BKS, Grundlagen, Rn. 163 ff.

beeinflussen[46] wie das stetige Absinken des Organisationsgrades der Tarifverbände und der Mitgliederzahlen.[47] Der stetige Verlust an Organisationsmacht wird ebenfalls ein Grund dafür sein, neue öffentlichkeitswirksamere Arbeitskampfformen auszuüben. Gerade in Tarifkonflikten, in denen die Arbeitgeber die Wirkungen des Streiks (etwa durch den Einsatz von Aushilfskräften) leicht abfedern können, wird die dadurch resultierende geringe oder nicht vorhandene Wahrnehmung des Tarifkonflikts in der Öffentlichkeit[48] ein Anlass sein, neue und Aufsehen erregende Maßnahmen zu ergreifen. Um in der Öffentlichkeit wahrgenommen zu werden und sich in das Bewusstsein neuer potentieller Gewerkschaftsmitglieder zu bringen, ist eine gewisse Kreativität unter Ausnutzung neuer technischer Möglichkeiten vonnöten.

Auch können etwa durch den verstärkten Einsatz von Leiharbeitnehmern oder anderen Aushilfen[49], die als Streikbrecher fungieren können, „klassische" Maßnahmen wie der Streik, die auf eine reine Niederlegung der Arbeit abzielen, in gewissen Branchen oftmals nicht mehr die erwünschte Druckwirkung entfalten, sodass Alternativmaßnahmen notwendig werden. Diese Folgerung gilt ebenso, wenn weitere praktische Entscheidungen der Arbeitgeber zu einem Leerlaufen der Streikwirkung führen oder Streikabwehrkampfmittel die Parität zu Lasten der Arbeitnehmerseite verschieben und eine Weiterentwicklung der Kampfmittel nötig macht.[50]

Alle diese Faktoren führen im Ergebnis dazu, dass Gewerkschaften daran interessiert sind, ihr Kampfmittelarsenal ständig zu erweitern, um somit neben den klassischen auch auf atypische Arbeitskampfmaßnahmen zurückgreifen zu können.

2. *Zweck*

Aus den verschiedenen Gründen, die Gewerkschaften zu atypischen Arbeitskampfmaßnahmen veranlassen, lassen sich spiegelbildlich die mit den neuartigen Maßnahmen verfolgten Zwecke folgern. Der Arbeitgeber soll durch sie auf neue, wirkungsvollere Wege unter Druck gesetzt werden. Ein dabei erstrebter Nebeneffekt ist die gestiegene öffentliche Wahrnehmung des Arbeitskampfes durch öffentlichkeitswirksame Aktionen. Auf diese Weise kann die Gewerkschaft sich für neue Mitglieder interessant machen und diese Maßnahmen somit gleichzeitig als „Organizing"-Maßnahme nutzen.[51] Neue, moderne Arbeitskampfmaßnahmen sollen dazu führen, dass neue Mitglieder angeworben werden. Nur durch einen starken Organisationsgrad

---

46 *Berg*, in: BKS, Grundlagen, Rn. 167 ff.

47 *Berg*, in: BKS, Grundlagen, Rn. 176.

48 So geschehen beim „Flashmob"-Fall laut LAG Berlin-Brandenburg v. 29.9.2008, AuR 2009, 47, 48.

49 *Berg*, in: BKS, Grundlagen, Rn. 172 f., 192; vgl. zum Einsatz von Leiharbeitnehmern nun aber die Einschränkungen, die sich aus § 11 Abs. 5 AÜG n. F. ergeben.

50 *Berg*, in: BKS, Grundlagen, Rn. 186 ff.; *Schumann*, in: BKS, AKR, Rn. 310 ff. mit Verweis darauf, dass daher die liberalen Urteile des LAG Berlin-Brandenburg und des BAG zum „Flashmob" zu begrüßen seien.

51 Auch *Rehder/Deinert/Callsen*, S. 91 sehen das Organizing als einen verfolgten Zweck an.

kann auf lange Sicht ein erfolgreicher Arbeitskampf geführt werden, sodass die Durchführung einer Arbeitskampfmaßnahme und die Mitgliedergewinnung im voneinander abhängigen Verhältnis verstanden werden können. Angelehnt ist dieses Bestreben an die „Organizing"-Bewegung aus den USA, in deren Zusammenhang insbesondere die Möglichkeit der Druckentfaltung durch Kampagnenstrategien entwickelt wurde.[52] Werden im Rahmen von atypischen Arbeitskämpfen Dritte aktiv an den Arbeitskampfmaßnahmen beteiligt, wie dies z. B. beim „Flashmob" der Fall war, ist dies neben der Effektivität der Maßnahme daher vor allem auch als „Werbemaßnahme" für potentielle Gewerkschaftsmitglieder zu sehen.[53]

Zum anderen kann die Gewerkschaft auf diese Art und Weise die Öffentlichkeit stärker in den Konflikt involvieren. So kann eine aktive Beteiligung von eigentlich nicht vom Tarifkonflikt betroffenen Dritten, wie bei der „Flashmob"-Aktion, durchaus gewünscht sein. Andererseits kann durch öffentlichkeitswirksame Aktionen auch das Stimmungsbild der Bevölkerung beeinflusst werden und somit versucht werden, eine weitere, den Arbeitgeber unter Druck setzende, Komponente zu erzeugen. Schließlich ist es auch der Zweck des Einsatzes atypischer Arbeitskampfmaßnahmen, auf aus gewerkschaftlicher Sicht bedenkliche Entwicklungen, wie z. B. die OT-Mitgliedschaft, Outsourcing, Verbandsaustritte, Kettenbetriebsübergänge oder auch die Nutzung prekärer Arbeitsformen, reagieren zu können.

3. *Art der Ausübung*

Schon aus den mit atypischen Arbeitskampfmaßnahmen verfolgten Zwecken lassen sich Rückschlüsse auf die Art der Ausübung solcher Maßnahmen ziehen. Um potentiellen zukünftigen Gewerkschaftsmitgliedern sowie der breiten Öffentlichkeit aufzufallen und diese als zusätzliche Faktoren im Arbeitskampf zu gewinnen, werden verstärkt Maßnahmen eingesetzt werden, die bewusst „anders" sind und auffallen. Atypische Formen des Arbeitskampfes versuchen damit vermehrt, die Öffentlichkeit in den Arbeitskampf einzubeziehen. Die Einbeziehung Dritter kann dabei sowohl „aktiv" (z. B. bei „Flashmob"-Aktionen), als auch „passiv" (z. B. Öffentlichkeitsarbeit, um diese als zusätzliches Druckmittel zu gewinnen) geschehen. Zudem zeichnen sich die neueren Arbeitskampfmittel dadurch aus, dass weniger die passive Leistungszurückbehaltung als Druckmittel eingesetzt wird, sondern eher aktive Eingriffe in die Betriebsabläufe.

4. *Erzielter Effekt*

Der durch atypische Arbeitskampfmaßnahmen erwünschte Effekt ist eines der wichtigsten Merkmale einer atypischen Arbeitskampfaktion. Zum einen soll ein Überraschungseffekt erzielt werden. Die Unvorhersehbarkeit für die Gegenseite, die

52 *Dribbusch*, in: Never work alone, S. 24, 30 ff.; *Rehder*, in: Rehder/Deinert/Callsen, S. 17 f.

53 *Rehder*, in: Rehder/Deinert/Callsen, S. 18.

weder über den genauen Ablauf noch den genauen Zeitpunkt der Arbeitskampfmaßnahme informiert werden soll, ist oftmals sogar Wirksamkeitsvoraussetzung.[54] Wüsste der Arbeitgeber z. B. wann genau eine „Flashmob“-Aktion in einem seiner Betriebe stattfinden soll, könnte er vorbeugende Maßnahmen treffen und durch direkte Ausübung des Hausrechts den „Flashmob“ sogleich rechtswidrig und wirkungslos machen.[55] Zum anderen soll oftmals auch ein Chaos-Element in den Arbeitskampf Einzug erhalten. Dieses kann gerade auch durch den Überraschungseffekt eintreten. So sollen „lokale Krisen“ erzeugt werden.[56] Durch die Tatsache, dass etwas Ungewöhnliches und Neues praktiziert wird, womit die Gegenseite noch keine Erfahrungen gemacht hat und worauf sie sich nicht einstellen konnte, soll darüber hinaus auch eine gewisse Überforderung herbeigeführt werden, die selbst eine nur kurzzeitige Kampfmaßnahme effektiv werden lassen kann. Zudem soll gerade durch ungewöhnliche, in der Öffentlichkeit stattfindende Arbeitskampfmaßnahmen, welche diese unter Umständen sogar noch einbeziehen, der Effekt eintreten, dass der Arbeitskampf als solcher wahrgenommen wird und auf Missstände wirkungsvoll aufmerksam gemacht werden kann.

5. Kennzeichen atypischer Arbeitskampfmaßnahmen

Es ist schwierig, allgemeingültige Kennzeichen atypischer Arbeitskampfmaßnahmen darzustellen, da diese – wie noch aufgezeigt werden wird – in Form und Ausführung sehr verschieden sein können.

Kersten macht einen Versuch, solche Aktionen zu charakterisieren, bei denen wie beim „Flashmob“ externe Dritte zur Unterstützung herangezogen werden und die zudem für ein gewisses Chaos-Element sorgen sollen.[57] Für solche Formen sei eine Schwarmbildung typisch, die durch ähnliche Muster gekennzeichnet sei. Schwärme würden sich an der online/offline-Schnittstelle entfalten. Aufgrund der elektronischen Vervielfältigung sei nicht klar, wie viele Individuen sich dem Schwarm anschließen würden. Sie seien instabil und würden schnell zwischen Individualverhalten und kollektivem Parallelverhalten wechseln. Die Teilnehmer seien in den Schwärmen anonym, was zur Dynamik beitrage, aber Eskalationspotenzial und -risiko beinhalten würde. Zudem würden Schwarmeffekte durch Massenmedien und allgemein durch die Öffentlichkeit große Aufmerksamkeit erfahren.[58] Im Folgenden wird zu untersuchen sein, ob sich diese Merkmale etwa in der „Flashmob“-Aktion im Berliner Einzelhandel wiederfinden und welche Maßnahmen ergriffen wurden oder ergriffen werden müssen, um auf der einen Seite ungewünschte Nebeneffekte wie das Eskalationsrisiko oder die schwer zu beherrschende Höhe der Teilnehmerzahl

---

54 So auch *Rehder/Deinert/Callsen*, S. 91.
55 Vgl. dazu schon *Greiner*, Anm. EzA Nr. 143 zu Art. 9 GG Arbeitskampf, S. 27, 45; *Picker*, ZfA 2010, 499, 556.
56 *Rehder/Deinert/Callsen*, S. 91.
57 *Kersten*, in: Neues Arbeitskampfrecht?, S. 61, 73 ff.
58 *Kersten*, in: Neues Arbeitskampfrecht?, S. 61, 74 ff.

abschalten zu können und auf der anderen Seite erwünschte Nebeneffekte wie etwa die Aufmerksamkeit der Öffentlichkeit noch effektiver hervorzurufen.

Neben Maßnahmen, die auf die Schwarmbildung abzielen, gibt es noch weitere Maßnahmen, die zwar keine allgemeingültige Kennzeichen aufweisen, jedoch zumindest die Gemeinsamkeit haben, dass sie sich von der klassischen, von der Gewerkschaft koordinierten, gemeinsamen Arbeitsniederlegung (= dem Streik) unterscheiden. Zudem sind gerade bei neueren atypischen Arbeitskampfmitteln ein verstärkter Einsatz von modernen Medien und eine größere Einbeziehung der Öffentlichkeit, mit dem Ziel, sich diese zu Nutze zu machen, zu beobachten. Es wird nicht nur die wirtschaftliche Druckentfaltung durch den Arbeitskampf avisiert, sondern auch die Druckentfaltung, die sich aus der öffentlichen Meinung ergibt, welche zwangsläufig mittelbar auch wieder in eine wirtschaftliche Komponente übergehen kann.

6. Zwischenergebnis

Atypische Arbeitskampfmaßnahmen sind durch verschiedene Aspekte geprägt. Zunächst gibt es unterschiedliche Anlässe für ihre Ausübung. Hervorzuheben sind insbesondere der schwache Organisationsgrad der jeweiligen Gewerkschaft und das Leerlaufen des klassischen Arbeitskampfes aufgrund sich ändernder struktureller Bedingungen. Daher ist der Zweck solcher Maßnahmen, dass der Arbeitgeber zum einen auf eine neue, wirkungsvollere Art und Weise unter Druck gesetzt wird und zum anderen atypische Maßnahmen zum Zweck des „Organizing“ genutzt werden, um neue Mitglieder anzuwerben. Durch ihre meist besondere Art, aktiv in Betriebsabläufe einzugreifen und die Öffentlichkeit in den Arbeitskampf einzubeziehen, werden die Zwecke ihres Einsatzes gefördert. Durch den Einsatz unbekannter, atypischer Arbeitskampfmaßnahmen erzielen die Gewerkschaften einen Überraschungseffekt und erzeugen beim betroffenen Arbeitgeber, den die Maßnahme oftmals unvorbereitet trifft, eine Überforderungssituation und somit lokale Krisen. Die Aufgabe, allgemeingültige Kennzeichen von atypischen Arbeitskampfmaßnahmen zu definieren, bereitet Schwierigkeiten, da diese in Form und Ausführung sehr verschieden sein können. Ihnen ist gemeinsam, dass sie nicht auf die klassische Arbeitsniederlegung als Kampfmittel zurückgreifen und sich oftmals durch eine sog. Schwarmbildung auszeichnen.

B. Rechtsgrundlagen des Arbeitskampfrechts

Um sich dem grundlegenden Untersuchungsgegenstand – den atypischen Arbeitskampfmaßnahmen der Arbeitnehmerseite – zu nähern, ist zunächst darzulegen, auf welche Rechtsgrundlagen sich das deutsche Arbeitskampfrecht überhaupt stützt.

Dabei ist unter dem Begriff „Arbeitskampf“ im weitesten Sinne jede kollektive Maßnahme von Arbeitnehmern oder Arbeitgebern zu verstehen, welche die

Gegenseite zielgerichtet unter Druck setzen soll, um sie verhandlungsbereit zu machen.[59] Bei den Rechtsgrundlagen des Arbeitskampfrechts sind verschiedene Ansatzpunkte zu betrachten, die eine Grundlage dafür bieten könnten, trotz bestehender vertraglicher Bindung einen Arbeitskampf führen zu können.

I. Verfassung

Fraglich ist es, inwieweit Art. 9 Abs. 3 GG eine Berechtigung zum Arbeitskampf liefert. Vor allem wegen der Unbestimmtheit des Art. 9 Abs. 3 GG und weil der Wortlaut die Betätigung der Koalitionen nicht erwähnt, ist es schwierig, Aussagen hierzu zu treffen. Zu untersuchen ist daher, inwiefern die Verfassung als Rechtsgrundlage des Arbeitkampfes angesehen werden kann.

1. Art. 9 Abs. 3 S. 3 GG als mögliche Rechtsgrundlage

Der Begriff „Arbeitskampf" wird im Grundgesetz lediglich in Art. 9 Abs. 3 S. 3 GG in Bezug auf Notstandsmaßnahmen erwähnt:

> „Maßnahmen nach den Artikeln 12a, 35 Abs. 2 und 3, Artikel 87a Abs. 4 und Artikel 91 dürfen sich nicht gegen **Arbeitskämpfe** richten, die zur Wahrung und Förderung der Arbeits- und Wirtschaftsbedingungen von Vereinigungen im Sinne des Satzes 1 geführt werden."

Das Bundesverfassungsgericht (BVerfG) hat sich nur in der Entscheidung vom 26.6.1991[60] zu Art. 9 Abs. 3 S. 3 GG geäußert. Im Anschluss an die Aussage, dass zu den geschützten Mitteln auch Arbeitskampfmaßnahmen zählen würden, die auf den Abschluss von Tarifverträgen gerichtet seien, da sie allgemein erforderlich seien um eine funktionierende Tarifautonomie sicherzustellen, äußerte es den kurzen Satz: „Dafür spricht auch Art. 9 Abs. 3 S. 3 GG".[61]

Mit dieser Regelung sollte jedoch, wie das Bundesarbeitsgericht (BAG) bereits zuvor klargestellt hatte[62], lediglich ausgeschlossen werden, dass Notstandsmaßnahmen zum Eingriff des Staates in Arbeitskämpfe missbraucht werden.[63] Der Arbeitskampf an sich wird dadurch jedoch nicht konstitutiv mit Verfassungsrang anerkannt. Satz 3 setze zwar die Zulässigkeit von Arbeitskämpfen voraus, diese müssten aber nicht Verfassungsrang haben, um einen Schutz vor Notstandsmaßnahmen sinnvoll erscheinen zu lassen.[64] Zu beachten ist allerdings, dass diese Aussagen zu einer Zeit gemacht wurden, zu der noch nicht definitiv geklärt war, ob Art. 9 Abs. 3 S. 1 GG

---

59 *Linsenmaier*, in: ErfK, Art. 9 GG Rn. 94; siehe bereits ausführlich zum Arbeitskampfbegriff: 1. Teil A. I. S. 7 ff.
60 BVerfG v. 26.6.1991, NZA 1991, 809, 810.
61 BVerfG v. 26.6.1991, NZA 1991, 809, 810.
62 BAG v. 26.4.1988, NZA 1988, 775, 777.
63 *Ricken*, in: MüArbR, § 196 Rn. 2.
64 BAG v. 26.4.1988, NZA 1988, 775, 777; *Kissel*, § 17 Rn. 2.

eine eigenständige Streikgarantie enthält. Festzuhalten ist allerdings, dass Einigkeit darüber besteht, dass Art. 9 Abs. 3 S. 3 GG außerhalb des Notstandsfalles nur bestätigende Funktion hat,[65] wofür zudem auch die Entstehungsgeschichte spricht.[66]

2. *Art. 9 Abs. 3 S. 1 GG als Grundlage des Arbeitskampfrechts*

Aus dem Vorgesagten lässt sich jedoch nicht schließen, dass der Arbeitskampf nicht in der Verfassung verankert ist.

Auch wenn das BVerfG sich lange Zeit einer Aussage darüber enthalten hat, inwieweit und ob der Arbeitskampf als solcher und einzelne Arbeitskampfmaßnahmen im Speziellen durch die Verfassung geschützt sind, hat es sich schlussendlich im Jahr 1991 klar zur verfassungsrechtlichen Gewährleistung des Arbeitskampfes bekannt.[67] Das BVerfG stellte zunächst klar, dass die Koalitionsfreiheit gemäß Art. 9 Abs. 3 GG für jedermann gelte und daher – auch wenn sie historisch vor allem den Arbeitnehmern vorbehalten gewesen sei – nicht als Arbeitnehmer-Grundrecht ausgestaltet sei, sondern ebenso den Arbeitgebern zustehen würde.[68] Dass auch die Arbeitgeber aus Art. 9 Abs. 3 GG ein Grundrecht herleiten können, wurde von einer Minderheit im Schrifttum vorher noch bestritten und dabei dogmen- und sozialgeschichtlich begründet.[69] Die vertretene Ansicht einer Beschränkung des Art. 9 Abs. 3 GG auf die Arbeitnehmer ist aber weder durch den Wortlaut noch durch die Entstehungsgeschichte der Norm belegt.[70] Wie es schon der Wortlaut („jedermann") des Art. 9 Abs. 3 GG nahe legt, ging also nun auch das BVerfG davon aus, dass Arbeitnehmer und Arbeitgeber gleichberechtigt unter den Schutz der Koalitionsfreiheit fallen.

Ein Hauptaspekt des Urteils war jedoch, dass Arbeitskampfmaßnahmen, die auf den Abschluss von Tarifverträgen gerichtet sind, den durch Art. 9 Abs. 3 GG geschützten Mitteln zugeordnet wurden. Sie würden jedenfalls insoweit von der Koalitionsfreiheit erfasst, als sie allgemein erforderlich seien, um eine funktionierende Tarifautonomie sicherzustellen.[71] Mit dieser allgemeinen Erforderlichkeit ist laut *Otto* nicht die konkrete, situationsbezogene Erforderlichkeit des Einsatzes eines Arbeitskampfmittels gemeint, sondern maßgeblich sei vielmehr eine generell-typisierende Betrachtung.[72] Teilweise wird bestritten, dass z. B. das Streikrecht ausschließlich auf die Erzwingung von Tarifverträgen zu beschränken sei. Zwar sei der Abschluss von Tarifverträgen die wichtigste Betätigungsform der Gewerkschaften,

65 *Engels*, S. 169; *Höfling*, in: Sachs, Art. 9 GG Rn. 101 („deklaratorischer Natur"); *Otto*, § 4 Rn. 19.

66 Dazu eingehend *Däubler*, Der Streik im öffentlichen Dienst, S. 73; *Engels*, S. 165 f.

67 BVerfG v. 26.6.1991, NZA 1991, 809.

68 BVerfG v. 26.6.1991, NZA 1991, 809.

69 *Däubler/Hege*, Rn. 87.

70 *Otto*, § 4 Rn. 16.

71 BVerfG v. 26.6.1991, NZA 1991, 809, 810.

72 *Otto*, § 4 Rn. 4.

doch seien ihre Aktivitäten nicht darauf beschränkt.[73] Diese Ansicht kann jedoch auch mit guten Gründen bezweifelt werden, da ansonsten die Gefahr eines ausufernden Grundrechtsschutzes bestehen könnte. Zudem hat das BVerfG vermeintlich klar Stellung bezogen. Zumindest mittelbar ist daher eine Tarifbezogenheit der gewerkschaftlichen Aktivität zu fordern.[74]

Die Wahl der Mittel (davon sind ausdrücklich Arbeitskampfmaßnahmen umfasst), welche die Vereinigungen zur Erreichung des Abschlusses von Tarifverträgen für geeignet halten würden, überlasse Art. 9 Abs. 3 GG dabei grundsätzlich den Koalitionen.[75] Allerdings leitete das BVerfG im Folgenden bereits eine Grenze für Arbeitskampfmaßnahmen ab: Arbeitskämpfe dürften nicht zu einem Ungleichgewicht führen, da andernfalls die Funktionsfähigkeit der Tarifautonomie beeinträchtigt sei.[76] Keine Frage des Schutzbereichs, sondern der Ausgestaltung des Grundrechts durch die Rechtsordnung, sei jedoch die Frage, unter welchen Voraussetzungen und in welchem Umfang das grundsätzlich garantierte Mittel eingesetzt werden dürfe.[77]

Die in dem Urteil vom 26.6.1991 entwickelten verfassungsrechtlichen Grundlagen des Arbeitskampfrechts bezogen sich in erster Linie auf die in dem Urteil behandelte Aussperrung durch den Arbeitgeber. Dadurch, dass das Gericht jedoch generell vom „Arbeitskampf" sprach und nicht zwischen Aussperrung und Streik als Arbeitskampfmittel differenzierte, indizierte es eine allgemeingültige Aussage. In weiteren Entscheidungen behielt das BVerfG diese Linie bei und bestätigte damit das Urteil.[78]

Auch das BAG, welches dem Streikrecht bereits 1984 verfassungsrechtlichen Rang verliehen hatte, sieht sich durch diese Rechtsprechung des BVerfG in seiner seitherigen Rechtsprechung bestätigt.[79] Es akzeptierte damit auch, dass die Aussperrung notwendiger Bestandteil einer durch Art. 9 Abs. 3 GG geschützten Kampfordnung ist, was es zuvor noch ausdrücklich offen gelassen hatte.[80]

Die oben genannten Entscheidungen des BVerfG haben zwar grundlegende Bedeutung, sie erübrigen aber gerade wegen ihrer an der konkreten Fallkonstellation orientierten Aussagen nicht eine nachvollziehbare Analyse der verfassungsrechtlichen Grundlagen des Arbeitskampfes. So lässt sich bereits aus der Existenz des Art. 9 Abs. 3 S. 3 GG eine verfassungsrechtliche Gewährleistung des Arbeitskampfrechts herleiten. Es ist nur schwer vorstellbar, dass die Verfassung im Notstand,

---

73 *Däubler*, in: Däubler, § 9 Rn. 16.

74 Siehe ausführlich zur Tarifbezogenheit einer Arbeitskampfmaßnahme unten: 1. Teil C. II. S. 46 ff.

75 BVerfG v. 26.6.1991, NZA 1991, 809, 810; siehe ausführlich zur Kampfmittelfreiheit: 1. Teil D. S. 85 ff.

76 BVerfG v. 26.6.1991, NZA 1991, 809, 811.

77 BVerfG v. 26.6.1991, NZA 1991, 809, 810.

78 BVerfG v. 2.3.1993, NJW 1993, 1379 in Bezug auf den Streik; BVerfG v. 4.7. 1995, NZA 1995, 754; BVerfG v. 10.9.2004, NZA 2004, 1338.

79 BAG v. 12.9.1984, NZA 1984, 393; BAG v. 11.8.1992, NZA 1993, 39.

80 BAG v. 26.4.1988, NZA 1988, 775, 776.

einer Situation, in der die Gefahr für den Bestand des Staates massive Eingriffe in die meisten Grundrechtsgarantien materiell rechtfertigt, ein Verhalten privilegiert schützt, dem sie ansonsten indifferent gegenübersteht.[81] So müsste der Arbeitskampf, der seinerseits das Gemeinwohl nicht nur unerheblich belasten kann, gerade in Notstandssituationen verboten werden können, wäre er nicht verfassungsrechtlich geschützt. Es würde keinen Sinn ergeben, Streik und Aussperrung vor einem Eingriff im Notstandsfall zu schützen, beide aber im vollen Umfang der Disposition des einfachen Gesetzgebers zu unterwerfen.[82]

Zudem wird die Auffassung vertreten, dass sich aus dem Koalitionsrecht des Art. 9 Abs. 3 GG ebenfalls ein verfassungsrechtlich garantiertes Betätigungsrecht als instrumentelle Garantie ergebe.[83] Wenn den Koalitionen verfassungsrechtlich gewährleistet werden würde, die Wahrung und Förderung der Arbeits- und Wirtschaftsbedingungen durch Tarifvertrag zu verfolgen, müsse ihnen als Konsequenz auch ein geeignetes Mittel zur Herbeiführung eines Tarifvertrages zur Verfügung stehen.[84]

Auch soll sich die Funktion des Art. 9 Abs. 3 S. 1 GG, als Rechtsgrundlage des Arbeitskampfes, aus dem Gedanken der Verfahrensgarantie ergeben.[85] Es entspreche anerkannten Grundsätzen der Grundrechtsauslegung, dass Freiheitsrechte den Gesetzgeber zur Bereitstellung von Verfahren verpflichten würden, wenn die grundrechtliche Freiheit ohne ein solches Verfahren nicht ausgeübt werden könne. Dies gelte für Art. 9 Abs. 3 GG in besonderer Weise, da die Koalitionsfreiheit in ihrem ganzen Sinn gerade auf die Erzielung von Ergebnissen angelegt sei, für die es geeigneter Verfahren bedürfe.[86] Verfassungsrechtlich garantiert seien jedoch nur die zur Wahrnehmung der Grundrechtsfreiheit notwendigen Verfahren.[87] Da für eine funktionierende Tarifautonomie der Arbeitskampf notwendig sei[88], sei der Arbeitskampf daher zur Verwirklichung der Koalitionsfreiheit grundsätzlich gewährleistet.[89] Aus dieser Verfahrensgarantie des Art. 9 Abs. 3 S. 1 GG ergibt sich laut *Otto* für den Gesetzgeber der Verfassungsauftrag[90] „die notwendigen und daher verfassungsrechtlich in ihrem typischen Kern garantierten Arbeitskampfmittel [...] über diesen Kern hinaus zu gestalten [und] besondere Ausprägungen und Erweiterungen dieser Arbeitskampfmittel im Einzelnen und die Voraussetzungen ihres Einsatzes zu regeln."[91]

---

81 *Otto*, § 4 Rn. 19.
82 Mit diesem überzeugenden Gedankengang *Otto*, § 4 Rn. 19.
83 *Picker*, ZfA 1986, 199, 207 m. w. N.
84 *Kissel*, § 17 Rn. 5; *Picker*, ZfA 1986, 199, 207 m. w. N.
85 *Otto*, § 4 Rn. 20.
86 *Otto*, a. a. O.
87 Zur „Notwendigkeit" einzelner Arbeitskampfmittel *Otto*, § 4 Rn. 22; zur „Notwendigkeit" neuer Arbeitskampfformen siehe unten auch 2. Teil B. III. 2. S. 186 ff.
88 Vgl. BVerfG v. 26.6.1991, NZA 1991, 809, 810.
89 *Otto*, § 4 Rn. 20.
90 Diesen Ausdruck gebrauchend BVerfG v. 17.2.1981, NJW 1981, 1829, 1831.
91 *Otto*, § 4 Rn. 23; ebenso BVerfG v. 26.6.1991, NZA 1991, 809, 810.

Neben der individuellen Koalitionsfreiheit, Koalitionen zu gründen und ihnen beizutreten, können sich nach der Lehre vom Doppelgrundrecht des Art. 9 Abs. 3 GG auch die Koalitionen selbst auf den Schutz der Koalitionsfreiheit berufen.[92] Neben der individuellen Koalitionsgarantie steht damit vor allem die Garantie der Koalition in ihrer Existenz und in ihrer Betätigung. Auch die kollektive Koalitionsfreiheit ist als solche somit geschützt.[93] Art. 9 Abs. 3 S. 1 GG kann daher als Rechtsgrundlage des Arbeitskampfes angesehen werden.

II. Bundesgesetzliche Regelungen

Es gibt kein spezielles Gesetz, das den Arbeitskampf als solchen regelt, klare rechtliche Grundlagen für die Zulässigkeit und Durchführung von Arbeitskämpfen schafft und damit eine geeignete Rechtsgrundlage sein könnte. Ein im Jahr 1988 von den Professoren *Birk, Konzen, Löwisch, Raiser* und *Seiter* veröffentlichter Entwurf „Gesetz zur Regelung kollektiver Arbeitskonflikte“[94] hat bis heute keine Realisierungschance. *Kissel* sieht dies weniger in einer Handlungsunfähigkeit, sondern angesichts der politischen Schwierigkeiten, welche einem solchen Gesetzesprojekt entgegenstünden, eher in einer Handlungsunwilligkeit des Gesetzgebers begründet.[95] Allerdings stellte das BVerfG bereits vor einiger Zeit fest, dass es zur näheren Ausgestaltung des Arbeitskampfes einer gesetzlichen Regelung bedürfe.[96] Das BAG war hingegen der Auffassung, dass die Zulässigkeit von Arbeitskampfmitteln dem geltenden Tarifrecht entnommen werden könne.[97] Einzelvorschriften des Bundesrechts, in denen z. B. die Zulässigkeit der Aussperrung vorausgesetzt wurde, wurden dabei vom BAG nur als zusätzliche Bestätigung angesehen.[98] Das Tarifvertragsgesetz erwähne den Arbeitskampf zwar nicht direkt, setze diesen aber als Institution voraus, da sonst weder das Zustandekommen noch die inhaltliche Sachgerechtigkeit tariflicher Regelungen gewährleistet seien.[99]

Gegen eine solche Sichtweise spricht aber schon der Aspekt, dass weder bei der Schaffung des Tarifvertragsgesetzes noch in den folgenden Jahrzehnten auf die

92 So die ganz h. M.: BVerfG v. 4.7.1995, NZA 1995, 754; *Bauer*, in: Dreier, Art. 9 GG Rn. 69; *Czycholl*, S. 34 f.; *Hilje*, S. 115 f.; *Linsenmaier*, in: ErfK, Art. 9 GG Rn. 7, 39; *Otto*, § 4 Rn. 41.

93 *Krause*, in: Entgrenzter Arbeitskampf?, ZAAR Schriftenreihe Band 37, S. 43, 50.

94 *Birk/Konzen/Löwisch/Raiser/Seiter*, Gesetz zur Regelung kollektiver Arbeitskonflikte – Entwurf und Begründung, Tübingen 1988 (im Folgenden zitiert als: *Professoren-Entwurf*).

95 *Kissel*, § 16 Rn. 8; *Rüthers*, JZ 2014, 739 spricht ebenfalls davon, dass der Gesetzgeber partiell regelungsunwillig oder regelungsunfähig sei.

96 BVerfG v. 2.3.1993, NJW 1993, 1379.

97 In Bezug auf die Zulässigkeit der Abwehraussperrung: BAG v. 10.6.1980, NJW 1980, 1642 und BAG v. 26.4.1988, NZA 1988, 775, 778.

98 BAG 26.4.1988, NZA 1988, 775, 778.

99 BAG v. 10.6.1980, NJW 1980, 1642, 1643.

angeblich bestehende Arbeitskampfgarantie hingewiesen worden ist.[100] *Däubler* merkt zu Recht an, dass es höchst ungewöhnlich wäre, von einem Teilgebiet des Rechts auf Grundprinzipien eines anderen Teilgebiets zu schließen. Tarif- und Arbeitskampfrecht seien schon immer getrennte Bereiche des „kollektiven Arbeitsrechts" gewesen.[101] Allerdings kann eine weitere Diskussion an dieser Stelle dahinstehen, da das BAG heute die Streikgarantie nicht mehr aus dem Tarifrecht ableitet, sondern stattdessen die Garantie des Art. 9 Abs. 3 GG durch richterrechtliche Grundsätze ausgestaltet.[102]

Das einfache Bundesrecht trifft lediglich Regelungen, welche den Arbeitskampf tangieren und Einzelfragen regeln, und bietet somit nur Anhaltspunkte für die Rechtmäßigkeit von Arbeitskämpfen. Zu nennen sind hier beispielsweise § 74 Abs. 2 S. 1 BetrVG, welcher Arbeitskampfmaßnahmen zwischen Arbeitgeber und Betriebsrat für unzulässig erklärt, § 25 KSchG, der Kündigungen aus Anlass von wirtschaftlichen Kämpfen privilegiert oder verschiedene Regelungen in den Sozialgesetzbüchern, wie z. B. § 91 Abs. 6 SGB IX oder § 36 Abs. 3 SGB III.

Diesen Vorschriften ist es gemein, dass sie keine grundsätzlichen Regelungen enthalten, sondern nach der Rechtsprechung so genannte „neutrale Rechtsnormen" sind.[103] „Neutral" bedeutet dabei nicht „indifferent", sondern setzt die Existenz eines rechtlich zulässigen Arbeitskampfes voraus.[104] *Otto* kritisiert zwar die Bezeichnung „neutral", da sie suggeriere, dass den Normen für die Frage der Zulässigkeit des Arbeitskampfes keine Bedeutung zukomme, ist jedoch auch der Meinung, dass das Vorhandensein dieser Normen die Zulässigkeit gewisser Arbeitskampfmaßnahmen im Prinzip voraussetze.[105]

III. Landesrechtliche Regelungen

Da es an einer umfassenden bundesrechtlichen Regelung des Arbeitskampfrechts fehlt, besteht nach Art. 72 GG grundsätzlich eine partielle Gesetzgebungskompetenz der Länder.

Nach *Rudkowski* gilt diese Feststellung zumindest hinsichtlich des Tarifrechts und des Richterrechts, welches schon wegen des Gewaltenteilungsgrundsatzes kein Bundesrecht sein könne. Allerdings soll das Kontrollratsgesetz Nr. 35 bezüglich Ausgleichs- und Schiedsvereinbarungen in Arbeitsstreitigkeiten die Kompetenz der Länder insofern sperren, da es nie aufgehoben worden sei und nach Art. 123

---

100 *Däubler*, in: Däubler, § 9 Rn. 23; so auch *Otto*, § 4 Rn. 48.

101 *Däubler*, in: Däubler, § 9 Rn. 23.

102 Dazu sogleich unter: 1. Teil B. V. S. 35 ff.

103 BAG v. 21.4.1971, NJW 1971, 1668, 1669; ebenso BAG v. 10.6.1980, NJW 1980, 1642, 1645.

104 *Kissel*, § 18 Rn. 2.

105 *Otto*, § 4 Rn. 46; ebenso *Ricken*, in: MüArbR, § 198 Rn. 1, der in den gesetzlichen Regelungen Wertentscheidungen des Gesetzgebers sieht.

Abs. 2, Art. 125 GG als Bundesrecht fortgelte.[106] Demnach dürfen die Länder weder ein freiwilliges noch ein obligatorisches Schlichtungsverfahren zur Lösung von Tarifkonflikten in ihren gesetzlichen Regelungen vorsehen.

Abgesehen von den Regelungen des Kontrollratsgesetzes Nr. 35 können die Länder jedoch mangels konkurrierenden Bundesrechts frei disponieren.[107] Während Hamburg und Schleswig-Holstein von dieser Kompetenz keinen Gebrauch gemacht haben, ergibt sich bei den übrigen landesverfassungsrechtlichen Regelungen zum Arbeitskampfrecht ein uneinheitliches Bild. Die Aussperrung wird lediglich in der hessischen Verfassung erwähnt und als rechtswidrig statuiert (Art. 29 Abs. 5 Hessische Verfassung); hingegen fällt in der Thüringer Verfassung (Art. 37 Abs. 2) die Aussperrung wohl unter den Begriff „Arbeitskampf". Ohne Einschränkung wird das Streikrecht nur in Berlin (Art. 27 Abs. 2) und Brandenburg gewährleistet (Art. 51 Abs. 2 S. 3 der Verfassung). Davon kann dem Wortlaut nach auch die verbandsfreie Arbeitsniederlegung („wilder Streik") umfasst sein.[108] In Bremen, Hessen, Rheinland-Pfalz und im Saarland wird das Streikrecht nur den „wirtschaftlichen Vereinigungen" bzw. den Gewerkschaften zugesprochen. Im Saarland ist das Streikrecht darüber hinausgehend in der Art und Weise eingeschränkt, dass Streiks erst nach Erschöpfung aller Schlichtungs- und Verhandlungsmöglichkeiten durchgeführt werden dürfen. Zudem finden sich in Bayern, Sachsen und Sachsen-Anhalt mittelbare Regelungen, welche die Gewährleistung der Koalitionsfreiheit enthalten. Baden-Württemberg, Mecklenburg-Vorpommern, Niedersachsen und Nordrhein-Westfalen verzichten dagegen in ihren Verfassungen auf ausdrückliche eigene Regelungen und nehmen den Grundrechtsteil des Grundgesetzes in ihren Text auf.

Der landesverfassungsrechtliche Normenbestand gilt gemäß Art. 142 GG fort, soweit er Grundrechtsqualität hat, und somit gelten auch die Differenzierungen der unterschiedlichen Landesverfassungen, was z. B. im Kampf um einen bundesweit geltenden Tarifvertrag Schwierigkeiten bereiten kann.[109] Vereinzelt gibt es die Auffassung, die Unterschiedlichkeit sei eine notwendige Folge des föderalistischen Staatsaufbaus, die in der konkurrierenden Gesetzgebungszuständigkeit nach Art. 74 Nr. 12 GG angelegt sei.[110] Jedoch sind landesrechtliche Sonderregelungen insoweit nach Art. 31 GG nachrangig, nachdem das BVerfG[111] dem Art. 9 Abs. 3 GG die

---

106 *Rudkowski*, in: Entgrenzter Arbeitskampf?, ZAAR Schriftenreihe Band 37, S. 179 f.; a. A. *Löwisch/Rieble*, Grundl. Rn. 383, die das Kontrollratsgesetz weiterhin als nicht implementiertes Besatzungsrecht ansehen.

107 *Rudkowski*, in: Entgrenzter Arbeitskampf?, ZAAR Schriftenreihe Band 37, S. 182, die allerdings darauf verweist, dass es trotz bestehender Optionen der Länder, die Aufgabe des Bundesgesetzgebers sei, das Arbeitskampfrecht zu regeln.

108 *Däubler*, in: Däubler, § 9 Rn. 48, der darauf hinweist, dass neben dem Wortlaut auch die Tatsache dafür spricht, dass die Verfassungen aus einer Zeit stammen (1995 und 1992), zu der es schon eine ausdifferenzierte Typologie von Streikformen gab.

109 *Kissel*, § 19 Rn. 7.

110 *Däubler*, in: Däubler, § 9 Rn. 48.

111 BVerfG v. 26.6.1991, NZA 1991, 809.

verfassungsrechtliche Gewährleistung der Koalitionen selbst und ihrer koalitionsgemäßen Betätigung entnommen hat.[112] Dementsprechend hat das BAG das Aussperrungsverbot des Art. 29 Abs. 5 der Hessischen Verfassung gemäß Art. 31 GG für nichtig erklärt, zumindest insoweit nach Bundesrecht die Aussperrung zulässig ist.[113] Dies gelte zumindest für die suspendierende Abwehraussperrung.

Auch die Beschränkungen des Streikrechts auf die Gewerkschaften und auf erfolglos vorangegangene Schlichtungsgespräche (s. o.) könnten zurücktreten müssen. Zurzeit gibt es zwar keine explizit entgegenstehenden bundesrechtliche Normen (wobei dies je nach Verständnis des Kontrollratsgesetzes Nr. 35 zumindest in Bezug auf die Schlichtungsgespräche fraglich sein könnte), jedoch könnte das BVerfG bestehende bundesrechtliche Regelungen anders interpretieren mit der Folge, dass nach § 31 BVerfGG Gesetzeskraft eintritt und das Landesverfassungsrecht gemäß Art. 31 GG zurücktreten muss.[114] Dies ist im Moment allerdings unwahrscheinlich, da die Beschränkung des Streikrechts auf Gewerkschaften derzeit der herrschenden Meinung entspricht[115] und das notwendige vorherige Schlichtungsbemühen dem *ultima-ratio*-Prinzip.[116] *Däubler* schlägt sogar vor, dass es bei sich ergebenden Schwierigkeiten zu erwägen sei, das Richterrecht stärker an den landesverfassungsrechtlichen Grundsätzen zu orientieren.[117]

IV. Internationale Rechtsgrundlagen

Ein „Recht auf Streik" oder allgemein darauf, Arbeitskampfmaßnahmen durchzuführen, könnte sich auch aus verschiedenen internationalen Vereinbarungen ergeben, wobei deren innerstaatliche Wirkungskraft teilweise sehr umstritten und fraglich ist. Für die Bedeutung des Arbeitsvölkerrechts hinsichtlich der Ausgestaltung des Arbeitskampfrechts ist jedoch zunächst davon auszugehen, dass völkerrechtliche Verträge mit dem jeweiligen Zustimmungsgesetz ein Teil der innerstaatlichen Rechtsordnung geworden sind, sodass diese zu befolgen, anzuwendenden und zu respektieren sind.[118] Da eine unmittelbare Anwendung bei atypischen Arbeitskampfformen mangels konkreter Aussagen zu diesen nicht in Betracht kommt, sind vor allem die Vorgaben für die richterrechtliche Ausgestaltung des Arbeitskampfrechts

---

112 *Kissel*, § 19 Rn. 7.

113 BAG v. 26.4.1988, NZA 1988, 775, 779; a. A. zumindest hinsichtlich der Begründung *Otto*, § 4 Rn. 73 ff.: Das Richterrecht zum Arbeitskampf sei zu punktuell, um die konkurrierende Gesetzgebungszuständigkeit des Landes zu beschneiden. Zudem spreche das BAG der Norm – wenig überzeugend – den Grundrechtscharakter ab.

114 *Kissel*, § 19 Rn. 8.

115 BAG v. 20.12.1963, NJW 1964, 883; BAG v. 21.4.1971, NJW 1971, 1668; BAG v. 7.6.1988, NJW 1989, 63; *Gamillscheg*, KollArbR I, S. 1088; *Kissel*, § 25 Rn. 11; *Otto*, § 6 Rn. 22 ff.

116 Siehe nachfolgend: 1. Teil C. V. 2. c) S. 74 ff.

117 *Däubler*, in: Däubler, § 9 Rn. 48.

118 *Deinert*, in: Rehder/Deinert/Callsen, S. 72 f. m. w. N.

relevant.[119] Im Folgenden soll auf verschiedene internationale Rechtsgrundlagen des Arbeitskampfrechts eingegangen werden, die möglicherweise in der Lage sind, Einfluss auf das hiesige Recht zu nehmen.[120]

1. *Art. 11 EMRK*

Die Europäische Menschenrechtskonvention (EMRK) und der für ihre Auslegung und Anwendung eingerichtete Europäische Gerichtshof für Menschenrechte (EGMR) bilden die wichtigsten Garanten für die Menschenrechte in Europa.[121] Art. 6 Abs. 2 EUV verpflichtet die Europäische Union zum Beitritt zur EMRK. Sobald dies geschehen ist, wird die Menschenrechtskonvention zur dritten Rechtsquelle der Unionsgrundrechte neben den allgemeinen Rechtsgrundsätzen und der Europäischen Grundrechtscharta.[122] In Art. 11 der EMRK ist ausdrücklich lediglich die Koalitionsfreiheit als Menschenrecht statuiert. Sie enthält aber keine explizite Regelung des Arbeitskampfes.[123]

Im Wortlaut des Art. 11 EMRK heißt es:

> „1. Jede Person hat das Recht, (...) sich frei mit anderen zusammenzuschließen; dazu gehört auch das Recht, zum Schutz seiner Interessen Gewerkschaften zu gründen und Gewerkschaften beizutreten.
> 2. Die Ausübung dieser Rechte darf nur Einschränkungen unterworfen werden, die gesetzlich vorgesehen und in einer demokratischen Gesellschaft notwendig sind für die nationale und öffentliche Sicherheit, zur Aufrechterhaltung der Ordnung oder zur Verhütung von Straftaten, zum Schutz der Gesundheit oder der Moral oder zum Schutz der Rechte und Freiheiten anderer. (...)“

Der EGMR interpretiert die Vorschrift jedoch neuerdings dahin gehend, dass auch die praktische Ausübung der Koalitionsfreiheit zum Schutz ihrer Mitglieder erlaubt sein muss und daher der Arbeitskampf von Art. 11 EMRK mit umfasst ist.[124]

Unbestritten ist, dass die EMRK innerstaatlich bindend ist und unmittelbare Rechte und Pflichten für jeden Einzelnen begründet.[125] In seinem „*Görgülü*“-Beschluss, in welchem das BVerfG umfassend zum Verhältnis zur EMRK Stellung

---

119 *Deinert*, in: Rehder/Deinert/Callsen, S. 73.

120 Siehe zu weiteren, hier nicht thematisierten, Vereinbarungen im Rahmen der EU oder UN-Übereinkommen überblicksartig etwa *Lörcher*, in: Däubler, § 10 Rn. 54 ff.; *Otto*, § 4 Rn. 51 ff., 58; *Deinert*, in: Rehder/Deinert/Callsen, S. 84 f.

121 *Kocher*, in: BKS, Grundlagen, Rn. 96a; *Lörcher*, in: Däubler, § 10 Rn. 35.

122 *Zöllner/Loritz/Hergenröder*, § 11 Rn. 5.

123 *Lörcher*, in: Däubler, § 10 Rn. 36; *Linsenmaier*, in: Art. 9 GG Rn. 106.

124 EGMR v. 21.4.2009 – 68959/01, "Enerji Yapi-Yol Sen", AuR 2009, 274 ff. (auszugsweise Übersetzung); siehe zuletzt bestätigend EGMR 27.11.2014 – 36701/09, BeckRS 2015, 80123.

125 *Kissel*, § 20 Rn. 37; *Lörcher*, in: Däubler, § 10 Rn. 37; *Löwisch/Rieble*, Grundl. Rn. 315; *Otto*, § 4 Rn. 50.

genommen hat, betont es, dass die EMRK ein völkerrechtlicher Vertrag sei, welche gemäß Art. 59 Abs. 2 S. 1 GG in das deutsche Recht transformiert worden sei und im Range eines Bundesgesetzes stehe.[126] Deutsche Gerichte hätten die Konvention, wie anderes Gesetzesrecht, aufgrund der Völkerrechtsfreundlichkeit des Grundgesetzes im Rahmen methodisch vertretbarer Auslegung zu beachten und anzuwenden.[127]

Zudem soll bei der Auslegung des Grundgesetzes die Rechtsprechung des EMGR berücksichtigt werden.[128] Die über das Zustimmungsgesetz ausgelöste Pflicht zur Berücksichtigung der Gewährleistungen der EMRK und der Entscheidungen des Gerichtshofs erfordere zumindest, dass die entsprechenden Texte und Judikate zur Kenntnis genommen und in den Willensbildungsprozess des zu einer Entscheidung berufenen Gerichts, der zuständigen Behörde oder des Gesetzgebers einfließen würden.[129] Solange im Rahmen geltender methodischer Standards Auslegungs- und Abwägungsspielräume eröffnet seien, treffe deutsche Gerichte die Pflicht, der konventionsgemäßen Auslegung den Vorrang zu geben.[130] Weiter führt das BVerfG aus, der Konventionstext und die Rechtsprechung des EGMR würden auf der Ebene des Verfassungsrechts als Auslegungshilfen für die Bestimmung von Inhalt und Reichweite von Grundrechten und rechtsstaatlichen Grundsätzen des Grundgesetzes dienen, sofern dies nicht zu einer Einschränkung oder Minderung des Grundrechtsschutzes nach dem Grundgesetz führe.[131]

Daher muss das BAG, wenn es rechtsfortbildend im Arbeitskampfrecht tätig wird, den völkerrechtlichten Verpflichtungen der Bundesrepublik Rechnung tragen.[132] Die Pflicht zur völkerrechtskonformen Auslegung der Grundrechte und völkerrechtsfreundlichen Auslegung des einfachen Gesetzesrechts wurde zwar vom BVerfG in Bezug auf die EMRK entwickelt, doch lassen sich diese Grundsätze unter anderem auf die ESC sowie die grundlegenden Regelungen der ILO-Übereinkommen übertragen.[133] Auch die Entscheidungen *„Demir und Baykara“*[134] sowie *„Enerji Yapi-Yol Sen“*[135] haben die Bedeutung und Stellung der EMRK weiter gestärkt, indem u. a. nun auch offiziell anerkannt wurde, dass das Streikrecht von Art. 11 EMGR geschützt sei und ein generelles Verbot des Beamtenstreiks dazu in Widerspruch stehe. Methodisch fragwürdig ist jedoch die ausdrückliche Bezugnahme in der Begründung auf

---

126 BVerfG v. 14.10.2004, NJW 2004, 3407, 3408; vgl. auch *Jacobs/Schmidt*, EuZA 2016, 82, 92 m. w. N.
127 BVerfG v. 14.10.2004, a. a. O.; *Jacobs/Schmidt*, EuZA 2016, 82, 92.
128 BVerfG v. 26.3.1987, NJW 1987, 2427.
129 BVerfG v. 14.10.2004, NJW 2004, 3407, 3410.
130 BVerfG v. 14.10.2004, NJW 2004, 3407, 3411.
131 BVerfG v. 14.10.2004, NJW 2004, 3407, 3408.
132 *Deinert*, in: Rehder/Deinert/Callsen, S. 74.
133 *Lörcher*, in: Däubler, § 10 Rn. 17; *Deinert*, in: Rehder/Deinert/Callsen, S. 74.
134 EGMR v. 12.11.2008 – 34503/97, AuR 2009, 269 ff.
135 EGMR v. 21.4.2009 – 68959/01, “Enerji Yapi-Yol Sen”, AuR 2009, 274 ff. (auszugsweise Übersetzung).

die Normen der ILO und der ESC.[136] Wie im Folgenden noch dargestellt werden wird, ist die Durchsetzungskraft der ESC eher gering, doch wird diese über Art. 11 EGMR über einen Umweg letztendlich doch „importiert".[137]

Auch wenn der EMRK im Bereich der Koalitionsfreiheit von den deutschen Gerichten bisher keine allzu große Beachtung geschenkt wurde, wird sich dies in Zukunft aufgrund der neueren EGMR Rechtsprechung vermutlich ändern.[138] Bei der Beurteilung atypischer Arbeitskampfmaßnahmen ist dann insbesondere zu berücksichtigen, dass alle Einschränkungen des Streikrechts den besonderen Rechtfertigungsanforderungen des Art. 11 Abs. 2 EMRK standhalten müssen.[139]

2. *Europäische Sozialcharta*

Sehr häufig wird auf die Europäische Sozialcharta (ESC) vom 18.10.1961 Bezug genommen. Ihr soll für das Streikrecht eine „hervorragende Bedeutung" zukommen, da dort das Streikrecht zum ersten Mal auf internationaler Ebene ausdrücklich anerkannt worden sei.[140]

Insbesondere Art. 6 Nr. 4 ESC wird in den Fokus gerückt, in dem es heißt:

> „Um die wirksame Ausübung des Rechtes auf Kollektivverhandlungen zu gewährleisten, verpflichten sich die Vertragsparteien (...) und anerkennen das Recht der Arbeitnehmer und der Arbeitgeber auf kollektive Maßnahmen einschließlich des Streikrechts im Falle von Interessenkonflikten, vorbehaltlich etwaiger Verpflichtungen aus Gesamtarbeitsverträgen."

Ergänzend wird in Teil V der ESC in Art. 31 festgehalten, dass Einschränkungen oder Begrenzungen der Rechte nur zugelassen werden, wenn sie gesetzlich vorgeschrieben und in einer demokratischen Gesellschaft zum Schutze der Rechte und Freiheiten anderer oder zum Schutze der öffentlichen Sicherheit und Ordnung, der Sicherheit des Staates, der Volksgesundheit und der Sittlichkeit notwendig sind.

Aus dem insofern eindeutigen Wortlaut des Art. 6 ESC wird nicht nur das Streikrecht abgeleitet. Durch die Nennung der „kollektiven Maßnahmen" wird vielmehr auch Raum geboten für die Begründung weiterer Arbeitskampfmaßnahmen, da der Wortlaut der Bestimmung nicht auf spezielle Arbeitskampfformen beschränkt ist, sondern den Streik als eine bestimmte Form lediglich beispielhaft nennt.[141] Auch wird aus Art. 6 Nr. 4 ESC nach Auffassung des Ministerkomitees des Europarats die Unvereinbarkeit der Beschränkung des Streikrechts auf tariflich regelbare Ziele

---

136 *Buchholtz*, S. 253, 261, 263, 276 f.; *Jacobs/Schmidt*, EuZA 2016, 82, 86; *Löwisch/Rieble*, Grundl. Rn. 324, 327.

137 *Buchholtz*, S. 271 ff.; *Löwisch/Rieble*, Grundl. Rn. 327.

138 So auch *Lörcher*, in: Däubler, § 10 Rn. 42.

139 *Lörcher*, in: Däubler, a. a. O.

140 *Lörcher*, in: Däubler, § 10 Rn. 20.

141 *Gamillscheg*, KollArbR I, S. 956 f.; *Deinert*, in: Rehder/Deinert/Callsen, S. 76.

und gewerkschaftlich organisierte Arbeitsniederlegungen gefolgert.[142] Selbst eine Beschränkung des Streikrechts durch den Verhältnismäßigkeitsgrundsatz könnte nach Art. 6 Nr. 4 ESC nicht europarechtskonform sein.[143] Diese möglichen Konfliktfelder werden im Einzelnen an den entsprechenden Stellen dieser Untersuchung näher beleuchtet.

Sehr umstritten ist allerdings bereits die Frage, ob die Bestimmungen der ESC unmittelbar geltendes Bundesrecht sind oder lediglich eine völkerrechtliche Verpflichtung der Bundesrepublik Deutschland darstellen. Eine unmittelbare Geltung hätte zur Konsequenz, dass das BAG im Bereich des Streikrechts keine Rechtsfortbildung betreiben dürfte, sondern darauf beschränkt wäre, Art. 6 Nr. 4 ESC als nationales Recht auszulegen.[144] Das BVerfG hat diese Frage in einer Entscheidung zu Art. 5 ESC offen gelassen.[145] Gerade mit Blick auf den Wortlaut der Vorschrift, die in Art. 6 Nr. 4 ESC von „anerkennen" spricht (im Gegensatz zu „sich verpflichten" in Art. 6 Nr. 1–3 ESC), wird für eine unmittelbare Geltung der ESC argumentiert.[146] Gegen diese Lesart wendet sich jüngst deutlich *Buchholtz*, die in dem Verb „anerkennen" „eher eine staatenverpflichtende Konnotation" sieht als ein Individualrecht der Arbeitnehmer.[147] Dies macht sie vor allem daran fest, dass die Ursprungsversion, in der es hieß „every worker has the right to strike", insofern abgemildert wurde.[148] Auch spricht besonders die Entstehungsgeschichte sowie der Anhang zu Teil III dafür, dass keine unmittelbare Wirkung durch die Schaffung der ESC beabsichtigt war.[149]

Da das Streikrecht auf keiner gesetzlichen Grundlage beruht, sondern grundrechtlich in Art. 9 Abs. 3 GG verankert ist und die Auslegung deshalb eine wichtige Rolle spielt, kommt dem internationalen Recht und damit auch der ESC jedoch an dieser Stelle eine besondere Bedeutung zu. Die Regelungen können dem auslegungsbedürftigen Art. 9 Abs. 3 GG als Auslegungshilfe dienen, was die völkerrechtlich übernommene Verpflichtung, die ESC zu berücksichtigen, auch rechtfertigt, sodass

---

142 Empfehlung des Ministerkomitees v. 2.3.1998, AuR 1998, 156; diese Auslegung wohl unterstützend *Czycholl/Frieling*, ZESAR 2011, 322, 325; *Rieble*, RdA 2005, 200, 202 ff.; ablehnend allerdings die Bundesregierung BT-Drucks. 13/11415 v. 3.9.1998, S. 17 f.; *Löwisch/Rieble*, Grundl. Rn. 344: Die Empfehlung bewirkt zwar eine Interpretationsmöglichkeit der ESC, ist jedoch nicht völkerrechtlich verbindlich.

143 *Lörcher*, in: Däubler, § 10 Rn. 32; offen lassend, aber eher von einer Unvereinbarkeit ausgehend *Buchholtz*, S. 159 ff.; keine Unvereinbarkeit sieht dagegen BAG v. 19.6. 2007, NZA 2007, 1055, 1058, Rn. 24; kritisch auch *Gamillscheg*, KollArbR I, S. 958.

144 *Czycholl/Frieling*, ZESAR 2011, 322, 327.

145 BVerfG v. 20.10.1981, NJW 1982, 815, 817.

146 *Czycholl/Frieling*, ZESAR 2011, 322, 324 ff.; *Lörcher*, in: Däubler, § 10 Rn. 22 m. w. N.

147 *Buchholtz*, S. 210.

148 *Buchholtz*, a. a. O.

149 *Buchholtz*, S. 206 ff. ist der Meinung, dass sowohl Wortlaut, Systematik, Telos und Historie gegen eine unmittelbare Anwendbarkeit von Art. 6 Nr. 4 ESC sprechen; *Gamillscheg*, KollArbR I, S. 957 f. m. w. N.; *Kissel*, § 20 Rn. 19; *Otto*, § 4 Rn. 55; *Seiter*, Streikrecht, S. 133 f.

„völkerrechtsfreundlich" ausgelegt werden kann.[150] Das BAG stellte fest, der Richter, der die bestehenden gesetzlichen Lücken anhand von Wertentscheidungen des Gesetzgebers auszufüllen habe, müsse sich an die Regeln halten, die der Gesetzgeber als für die Bundesrepublik Deutschland verbindlich akzeptiert habe.[151] Er dürfe völkerrechtliche Verpflichtungen nicht verletzen. Wenn der Richter das Streikrecht begrenzen wollen würde, dürfe er nur solche Grundsätze aufstellen, die nach Art. 31 Abs. 1 ESC zulässig seien. Auch das BVerfG stellte als Reaktion auf die Görgülü-Entscheidung des EGMR[152] in seinem diesbezüglichen Beschluss klar, dass die Berücksichtigungspflicht ein verfassungsrechtliches Gebot gemäß Art. 20 Abs. 3 GG i. V. m. dem Zustimmungsgesetz zum völkerrechtlichen Vertrag sei und der rechtsauslegende Richter stets zur völkerrechtsfreundlichen Auslegung verpflichtet sei.[153] Die Grundsätze zur Auslegung innerstaatlichen Rechts sind zwar anhand und für die EMRK entwickelt worden, doch sind sie auf alle völkerrechtlichen Verträge zu übertragen.[154]

In jüngerer Vergangenheit berücksichtigt das BAG die ESC folgerichtig auch mit steigender Tendenz, auch wenn es anscheinend davon ausgeht, dass Art. 6 Nr. 4 ESC kein unmittelbar geltendes Bundesrecht ist, sondern es sich lediglich um eine völkerrechtliche Verpflichtung handelt, deren Regeln die Gerichte bei der Auslegung von Gesetzesrecht beachten müssen.[155] So hat es zwar die tarifvertragliche Friedenspflicht im Hinblick auf Art. 6 Nr. 4 ESC als nicht beanstandenswert angesehen, zugleich aber in einem *obiter dictum* die Beschränkung eines rechtmäßigen Arbeitskampfes auf tariflich regelbare Ziele zumindest für die Zukunft wiederholt offen gelassen.[156] Das ArbG Gelsenkirchen stellte gar in Aussicht, wegen der gebotenen völkerrechtskonformen Auslegung gewerkschaftslose „wilde" Streiks zu legalisieren.[157]

3. ILO-Übereinkommen Nr. 87

Zum einfachen innerstaatlichen Bundesrecht gehört das ILO-Übereinkommen Nr. 87 über die Vereinigungsfreiheit[158], welches das „wohl wichtigste Übereinkommen" der knapp 190 bestehenden Übereinkommen ist und von der Bundesrepublik Deutschland auch ratifiziert wurde.[159] Dieses Übereinkommen entstand im Rahmen der Internationalen Arbeitskonferenz[160], welche zuweilen auch als das „Weltparlament

---

150 BVerfG v. 26.3.1987, NJW 1987, 2427; BVerwG v. 18.12.1992, NVwZ 1993, 778; *Buchholtz*, S. 239; *Kissel*, § 20 Rn. 31; *Lörcher*, in: Däubler, § 10 Rn. 4; *Löwisch/Rieble*, Grundl. Rn. 341, 345; *Otto*, § 4 Rn. 55.

151 BAG v. 12.9.1984, NZA 1984, 393, 398.

152 EGMR v. 26.2.2004 – 74969/01, NJW 2004, 3397.

153 BVerfG v. 14.10.2004, NJW 2004, 3407, 3408; vgl. auch *Buchholtz*, S. 239 f.

154 *Lörcher*, in: Däubler, § 10 Rn. 17.

155 BAG v. 19.6.2007, NZA 2007, 1055, 1058, Rn. 24.

156 BAG v. 10.12.2002, NZA 2003, 734, 740; BAG v. 24.4.2007, NZA 2007, 987, 994.

157 ArbG Gelsenkirchen v. 13.3.1998, NZA-RR 1998, 352 ff.

158 BVerfG v. 20.10.1981, NJW 1982, 815, 817; *Hayen/Ebert*, AuR 2008, 19, 22 f.

159 *Lörcher*, in: Däubler, § 10 Rn. 43; *Deinert*, in: Rehder/Deinert/Callsen, S. 81.

160 *Hayen/Ebert*, AuR 2008, 19, 22.

der Arbeit" bezeichnet wird.[161] Auch hier ist der Arbeitskampf oder ein bestimmtes Arbeitskampfmittel nicht ausdrücklich garantiert.[162]

Art. 3 des ILO-Übereinkommens Nr. 87 lautet:

> „1. Die Organisationen der Arbeitnehmer und der Arbeitgeber haben das Recht, sich Satzungen und Geschäftsordnungen zu geben, ihre Vertreter frei zu wählen, ihre Geschäftsführung und Tätigkeit zu regeln und die Programme aufzustellen.
> 2. Die Behörden haben sich jedes Eingriffes zu enthalten, der geeignet wäre, dieses Recht zu beschränken oder dessen rechtmäßige Ausübung zu behindern."

Für die Auslegung des Übereinkommens ist die Spruchpraxis des Sachverständigenausschusses und des Ausschusses für die Vereinigungsfreiheit relevant, die beide wichtige Überwachungsorgane der ILO sind. Ersterer interpretiert die Übereinkommen im Rahmen des Berichtwesens, während letzterer im Rahmen eines Beschwerdeverfahrens bei Verletzungen von Gewerkschaftsrechten tätig wird.[163] Beide sehen das Streikrecht als von der Vereinigungsfreiheit mitumfasst an.[164]

Auch bezüglich der möglichen Arbeitskampfformen ist man im Gegensatz zum deutschen Arbeitskampfrecht deutlich toleranter eingestellt.[165] So soll nach der Auslegungspraxis der Ausschüsse unter dem Vorbehalt der Friedlichkeit etwa ein Recht zum Bummelstreik, zum Dienst nach Vorschrift sowie zum Sitzstreik bestehen.[166] Auch die kollektive Krankmeldung soll erlaubt sein.[167] Zudem sollen Sympathiestreiks[168], Proteststreiks[169] und Betriebsbesetzungen, solange sie friedlich sind,[170]

---

161 *Lörcher*, AuR 1991, 97, 98.

162 *Lörcher*, in: Däubler, § 10 Rn. 44; *Otto*, § 4 Rn. 57.

163 *Deinert*, in: Rehder/Deinert/Callsen, S. 81 m. w. N.; *Weiss/Seifert*, in: GS Zachert, S. 130, 134 ff.

164 Committee of Experts, General Survey of the Reports of the Freedom of Association and the Right to Organize Convention (No. 87), 1948 and the Right to Organize and Collective Bargaining Convention (No. 98), 1949, Report of the Committee of Experts on the Application of Conventions and Recommendations (articles 19, 22 and 35 of the Constitution), Genf 1994, Rn. 149 ff.; Freedom of Association Committee, Freedom of Association, Digest of decisions and principles of the Freedom of Association Committee of the Governing Body of the ILO, Genf 2006, Rn. 523 ("The right to strike is an intrinsic corollary to the right to organize protected by Convention No. 87").

165 *Deinert*, in: Rehder/Deinert/Callsen, S. 83.

166 *Freedom of Association*, Digest of decisions and principles of the Freedom of Association Committee of the Governing Body of the ILO, Genf 2006, Rn. 545.

167 *Freedom of Association Committee*, Digest (Fn. 166), Rn. 586.

168 *Freedom of Association Committee*, Digest (Fn. 166), Rn. 534.

169 *Freedom of Association Committee*, Digest (Fn. 166), Rn. 526 ff.

170 *Committee of Experts*, General Survey 1994 (Fn. 164), Rn. 174 ("The Committee considers in this respect that restrictions on strike pickets and workplace occupations should be limited to **cases where the action ceases to be peaceful**"; *Freedom of Association Committee*, Digest (Fn. 166), Rn. 546.

gewährleistet sein. Wie genau die Rechtmäßigkeit solcher Maßnahmen im hiesigen Arbeitskampfrecht bewertet wird, wird später noch genauer aufgezeigt werden.[171]

In jedem Fall ist aber zu beachten, dass dies lediglich Empfehlungen der Ausschüsse sind und sie keine bindende Wirkung für die Mitgliedsstaaten entfalten.[172] Grund dafür sei, dass zur verbindlichen Auslegung der ILO-Vereinbarungen gemäß Art. 37 der ILO-Verfassung allein der Internationale Gerichtshof berufen sei, welcher sich aber bisher noch nicht mit arbeitskampfrechtlichen Fragen auseinandergesetzt habe.[173]

Das Bundesverfassungsgericht hat ausgeführt, das Übereinkommen gehöre zum einfachen innerstaatlichen Recht, enthalte allerdings keine über Art. 9 Abs. 3 GG hinausgehende Aussage zum Arbeitskampfrecht.[174] Die Berücksichtigung des ILO-Übereinkommens ist im deutschen Recht noch ausbaufähig.[175] Das BAG hat nur allgemein festgestellt, dass das Übereinkommen durch Transformationsgesetz Teil des innerstaatlichen Rechts geworden sei, ohne jedoch inhaltlich irgendeine Konsequenz daraus zu ziehen und auch das BVerfG berücksichtigt nicht ausreichend, dass die ILO-Übereinkommen zum Bestandteil des Völkergewohnheitsrechts geworden sind.[176] Auf internationaler Ebene hat es in der Vergangenheit aber bereits wachsende Bedeutung erlangt. So hat der EuGH in den Entscheidungen „*Viking*“[177] und „*Laval*“[178] das Streikrecht auch auf Grundlage und mit Verweis auf das ILO-Übereinkommen Nr. 87 anerkannt. Auch in den Verfahren „*Demir und Baykara*“[179] und „*Enerji Yapi-Yol Sen*“[180] hat der EGMR im Rahmen der Bewertung des Art. 11 EMRK – wie bereits erwähnt – das Übereinkommen in seiner Begründung herangezogen.[181]

Wenn man nach alledem auch der Meinung sein könnte, dass die Auslegungs- und Spruchpraxis der Überwachsorgane für die deutschen Gerichte nicht verbindlich

---

171 Siehe zum Bummelstreik 3. Teil B. IV. 2. S. 251 f., zum Dienst nach Vorschrift 3. Teil B. IV. 3. S. 252 ff., zur kollektiven Krankmeldung 3. Teil B. IV. 1. S. 248 ff., und zu Betriebsbesetzungen 3. Teil B. I. 2. S. 207 ff.

172 *Löwisch/Rieble*, Grdl. Rn. 362; *Otto*, § 4 Rn. 57; *Professoren-Entwurf*, S. 27 ff.

173 *Otto*, § 4 Rn. 57; *Weiss/Seifert*, in: GS Zachert, S. 130, 137; keine ausschließliche Auslegungskompetenz des Internationalen Gerichtshofes, sondern nur einen Auslegungsvorrang annehmend *Deinert*, in: Rehder/Deinert/Callsen, S. 81 f.; *Lörcher*, in: Däubler, § 10 Rn. 51 sieht ebenfalls Interpretationskompetenzen bei anderen Ausschüssen.

174 BVerfG v. 20.10.1981, NJW 1982, 815, 817; *Otto*, § 4 Rn. 57.

175 *Hayen/Ebert*, AuR 2008, 19, 23; *Lörcher*, in: Däubler, § 10 Rn. 45.

176 *Lörcher*, in: Däubler, § 10 Rn. 45.

177 EuGH v. 11.12.2007 „Viking“, NZA 2008, 124.

178 EuGH v. 18.12.2007 „ Laval“, NZA 2008, 159.

179 EGMR v. 12.11.2008 – 34503/07, „Demir und Baykara“, AuR 2009, 267 ff. (auszugsweise Übersetzung).

180 EGMR v. 21.4.2009 – 68959/01, “Enerji Yapi-Yol Sen”, AuR 2009, 274 ff. (auszugsweise Übersetzung).

181 *Lörcher*, in: Däubler, § 10 Rn. 47.

seien[182], gehört es zum Grundsatz einer „völkerrechtsfreundlichen" Handhabung, diese dennoch zu berücksichtigen. Dies kann etwa in Folge der völkerrechtsfreundlichen Auslegung erfolgen, wie es auch bei Art. 6 Nr. 4 ESC gehandhabt wird.[183] *Lörcher* ist gar der Auffassung, dass der rechtsfortbildende oder lückenfüllende Richter „einleuchtende Gründe" haben müsse, um vom Verständnis der Sachverständigenausschüsse abzuweichen.[184] Legt man jedoch die weitreichenden Abweichungen der deutschen Arbeitskampfrechtsprechung mit den ILO-Standards zu Grunde, kann kaum von einer Abweichung nur im Ausnahmefall gesprochen werden.

4. Art. 28 Europäische Grundrechtecharta

Seit dem Inkrafttreten des Vertrags von Lissabon am 1.12.2009 ist die Europäische Union (EU) mit einer eigenen Rechtspersönlichkeit versehen worden und ist als Völkerrechtssubjekt zur Rechtsetzung befugt.[185] Die für den Bürger wichtigste Neuerung ist die Schaffung eines verbindlichen Grundrechtskatalogs, die Europäische Grundrechtecharta (GRC). Diese ist zwar nicht Bestandsteil des EU-Vertrags geworden, jedoch macht Art. 6 Abs. 1 EUV deutlich, dass die Charta den gleichen Rang wie das sonstige primäre Unionsrecht hat.[186] Mit Inkrafttreten des Vertrags von Lissabon ist die Grundrechtecharta am 1.12.2009 unmittelbare Rechtsquelle des europäischen Grundrechtsschutzes geworden und ist insoweit mit den nationalen Grundrechtskatalogen vergleichbar.[187] Sie bindet nur die Mitgliedstaaten und die Organe der Europäischen Union (vgl. Art. 6 Abs. 1 EUV).[188] Für die Mitgliedstaaten ist die Charta dabei nur bei der „Durchführung von Unionsrecht" bindend (vgl. Art. 51 Abs. 1 S. 1 Var. 2 GRC).[189] Für sie gilt Art. 28 GRC nur, wenn der Anwendungsbereich des Unionsrechts eröffnet und das mitgliedstaatliche Handeln nach Unionsrecht zu beurteilen ist.[190] Daher ist Art. 28 GRC nur anwendbar, wenn die Union eine Regelungskompetenz besitzt.[191] Dem Recht aus Art. 28 GRC entspricht allerdings nur eine „indirekte Kompetenz" der Union.[192] Art. 153 Abs. 1 lit. f AEUV bestimmt zwar eine Zuständigkeit der Union für die Vertretung und kollektive Wahrnehmung der Arbeitnehmer- und Arbeitgeberinteressen. Nach Art. 153 Abs. 5

---

182 So zumindest *Konzen*, gemeinsame Anm. zu BAG EzA Nr. 75, 76 und 91 zu Art. 9 GG Arbeitskampf (BAG, Urt. v. 21.6.1988 und 8.11.1988), unter B. II. 2. c.; *Löwisch/Rieble*, Grdl. Rn. 362.

183 Dem wohl offen gegenüberstehend *Deinert*, in: Rehder/Deinert/Callsen, S. 81 f., 85.

184 *Lörcher*, in: Däubler, § 10 Rn. 53.

185 *Heuschmid*, in: Däubler, § 11 Rn. 1.

186 EuGH v. 19.1.2010, „Kücükdeveci", NZA 2010, 85 ff.; *Buchholtz*, S. 362.

187 *Pache/Rösch*, EuR 2009, 769, 775; *Pötters*, in: Preis/Sagan, § 2 Rn. 4.

188 *Kocher*, in: BKS, Grundlagen, Rn. 96b.

189 *Buchholtz*, S. 363.

190 *Wagner*, S. 57.

191 *Wagner*, S. 57 f.

192 *Folz*, in: Vedder/Heintschel von Heinegg, Art. 28 GR-Charta, Rn. 3.

AEUV gilt diese Regelungsbefugnis jedoch nicht im Bereich des Streikrechts, womit der Einflussbereich der materiellen Vorgaben des Art. 28 GRC begrenzt ist. Allerdings wird Art. 28 GRC dann in den Mitgliedstaaten relevant, wenn Unionsakte vollzogen werden, die das Streikrecht mittelbar mitregeln.[193] Wie die Fälle *Viking* und *Laval* gezeigt haben, hält der EuGH den Anwendungsbereich des Art. 28 GRC ebenfalls dann für eröffnet, wenn eine mitgliedstaatliche Maßnahme das Streikrecht zugunsten einer Grundfreiheit beschränkt.[194]

Die Grundrechtscharta garantiert in Art. 12 die Koalitionsfreiheit und in Art. 28 das Recht auf Kollektivverhandlungen und Kollektivmaßnahmen. Wörtlich heißt es in Art. 28 GRC:

> „Die Arbeitnehmerinnen und Arbeitnehmer sowie die Arbeitgeberinnen und Arbeitgeber oder ihre jeweiligen Organisationen haben nach dem Unionsrecht und den einzelstaatlichen Rechtsvorschriften und Gepflogenheiten das Recht, Tarifverträge auf den geeigneten Ebenen auszuhandeln und zu schließen sowie bei Interessenkonflikten kollektive Maßnahmen zur Verteidigung ihrer Interessen, einschließlich Streiks, zu ergreifen."

Arbeitnehmern und ihren Organisationen wird in Art. 28 GRC gestattet, kollektive Maßnahmen zur Verteidigung ihrer Interessen zu ergreifen. Zu den kollektiven Maßnahmen werden ausdrücklich Streiks gezählt, wobei die Formulierung „einschließlich Streiks" darauf hindeutet, dass neben den Streiks noch andere kollektive Maßnahmen geschützt sein sollen.[195] Es ist nicht nur ein *numerus clausus* an Arbeitskampfmitteln gewährleistet.[196] Dem wird zwar entgegengehalten, dass den Mitgliedstaaten nicht jede Arbeitskampfform aufgedrängt werden dürfe.[197] Doch dies verhindert schon der begrenzte Anwendungsbereich des Art. 28 GRC sowie die Anpassungsmöglichkeit an die mitgliedstaatlichen Rechtsordnungen und Gepflogenheiten.[198] Umstritten ist nämlich, ob Art. 28 GRC ein eigener Regelungsgegenstand zuzuerkennen ist, der die Ausgestaltungsbefugnis der Mitgliedstaaten begrenzt und insoweit Mindestvorgaben setzt oder ob sich das Ausmaß der Gewährleistung des Art. 28 GRC ausschließlich nach dem Recht des jeweiligen Mitgliedstaates richtet.[199] Im Ergebnis erscheint die Deutung des Verweises in Art. 28 GRC als

---

193 *Buchholtz*, S. 366 f.; *Heuschmid*, in: Däubler, § 11 Rn. 169; a. A. mit einer weiteren Auslegung *Pötters*, in: Preis/Sagan, § 2 Rn. 24.

194 *Buchholtz*, S. 368 f.; *Willemsen/Sagan*, NZA 2011, 258, 259; a. A. *Heuschmid*, in: Däubler, § 11 Rn. 170.

195 *Holoubek*, in: Schwarze, EU-Kommentar, Art. 28 GRC, Rn. 11; *Thüsing/Traut*, RdA 2012, 65, „beispielhafte Aufführung des Streiks"; *Wolffgang*, in: Lenz/Borchardt, Art. 28 GrCh, Rn. 6.

196 *Heuschmid*, in: Däubler, § 11 Rn. 38 f.; *Schubert*, in: Franzen/Gallner/Oetker, Art. 28 GRC Rn. 35, Rn. 46.

197 *Konzen*, in: FS Säcker, 229, 237.

198 *Schubert*, in: Franzen/Gallner/Oetker, Art. 28 GRC Rn. 35.

199 Für eigenständige Bedeutung etwa: *Buchholtz*, S. 371; *Heuschmid*, in: Däubler, § 11 Rn. 56; a. A. *Hilje*, S. 154 f.; *Thüsing/Traut*, RdA 2012, 65, 69 ff.

bloßer Ausgestaltungsvorbehalt nicht sachgerecht. Art. 28 GRC garantiert kollektive Maßnahmen, einschließlich des Streikrechts, sodass diese nicht abgeschafft werden dürfen. Die Europäische Union (EU) darf aufgrund von Art. 153 Abs. 5 AEUV zwar nicht selbst tätig werden, sodass man annehmen könnte, die Regelungen durch die jeweiligen nationalen Rechte seien konstitutiv für den Gewährleistungsumfang.[200] Dass Art. 28 GRC aber gar keinen materiellen Gehalt haben soll, verträgt sich nicht mit dem Grundrechtscharakter der Vorschrift.[201] Daher ist ein Mindestschutzumfang des Art. 28 GRC unionsrechtlich vorgegeben und es dürfen solche Ausgestaltungen durch die Mitgliedstaaten vorgenommen werden, die der *ratio* des Art. 28 GRC entsprechen.[202]

Wie sich aus den Erläuterungen zur Grundrechtscharta ergibt, stützt sich Art. 28 GRC auf Art.6 Nr. 4 ESC.[203] Die Erläuterungen sind zwar nicht rechtsverbindlich,[204] aber bei der Auslegung der EU-Grundrechtecharta von den Gerichten der Union und den Mitgliedstaaten gemäß Art. 52 Abs. 7 EU-GRC „gebührend zu berücksichtigen". Es wird darauf verwiesen, dass das Recht auf kollektive Maßnahmen vom EGMR als ein wesentlicher Bestandteil des gewerkschaftlichen Vereinigungsrechts in Art. 11 EMRK anerkannt wurde. Art. 28 GRC begründe eine über Art.11 EMRK hinausgehende „umfassende Gewährleistungsverantwortung für eine Gestaltung der Arbeitsverhältnisse aufgrund einer funktionierenden Tarifautonomie."[205] Dennoch steht Art. 28 GRC unter dem Vorbehalt des Unionsrechts und der einzelstaatlichen Rechtsvorschriften und Gepflogenheiten.[206] Ein verbindlicher Mindestschutzumfang des Art. 28 GRC ist aber – wie beschrieben – unionsrechtlich vorgegeben.[207] Die Mindestvorgaben ergeben sich dabei sowohl aus Art. 11 EMRK als auch aus Art. 6 Nr. 4 ESC, die bei der unionsrechtlichen und mitgliedstaatlichen Ausgestaltung zu beachten sind.[208] In Art. 6 Abs. 2 EUV wird die EU zum Beitritt zur EMRK verpflichtet und in Art. 6 Abs. 3 EUV werden die Rechte der EMRK als allgemeine Grundsätze für verbindlich erklärt. Die Maßstäbe der ILO-Übereinkommen fließen in die Auslegung des Art. 28 GRC ein. Ähnliches gilt für Art. 6 ESC.[209]

---

200 *Hilje*, S. 155.

201 *Zwanziger*, RdA-Beil. 2009, 10, 17; *Heuschmid*, in: Däubler, § 11 Rn. 56 will der Formulierung dagegen keine eigenständige Bedeutung beimessen, sondern sieht darin nur eine Klarstellungsnorm zur Kompetenzverteilung.

202 *Buchholtz*, S. 371; *Zwanziger*, RdA-Beil. 2009, 10, 17 f.

203 *Buchholtz*, S. 362 f.; Erläuterungen zur Grundrechtecharta (2007/C303/02 v. 14.12.2007, ABl. Nr. C 303 S. 17); online abrufbar unter: http://eur-lex.europa.eu/LexUriServ/LexUriServ.do?uri=OJ:C:2007:303:0017:0035:DE:PDF, S. 10.

204 *Thüsing/Traut*, RdA 2012, 65, 68.

205 *Holoubek*, in: Schwarze, EU-Kommentar, Art. 28 GRC, Rn. 11.

206 *Thüsing/Traut*, RdA 2012, 65, 69.

207 *Buchholtz*, S. 371.

208 Siehe dazu ausführlich *Buchholtz*, S. 372 ff.; *Schubert*, in: Franzen/Gallner/Oetker, Art. 28 GRC Rn. 8 f.; *Thüsing/Traub*, RdA 2012, 65, 70.

209 *Kocher*, in: BKS, Grundlagen, Rn. 96b m. w. N.

Durch die Rechtsprechung des EuGH beeinflussen jedoch auch die EU-Grundfreiheiten (z. B. die Dienst- und die Niederlassungsfreiheit) mittlerweile die grenzüberschreitende Tarifautonomie.[210] In den Urteilen *Viking* und *Laval*, deren unmittelbare praktische Bedeutung jedoch auf grenzüberschreitende Konflikte begrenzt ist, hat der EuGH etwa das Streikrecht als europäisches Grundrecht gleichwertig zu den Grundfreiheiten anerkannt. Er hat aber dennoch das Koalitions- und Streikrecht insofern eingeschränkt, als dass er es den Gerichten vorbehält zu überprüfen, ob der Arbeitskampf im konkreten Fall tatsächlich Ziele des Arbeitnehmerschutzes verfolgt. Es ist fraglich, ob dies Bestand vor der EMRK haben kann, der die EU beitreten will.[211]

Neben der Grundrechtecharta gelten die durch die Gerichte entwickelten Grundrechte als ungeschriebene allgemeine Rechtsgrundsätze weiter (vgl. Art. 6 Abs. 3 EUV).[212] Die jahrzehntelange Rechtsprechung des EuGH zum europäischen Grundrechtsschutz wurde somit primärrechtlich verankert.[213]

V. Rechtsprechung

Zwar stellt die Rechtsprechung keine echte Rechtsquelle dar, sodass der hier gewählte Standort auf den ersten Blick verfehlt erscheinen mag. Doch hat die Zurückhaltung des Gesetzgebers im Arbeitskampfrecht dazu geführt, dass das geltende Arbeitskampfrecht durch die Rechtsprechung geregelt worden ist.[214]

Die These *Gamillschegs* „Der Richter ist der eigentliche Herr des Arbeitsrechts“[215] trifft daher im besonderen Maße auf das Arbeitskampfrecht zu.[216] Mangels Regelungswillens des Gesetzgebers, das Arbeitskampfrecht zu kodifizieren, obwohl zum Teil sogar von einer Regelungspflicht des Gesetzgebers ausgegangen wird,[217] kommt der Rechtsprechung, insbesondere dem BAG und dem BVerfG, bei dessen Gestaltung eine herausragende Bedeutung zu. Aufgrund der beschränkten Aussagen der Verfassung zum Arbeitskampfrecht, lässt sich die Rechtsprechung des BAG größtenteils nicht der Verfassungsgarantie entnehmen und kann somit nur als Rechtschöpfung verstanden werden.[218] Im Gegensatz dazu wird allerdings teilweise Wert darauf

---

210 *Kocher*, in: BKS, Grundlagen, Rn. 101 f.; zum Streikrecht etwa: EuGH v. 11.12.2007 „Viking“, NZA 2008, 124; EuGH v. 18.12.2007 „ Laval“, NZA 2008, 159.

211 *Kocher*, in: BKS, Grundlagen, Rn. 106.

212 *Pötters*, in: Preis/Sagan, § 2 Rn. 5.

213 *Hilje*, S. 149.

214 *Däubler*, in: Däubler, § 9 Rn. 25 ff.; *Scholz*, in: Maunz/Dürig, Art. 9 Abs. 3 GG Rn. 168.

215 *Gamillscheg*, AcP 164 (1964), 385, 388.

216 *Treber*, S. 248.

217 Auf das BVerfG verweisend *Otto*, § 4 Rn. 60.

218 *Gamillscheg*, KollArbR I, S. 954; *Otto*, § 4 Rn. 65; a. A. wohl *Kissel*, NZA 1990, 545, 549, der die Rspr. des BAG als bloße Rechtsanwendung begreift.

gelegt, dass „Richterrecht“ keine Rechtsquelle, sondern Rechtsanwendung sei, dessen Aufgabe es sei, das Gesetz zu interpretieren und das Recht fortzubilden.[219]

Es wäre zwar einerseits wünschenswert, wenn das Arbeitskampfrecht in eine gesetzliche Form gegossen werden würde, jedoch kann man andererseits auch die berechtigte Frage stellen, ob dies letztendlich einen signifikanten Zugewinn bringen würde. Würde man lediglich die Grundzüge regeln, bliebe es bei der sehr bedeutenden Rolle der Rechtsprechung und würde man umgekehrt sehr detaillierte Regelungen treffen, würde dies zum einen die Gefahr in sich bergen, dass das momentan austarierte Arbeitskampfrecht dann eine Partei benachteiligen könnte und zum anderen könnten Strukturänderungen in der Arbeitswelt und damit verbundene Entwicklungen in der Arbeitskampflandschaft dafür sorgen, dass ein detailliertes Gesetz in wenigen Jahren wieder vollends überarbeitet werden müsste.[220] Eine fehlende gesetzliche Grundlage birgt daher zwar Schwächen, jedoch können anscheinend beide Parteien – legt man den fehlenden großen „Aufschrei“ und die ausbleibende Forcierung eines Arbeitskampfrechtsgesetzes zugrunde – mit dem durch das BVerfG und BAG geschaffenen flexiblen Konstrukt sehr gut leben.

Das BVerfG führte zur „schöpferischen Rechtsfindung“ der Gerichte insofern aus, dass es Aufgabe der Rechtsprechung sei, jene Wertvorstellungen, die der verfassungsmäßigen Rechtsordnung immanent seien, aber in den geschriebenen Gesetzen nur unvollständig zum Ausdruck kämen, in den Entscheidungen – frei von Willkür – zu realisieren. „Die richterliche Entscheidung schließt dann diese Lücke nach den Maßstäben der praktischen Vernunft und den fundierten allgemeinen Gerechtigkeitsvorstellungen der Gemeinschaft.“[221] Zur richterlichen Ausgestaltung des gesetzlich weitgehend ungeregelten Arbeitskampfrechts tat das BAG in neuerer Zeit sehr umfangreich sein Selbstverständnis kund:[222]

> „[Die Gerichte] müssen vielmehr bei unzureichenden gesetzlichen Vorgaben das materielle Recht mit den anerkannten Methoden der Rechtsfindung aus den allgemeinen Grundsätzen ableiten, die für das betreffende Rechtsverhältnis maßgeblich sind. (...)
> Bei der Ausgestaltung des Arbeitskampfrechts sind zunächst die Grenzen zu beachten, welche die Tarifvertragsparteien für etwaige Arbeitskämpfe selbst gezogen haben. Im Übrigen haben die Gerichte darauf zu achten, dass ein vorhandenes Kräftegleichgewicht zwischen den Tarifvertragsparteien nicht gestört oder ein Ungleichgewicht verstärkt wird. Zentraler Bewertungsmaßstab ist dabei der Grundsatz der Verhältnismäßigkeit. (...)
> Bei der Ausgestaltung des Arbeitskampfrechts haben die Gerichte insbesondere zu beachten, dass jegliche Reglementierung zugleich eine Beschränkung der durch Art. 9

219 Vgl. ausführlich dazu *Kissel*, § 21 Rn. 12, 19 ff.; *Ricken*, in: MüArbR, § 199 Rn. 4; a. A. *Otto*, § 4 Rn. 66 der die Wortwahl Kissels kritisiert, dass die Rspr. des BAG bloße „Rechtsanwendung“ sei.

220 Mit ähnlichen Bedenken *Deinert*, in: Rehder/Deinert/Callsen, S. 46.

221 BVerfG v. 14.2.1973, NJW 1973, 1221, 1225.

222 BAG v. 19.6.2007, NZA 2007, 1055, 1057 f.

Abs. 3 GG gewährleisteten Betätigungsfreiheit darstellt, die der verfassungsrechtlichen Rechtfertigung bedarf. (...)
Für die Ausgestaltung des Arbeitskampfrechts stellt die Funktionsfähigkeit der Tarifautonomie sowohl Rechtfertigung als auch Grenze dar."

Das sich hier aufdrängende Problem ist, die Grenzen zu bestimmen, in denen die Gerichte tätig werden können.[223] Die Aufgabenumschreibungen der Gerichte durch das BVerfG und das BAG enthalten eine Vielzahl unbestimmter Rechtsbegriffe. So wird kritisiert, ein solches Verfahren schaffe Rechtsunsicherheit, da Änderungen nicht vorhergesehen werden könnten, insbesondere da das BAG nicht mehr bei einer Rechtsprechungsänderung – entgegen der Auslegung des § 45 Abs. 2 ArbGG – den Großen Senat anriefe.[224]

Jedoch besteht für die Gerichte grundsätzlich keine Bindung an diese Rechtschöpfung.[225] Das BVerfG führte dazu aus:[226]

„Höchstrichterliche Urteile sind kein Gesetzesrecht und erzeugen keine damit vergleichbare Rechtsbindung. (...) Ihr Geltungsanspruch über den Einzelfall hinaus beruht allein auf der Überzeugungskraft ihrer Gründe sowie der Autorität und den Kompetenzen des Gerichts. Es bedarf deswegen nicht des Nachweises wesentlicher Änderungen der Verhältnisse oder der allgemeinen Anschauung, damit ein Gericht ohne Verstoß gegen Art. 20 Abs. 3 GG von seiner früheren Rechtsprechung abweichen kann."

Die faktische Geltungsweise mag im Vergleich zu anderen Rechtsquellen gleich sein, die normative Geltungsweise ist es aber nicht.[227] Allerdings ist davon eine Ausnahme zu machen, wenn die ständige Rechtsprechung zu Gewohnheitsrecht geworden ist.[228] Trotz fehlender Bindungspflicht der Gerichte besteht dennoch eine gewisse Konstanz in der Rechtsprechung, da gerade höchstrichterliche Entscheidungen weitgehende Beachtung und Befolgung genießen.[229] Eine gewisse Stetigkeit in der Rechtsprechung ist auch notwendig, da Rechtssicherheit und Rechtsbeständigkeit wesentliche Elemente der Rechtsstaatlichkeit sind.[230] Jedoch kann eine echte Rechtssicherheit und Stetigkeit auf Dauer nur das Gesetz bieten.[231] Dies zeigt auch der stetige Wandel im Arbeitskampfrecht, der durch die Rechtsprechung in den vergangenen Jahrzehnten – wenn sie auch größtenteils den Grundsätzen treu blieb – vollzogen wurde.

---

223 *Däubler*, in: Däubler, § 9 Rn. 27; siehe ausführlich zu den Grenzen der Gerichte: *Kissel*, § 21 Rn. 8 f.
224 *Gentz*, NZA 1985, 305, 306.
225 Ausführliche Übersicht zu dementsprechenden Zitaten der Rspr. bei: *Kissel*, § 21 Rn. 19; *Ricken*, in: MüArbR, § 199 Rn. 5.
226 BVerfG v. 26.6.1991, NZA 1991, 809, 810.
227 *Zöllner/Loritz/Hergenröder*, § 7 Rn. 58.
228 *Kissel*, § 21 Rn. 21.
229 *Kissel*, § 21 Rn. 22.
230 BVerfG v. 20.4.1982, NJW 1982, 2425.
231 *Kissel*, § 21 Rn. 29.

Man kommt nicht um die Feststellung umhin, dass die „Spielregeln des Arbeitskampfrechts" fast ausschließlich von der Rechtsprechung, und hierbei insbesondere vom BAG, entwickelt wurden und bei Bedarf verändert und konkretisiert werden. Diese Änderungen in den Leitlinien gehen häufig mit strukturellen Veränderungen in der Arbeitslandschaft und neu entwickelten, kreativen Maßnahmen und Gegenmaßnahmen der Arbeitnehmer- und Arbeitgeberseite, welche Auswirkungen auf die Arbeitskampfkultur haben, einher. Gerade in der letzten Zeit bemüht sich das BAG allerdings vermehrt seine Rechtsprechung verfassungsrechtlich zu fundieren und die kollektive Koalitionsfreiheit näher auszugestalten.[232] Dies lässt sich schon daran erkennen, dass das BAG bei der Ausgestaltung – wie soeben aufgezeigt – sich selber Grenzen gesetzt hat. Welche arbeitskampfrechtlichen Grundsätze sich dabei im Laufe der Jahre verfestigt haben, wird im Folgenden dargestellt werden.

VI. Zusammenfassung

Zusammenfassend bleibt festzuhalten, dass man – aufgrund des bundesgesetzlich nicht und landesgesetzlich nur fragmentarisch geregelten Arbeitskampfrechts – für die Beantwortung der Frage der Rechtsgrundlage des Arbeitskampfes zumindest mehrere Aspekte berücksichtigen muss.

Seine Legitimation nimmt der Arbeitskampf aus Art. 9 Abs. 3 S. 1 GG. Aufgrund des kurzen und nicht aussagekräftigen Wortlauts ist das Arbeitskampfrecht darüber hinaus jedoch ausgestaltungs- und auslegebedürftig. Dieser Aufgabe kommen die Gerichte, insbesondere das BVerfG und das BAG, nach. Berücksichtigen müssen sie dabei allerdings auch internationale Vorgaben, die – wie z. B. Art. 6 Nr. 4 ESC oder das ILO-Übereinkommen Nr. 87 – zumeist zwar nicht bindend sind, jedoch als Auslegungshilfe von den deutschen Gerichten völkerrechtsfreundlich berücksichtigt und herangezogen werden sollten. Diese internationalen Regelungen sind zwar zumeist ebenso auslegungsbedürftig, doch legen die zur Auslegung und Interpretation berufenen Organe jene Vorgaben deutlich weiter als die deutschen Gerichte aus. Zumindest internationale Vorgaben sollten daher einer umfassenden Öffnung des nationalen Arbeitskampfrechts hin zu (friedlichen) atypischen Arbeitskampfformen nicht im Weg stehen.

C. Voraussetzungen eines rechtmäßigen Arbeitskampfes

Das Arbeitskampfrecht unterliegt einer stetigen Weiterentwicklung. Es kann kein abgeschlossenes Konzept bieten und muss für die Zukunft flexibel und regulierbar sein, worin ein großer Vorteil des Richterrechts zu sehen ist. Einzelne Details künftiger Rechtsfragen können daher nicht vorgezeichnet werden, sondern es wird eine rechtliche Bewertung in der Vergangenheit liegender arbeitskampfrechtlicher

---

232 *Däubler*, in: Däubler, § 9 Rn. 31.

Vorgänge vorgenommen.[233] Um jedoch zumindest einigermaßen vorhersehbar zu sein und den Parteien Leitlinien an die Hand zu geben, wurden im Laufe der Zeit von der Rechtsprechung Grundsätze eines rechtmäßigen Arbeitskampfes entwickelt. Diese sollen im Folgenden aufgezeigt werden.

Neue Arbeitskampfmaßnahmen, wie in jüngster Zeit der „Flashmob" im Berliner Einzelhandel,[234] müssen sich an den von den Gerichten aufgestellten und entwickelten Grundsätzen messen lassen. Anhand dieser Grundsätze wird eine neuartige Arbeitskampfmaßnahme als recht- oder unrechtmäßig bewertet. Gerade bei ungewohnten Konstellationen, die bei neuen Arbeitskampfmitteln auftreten können, werden diese Grundsätze teilweise auch neu ausgelegt und weiterentwickelt. Da insbesondere die atypische Arbeitskampfmaßnahme „Flashmob" viel Aufsehen erregte[235] und nur unter Änderung bzw. Weiterentwicklung der aufgestellten Grundsätze vom BAG als rechtmäßig angesehen wurde[236], ist es sinnvoll, die Leitlinien eines rechtmäßigen Arbeitskampfes vorab einzeln vorzustellen.

I. Arbeitskampfparität

Der Grundsatz der Arbeitskampfparität (auch Verhandlungsparität, Kampfparität oder Waffengleichheit genannt) ist das „oberste Prinzip des Arbeitskampfrechts"[237] und wurde von der Rechtsprechung zu einem solchen erhoben.[238]

1. Begriff

Mit dem Begriff Arbeitskampfparität ist das annähernde Gleichgewicht der beiden beim Arbeitskampf einander gegenüberstehenden Tarifvertragsparteien bei der Durchführung eines Arbeitskampfes gemeint.[239] Der Sinn dieses Prinzips liegt darin, dass ein funktionierendes Tarifvertragssystem annähernd gleichwertige[240] Verhandlungschancen der sozialen Gegenspieler voraussetzt.[241] Ansonsten bestehe die Gefahr, dass die Regelung der Arbeitsbedingungen nicht mehr auf einem System freier Vereinbarungen beruhe, sondern eine Tarifvertragspartei der anderen von vornherein ihren Willen aufzwingen könne.[242] Bei einem deutlich bestehenden

---

233 *Deinert*, in: Rehder/Deinert/Callsen, S. 45.
234 Siehe dazu im Einzelnen später: 2. Teil S. 101 ff.
235 Zur ausführlichen Auseinandersetzung mit der Literaturkritik siehe später: 2. Teil B. S. 118 ff.
236 BAG v. 22.9.2009, NZA 2009, 1347.
237 *Hergenröder*, in: HWK, Art. 9 GG Rn. 166.
238 BVerfG v. 4.7. 1995, NZA 1995, 754; BAG v. 12.9.1984, NZA 1984, 393, 399.
239 *Kissel*, § 32 Rn. 1.
240 Es ist explizit nicht völlige Gleichheit gemeint. Diese würde zu einer Patt-Situation führen, vgl. *Coester*, Jura 1992, 84, 88.
241 BAG v. 10.6.1980, NJW 1980, 1642.
242 Grundlegend BAG v. 21.4.1971, NJW 1971, 1668, 1669; BAG v. 10.6.1980, NJW 1980, 1642, 1644.

Ungleichgewicht der Verhandlungschancen würde es sich ansonsten um ein „kollektives Betteln“[243] handeln. Telos der kollektiven Vertragsautonomie ist es allerdings, dass faire Verhandlungschancen hergestellt werden.[244] Jedoch ist das Paritätsgebot allein auf die Verhandlungsebene hinsichtlich des Abschlusses von Tarifverträgen zu beziehen.[245] Gleichgewicht auf allen Ebenen soll durch die Parität nicht garantiert werden.[246]

Die Funktion der Arbeitskampfparität ist dabei streng von der des Verhältnismäßigkeitsprinzips zu trennen.[247] Während der Grundsatz der Arbeitskampfparität sich laut dem BAG auf das „Arsenal zulässiger Kampfmittel“[248] bezieht und dementsprechend die Arbeitskampfmittel generell und institutionell betrifft, ist das Verhältnismäßigkeitsprinzip zur Beurteilung der Art und des Ausmaßes des konkreten Einsatzes heranzuziehen.[249] Zu beachten ist freilich, dass die Herstellung von Parität teilweise auch als Bezugspunkt des Verhältnismäßigkeitsprinzips angesehen wird[250] und dass das BAG auch Paritätserwägungen in der Verhältnismäßigkeitsprüfung anspricht.[251]

2. *Bestimmung der Parität*

Zu fragen ist nun, wie die Parität zu bestimmen ist. Wann liegt Parität vor? Wann ist sie gestört? Dass sich Art. 9 Abs. 3 GG keine konkreten Maßstäbe, nach denen das Kräftegleichgewicht der Tarifvertragsparteien beurteilt werden könnte, entnehmen lassen, hat bereits das BVerfG festgestellt.[252] Daher stellt *Gamillscheg* auch fest, dass es allseits große Verlegenheit bereite, das Gleichgewicht im Einzelnen zu bestimmen.[253] *Zöllner* fordert darüber hinausgehend, dass derjenige der von einer Ungleichgewichtslage rede, auch in „einigermaßen nachvollziehbarer Weise“ angeben müsse, was unter dem Gewicht eines Vertragspartners zu verstehen sei, wonach es bestimmt oder womit es gemessen werden könne.[254] Es wurde versucht, die Parität auf verschiedene Art und Weise zu bestimmen:

---

243 BAG v. 10.6.1980, NJW 1980, 1642, 1643; die Formulierung wird jedoch dem belgischen Arbeitsrechtler Roger Blanpain zugeschrieben.
244 *Linsenmaier*, in: ErfK, Art. 9 GG Rn. 112.
245 *Kissel*, § 32 Rn. 3.
246 *Eichmanns*, RdA 1977, 136 f.
247 Siehe unten im Einzelnen: 1. Teil C. V. 2. e) S. 78 ff.
248 BAG v. 10.6.1980, NJW 1980, 1642, 1647; so auch *Auktor*, S. 30; *Wank*, in: FS Kissel, S. 1225, 1243.
249 *Wank*, in: FS Kissel, S. 1225, 1243; *Kissel*, § 32 Rn. 5.
250 *Jacobs*, ZfA 2011, 71, 88; dazu später eingehender: 1. Teil C. V. 2. a) S. 61 ff.
251 BAG v. 15.3.1985, NZA 1985, 537, 538; BAG v. 22.9.2009, NZA 2009, 1347, 1352, Rn. 46.
252 BVerfG v. 4.7.1995, NZA 1995, 754, 756.
253 *Gamillscheg*, KollArbR I, S. 970.
254 *Zöllner*, in: FS 100 Jahre GmbHG, S. 85, 113 f.

a) *Formelle Paritätsbetrachtung*

Das formelle Paritätsverständnis basiert auf dem Gleichbehandlungsgrundsatz des Art. 3 GG und der staatlichen Neutralitätspflicht.[255] Bei der formellen Paritätsbetrachtung ist es von Bedeutsamkeit, dass beide Kampfparteien von der Rechtsordnung gleich behandelt werden.[256] Das Paritätsgebot erschöpfe sich darin, dass der Staat die Kampfmittel beider Seiten nicht ungleich behandeln dürfe.[257] Auf die tatsächlichen Verhältnisse komme es nicht an, Streik und Aussperrung stünden sich als gleichberechtigte Institute per se, also rein formell, gegenüber.[258]

Umstritten ist, ob die sog. normative Paritätsbetrachtungsweise als Untergruppe der formellen Parität[259] angesehen werden kann oder als eigenständige Paritätsbetrachtungsweise[260] aufgeführt werden muss. Diese Ansicht ist der rein formellen Betrachtung sehr ähnlich und besagt, dass die komplette Rechtsordnung selbst in einer Wertentscheidung von einer Gleichgewichtslage zwischen den Tarifvertragsparteien ausgehe und dass das Recht beide Seiten annähernd gleich stark behandeln und ihnen deshalb annähernd gleichwertige Mittel des Arbeitskampfes an die Hand geben wolle.[261] Beide Ansichten sind in der Kernthese jedoch gleich. Somit spricht wenig dafür, diese Ansichten unterschiedlich zu behandeln. Wenn die formelle Betrachtung den Streik und die Aussperrung als gleichwertige Waffen ansieht und daher ihrer Ansicht nach eine Gleichgewichtslage vorliegt und gleichzeitig die normative Betrachtung das Gleichgewicht hingegen schon im Ursprungszustand für gegeben hält, würde demnach die rein formelle Ansicht eine Gleichgewichtslage in der Grundstellung, d. h. nach „Subtraktion“ der gleichartigen Waffen, ebenfalls weiterhin anerkennen.

Die formelle (einschließlich der normativen) Betrachtungsweise hat zwar den Vorteil, dass sie eine genau voraussehbare Bewertung der Kampfparität ermöglicht[262], jedoch besteht die Gefahr, dass bei einer derart formellen Betrachtungsweise faktische Machtgefälle bestehen könnten und eine Seite in der Lage wäre, einen ungewünscht großen Einfluss auf den Inhalt des Tarifvertrages zu nehmen.[263] Dementsprechend wird diese Ansicht heute weitestgehend nicht mehr vertreten.

---

255 *Erbguth*, S. 17.

256 So hat auch die Rspr. die Kampfmittel beider Seiten gleichgesetzt: „Dem Streik der Gewerkschaften entspricht die Aussperrung.“ BAG v. 28.1.1955, NJW 1955, 882, 885.

257 *Wank*, in: FS Kissel, S. 1225, 1240.

258 *Mayer-Maly*, DB 1979, 95, 98.

259 So u. a.: *Kissel*, § 32 Rn. 8; *Otto*, in: MüArbR, 2. Aufl., § 282 Rn. 60.

260 So *Erbguth*, S. 22 f. mit der Begründung einer unterschiedlichen dogmatischen Herleitung.

261 *Mayer-Maly*, DB 1979, 95, 98 f.

262 *Kissel*, § 32 Rn. 9.

263 So auch *Wank*, in: FS Kissel, S. 1225, 1240.

b) Materielle Paritätsbetrachtung

Aufgrund des aufgezeigten Defizits der formellen Betrachtungsweise haben sich verschiedene materielle Betrachtungsweisen entwickelt, welche auf die tatsächlich gegebenen Verhältnisse als Maßstab abstellen. Sie sind der Auffassung, Verhandlungsgleichgewicht lasse sich nicht formal fingieren, sondern müsse tatsächlich feststellbar sein.

aa) Gesamtparität

Am weitesten geht dabei die Betrachtungsweise der Gesamtparität. Danach sind sämtliche Machtfaktoren in die Beurteilung des Kräftegleichgewichts aufzunehmen. In jedem konkreten Fall von Tarifverhandlungen müssten diese Faktoren untersucht und die Paritätsfrage bewertet werden.[264] Zu diesen Einflussfaktoren sollen u. a. Lieferhilfeabkommen, Wettbewerbsverbote zugunsten bestreikter Unternehmen, die Möglichkeit einer „Produktion auf Lager“ und sogar die Berichterstattung der Presse über den Arbeitskampf zählen.[265] Jedoch konnte sich auch diese Ansicht aus guten Gründen nicht durchsetzen. Es wäre zum einen unpraktikabel, müsste man sämtliche Machtfaktoren bei jeder einzelnen Tarifverhandlung herausarbeiten. Könnte man sämtliche Faktoren, die Einfluss auf das Machtverhältnis haben, überhaupt identifizieren? Kann man z. B. die Tatsache, ob eine Berichterstattung der Presse sich positiv oder negativ auswirkt, verlässlich bewerten?[266] Vor allem wird angemerkt, dass die Rechtsprechung überfordert werden würde, wenn alle diese Faktoren ermittelt und bewertet werden müssten.[267] Zudem verkennt die Lehre von der Gesamtparität die begrenzte Funktion des Arbeitskampfrechts im Hinblick auf die Tarifautonomie.[268] Eine kollektive Kampf- und Ausgleichsordnung sei ihrer Natur nach nicht dazu geeignet, etwaige gesamtpolitische Ungleichheiten zu kompensieren und marktwirtschaftliche Gesetze aufzuheben.[269] Die Entscheidungsfreiheiten der Unternehmen ließen sich nicht mit den Mitteln des Arbeitskampfrechts und des Tarifvertragsrechts beeinflussen.[270] Es gehe nur um eine tarifbezogene Parität, also darum, wie sich die Verhandlungsstärke der sozialen Gegenspieler beim Aushandeln von Tarifverträgen auswirkt.[271]

---

264 *Wolf*, ZfA 1971, 151, 159.
265 *Wolter*, AuR 1979, 193, 197 f.
266 Aus Gründen der Rechtssicherheit mit ähnlichen Bedenken: *Kissel*, § 32 Rn. 12.
267 BAG v. 10.6.1980, NJW 1980, 1642, 1647; *Wank*, in: FS Kissel, S.1225, 1240.
268 BAG v. 10.6.1980, NJW 1980, 1642, 1647.
269 BAG v. 10.6.1980, NJW 1980, 1642, 1647.
270 *Zöllner*, S. 31 f.
271 *Zöllner*, S. 31 ff., 47.

bb) Abstrakt-materielle Parität

Da sowohl die rein formelle als auch die rein materielle (Gesamt-) Paritätsbetrachtung offensichtliche Nachteile mit sich gebracht haben, hat sich die so genannte abstrakt-materielle Parität als vermittelnde Ansicht mittlerweile zur herrschenden Meinung[272] entwickelt. Es bedurfte eines Mittelweges, bei dem neben der Berücksichtigung der faktischen Situation des Arbeitskampfes auch die Rechtssicherheit durch eine voraussehbare Bewertung sichergestellt werden musste.[273] Das BAG erkannte, dass wenn auch die realen Kräfteverhältnisse maßgebend seien, dies andererseits jedoch nicht bedeute, dass alle Besonderheiten eines Arbeitskampfes (wie z. B. Kampfziele, wirtschaftliche Lage, Organisationsgrad usw.) berücksichtigt werden müssten.[274]

Der Grundsatz der Parität bezieht sich laut dem BAG dabei auf das Arsenal zulässiger Kampfmittel. Er müsse in generellen und abstrakt formulierten Regeln ausgedrückt werden und könne deshalb nur Kriterien erfassen, die einer typisierenden Betrachtung zugänglich seien. Situationsbedingte Vorteile, die sich im konkreten Arbeitskampf sehr stark auswirken könnten, müssten notwendigerweise unberücksichtigt bleiben.[275] Es kommt also nicht auf den einzelnen Arbeitskampf an, sondern bei einer längerfristigen und typisierenden Betrachtungsweise muss ein ungefähres Gleichgewicht zwischen den Tarifparteien bestehen.[276] Auch das BVerfG ist der Meinung, dass diese vereinfachende Sichtweise der Klarheit und Kalkulierbarkeit des Arbeitskampfrechts und damit auch der Funktionsfähigkeit der Tarifautonomie bei Arbeitskämpfen diene.[277] Der Staat braucht nur dann korrektiv eingreifen, wenn derart gravierende Verschiebungen im Gleichgewicht der kämpfenden Parteien auftreten, dass eine „evidente Koalitionsimparität" vorliegt.[278]

Die Erwähnung des „Arsenals zulässiger Kampfmittel" ist insofern eine wichtige Erkenntnis, da dies deutlich macht, dass die sog. freie Kampfmittelwahl[279] (auch wenn das BAG in Klammern anfügt, dass diese Feststellung unbeschadet der im Grundsatz geltenden Kampmittelfreiheit geschehe) eng mit dem Paritätsprinzip verknüpft ist und dieses für die Bewertung neuer Arbeitskampfmittel eine große Rolle spielen kann.[280] Wegen seiner Abstraktionshöhe sei das Paritätsprinzip als Maßstab zur Bewertung einzelner Kampfsituationen regelmäßig nicht ausreichend.

---

272 Ständige Rspr.: BAG v. 10.6.1980, NJW 1980, 1642, 1647; BAG v. 12.3.1985, NZA 1985, 537, 538; BAG v. 19.6.2007, NZA 2007, 1055, 1058; *Däubler*, in: Däubler, § 9 Rn. 32; *Kocher*, in: BKS, AKR, Rn. 5; *Wank*, in: FS Kissel, S. 1225, 1240.

273 *Kissel*, § 32 Rn. 18.

274 BAG v. 10.6.1980, NJW 1980, 1642, 1647.

275 BAG v. 10.6.1980, NJW 1980, 1642, 1647.

276 *Rüthers*, in: Brox/Rüthers, Arbeitskampfrecht, Rn. 168; *Buchner*, RdA 1986, 7, 14; *Zöllner*, S. 34.

277 BVerfG v. 26.6.1991, NZA 1991, 809, 811.

278 *Scholz/Konzen*, S. 180.

279 Siehe dazu: 1. Teil D. S. 85 ff.

280 Siehe dazu später: 2. Teil B. III. S. 186 ff.

Es bezeichne aber zumindest eine Grenze, die bei der gerichtlichen Ausgestaltung nicht überschritten werden dürfe.[281]

Als mögliche Faktoren zur Bestimmung der Parität kommen etwa das Zahlenverhältnis der am Arbeitskampf typischerweise Teilnehmenden und die Auswirkungen einer Arbeitskampfmaßnahme auf die Existenz oder Funktionsfähigkeit eines Arbeitskampfgegners in Betracht.[282] Allerdings ist die Grenze zum Verhältnismäßigkeitsprinzip fließend, sodass eine Gefahr der Vermischung der unterschiedlichen Prüfungskriterien und -maßstäbe besteht.[283] Ein weiterer Faktor ist die Solidarität der Verbandsmitglieder, welche die Durchsetzungskraft gegenüber dem Vertragspartner beeinflusst. Die Chancen, die eigenen Forderungen durchzusetzen, steigen, wenn der Verband geschlossen auftritt und somit seine Stärke demonstriert.[284] Auch das BAG hat in seinem Grundsatzurteil zur Parität[285] einige mögliche Faktoren beispielsweise aufgezählt. So spricht es lediglich – dazu auch nur in Klammern gesetzt – Kampfziele, die wirtschaftliche Lage, sowie den Organisationsgrad als mögliche Besonderheiten eines Arbeitskampfes an, welche die realen Kräfteverhältnisse beeinflussen. Für seine lückenhafte Darstellung ist es dementsprechend später auch kritisiert worden. So merkt *Kraft* an, dass auch die Gefahr des Verlustes von Marktanteilen, Einkommensverlust und Druck der Fixkosten nicht gewürdigt worden wären.[286] Auch die mögliche Wirkungslosigkeit von Arbeitskampfmaßnahmen in einzelnen Branchen kann ein weiterer Faktor zur Paritätsbestimmung sein.[287] Zudem weisen Arbeitskämpfe auch subjektive Elemente auf, Erwägungen taktischer Art und Erwägungen, die auf Druck von außen getroffen werden. Daher wird auch abstrakt die öffentliche Meinung als Faktor der Kampfparität angesehen.[288] Sollte keine eindeutige Tendenz zugunsten der einen oder anderen Seite feststellbar sein – was laut *Kissel* in den letzten Jahrzehnten nicht der Fall war[289] – kann sie jedoch nicht in die typisierte Betrachtung der Parität einbezogen werden.

Bei alledem muss freilich beachtet werden, dass diese Faktoren nur herangezogen werden dürfen, um die Parität abstrakt materiell zu bestimmen. Es wird nicht auf den konkreten Fall geschaut.[290] Doch bereits hier ergeben sich Schwierigkeiten. Wie sollen solche Faktoren wie z. B. das Zahlenverhältnis, die Existenzgefährdung oder die Solidarität der Mitglieder allgemeingültig bewertet werden? Sind dies nicht Faktoren, die von Verband zu Verband, von Arbeitskampf zu Arbeitskampf unterschiedlich sind und die sich vor allem im Laufe der Zeit verändern? Kommt man

281 BAG v. 22.9.2009, NZA 2009, 1347, 1352.
282 *Kissel,* § 32 Rn. 26 ff.
283 Vgl. eingehender *Kissel,* § 32 Rn. 28 ff.
284 *Kissel,* § 32 Rn. 35.
285 BAG v. 10.6.1980, NJW 1980, 1642.
286 *Kraft,* SAE 1980, 297, 299 f.
287 Vgl. dazu später ausführlich unter: 2. Teil B. III. S. 186 ff.
288 Eingehend: *Wohlgemuth,* AuR 1978, 325 ff.
289 *Kissel,* § 32 Rn. 45; *Zöllner,* S. 47.
290 BAG v. 10.6.1980, NJW 1980, 1642, 1647.

überhaupt um eine konkrete Fallbeurteilung herum, wenn man genannte Faktoren ernsthaft einbeziehen möchte?

So erkennt *Däubler* zutreffend, dass die Konzeption des BAG von der „tarifbezogenen Parität“ keinerlei Anhaltspunkte dafür biete, welche Faktoren zu berücksichtigen seien und welche nicht.[291] Auch *Kissel* spricht von einem „Dilemma der Paritätsbetrachtung“. Es gebe weder in der Rechtsprechung noch in der Literatur und weder nach Art noch nach Umfang ein überzeugendes Bewertungsraster für die anerkannte typisierende Betrachtungsweise.[292] Als Lösung schlägt er vor, jedes mögliche Arbeitskampfmittel, welches nicht per se in jedem Fall eindeutig geeignet sei, die Verhandlungsparität empfindlich zu stören, als dem Grunde nach mit dem Paritätsgebot vereinbar anzusehen. Die Frage der Zulässigkeit des Einsatzes dieses Arbeitskampfmittels im konkreten Arbeitskampf solle nach den Merkmalen des Verhältnismäßigkeitsprinzips bewertet werden. Nur so könne vermieden werden, dass es letztlich in jedem Einzelfall der Heranziehung der für den konkreten Arbeitskampf typischen Merkmale und ihrer Gewichtung bedürfe.[293] Diesem Vorschlag ist im Grunde zuzustimmen, da sonst eine verlässliche Bewertung der Parität mit den existierenden Richtlinien des BAG nicht möglich erscheint. Jedoch wirft dieses Vorgehen die Frage auf, ob das Paritätsgebot in Zukunft somit nicht zur inhaltsleeren Hülle verkommen[294] und der Prüfung der Verhältnismäßigkeit ein noch größeres Gewicht zukommen wird.

3. Zwischenergebnis

Das BAG vertritt eine abstrakt-materielle Paritätsbetrachtung und möchte mit Hilfe einer typisierten Betrachtungsweise das Gleichgewicht zwischen den Arbeitskampfparteien bestimmen. Die Faktoren dieser typisierten Betrachtungsweise bleiben jedoch ebenso diffus wie auch ihre Gewichtung, sodass man der Rechtsprechung „einen Blankoscheck ausgestellt [hat], den sie nach eigenen Wertvorstellungen füllen muss.“[295] Wie neuere – atypische Arbeitskampfmittel betreffende – Urteile mit den Anforderungen des Paritätsprinzips umgehen, wird im Späteren noch aufgezeigt werden.

Festzuhalten ist in jedem Fall, dass der Grundsatz der Arbeitskampfparität (lediglich) das „Arsenal zulässiger Kampfmittel“ betrifft. Fragt man also nach der generellen Zulässigkeit eines (neuen) Arbeitskampfmittels spielt der Grundsatz der Arbeitskampfparität eine oder sogar die tragende Rolle. Inwiefern dieses zulässige Arbeitskampfmittel im konkreten Einsatz korrekt eingesetzt wurde, ist hingegen

---

291 *Däubler*, in: Däubler, § 9 Rn. 36.

292 *Kissel*, § 32 Rn. 46.

293 *Kissel*, § 32 Rn. 46.

294 So schon *Rüthers*, DB 1969, 967, 969, der schon damals von einer „Leerformel“ sprach; auch *Däubler*, in Däubler, § 9 Rn. 36 regt an, auf das Paritätsgebot zu verzichten.

295 *Däubler*, in: Däubler, § 9 Rn. 36.

eine Frage des Verhältnismäßigkeitsprinzips. Daher muss auch untersucht werden, ob atypische neuartige Arbeitskampfmittel, wie etwa der „Flashmob“[296], die Parität zu Lasten der Arbeitgeberseite verschieben oder gar notwendig sind, um Paritätsstörungen auszugleichen.

II. Tarifbezogenheit

Ein weiterer arbeitskampfrechtlicher Grundsatz ist derjenige der Tarifbezogenheit.

1. Grundsätzliches Erfordernis des Tarifbezugs

Nur für den Fall, dass das Arbeitskampfmittel mit dem Ziel eingesetzt wird, einen Tarifabschluss zu erreichen, soll dieses rechtmäßig sein. Schon das BVerfG stellte fest:

> „Zu den geschützten Mitteln zählen auch Arbeitskampfmaßnahmen, die auf den Abschluß von Tarifverträgen gerichtet sind. Sie werden jedenfalls insoweit von der Koalitionsfreiheit erfaßt, als sie allgemein erforderlich sind, um eine funktionierende Tarifautonomie sicherzustellen.“[297]

Das BAG war sogar einen Schritt weiter gegangen und war davon ausgegangen, dass die Funktion des Arbeitskampfes eine Grenze für dessen Zulässigkeit sei. Er sei ein Hilfsinstrument zur Sicherung der Tarifautonomie und dürfe daher auch nur als Instrument zur Durchsetzung tariflicher Regelungen eingesetzt werden.[298] Dass Arbeitskampfmaßnahmen nur dann rechtmäßig sind, wenn sie dem Abschluss eines Tarifvertrags dienen, wird auch in der Literatur von vielen Autoren vertreten.[299] Dies wird vor allem mit der dienenden Funktion des Arbeitskampfes begründet. Andere Zwecke seien nicht durch Art. 9 Abs. 3 GG als rechtmäßig privilegiert anzusehen.[300]

2. Mögliche Abkehr vom Merkmal der Tarifbezogenheit

Jedoch wird bereits aus der Formulierung des BVerfG deutlich, dass die Begrenzung auf tarifbezogene Arbeitskämpfe nicht abschließend gemeint sein sollte. Es formulierte nämlich offen, dass auf einen Tarifabschluss gerichtete Arbeitskämpfe lediglich „jedenfalls insoweit (...)“ von der Koalitionsfreiheit umfasst seien.[301] Somit machte es deutlich, dass es nicht beabsichtigt war, eine (abschließende) Aussage

---

296 BAG v. 22.9.2009, NZA 2009, 1347.
297 BVerfG v. 26.6.1991, NZA 1991, 809, 810.
298 BAG v. 5.3.1985, NZA 1985, 504, 507.
299 *Kissel*, § 24 Rn. 1 ff.; *Otto*, § 5 Rn. 2; *Gamillscheg*, KollArbR I, S. 1071.
300 *Kissel*, § 24 Rn. 2 mit Verweis auf BAG v. 5.3.1985, NZA 1985, 504, 507; *Linsenmaier*, in: ErfK, Art. 9 GG Rn. 114.
301 BVerfG v. 26.6.1991, NZA 1991, 809, 810.

zu nicht tarifbezogenen Arbeitskämpfen zu treffen. Es ist demnach keine Grenze durch das BVerfG gezogen worden.

Das BAG deutete bereits in einer Entscheidung im Jahr 2002 an, dass es sich einen Rechtsprechungswandel vorstellen kann.[302] Es führte aus:

> „Dabei mag die generalisierende Aussage, Arbeitskämpfe seien stets nur zur Durchsetzung tarifvertraglich regelbarer Ziele zulässig, im Hinblick auf Teil II Art. 6 Nr. 4 ESC einer erneuten Überprüfung bedürfen."[303]

Auch im Jahr 2007 hat das BAG nicht auf seinem ursprünglichen Standpunkt beharrt und stattdessen den Vorbehalt aus dem Jahr 2002 wiederholt.[304] Es ließ die Frage offen, ob die Beschränkung der Tarifbezogenheit des Arbeitskampfes mit Art. 6 Nr. 4 ESC zu vereinbaren sei, da sie nicht entscheidungsrelevant war.[305] Allein die nicht erforderliche Erwähnung dieser Tatsache, bekräftigte allerdings die vormals ausgedrückten Vorbehalte des BAG.

Eine – wenn auch nicht ausdrücklich so bezeichnete – Abweichung vom Grundsatz der Tarifbezogenheit ist schließlich das Urteil des BAG zum Unterstützungsstreik.[306] Das BAG stellte hierzu fest, dass auch wenn es nicht um die Verbesserung eigener tariflicher Rechte ginge, die Maßnahme gleichwohl dem Ziel der Gestaltung von Arbeitsbedingungen diene.[307] Zwar hatte der unterstützte „Hauptstreik" tarifliche Regelungen zum Gegenstand, sodass es mittelbar auch beim Unterstützungsstreik um tarifliche Regelungen ging und eine mittelbare Tarifbezogenheit somit zu bejahen ist. Doch ändert dies nichts an dem Ausnahmecharakter der Entscheidung.[308] Der Grundsatz der Tarifbezogenheit wurde in jedem Fall merklich aufgeweicht.

Zudem gibt es nun auch in der Literatur einige Befürworter dafür, dass die Tarifbezogenheit der Arbeitskampfmaßnahme keine zwingende Voraussetzung für deren Rechtmäßigkeit sei.[309] Eine Reduzierung der Arbeitskampfmaßnahme auf ein bloßes Hilfsinstrument der Tarifautonomie sei abzulehnen.[310] Das Streikziel, einen neuen Tarifvertrag durchzusetzen, sei zwar ein wichtiges, aber nicht das einzige Instrument

---

302 BAG v. 10.12.2002, NZA 2003, 734.

303 BAG v. 10.12.2002, NZA 2003, 734, 740.

304 BAG v. 24.4.2007, NZA 2007, 987.

305 BAG v. 24.4.2007, NZA 2007, 987, 994.

306 BAG v. 19.6.2007, NZA 2007, 1055.

307 BAG v. 19.6.2007, NZA 2007, 1055, 1056.

308 So auch *Däubler*, in: Däubler, § 13 Rn. 3; auch *Kluth*, in: Verfassungsfragen des Arbeitskampfes, S. 102, 111, sieht darin zwar eine Erweiterung des rechtmäßigen Arbeitskampfes, die aber noch „systemkonform" sei.

309 *Däubler*, in: Däubler, § 9 Rn. 8, 16; *Linsenmaier*, in: ErfK, Art. 9 GG Rn. 71, 114; *Wankel/Schoof*, in: BKS, AKR, Rn. 22; a. A. jedoch *Hilje*, S. 122; *Kissel*, § 24 Rn. 2 ff. mit Verweis auf § 146 SGB III, § 35 Rn. 35; *Ricken*, in: MüArbR, § 200 Rn. 29 f.

310 *Wankel/Schoof*, in: BKS, AKR, Rn. 22.

zur Wahrung und Förderung der Arbeits- und Wirtschaftsbedingungen.[311] Daher seien auch andere Arbeitskampfmaßnahmen zulässig, bei denen es um die Austragung sonstiger Interessenkonflikte im Bereich der Arbeits- und Wirtschaftsbedingungen gehe wie z. B. Proteststreiks gegen Maßnahmen des Arbeitgebers oder der Politik, die als übermäßig belastend empfunden werden.[312] Zudem ist es auch relevant, dass unter den Schutzbereich des Art. 9 Abs. 3 GG nicht nur Gewerkschaften, sondern auch alle sonstigen Koalitionen fallen.[313] Diesen ist der Abschluss von Tarifverträgen nicht möglich. Würde man nun eine Tarifbezogenheit von Arbeitskampfmaßnahmen fordern, könnten diese nicht gleichberechtigt auf die Arbeits- und Wirtschaftsbedingungen einwirken. Daher müssen auch andere als auf den Abschluss von Tarifverträgen gerichtete Aktivitäten insgesamt ermöglicht werden, da es sich sonst um nicht zielführendes „kollektives Betteln" ohne jede Druckausübung handelt.[314] Zudem spreche auch die Entstehungsgeschichte des Art. 9 Abs. 3 GG gegen eine Beschränkung auf tarifbezogene Arbeitskampfmaßnahmen.[315]

Auch internationale Normen (Art. 6 Nr. 4 ESC) bzw. Übereinkommen (ILO Nr. 87) deuten in diese Richtung. Dass diese auf das deutsche Recht in gewisser Art und Weise Auswirkungen haben können, wurde bereits an anderer Stelle dargelegt.[316] Bereits in seinem Urteil aus dem Jahr 2002[317] hatte das BAG die ESC, als möglichen Hinderungsgrund, weiterhin eine Tarifbezogenheit zu fordern, erwähnt. Es verweist dabei auch auf die Empfehlung des Ministerkomitees des Europarats aus dem Jahr 1998.[318] Dieses hatte Deutschland gerügt, dass die Annahme der Rechtswidrigkeit nichtgewerkschaftlicher und nicht auf den Abschluss von Tarifverträgen gerichteter Streiks gegen die ESC verstoße und der Bundesregierung empfohlen, dies in angemessener Weise zu berücksichtigen und entsprechende Maßnahmen zu treffen. Dabei folgte es einem Bericht des Regierungsausschusses der ESC.[319] Dort hatte der Ausschuss insbesondere unter Rn. 82 ausgeführt, dass er ein Verbot aller Streiks in Deutschland, die nicht auf den Abschluss eines Tarifvertrages gerichtet seien, für unvereinbar mit den Erfordernissen von Art. 6 Nr. 4 ESC halte.[320]

Soweit dies vom Wirkungskreis der ESC umfasst ist, „verbietet" Art. 6 Nr. 4 ESC damit eine Beschränkung auf tariflich regelbare Ziele.[321] Auch dem Art. 3 des ILO-Übereinkommens Nr. 87 wird u. a. entnommen, dass das Streikrecht nicht auf

311 *Däubler*, in: Däubler, § 9 Rn. 16.
312 *Wankel/Schoof*, in: BKS, AKR, Rn. 22.
313 BVerfG v. 18.11.1954, NJW 1954, 1881; BAG 19.6.2006, NZA 2007, 518, 521.
314 So überzeugend argumentierend *Däubler*, in: Däubler, § 9 Rn. 16.
315 *Wankel/Schoof*, in: BKS, AKR, Rn. 22.
316 Siehe: 1. Teil B. IV. S. 24 ff.
317 BAG v. 10.12.2002, NZA 2003, 734.
318 Empfehlung des Ministerkomitees vom 3.2.1998, AuR 1998, 156.
319 Auszug aus dem Bericht des Regierungsausschusses der ESC (XIII-4), AuR 1998, 154.
320 Bericht des Regierungsausschusses der ESC, AuR 1998, 154, 155.
321 *Däubler*, in: Däubler, § 13 Rn. 5; *Lörcher*, in Däubler, § 10 Rn. 34.

tarifvertraglich regelbare Ziele beschränkt werden dürfe.[322] Jedoch ist die bindende Wirkung der Empfehlungen des Sachverständigenrates der ILO zumindest fragwürdig.[323] Zudem könnte Art. 11 der EMRK den Inhalt der Koalitionsgarantie maßgeblich erweitern. Nach der Neuausrichtung des Koalitionsrechts durch den EGMR in den Urteilen *„Demir und Baykara"*[324] und *„Enerji Yapi-Yol Sen"*[325], in welchen er klarstellte, dass ein generelles Streikverbot für Beamte im Widerspruch zu Art. 11 EMRK stehe, ist es möglich, dass auch weitere Einschränkungen des deutschen Streikrechts – wie etwa die Tarifbezogenheit einer Arbeitskampfmaßnahme – in Zukunft den gestiegenen Anforderungen des Rechtfertigungsgrundes in Art. 11 Abs. 2 EMRK nicht mehr standhalten werden.[326] Schon in den beiden angesprochenen Urteilen wurde verstärkt auf die Aussagen des Europäischen Ausschusses für Soziale Rechte und des ILO-Sachverständigenausschusses Bezug genommen[327], sodass diese auch bei der weiteren Auslegung Bedeutung erlangen werden.

3. *Zwischenergebnis*

Der Grundsatz, dass ein Arbeitskampf nur geführt werden darf, wenn er sich auf den Abschluss eines Tarifvertrages richtet, kann nicht mehr als „in Stein gemeißelt" bezeichnet werden. Das BAG hat einen Umschwung bisher lediglich angedeutet und angekündigt, dass man sich mit dieser Frage auseinanderzusetzen habe.[328] Jedoch ist eine Tendenz zur Abschaffung dieses Merkmals deutlich erkennbar. So wurde das Merkmal bereits im Grundsatzurteil zum Unterstützungsstreik[329] abgeschwächt. Die Rechtsprechung des BVerfG steht einer diesbezüglichen Rechtsprechungsänderung durch das BAG nicht entgegen. Auch die Existenz und die gestiegene Berücksichtigung internationaler Normen wie etwa Art. 6 Nr. 4 ESC oder Art. 11 EMRK könnten zu einem Umdenken des BAG führen. Entsprechendes hat es bereits angedeutet.[330]

---

322 So der Sachverständigenausschuss der ILO, ILC, 69th Session 1983, Report III Part 4 b, Freedom of Association and Collective Bargaining, Rn. 215 ff.

323 Siehe dazu bereits: 1. Teil B. IV. 3. S. 29 ff.; ablehnend u. a. *Otto*, § 4 Rn. 57; *Ricken*, in MüArbR, § 197 Rn. 23; a. A. *Däubler*, in: FS 100 Jahre Arbeitsgerichtsbarkeit, S. 619, 629; *Lörcher*, in: Däubler, § 10 Rn. 51.

324 EGMR v. 12.11.2008 – 34503/97, „Demir und Baykara", AuR 2009, 267 ff. (auszugsweise Übersetzung).

325 EGMR v. 21.4.2009 – 68959/01, "Enerji Yapi-Yol Sen", AuR 2009, 274 ff. (auszugsweise Übersetzung).

326 Vgl. *Lörcher*, in: Däubler, § 10 Rn. 42; *Däubler*, in: Däubler, § 13 Rn. 5.

327 EGMR v. 12.11.2008 – 34503/97, „Demir und Baykara", AuR 2009, 269, 272, Rn. 85 und EGMR v. 21.4.2009 – 68959/01, „Enerji Yapi-Yol Sen", AuR 2009, 274, 275, Rn. 24.

328 BAG v. 10.12.2002, NZA 2002, 734; *Lörcher*, in: Däubler, § 10 Rn. 28.

329 BAG v. 19.6.2007, NZA 2007, 1055.

330 BAG v. 10.12.2002, NZA 2002, 734, 740: „Dabei mag die generalisierende Aussage, Arbeitskämpfe seien stets nur zur Durchsetzung tarifvertraglich regelbarer Ziele

Eine Abschaffung des Merkmals der Tarifbezogenheit hätte Auswirkungen auf das gesamte Arbeitskampf- und Tarifvertragsrecht, mithin auf sämtliche Arbeitskampfmaßnahmen. So könnten etwa die umstrittenen Demonstrations- und politischen Streiks als rechtmäßig angesehen werden und auch atypische Arbeitskampfmaßnahmen könnten deutlich variabler und kreativer, v. a. was den Zeitpunkt anbelangt, gestaltet werden. So müssten nämlich im Vorfeld einer Arbeitskampfmaßnahme keine Verhandlungen über Tarifforderungen geführt werden und es könnten außertarifliche Ziele verfolgt werden, die der Öffentlichkeit dementsprechend kundgetan werden könnten, um Druck auf den Arbeitgeber zu erzeugen. Da oftmals jedoch der Abschluss eines neuen Tarifvertrages gerade das endgültige Ziel einer von der Gewerkschaft geführten Arbeitskampfmaßnahme ist, sind die praktischen Auswirkungen der Abschaffung dieser Voraussetzung trotz allem eher geringerer Natur. Momentan hat der Grundsatz der Tarifbezogenheit jedoch in jedem Fall noch Relevanz und muss beachtet werden.

III. Wahrung der Friedenspflicht

Eine weitere Rechtmäßigkeitsvoraussetzung ist die Wahrung der Friedenspflicht. Eine bestehende Friedenspflicht macht jeden trotzdem geführten Arbeitskampf rechtswidrig.[331] Ein Tarifvertrag soll während seiner Geltungsdauer von den Vertragsparteien respektiert und nicht durch einen Arbeitskampf in Frage gestellt werden.[332] Daher begründet der Tarifvertrag für die gebundenen Parteien mit dessen Abschluss eine Verpflichtung, Arbeitskämpfe über die geregelte Materie zu unterlassen; also eine Friedenspflicht, die zu einem Arbeitskampfverbot führt. Man unterscheidet dabei zwischen der relativen und der absoluten Friedenspflicht.

Die relative Friedenspflicht ist „gegenständlich definiert".[333] Sie soll sich nur auf solche Arbeits- und Wirtschaftsbedingungen beziehen, die im Tarifvertrag geregelt sind und verbietet damit Arbeitskämpfe, die sich gegen den Tarifvertrag als solchen oder einzelne vertragliche Regelungen richten.[334] Sie ist dem Tarifvertrag immanent und muss nicht ausdrücklich vereinbart werden.[335] Das bedeutet im Umkehrschluss, dass ein Arbeitskampf über nicht im Tarifvertrag geregelte Arbeits- und Wirtschaftsbedingungen geführt werden kann. Dies ist allerdings abzugrenzen von der bewussten Nichtregelung durch die Parteien, welche von der Friedenspflicht ebenfalls umfasst ist.[336]

---

zulässig, im Hinblick auf Teil II Art. 6 Nr. 4 ESC einer erneuten Überprüfung bedürfen."

331 *Kissel*, § 26 Rn. 140.

332 *Kissel*, § 26 Rn. 1.

333 *Linsenmaier*, in: ErfK, Art. 9 GG Rn. 125.

334 *Reinfelder*, in: Däubler, § 15 Rn. 3.

335 BAG v. 21.12.1982, NJW 1983, 1750; zuletzt z. B. BAG v. 19.6.2007, NZA 2007, 1055.

336 *Kissel*, § 26 Rn. 83.

Dahingegen geht die absolute Friedenspflicht nicht automatisch mit dem geschlossenen Tarifvertrag einher. Sie muss explizit zwischen den Tarifvertragsparteien vereinbart werden.[337] Sie verpflichtet die Parteien, jegliche Kampfmaßnahmen, unabhängig vom angestrebten Ziel, zu unterlassen.[338] Fraglich ist, was unter dem Begriff „Kampfmaßnahme" zu verstehen ist. Das BAG führte dazu aus, dass unter diesen Begriff alle Maßnahmen fallen, „die den Verhandlungspartner bewußt und gewollt unter den unmittelbaren Druck eingeleiteter Arbeitskämpfe setzen und damit seine Entschließungsfreiheit beeinträchtigen sollen".[339] Es subsumierte somit bereits die Urabstimmung unter den Begriff der Kampfmaßnahme. Mittlerweile nimmt die Rechtsprechung allerdings an, dass nur der Druck potentieller Arbeitskämpfe zum Abschluss von Tarifverträgen führt. Es gebe daher kein „druckfreies"[340] und „freies, friedliches oder arbeitskampfloses Verhandeln".[341] Somit gelten als gegen die Friedenspflicht verstoßende Kampfmaßnahmen nur solche, die unmittelbar Druck auf den Gegner ausüben und nicht lediglich Vorbereitungsmaßnahmen sind, wie etwa die Urabstimmung.[342] Dazu gehören also der Streik selbst, aber auch atypische Arbeitskampfmaßnahmen wie z. B. „Flashmob"-Aktionen.[343]

Neben der Unterlassungspflicht, Arbeitskämpfe zu führen, legt die Friedenspflicht den Parteien auch die Handlungspflicht auf, auf ihre Mitglieder einzuwirken, die getroffenen Regelungen einzuhalten und Arbeitskampfmaßnahmen zu unterlassen.[344] In Bezug auf atypische Arbeitskampfmaßnahmen ergeben sich hinsichtlich der Friedenspflicht allerdings keine Besonderheiten. Als grundsätzliche Rechtmäßigkeitsvoraussetzung ist diese jedoch bei geplanten Arbeitskampfmaßnahmen zu berücksichtigen.

IV. Wahrung des Gemeinwohls

Eine weitere Grenze des Arbeitskampfes könnte in der Wahrung des Gemeinwohls zu sehen sein. Dabei geht es nicht um die Gemeinwohlschädlichkeit der erkämpften Tarifvereinbarung – denn dies würde einer Tarifzensur gleichkommen[345] – sondern um die Wahrung des Gemeinwohls bei der Ausübung der Arbeitskampfmaßnahmen.[346]

337 BAG v. 10.12.2002, NZA 2003, 734, 739.
338 *Reinfelder*, in: Däubler, § 15 Rn. 2.
339 BAG v. 31.10.1958, NJW 1959, 356.
340 BAG v. 12.9.1984, NZA 1984, 393, 395.
341 BAG v. 12.9.1984, NZA 1984, 393, 399.
342 *Otto*, § 7 Rn. 6 ff.; *Gamillscheg*, KollArbR I, S. 1083 f.
343 *Reinfelder*, in: Däubler, § 15 Rn. 21.
344 *Kissel*, § 26 Rn. 6.
345 Siehe auch *Kalb*, in: Kasseler Handbuch, 8.2 Rn. 142; *Kissel*, § 27 Rn. 1.
346 *Ricken*, in: MüArbR, § 200 Rn. 58.

1. Mögliche Berücksichtigung des Gemeinwohls

Das BAG hatte bereits früh festgestellt, dass Arbeitskämpfe auch nicht direkt in den Arbeitskampf involvierte Parteien – also unbeteiligte Dritte – vielfach nachhaltig berühren würden. Das Gemeinwohl dürfe dabei nicht offensichtlich verletzt werden.[347] Auch das BVerfG appellierte eher generell dahingehend, dass die Gewerkschaften angesichts der Bedeutung ihrer Tätigkeit für die gesamte Wirtschaft und ihres (auch geistigen) Einflusses auf weite Bereiche des öffentlichen Lebens bei allen ihren Aktivitäten das gemeine Wohl berücksichtigen müssten.[348] Dabei sind vor allem Beeinträchtigungen und Nachteile gemeint, welche mögliche Folgeschäden einer Arbeitskampfmaßnahme sein können, wie z. B. der Ausfall oder die Verspätung öffentlicher Verkehrsmittel, Versorgungsdefizite bei Wasser, Gas und Strom oder Engpässe bei Sachen des täglichen Bedarfs.[349] Teilweise wird daher die Wahrung des Gemeinwohls als eine „ungeschriebene Grenze des Arbeitskampfes" angesehen.[350]

Der Großteil der Literatur lehnt die Berücksichtigung des Gemeinwohls als zu berücksichtigende Schranke ab.[351] Es wird vor allem die Tatsache kritisiert, dass der Begriff des Gemeinwohls kaum definiert werden könne.[352] Das Gemeinwohl sei ein höchst unbestimmter Wert, der sich aus zahlreichen Einzelelementen zusammensetzen würde und darüber hinaus in einem sehr komplexen Zusammenhang stünde.[353] Er könne lediglich typologisch bestimmt werden, indem bestimmte Lebensbereiche als gemeinwohlrelevant eingeordnet würden und daher sei der Begriff zu unbestimmt.[354] Man muss der Gegenseite allerdings zugestehen, dass alleine Definitionsprobleme kein schwerwiegendes Argument für eine Ablehnung des Merkmals sein können. *Hanau* und *Thüsing* merken zu Recht an, der bloße Hinweis auf die Unbestimmtheit des Begriffs sei eine Herausforderung, nicht aber ein Argument zum Rückzug. Der Begriff müsse durch richterliche Rechtsfortbildung konkretisiert werden.[355]

---

347 BAG v. 21.4.1971, NJW 1971, 1668, 1669.

348 BVerfG v. 18.12.1974, NJW 1975, 1265, 1267.

349 *Kissel*, § 27 Rn. 7.

350 *Linsenmaier*, in: ErfK, Art. 9 GG Rn. 126.

351 *Linsenmaier*, in: ErfK, Art. 9 Rn. 81; *Däubler*, in: Däubler, § 14 Rn. 19; *Hensche*, in: Däubler, § 18 Rn. 5 (kein „rechtlich verbindlicher Maßstab"); *Kemper*, S. 100 ff.; *Picker*, ZfA 1986, 199, 221 f.; a. A. *Gamillscheg*, KollArbR I, S. 1773 ff., der die Verpflichtung zu Notdienstarbeiten zugunsten Dritter auf einen Gemeinwohlvorbehalt zurückführt; *Rüfner*, RdA 1985, 193 ff.; *Thüsing*, in: FS 50 Jahre BAG, S. 889 ff.

352 *Kissel*, § 27 Rn. 10; *Mösch*, S. 16, „derart unbestimmtes Tatbestandsmerkmal".

353 *Kissel*, § 10 Rn. 33.

354 *Ricken*, in: MüArbR, § 200 Rn. 59; *Kissel*, § 28 Rn. 15 ff.

355 *Hanau/Thüsing*, in: Thüsing, Tarifautonomie im Wandel, S. 35, 62.

Vor allem der Bereich der Daseinsvorsorge[356] soll von der erwähnten Typologie umfasst sein.[357] Doch auch die Bestimmung der Zugehörigkeit zur „Daseinsvorsorge“ ist schwierig vorzunehmen. Sie wird „eher vage“[358] als „Mindestversorgung der Bevölkerung“[359] oder „lebenswichtige“ Versorgungsbetriebe“ umschrieben.[360] Auch hier lässt die Schere der Begriffe zwischen „Mindestversorgung“ und „lebenswichtig“ auf gewisse Definitionsschwierigkeiten schließen. Demnach setzen sich diese hier fort.

2. Besondere Betroffenheit bei „Spezialistenstreiks“

Im Rahmen der Diskussion um Arbeitskampfmaßnahmen in der Daseinsvorsorge spielen vor allem sog. „Spezialistenstreiks“ oder Streiks einer „Funktionselite“[361] eine Rolle.[362] Unter dieser Funktionselite wird eine zahlenmäßig kleine Gruppe von Arbeitnehmern verstanden, die auf einem Arbeitsplatz tätig sind, der auf Grund organisatorischer und/oder anderer Besonderheiten von weit reichendem Einfluss auf das gesamte Betriebsgeschehen und darüber hinaus ist.[363] Zu nennen sind hier z. B. Piloten, Fluglotsen, Lokführer oder ähnliche Berufe.

Die Arbeitskampfmaßnahme richtet sich bei den Funktionseliten im Regelfall direkt gegen die Bürger. Durch deren unmittelbare Betroffenheit richtet sich die Kampfmaßnahme dann mittelbar gegen die gegnerische Partei, also den Arbeitgeber. Die Maßnahme dient also neben der bestehenden wirtschaftlichen Betroffenheit vor allem auch als psychologisches Druckmittel.[364]

Immer wieder wird von verschiedener Seite gefordert, das Streikrecht dieser Funktionselite in der Daseinsvorsorge aufgrund der besonderen Belastungen für die Allgemeinheit einzuschränken.[365] Bemerkenswert ist die Uneinigkeit der Rechtsprechung, wie in diesem Zusammenhang mit der Gemeinwohlproblematik umzugehen ist.

So untersagte in jüngerer Zeit zunächst das ArbG Nürnberg die Streiks der Gewerkschaft Deutscher Lokomotivführer (GDL).[366] Im einstweiligen Rechtsschutzverfahren begründete es dies mit der Befürchtung, der gesamten Volkswirtschaft

---

356 *Jacobs,* in: FS Buchner, S. 342, 355 sieht ebenfalls besonders dann weitreichende Auswirkungen auf Dritte, wenn Arbeitskämpfe (von Funktionseliten) den Bereich der Daseinsvorsorge betreffen.

357 *Ricken,* in: MüArbR, § 200 Rn. 59.

358 *Ricken,* in: MüArbR, § 200 Rn. 59.

359 *Gamilllscheg,* KollArbR I, S. 1176.

360 *Zöllner/Loritz/Hergenröder,* § 44 Rn. 86.

361 So schon *Rüthers,* ZfA 1987, 1, 2; *Jacobs,* in: FS Buchner, S. 342, 347.

362 Zu möglichen Arbeitskampfgrenzen bei Spezialistenstreiks siehe *Jacobs,* NZA 2008, 325, 330 ff.

363 *Kissel,* § 39 Rn. 5.

364 *Jacobs,* in: FS Buchner, S. 342, 346 ff.; *Scherer,* S. 36, 38.

365 U. a. *Rüthers,* ZfA 1987, 1, 50 f.; *Hanau/Thüsing,* in: Thüsing, Tarifautonomie im Wandel, S. 35 f., S. 63 ff.

366 ArbG Nürnberg v. 8.8.2007, AuR 2007, 320.

würden gerade in der Hauptreisezeit immense wirtschaftliche Schäden drohen.[367] Auch das ArbG Chemnitz fasste die Streiks der Lokführer als rechtswidrig auf.[368] Zwar wird dogmatisch letztlich nicht ganz eindeutig ausgeführt, ob für das Gericht das Gemeinwohl nun eine eigenständige Schranke darstellt oder dieses lediglich bei der Verhältnismäßigkeit der Maßnahme zu berücksichtigen ist[369], jedoch stellt das ArbG Chemnitz im Ergebnis fest, dass eine relevante Gemeinwohlbeeinträchtigung vorliege, da die Belange unbeteiligter Dritter in unerträglicher Weise in Mitleidenschaft gezogen würden.[370] Diese Rechtsprechung ist zu Recht heftig kritisiert worden.[371] Folgerichtig hatte das LAG Sachsen die Entscheidung des ArbG Chemnitz auch aufgehoben.[372] Der Streik der GDL sei nicht offensichtlich ungeeignet und unverhältnismäßig und damit komme ein gerichtliches Streikverbot nicht in Betracht.[373] Das LAG Sachsen ließ im Weiteren offen, ob das Gemeinwohl eine zulässige Schranke sei, um die Koalitionsfreiheit zu begrenzen und berief sich im vorliegenden Fall in seiner Begründung eher auf konkrete Fakten hinsichtlich des Verkehrsaufkommens, die gegen eine unverhältnismäßige Belastung Dritter sprachen, als auf generelle Aussagen zur Gemeinwohlschranke. Auch das LAG Rheinland Pfalz stellte anlässlich eines Fluglotsenstreiks fest, dass ein völliger Ausschluss des Arbeitskampfrechts für bestimmte Bereiche als nicht zulässig angesehen werden könne.[374] Die beeinträchtigten Rechte Dritter seien vielmehr durch Notdienste zu wahren.

Auch Aussagen des BVerfG deuten darauf hin, dass selbst erhebliche Beeinträchtigungen für die Allgemeinheit hinzunehmen sein könnten. Die Tarifvertragsparteien seien auch insoweit vor staatlicher Einflussnahme geschützt, als sie zum Austragen ihrer Interessengegensätze Kampfmittel mit beträchtlichen Auswirkungen auf den Gegner und die Allgemeinheit einsetzen würden.[375] Dies indiziert, dass das BVerfG mögliche Fernwirkungen des Arbeitskampfes registriert hat und in gewissem Maße toleriert. Darüber hinaus wird zu Recht angemerkt, dass auch dieser Bereich kein „streikfreier Raum" sei.[376] Zudem werden die Folgen für die Allgemeinheit gerade in diesen Bereichen durch Notstandsvereinbarungen abgemildert.[377] Dies ist ausdrücklich in den Arbeitskampfrichtlinien der Gewerkschaften vorgesehen.[378] Somit

367 ArbG Nürnberg v. 8.8.2007, AuR 2007, 320, 321.
368 ArbG Chemnitz v. 5.10.2007, AuR 2007, 393.
369 Für letzteres sprechen die Ausführungen a. a. O. unter C. I. 1. f).
370 ArbG Chemnitz v. 5.10.2007, AuR 2007, 393, 394.
371 U. a. *Sunnus*, AuR 2008, 1, 8 f.; *Zachert*, in: FS Wendeling-Schröder, S. 23, 24 f.
372 LAG Sachsen v. 2.11.2007, NZA 2008, 59.
373 LAG Sachsen v. 2.11.2007, NZA 2008, 59, 64.
374 LAG Rheinland Pfalz v. 14.6.2007, BeckRS 2007, 45664.
375 BVerfG v. 4.7.1995, NZA 1995, 754, 755 f.
376 *Bayreuther*, NZA 2008, 12, 13.
377 ArbG Kiel v. 30.6.2006, BeckRS 2006, 42854.
378 So z. B. in § 8 Nr. 4 der Arbeitskampfrichtlinien des DGB vom 5.6.1974: „[es ist] bei Arbeitskämpfen in Bereichen der Versorgung der Bevölkerung mit lebensnotwendigen Gütern (...) dafür Sorge zu tragen, dass eine Notversorgung aufrecht

sind Arbeitskampfmaßnahmen wegen einer Gefährdung der Daseinsvorsorge oder des Gemeinwohls nur selten als rechtswidrig anzusehen.[379] Nicht zu Unrecht wird daher auch festgehalten, dass es zwar im Prinzip richtig sei, dass das Gemeinwohl in irgendeiner Form berücksichtigt werden müsse, dies aber in dieser Allgemeinheit nichtssagend und ohne nähere Konkretisierung irreführend sei.[380]

Allerdings ist zu beachten, dass Arbeitskampfmaßnahmen, die höchstpersönliche Rechte Dritter beeinträchtigen, schon aus dem Grund rechtswidrig sein können, dass sie in absolute Rechte anderer eingreifen.[381] Es ist daher kein Rückgriff auf die Gemeinwohlgrenze notwendig, da oftmals schon andere Grundrechte betroffen sind, die in eine mögliche Abwägung einbezogen werden können.[382] Relevant wird die Grenze allerdings dann, wenn eine Gefährdung von Leben und Gesundheit Anderer durch Arbeitskampfmaßnahmen möglich erscheint.[383] Hier wird man präventiv von einer Rechtswidrigkeit der Arbeitskampfmaßnahme ausgehen müssen.[384]

Legt man diesen Ansatz zugrunde, kann man auch bei den sog. „Spezialistenstreiks" grundsätzlich nicht von einer Verletzung des Gemeinwohls ausgehen. Das Ärgernis für Passagiere aufgrund eines Arbeitskampfes auf Verkehrsmittel wie Bahn oder Flugzeug verzichten oder warten zu müssen und sogar die eventuell gravierenden wirtschaftlichen Schäden der Unternehmen, können eine Rechtswidrigkeit des Arbeitskampfes durch eine Gemeinwohlverletzung nicht begründen.[385] Solche Auswirkungen des Arbeitskampfes werden im Gegenteil sogar üblicherweise beabsichtigt und erwünscht, um Druck auf die Gegenseite auszuüben und sind daher, wie zu Recht angemerkt wird, geradezu arbeitskampftypisch.[386] Diejenigen, die eine generelle Gemeinwohlschranke für Arbeitskampfmaßnahmen fordern, übersehen, dass Tarifverhandlungen und zwangsläufig auch Arbeitskampfmaßnahmen zweier widerstreitender Parteien letztlich gerade Ausdruck des Gemeinwohls sind und dieses fördern.[387] Belastungen der Allgemeinheit müssen daher in einem gewissen Maße hingenommen werden.

erhalten bleibt."; oder auch in § 10 Nr. 3 der Arbeitskampfrichtlinie von ver.di vom 17.6.2009: „Die am Arbeitskampf beteiligten Mitglieder sind verpflichtet, Notdienstarbeiten auf Weisung der Arbeitskampfleitung auszuführen."

379 *Ricken,* in: MüArbR, § 200 Rn. 60.

380 *Linsenmaier,* in: ErfK, Art. 9 GG Rn. 126.

381 *Ricken,* in: MüArbR, § 200 Rn. 61.

382 Siehe hierzu z. B. auch *Hergenröder,* in: HWK, Art. 9 GG Rn. 275.

383 *Kalb,* in: Kasseler Handbuch, 8.2 Rn. 144.

384 *Ricken,* in: MüArbR, § 200 Rn. 61.

385 So *Ricken,* in: MüArbR, § 200 Rn. 62; *Kocher,* in: BKS, AKR, Rn. 162; a. A. ArbG Nürnberg v. 8.8.2007, AuR 2007, 320.

386 *Bayreuther,* NZA 2008, 12, 13; *Kocher,* in: BKS, AKR, Rn. 162; *Kissel,* § 27 Rn. 8.

387 *Lerche,* Verfassungsrechtliche Zentralfragen des Arbeitskampfes, S. 30; *Scholz,* S. 221.

3. *Gemeinwohl als Faktor der Verhältnismäßigkeitsprüfung*

Im Endeffekt kann man somit festhalten, dass Gemeinwohlbelange bei der Rechtmäßigkeitskontrolle von Arbeitskampfmaßnahmen eher vernachlässigt werden sollten, da sie größtenteils in anderen Grundrechten aufgehen und sowohl das *Ob* als auch das *Wie* ihrer Berücksichtigung alles andere als unumstritten ist. Zwar ist es überwiegend anerkannt, dass Gemeinwohlbelange verfassungsrechtlichen Rang haben, die evt. mit dem gemäß Art. 9 Abs. 3 S. 1 GG vorbehaltlos gewährleisteten Grundrecht auf Arbeitskampffreiheit im Wege der praktischen Konkordanz in Einklang gebracht werden müssen[388], jedoch verbleibt die Berücksichtigung des Gemeinwohls als Rechtmäßigkeitsschranke nur noch in absoluten Ausnahmefällen. *Kissel* sieht eine Verletzung des Gemeinwohls durch einen Arbeitskampf, „wenn eine ganz außerordentliche, extreme Situation in einem Arbeitskampf eintritt" und wenn in der Durchführung eines Arbeitskampfes eine „offensichtliche Verletzung" des Gemeinwohls gesehen werden muss.[389] Auch das Arbeitsgericht Chemnitz hat die Gemeinwohlgrenze eher so gedeutet, dass die Arbeitskampfparteien verpflichtet sind, Rücksicht zu nehmen, wenn sie in unverhältnismäßiger Weise Drittinteressen oder Schutzgüter der Allgemeinheit gefährden oder beeinträchtigen.[390] Dies weicht allerdings nicht von der ohnehin durchzuführenden Verhältnismäßigkeitsprüfung der Arbeitskampfmaßnahme ab.[391]

Daher ist das Gemeinwohlinteresse, wenn man es überhaupt in der Bewertung zulässt, lediglich ein in der Verhältnismäßigkeitsprüfung zu berücksichtigender Faktor, der bei einer zu starken Betroffenheit der Allgemeinheit die Arbeitskampfmaßnahme im Einzelfall unverhältnismäßig werden lassen kann.[392] Gerade bei atypischen Arbeitskampfmaßnahmen, die sich wie z. B. im „Flashmob"-Fall[393] auch dadurch auszeichnen, dass sie gerade auch (zielgerichtet) die Allgemeinheit schädigen, muss daher sorgfältig geprüft werden, ob das Gemeinwohl unverhältnismäßig stark verletzt wurde.

---

388 BVerfG v. 24.4.1996, NZA 1996, 1157; BAG v. 21.4.1971, NJW 1971, 1668; *Gamillscheg*, KollArbR I, S. 1173 ff.; *Kissel*, § 27 Rn. 4 ff.; *Hensche/Wolter*, in: GS Zachert, S. 544, 558; a. A. *Däubler*, in: Däubler, § 14 Rn. 19.

389 *Kissel*, § 27 Rn. 11.

390 ArbG Chemnitz v. 5.10.2007, AuR 2007, 393 f.

391 So auch *Ricken*, in: MüArbR, § 200 Rn. 62.

392 So auch BAG v. 21.4.1971, NJW 1971, 1668, 1669; *Czycholl*, S. 47; *Dumke*, S. 266, 268, der von einem Streit um Begrifflichkeiten spricht; *Ricken*, in: MüArbR, § 200 Rn. 58, 63; *Hergenröder*, in: HWK, Art. 9 Rn. 274 betont z. B., dass ein rechtmäßig geführter Arbeitskampf nicht schon durch die Beeinträchtigung von Drittinteressen als rechtswidrig gekennzeichnet werden darf.

393 BAG v. 22.9.2009, NZA 2009, 1347.

4. *Zwischenergebnis*

Die Wahrung des Gemeinwohls bildet eine Grenze des Arbeitskampfes. Besonders betroffen ist die Bevölkerung durch sog. „Spezialistenstreiks". Deren Rechtmäßigkeit wird von den Gerichten unterschiedlich beurteilt, wobei richtigerweise das Gemeinwohl auch dort keine absolute Grenze bilden darf. Sogar erhebliche Beeinträchtigungen können für die Allgemeinheit hinzunehmen sein. Die Berücksichtigung des Gemeinwohls als Rechtmäßigkeitsschranke verbleibt nur in Ausnahmefällen. Vielmehr ist das Gemeinwohlinteresse als Faktor in der Verhältnismäßigkeitsprüfung zu berücksichtigen. Eine zu starke Betroffenheit der Allgemeinheit kann die Arbeitskampfmaßnahme im Ausnahmefall unverhältnismäßig werden lassen.

V. Verhältnismäßigkeitsprinzip

Eine besonders wichtige Rechtmäßigkeitsvoraussetzung einer Arbeitskampfmaßnahme ist, dass diese verhältnismäßig ist. Der Grundsatz der Verhältnismäßigkeit – oder das Übermaßverbot wie er auch genannt wird[394] – wurde von der Rechtsprechung als „oberstes Gebot"[395] für die Rechtmäßigkeit von Arbeitskampfmaßnahmen bezeichnet und gilt vor allem in der neueren Judikatur als „zentraler Bewertungsmaßstab"[396] für diese. Seine Geltung wird zu Recht vom BVerfG[397] und vom mehr als überwiegenden Teil der Literatur anerkannt.[398] Nur vereinzelt wird sein Nutzen in Frage gestellt und über eine Alternative nachgedacht.[399]

Art. 9 Abs. 3 GG ist ein schrankenlos gewährleistetes Grundrecht und kann nur durch konkurrierende Grundrechte Dritter oder Rechtsgüter mit Verfassungsrang eingeschränkt werden.[400] Wie bereits dargelegt, sind Arbeitskämpfe von dem weiten Schutzbereich des Art. 9 Abs. 3 GG umfasst.[401] Der Grundsatz der Verhältnismäßigkeit dient der Überprüfung, ob der Schutz der Arbeitskampfmaßnahme durch Art. 9 Abs. 3 GG einen Eingriff in Grundrechte Dritter oder sonstige Rechtsgüter mit Verfassungsrang rechtfertigen kann.[402] Bei einer Kollision der Koalitionsfreiheit mit Individualgrundrechten muss es das Ziel sein, praktische Konkordanz herzustellen.[403]

---

394 Vgl. *Linsenmaier*, in: ErfK, Art. 9 GG Rn. 129; *Kissel*, § 29 Rn. 8.

395 BAG v. 21.4.1971, NJW 1971, 1668, 1669.

396 BAG v. 19.6.2007, NZA 2007, 1055, 1057; BAG v. 22.9.2009, NZA 2009, 1347, 1351.

397 BVerfG v. 26.6.1991, NZA 1991, 809.

398 Vgl. u. a. *Kissel*, § 29 Rn. 1; *Ricken*, in: MüArbR, § 200 Rn. 45; *Rudkowski*, S. 17 m. w. N.

399 *Däubler*, in: Däubler, § 14 Rn. 20; *Mösch*, S. 36, S. 51 ff.; *Otto*, MüArbR, 2. Aufl., § 285 Rn. 121 jedenfalls in Bezug auf den Nutzen des Verhältnismäßigkeitsgrundsatzes für die Frage nach der Zulässigkeit des Arbeitskampfes als solchen.

400 BAG v. 20.2.2008, NZA 2008, 946, 949; *Linsenmaier*, in: ErfK, Art. 9 GG Rn. 14; *Hergenröder*, in: HWK, Art. 9 GG Rn. 84.

401 Vgl. oben unter: 1. Teil B. I. S. 17 ff.

402 *Hergenröder*, in: HWK, Art. 9 GG Rn. 75.

403 *Linsenmaier*, in: ErfK, Art. 9 GG Rn. 49; *Kissel*, § 35 Rn. 30.

Es soll ein möglichst schonender Ausgleich der betroffenen Grundrechtspositionen hergestellt werden, sodass jede von ihnen optimale Wirksamkeit erlangt.[404]

Bei dem Grundsatz der Verhältnismäßigkeit geht es demnach um die Frage, ob und unter welchen Voraussetzungen ein Kampfmittel im Einzelfall eingesetzt werden darf.[405] Auch Völkerrecht steht der Anwendung des Verhältnismäßigkeitsgrundsatzes – trotz der Beschränkung der Streikrechtgarantie aus Art. 6 Nr. 4 ESC – nicht entgegen. Art. 31 ESC gestattet Beschränkungen des Streikrechts unter anderem dann, „wenn diese gesetzlich vorgeschrieben und in einer demokratischen Gesellschaft zum Schutze der Rechte und Freiheiten anderer [...] notwendig sind". Um eine derartige Beschränkung handelt es sich beim Grundsatz der Verhältnismäßigkeit.[406]

1. *Entwicklung des Verhältnismäßigkeitsgrundsatzes im Arbeitskampfrecht*

a) *Anfänge des Verhältnismäßigkeitsgrundsatzes*

Der Verhältnismäßigkeitsgrundsatz hat seine Ursprünge im öffentlichen Recht. Er kam vor allem im allgemeinen Polizeirecht im 19. Jahrhundert als maßgebendes Rechtsprinzip zur Geltung.[407] Von der stetigen Ausbreitung des Verhältnismäßigkeitsprinzips blieb auch das Privatrecht nicht unbehelligt, wo es sich in unterschiedlichen Ausprägungen wiederfindet.[408] Mittlerweile hat sich der Verhältnismäßigkeitsgrundsatz von einem rein polizeirechtlichen Grundsatz zu einem generellen Prinzip entwickelt, welches die gesamte Rechtsordnung – vor allem auch das Arbeitsrecht – durchzieht.[409]

Erstmals wurde das Verhältnismäßigkeitsprinzip ausdrücklich in einem Urteil des BAG aus dem Jahre 1971 erwähnt.[410] Arbeitskämpfe müssten unter dem „obersten Gebot" der Verhältnismäßigkeit stehen.[411] Daraus folgerte das BAG, dass Arbeitskämpfe nur insoweit eingeleitet und durchgeführt werden dürften, als sie zur Erreichung rechtmäßiger Kampfziele und des nachfolgenden Arbeitsfriedens geeignet und sachlich erforderlich seien. Jede Arbeitskampfmaßnahme dürfe ferner nur nach Ausschöpfung aller Verständigungsmöglichkeiten ergriffen werden; der Arbeitskampf müsse also das letzte mögliche Mittel (*ultima ratio*) sein. Zudem

---

404 Vgl. nur in ständiger Rspr.: BVerfG v. 7.3.1990, NJW 1990, 1982, 1983; BVerfG v. 26.5.1970, NJW 1970, 1729, 1730; *Hesse*, Rn. 72, Rn. 317 ff., *Lerche*, Übermaß und Verfassungsrecht, S. 125 ff.

405 BAG v. 12.3.1985, NZA 1985, 537, 538.

406 BAG v. 19.6.2007, NZA, 2007, 1055, 1058; *Kissel*, § 29 Rn. 10.

407 *Kreuz*, S. 32 m. w. N.

408 Z. B. in §§ 227, 228, 904 BGB; *Mayer*-Maly, ZfA 1980, 473, 475.

409 BAG v. 12.3.1985, NZA 1985, 537; *Hirschberg*, S. 32 f., 250; *Kissel*, § 29 Rn. 6; *Kreuz*, S. 33 f.

410 BAG v. 21.4.1971, NJW 1971, 1668.

411 BAG v. 21.4.1971, NJW 1971, 1668, 1669.

dürften die Mittel des Arbeitskampfes ihrer Art nach nicht über das hinausgehen, was zur Durchsetzung des erstrebten Ziels jeweils erforderlich sei. Das Prinzip der Verhältnismäßigkeit betreffe nicht nur Zeitpunkt und Ziel, sondern auch die Art der Durchführung und die Intensität des Arbeitskampfes.[412] Auch das Gebot der fairen Kampfführung und das darin enthaltene Existenzvernichtungsgebot wurden aus dem Verhältnismäßigkeitsprinzip gefolgert.[413]

b) Wachsende Anerkennung in der Rechtsprechung

In der Folgezeit bestätigten das BVerfG[414] sowie das BAG das Verhältnismäßigkeitsprinzip in mehreren Entscheidungen, wobei insbesondere die Entscheidungen vom 10.6.1980[415] sowie vom 12.3.1985[416] gesondert zu erwähnen sind. In einer der Entscheidungen vom 10.6.1980 zur Zulässigkeit der Abwehraussperrung bei Schwerpunktstreiks bestätigte der Erste Senat den 1971 geschaffenen Rechtszustand. Arbeitskämpfe würden einen Eingriff in vertragliche Rechte darstellen und würden dabei die Interessen der am Arbeitskampf unmittelbar Beteiligten sowie die Interessen Dritter und der Allgemeinheit berühren. Daraus ergebe sich das Verbot, Kampfmaßnahmen zu ergreifen, die unnötig oder ungeeignet seien oder außer Verhältnis zum angestrebten Ziel stünden.[417] Terminologisch stellte das Gericht darüber hinaus klar, dass die Begriffe „Verhältnismäßigkeitsprinzip" und „Übermaßverbot" dasselbe bezeichnen würden. Dieses Prinzip setze sich aus den Merkmalen „Geeignetheit", „Erforderlichkeit" und „Proportionalität" zusammen. Letzterer Begriff sei statt desjenigen der Verhältnismäßigkeit im engeren Sinne zu gebrauchen.[418] In der Entscheidung vom 12.3.1985 bestätigte das BAG sämtliche in früheren Urteilen geäußerten Standpunkte zum Verhältnismäßigkeitsprinzip und festigte somit die Rechtsprechung.[419]

c) Jüngere Entwicklung in der Prüfung des Verhältnismäßigkeitsgrundsatzes

Erst in den vergangenen Jahren gab es diesbezüglich wieder eine neuere Entwicklung. Die Urteile des BAG vom 19.6.2007[420] und vom 22.9.2009[421] sorgten für einige

---

412 BAG v. 21.4.1971, NJW 1971, 1668, 1669.

413 BAG v. 21.4.1971, NJW 1971, 1668, 1669; siehe dazu später noch 1. Teil C. VI. S. 82 f.

414 BVerfG v. 26.6.1991, NZA 1991, 809.

415 BAG v. 10.6.1980 – 1 AZR 168/79, NJW 1980, 1653; BAG v. 10.6.1980 – 1 AZR 331/79, NJW 1980, 1653; BAG v. 10.6.1980 – 1 AZR 822/79, NJW 1980, 1642.

416 BAG v. 12.3.1985, NZA 1985, 537.

417 BAG v. 10.6.1980 – 1 AZR 822/79, NJW 1980, 1642, 1650.

418 BAG v. 10.6.1980 – 1 AZR 822/79, NJW 1980, 1642, 1650.

419 BAG v. 12.3.1985, NZA 1985, 537; lediglich bzgl. der Begründung der Unverhältnismäßigkeit der Aussperrung durch den Arbeitgeber ging das Gericht hier neue Wege.

420 BAG v. 19.6.2007, NZA 2007, 1055.

421 BAG v. 22.9.2009, NZA 2009, 1347.

Veränderungen im Arbeitskampfrecht und ließen auch den Verhältnismäßigkeitsgrundsatz davon nicht unberührt. Teilweise wird diesbezüglich von einer Akzentverschiebung gesprochen.[422] Der Verhältnismäßigkeitsgrundsatz wird nun vor allem als Mittel angesehen, um die Arbeitskampfmaßnahmen und die kollidierenden betroffenen Grundrechte des Arbeitgebers und Dritter zu einem möglichst schonenden Ausgleich zu bringen.[423]

Zudem ist das Verhältnismäßigkeitsprinzip nun endgültig zum zentralen Maßstab geworden.[424] In früheren Urteilen wurde zumindest noch die Wichtigkeit des Paritätsgedankens für die Tarifautonomie und damit das Arbeitskampfrecht erwähnt.[425] Nun steht dieser lediglich am Rande begleitend zum alles bestimmenden Verhältnismäßigkeitsprinzip. Es wird eindeutig betont, dass das Kriterium des Paritätsgedankens für die Beurteilung der Rechtmäßigkeit einer Arbeitskampfmaßnahme nicht ausreichend sei und zentraler Maßstab der Grundsatz der Verhältnismäßigkeit sei.[426] Diese „Wachablösung" ist nun der vorerst erreichte Gipfel eines schleichenden Prozesses, wurde doch schon in der Vergangenheit die Bedeutung des Verhältnismäßigkeitsgrundsatzes immer mehr in den Mittelpunkt gerückt.

Eine wesentliche Veränderung fand auch innerhalb der Prüfung des Verhältnismäßigkeitsprinzips statt. Im Rahmen der Prüfung der „Geeignetheit" sowie der „Erforderlichkeit" der Arbeitskampfmaßnahme soll nach der neuen Rechtsprechung des BAG der den Arbeitskampf führenden Koalition – sprich im vorliegenden Fall der Arbeitskampfmaßnahmen der Arbeitnehmer: der Gewerkschaft – eine „Einschätzungsprärogative" zur Verfügung stehen.[427] Es soll allein ihrer Einschätzung obliegen, ob die Arbeitskampfmaßnahme zur Zielerreichung „geeignet" und „erforderlich" ist. Die Grenze zur Unzulässigkeit sei erst dann überschritten, wenn das Kampfmittel „offensichtlich" ungeeignet sei oder es des Kampfmittels „offensichtlich" nicht bedürfe. Diese besonders wichtigen Prüfungspunkte sind demnach der gerichtlichen Kontrolle nun entzogen. Lediglich die Proportionalität des Arbeitskampfmittels und damit die Verhältnismäßigkeit im engeren Sinne soll gerichtlich noch voll überprüfbar sein. Damit bekommt dieser Prüfungspunkt im Vergleich zum vorherigen Zustand eine noch größere Bedeutung. Eine wirkliche Rechtskontrolle findet nur noch hier statt.

Man kann demnach davon sprechen, dass das Verhältnismäßigkeitsprinzip sich im Wandel befindet. Inwiefern man an dem Grundsatz und vor allem an seinem

---

422 *Däubler*, in: Däubler, § 14 Rn. 4.

423 BAG v. 19.6.2007, NZA 2007, 1055; *Däubler*, in: Däubler, § 14 Rn. 4.

424 So auch *Czycholl*, S. 43; *Jacobs*, ZfA 2011, 71, 79.

425 Vgl. nur BVerfG v. 4.7. 1995, NZA 1995, 754; BAG v. 12.9.1984, NZA 1984, 393, 399, sogar: „Oberster Grundsatz des Arbeitskampfrechts".

426 BAG v. 19.6.2007, NZA 2007, 1055.

427 BAG v. 19.6.2007, NZA 2007, 1055; BAG v. 22.9.2009, NZA 2009, 1347; an dieser Stelle sollen nur kurz die am Verhältnismäßigkeitsprinzip vorgenommenen Veränderungen erläutert werden. Eine kritische Auseinandersetzung mit diesen folgt unter 2. Teil B. II. S. 157 ff.

Stellenwert in der bisherigen Form nach den neueren Entscheidungen des Ersten Senats festhalten kann, ist daher zumindest zweifelhaft.[428]

2. Prüfung des Verhältnismäßigkeitsgrundsatzes

Auch bei der Prüfung des arbeitskampfrechtlichen Verhältnismäßigkeitsprinzips ist von der Stufenfolge des öffentlich-rechtlichen Verhältnismäßigkeitsprinzips auszugehen.[429] Man unterscheidet in der Regel zwischen drei Unterpunkten: Geeignetheit, Erforderlichkeit und Angemessenheit. Im Arbeitsrecht wird dieser letzte Prüfungspunkt Proportionalität oder auch Verhältnismäßigkeit im engeren Sinne genannt.

Um zu bestimmen, wann eine Arbeitskampfmaßnahme geeignet oder erforderlich ist, muss jedoch zunächst bestimmt werden, wozu sie geeignet oder erforderlich sein muss. Demnach muss der Zweck der Arbeitskampfmaßnahme bestimmt werden, um einen Bezugspunkt für die Verhältnismäßigkeitsprüfung zu erhalten. Diese Bestimmung ist außerordentlich wichtig, da hier die entscheidenden Weichen für die weitere Prüfung und damit für die rechtliche Bewertung einer Arbeitskampfmaßnahme als rechtmäßig oder rechtswidrig gestellt werden.[430]

a) Bezugspunkt der Verhältnismäßigkeitsprüfung

Die Bestimmung des richtigen Bezugspunktes ist dabei in der Literatur sehr umstritten. *Kreuz* nennt diese Bestimmung nicht ohne Grund „höchst diffizil".[431] Die Rechtsprechung des BAG hat in der Vergangenheit durch manchen Rechtsprechungswechsel oder durch unklare Formulierungen, die als Rechtsprechungswechsel gedeutet wurden, zu dem breiten Meinungsspektrum beigetragen. Im Folgenden sollen die Ansicht des BAG sowie verschiedene Ansichten in der Literatur vorgestellt und diskutiert werden, um im Ergebnis zu dem hier für richtig gehaltenen Zweck einer Arbeitskampfmaßnahme und damit zu dem Bezugspunkt der Verhältnismäßigkeitsprüfung zu gelangen.

aa) Bezugspunkt nach der Rechtsprechung des BAG

Zunächst soll herausgearbeitet werden, welchen Zweck das BAG für eine Arbeitskampfmaßnahme (der Arbeitnehmer) als maßgeblich ansieht. Dabei soll mittels einer chronologischen Betrachtung bedeutender Urteile des BAG zum Verhältnismäßigkeitsprinzip die Entwicklung in der Rechtsprechung des BAG aufgezeigt werden.

---

428 Siehe auch *Czycholl*, S. 42 f.

429 *Kissel*, § 29 Rn. 16; *Hergenröder*, in: HWK, Art. 9 GG Rn. 169; *Buchner*, in: Arbeitskampfrecht – Symposion für Hugo Seiter, S. 21, 22.

430 *Fischinger*, RdA 2007, 99, 100; *Kreuz*, S. 99 f. mit anschaulichem Beispiel.

431 *Kreuz*, S. 97.

(1) Ältere Rechtsprechung des BAG

Im Grundsatzurteil des BAG zum Verhältnismäßigkeitsprinzip vom 21.4.1971[432] wird vom Großen Senat nicht näher auf die Problematik der Zweckbestimmung einer Arbeitskampfmaßnahme eingegangen. Es finden sich lediglich vereinzelt Aussagen zum Ziel einer Arbeitskampfmaßnahme, die jedoch keinen wirklichen Aufschluss bringen. So führt der Große Senat lediglich aus:

> „Arbeitskämpfe dürfen nur insoweit eingeleitet und durchgeführt werden, als sie zur Erreichung rechtmäßiger Kampfziele und des nachfolgenden Arbeitsfriedens geeignet und sachlich erforderlich sind."[433]

Auch wenige Zeilen später geht er nicht näher auf den verfolgten Zweck ein:

> „Die Mittel des Arbeitskampfes dürfen ihrer Art nach nicht über das hinausgehen, was zur Durchsetzung des erstrebten Zieles jeweils erforderlich ist."[434]

Nicht zu Unrecht wird daher dahingehend Kritik geäußert, dass das BAG das Verhältnismäßigkeitsprinzip eingeführt hat, ohne den Bezugspunkt der Prüfung, den Zweck der Arbeitskampfmaßnahme, hinreichend bestimmt zu haben.[435]

In seinem Urteil vom 10.6.1980[436] hatte das BAG dann die Bedeutung des Bezugspunktes für die Verhältnismäßigkeitsprüfung erkannt und stellte heraus, dass die Geeignetheit, Erforderlichkeit und Proportionalität einer Kampfmaßnahme sich nicht beurteilen ließen, so lange nicht feststehe, welcher Zweck bei der Prüfung dieser Merkmale maßgebend sein solle.[437] Anschließend verwies das BAG auf die unterschiedlichen Ansichten im Schrifttum, stellte jedoch heraus, dass dies vorliegend nicht entschieden werden müsse. Einige Zeilen später führte es dann aber bemerkenswert aus:

> „Daraus folgt jedoch nicht, daß auch die Frage der Parität unerheblich wäre. Hier besteht ein Unterschied zwischen dem Streik, der der Durchsetzung von Tarifforderungen dient, und der Abwehraussperrung, die nur ein Verhandlungsübergewicht der streikenden Gewerkschaft ausgleichen, also die Parität zurückgewinnen soll. Die begrenzte Funktion und Legitimation der Abwehraussperrung bestimmt zugleich den Inhalt des Übermaß Verbotes. Als geeignet, erforderlich und proportional können nur solche Abwehraussperrungen gelten, die die Herstellung der Verhandlungsparität bezwecken. Damit ist zugleich der Rahmen für die Zulässigkeit von Abwehraussperrungen bezeichnet."[438]

432 BAG v. 21.4.1971, NJW 1971, 1668.
433 BAG v. 21.4.1971, NJW 1971, 1668, 1669.
434 BAG v. 21.4.1971, NJW 1971, 1668, 1669.
435 *Joachim*, AuR 1973, 289, 291; *Heckelmann*, ZfA 1973, 425, 439.
436 BAG v. 10.6.1980, NJW 1980, 1642.
437 BAG v. 10.6.1980, NJW 1980, 1650.
438 BAG v. 10.6.1980, NJW 1980, 1650.

Aus diesen Ausführungen haben viele im Schrifttum[439] – wie später noch aufgezeigt werden wird – geschlossen, dass das BAG damit die Herstellung der Verhandlungsparität als maßgeblichen Bezugspunkt betrachtet. Jedoch verkennen diese, dass das BAG ausdrücklich zwischen dem Streik, als Kampfmittel der Arbeitnehmerseite, und der Abwehraussperrung, als Kampfmittel der Arbeitgeberseite, unterscheidet. Ersterer habe als Zweck die Durchsetzung von Tarifforderungen. Es scheint demnach so, als differenziere das BAG bezüglich des maßgeblichen Zwecks für die Verhältnismäßigkeitsprüfung zwischen Arbeitnehmer- und Arbeitgeberkampfmitteln. Es fällt demnach mitnichten eine Entscheidung darüber, was als maßgeblicher Bezugspunkt der Verhältnismäßigkeitsprüfung anzusehen ist. Dazu passend mutet es zumindest merkwürdig an, dass das BAG zwar Ausführungen dazu macht, dass die Herstellung der Verhandlungsparität das Ziel von Abwehraussperrungen sei, es im Anschluss aber zu prüfen unterlässt, ob die im Streit stehende Abwehraussperrung geeignet, erforderlich und proportional zur Herstellung der Verhandlungsparität war. Von daher sind Zweifel angebracht, ob das BAG tatsächlich die Herstellung von Verhandlungsparität als maßgeblichen Zweck für die Verhältnismäßigkeitsprüfung gewählt hat.[440]

In zwei darauf folgenden Entscheidungen hielt sich das BAG bezüglich der Problematik des maßgeblichen Zwecks deutlich zurück. Im sog. 2. Warnstreikurteil vom 12.9.1984[441] führte es lediglich aus, dass weiterhin Streit darüber bestehe, wozu der Streik (oder ein anderes Mittel des Arbeitskampfes) geeignet, erforderlich und proportional sein solle. Es erwähnte zwar die gegenläufigen Positionen, dass der Arbeitskampf entweder dem jeweiligen Arbeitskampfziel oder der Herstellung einer gleichwertigen Verhandlungschance diene, enthielt sich allerdings wertender Aussagen.[442]

Auch im Urteil vom 12.3.1985[443] äußerte sich der 1. Senat nicht umfassend zu der Problematik, sondern versuchte sich eher mit allgemein gehaltenen Aussagen von den vorher gemachten Konkretisierungen zu distanzieren. Da aber in diesem Urteil ohnehin die „Aussperrung“ als Kampfmittel im Vordergrund stand, können selbst Aussagen, die auf die Herstellung der Verhandlungsparität als maßgeblichen Zweck hindeuten, hier nicht als entscheidend angeführt werden. Teilweise entsteht davon abgesehen sogar der Eindruck, dass das BAG die Verhandlungsparität zwar als wichtige Komponente ansieht, diese jedoch lediglich einen Faktor in der Verhältnismäßigkeitsprüfung darstellt und nicht der zentrale Bezugspunkt dieser ist.[444]

439 *Seiter*, RdA 1981, 65, 75; *Konzen*, SAE 2008, 1, 4; *Konzen*, DB 1990 Beilage Nr. 6, S. 9; *Preis*, S. 395, insbesondere auch auf die Entscheidung vom 12.3.1985 Bezug nehmend.
440 So auch *Kreuz*, S. 103.
441 BAG v. 12.9.1984, NZA 1984, 393.
442 BAG v. 12.9.1984, NZA 1984, 398.
443 BAG v. 12.3.1985, NZA 1985, 537.
444 Vgl. nur BAG v. 12.3.1985, NZA 1985, 537, 538, unter II. 2. c.

Im Urteil vom 21.6.1988[445] äußerte sich das BAG zwar nicht explizit zum Bezugspunkt der Verhältnismäßigkeitsprüfung, ließ jedoch im Rahmen derer Prüfung folgenden bemerkenswerten Satz fallen:

> „Es entspricht dem Grundsatz der freien Wahl und des freien Einsatzes der Arbeitskampfmittel, diese so einzusetzen, daß sie mit möglichst geringem Aufwand eine hohe Wirkung erzielen, d. h. einen durch die Folgen der Arbeitsniederlegung eintretenden Druck ausüben, der geeignet ist, die Arbeitgeberseite zum Nachgeben und Eingehen auf die erhobenen Forderungen zu bestimmen."[446]

Man kann diese Äußerung des BAG durchaus so deuten, dass der Zweck einer Arbeitskampfmaßnahme die Druckausübung auf den Gegner sei, die geeignet sein soll, diesen zum Eingehen auf die Tarifforderungen zu bestimmen. Dies würde jedoch deutlich gegen die „Paritätsthese" sprechen, die in diesem Zusammenhang vom Gericht nicht erwähnt wird.

Diese Tendenz wurde vom BAG in seinem Urteil vom 11.5.1993[447] bestätigt. So ausführlich wie bis dato selten zuvor äußerte sich BAG dahingehend, dass nur solche Arbeitskämpfe zulässig seien, die zur Erreichung eines rechtmäßigen Kampfzieles geeignet und erforderlich seien und nicht außer Verhältnis zu dem angestrebten Ziel stünden.[448]

Auch im Urteil des BAG vom 18.2.2003[449] wird dieser Gedanke fortgeführt. Dort stellte das Gericht fest, eine Arbeitskampfmaßnahme, die zur Durchsetzung der kollektiven Forderungen völlig ungeeignet sei, unterfalle nicht dem Schutz des Art. 9 Abs. 3 GG und folgerte nur wenig später, dass im konkreten Fall die Arbeitsniederlegung der Gewerkschaft zur Durchsetzung der verbandstarifvertraglichen Forderungen geeignet gewesen sei.[450] Zweck einer Arbeitskampfmaßnahme war demnach laut dem BAG, auch wenn es dies nicht ausdrücklich klarstellte, die Durchsetzung der Tarifforderungen.

(2) Neuere Rechtsprechung des BAG

Diesbezüglich eindeutig wurde das BAG in seinen jüngsten, Aufsehen erregenden Entscheidungen zum Sympathiestreik[451] und zum „Flashmob"[452]. So führte es in ersterer Entscheidung aus:

> „Das Abwägungspostulat der Verhältnismäßigkeit erfordert stets eine Würdigung, ob ein Kampfmittel zur Erreichung eines rechtmäßigen Kampfziels geeignet und

445 BAG v. 21.6.1988, NZA 1988, 846.
446 BAG v. 21.6.1988, NZA 1988, 846, 849.
447 BAG v. 11.5.1993, NZA 1993, 809.
448 BAG v. 11.5.1993, NZA 1993, 809, 810 f.
449 BAG v. 18.2.2003, NZA 2003, 866.
450 BAG v. 18.2.2003, NZA 2003, 866, 869.
451 BAG v. 19.6.2007, NZA 2007, 1055.
452 BAG v. 22.9.2009, NZA 2009, 1347.

erforderlich und bezogen auf das Kampfziel angemessen (proportional bzw. verhältnismäßig im engeren Sinn) eingesetzt worden ist."[453]

Diese Aussage wurde in der „Flashmob"-Entscheidung bestätigt.[454] Das BAG hat hier eindeutig die Erreichung eines rechtmäßigen Kampfziels als Bezugspunkt der Verhältnismäßigkeitsprüfung benannt und damit Unverständnis und Kritik geerntet.[455] Anzumerken ist, dass das BAG den Zweck nicht – wie in früheren Entscheidungen angedeutet – auf die Durchsetzung der tariflichen Forderungen begrenzt, sondern durch die Formulierung „zur Erreichung des Kampfziels" den Bezugsrahmen deutlich breiter fasst. Gerade dies ist heftig kritisiert worden.[456]

Unklar ist jedoch, ob das BAG diesen Rahmen bewusst weit fassen wollte oder es sich lediglich um eine Formulierungsungenauigkeit handelt. Man könnte die Ausführungen des BAG nämlich genauso gut als Fortführung der früheren Rechtsprechung deuten, wonach der Zweck einer Arbeitskampfmaßnahme in der Durchsetzung der tariflichen Forderungen liegen und nicht darüber hinausgehen soll. Zumindest ist dies vom Begriff „Kampfziel" ohne weiteres umfasst. Eventuell hat das BAG nicht bedacht, dass den Koalitionen durch ein frei wählbares Kampfziel vielfältige taktische Möglichkeiten zur Verfügung stehen könnten, einen Arbeitskampf durch die Wahl eines entsprechenden Kampfzieles verhältnismäßig und damit rechtmäßig werden zu lassen.[457] Für diese Auffassung könnte auch die uneinheitliche Terminologie des BAG in den vergangenen Jahren sprechen. In den angesprochenen Urteilen aus den Jahren 1988[458], 1993[459], 2003[460] und 2007[461] ist ein ständiger Wechsel zwischen den Begrifflichkeiten „Druckausübung zur Durchsetzung von Tarifforderungen" und „Erreichung eines rechtmäßigen Kampfziels" zu verzeichnen. Zudem bemisst das BAG im Sympathiestreik-Urteil 2007, laut dem die Erreichung eines rechtmäßigen Kampfziels der Zweck der Verhältnismäßigkeitsprüfung sein soll, die Geeignetheit einer Arbeitskampfmaßnahme danach, ob diese in der Lage ist, Druck auf den Gegner auszuüben[462], was wiederum der Formulierung in früheren Urteilen sehr nahe kommt.[463] Dies zeigt, dass die Übergänge in der

---

453 BAG v. 19.6.2007, NZA 2007, 1055, 1058.
454 BAG v. 22.9.2009, NZA 2009, 1347, 1352.
455 *Greiner*, Anm. EzA Nr. 143 zu Art. 9 GG Arbeitskampf, S. 27, 37 f.; *Jacobs*, ZfA 2011, 71, 80, 82, 88 ff.; schon kritisch zur Unterstützungsstreik-Entscheidung: *Bieder*, NZA 2008, 799, 800 f.
456 *Bieder*, NZA 2008, 799, 800 f.
457 Mit diesem taktischen Gedankenspiel etwa *Bieder*, NZA 2008, 799, 800 f.; *Kreuz*, S. 108; *Wank*, in: FS Kissel, S. 1225, 1233.
458 BAG v. 21.6.1988, NZA 1988, 846.
459 BAG v. 11.5.1993, NZA 1993, 809.
460 BAG v. 18.2.2003, NZA 2003, 866.
461 BAG v. 19.6.2007, NZA 2007, 1055.
462 BAG v. 19.6.2007, NZA 2007, 1055, 1058.
463 Vgl. nur BAG v. 21.6.1988, NZA 1988, 846, 849.

Terminologie des BAG fließend sind und man die vermeintliche Öffnung des BAG durch den Begriff (frei wählbares) „Kampfziel" nicht zu wörtlich nehmen sollte.

(3) Zwischenergebnis

Durch die ausführliche Darstellung der Entwicklung der Rechtsprechung des BAG zu diesem Thema sollte veranschaulicht werden, dass das BAG – anders als teilweise im Schrifttum behauptet wird[464] – nie explizit die Auffassung vertreten hat, dass die Herstellung von Parität der Bezugspunkt für die Verhältnismäßigkeitsprüfung ist. Auch ist deutlich geworden, dass das BAG terminologisch sich nur eingeschränkt stringent geäußert hat und demnach weiterhin ein gewisser Interpretationsspielraum verbleibt. In jedem Fall kann an dieser Stelle festgehalten werden, dass sich in der Rechtsprechung die Erreichung des Kampfziels oder auch die Durchsetzung der Tarifforderungen als Bezugspunkt der Verhältnismäßigkeitsprüfung herauskristallisiert hat und der Bezugspunkt – zumindest bei Kampfmitteln der Arbeitnehmerseite – nicht die Herstellung von Verhandlungsparität ist.

bb) Unterschiedliche Bezugspunkte der Literatur

In der Literatur ist die Frage, welcher Bezugspunkt für die Prüfung der Verhältnismäßigkeit relevant ist, sehr umstritten. Im Großen und Ganzen sind jedoch zwei Strömungen erkennbar. Manche sehen die Herstellung von Kampfparität als maßgeblichen Bezugspunkt an und andere sind mehr oder weniger auf das Durchsetzen von Tarifforderungen fixiert. Im Folgenden sollen die verschiedenen Lösungsansätze der Literatur vorgestellt und diskutiert werden.

(1) Herstellung von Parität als Bezugspunkt der Literatur

Viele Autoren befürworten die Herstellung gleichwertiger Verhandlungschancen, d. h. die Schaffung von Verhandlungs- und Kampfparität als maßgeblichen Bezugspunkt der Verhältnismäßigkeitsprüfung.[465] Dieser Ansatz geht insbesondere auf *Seiter* zurück, auf den der 1. Senat auch ausdrücklich Bezug genommen hat.[466] Er hatte bereits 1975 die Kampfparität als Bezugspunkt der erforderlichen Angriffs- und Abwehrmittel gesehen[467] und dies später mehrfach (mit geringen Variationen) untermauert.[468] Allgemeiner Bezugspunkt sei zunächst die in Art. 9 Abs. 3 GG als Koalitionszweck genannte Wahrung und Förderung der Arbeits- und

---

464 *Konzen*, SAE 2008, 1, 4; *Konzen*, DB 1990 Beilage Nr. 6 S. 9; *Preis*, S. 395.

465 *Bieder*, NZA 2008, 799, 800; *Czycholl*, S. 52, 57; *Jacobs*, ZfA 2011, 71, 88 f.; *Mösch*, S. 8; *Preis*, S. 395; *Seiter*, RdA 1981, 65, 76.

466 BAG v. 10.6.1980, NJW 1980, 1650.

467 *Seiter*, Streikrecht, S. 172.

468 *Seiter*, Arbeitskampfparität, S. 94, wo er allerdings zunächst – die Parität präzisierend – nur von „Willensbeeinflussung" spricht; *Seiter*, RdA 1981, 65, 76, wo er von der „paritätischen Willensbeeinflussung" spricht.

Wirtschaftsbedingungen. Diese müsste dahingehend konkretisiert werden, dass nach dem Paritätsgebot den sozialen Gegenspielern gleichgewichtige Verhandlungs- und Kampfchancen bei der Vereinbarung der Arbeits- und Wirtschaftsbedingungen eingeräumt werden müssten. Das bedeute, dass das Arbeitskampfrecht diejenigen Mittel zur Verfügung zu stellen habe, die erforderlich seien, um eine gleichgewichtige Auseinandersetzung und Einigung der sozialen Gegenspieler zu ermöglichen.[469] Letztendlich will *Seiter* also nur diejenigen Arbeitskampfmittel als verhältnismäßig ansehen, welche die Parität zwischen den Gegenspielern erhalten und nicht beeinträchtigen.[470]

Die Ansicht wonach die Durchsetzung der Tarifforderungen maßgeblicher Bezugspunkt sein soll, lehnt er ab. Die durch die Kampfmaßnahme bewirkte Schädigung des Kampfgegners dürfe nicht mit dem von der Kampfpartei erstrebten Vorteil in Beziehung gesetzt werden, weil dies notwendigerweise zu einer Angemessenheitskontrolle der Tarifforderung führen müsse.[471] Er befürchtet also eine, von der Rechtsprechung als unerwünscht angesehene,[472] Tarifzensur.

Laut *Preis* spricht für die Parität als Bezugspunkt, dass der Arbeitskampf in erster Linie dazu dienen solle, ein Gleichgewicht am Verhandlungstisch zu schaffen.[473] Der Grund seiner Zulassung sei eben nicht, wie teilweise behauptet wird, bestimmte Taktiken durchzusetzen[474] oder den Willen der Gegenseite in eine bestimmte Richtung zu lenken.[475] So seien auch die Aussagen des BAG vom 12.3.1985[476] dahingehend zu verstehen, dass der Paritätsgrundsatz der Bezugspunkt der Verhältnismäßigkeitsprüfung sein solle.[477]

Greiner befürchtet eine Sinnentleerung der Prüfung, sollte der legitime Zweck einer Arbeitskampfmaßnahme nicht in der Herstellung der Parität zu sehen sein, vor allem, da man zudem der Gewerkschaft nun auch noch eine Einschätzungsprärogative zugestehen würde.[478] Er fragt sich, weshalb die Gewerkschaft in Zukunft ein Mittel wählen solle, das zur Erreichung des von ihr selbst gesetzten Kampfzieles offensichtlich nicht geeignet oder erforderlich sei. So befürwortet auch er, die Verhältnismäßigkeit des Kampfmittels ausschließlich am Maßstab der Kampfparität zu messen. Nur so könne die Funktionsfähigkeit der Tarifautonomie gewährleistet

469 *Seiter*, Streikrecht, S. 172.
470 Vgl. *Seiter*, RdA 1981, 65, 76: „Eignung, Erforderlichkeit und Proportionalität von Kampfmitteln sind also danach zu beurteilen, ob sie den Willen der gegnerischen Vertragspartei so beeinflussen, daß die Interessen prinzipiell gleichgewichtig zum Ausgleich kommen (...).“; so auch *Kreuz*, S. 111.
471 *Seiter*, Arbeitskampfparität, S. 94; *Seiter*, Streikrecht, S. 538 ff.
472 BAG v. 10.6.1980, NJW 1980, 1650; BVerfG v. 26.6.1991, NZA 1991, 809, 812.
473 *Preis*, S. 395.
474 *Löwisch*, ZfA 1971, 319, 326 ff.
475 *Czerweny v. Arland*, S. 59; *v. Hoyninigen-Huene*, JuS 1987, 505, 507.
476 BAG v. 12.3.1985, NZA 1985, 537, 538.
477 So *Preis*, S. 395.
478 *Greiner*, Anm. EzA Nr. 143 zu Art. 9 GG Arbeitskampf, S. 27, 37.

werden. Ein Kampfmittel, das auf eine disparitätische Verhandlungssituation abziele, sei mit der funktionalen Hinordnung des Arbeitskampfes auf das Tarifvertragssystem nicht vereinbar und damit evident ungeeignet und rechtsmissbräuchlich.[479]

Die Herstellung der Parität als Bezugspunkt der Verhältnismäßigkeitsprüfung zu machen, wird jedoch auch kritisch gesehen.[480] Zu beachten ist nämlich, dass durch den Einsatz eines Arbeitskampfmittels die Gewerkschaft nicht bezweckt, ein Gleichgewicht herzustellen, sondern den Gegner zum Nachgeben bewegen will. Daher wird zu Recht die These geäußert, dass die Kampfparität lediglich Folge der Möglichkeit zum Einsatz eines Kampfmittels sei, nicht jedoch deren Zweck.[481] Als Folge dessen wird vorgeschlagen, die Herstellung der Kampfparität lediglich im Rahmen der Proportionalitätsprüfung heranzuziehen. Dadurch sollen rechtswidrige Arbeitskämpfe ausgeschieden werden können, die dem Charakter des Arbeitskampfes als Hilfsinstrument für die Tarifautonomie nicht gerecht werden, weil sie das für ein funktionsfähiges Tarifvertragssystem unabdingbare annähernde Kräftegleichgewicht zwischen den sozialen Gegenspielern stören würden.[482]

Zudem wird kritisiert, dass die Auffassung von einem Zusammenhang zwischen Paritäts- und Verhältnismäßigkeitsprinzip ausgehe, der nicht gegeben sei.[483] Ein funktionierendes Tarifsystem müsse die Möglichkeit, einen Arbeitskampf gewinnen zu können, voraussetzen. Dies sei jedoch nicht möglich, wenn der Einsatz des Kampfmittels von vornherein auf die Herstellung der Parität im Einzelfall begrenzt sei. Zweck des Paritätserfordernisses sei lediglich, durch die Zulassung von Arbeitskampfmaßnahmen beiden Parteien generell gleiche Erfolgschancen einzuräumen. Das Verhältnismäßigkeitsprinzip solle im Gegensatz dazu übermäßige Eingriffe in die Rechte des Arbeitskampfgegners oder Dritter im Einzelfall verhindern. Wegen der unterschiedlichen Funktionen seien das Paritäts- sowie das Verhältnismäßigkeitsprinzip daher voneinander zu trennen.[484]

---

479 *Greiner*, Anm. EzA Nr. 143 zu Art. 9 GG Arbeitskampf, S. 27, 37 f.

480 U. a. *Fischinger*, RdA 2007, 99, 101; *Wank*, in: FS Kissel, 1225, 1234.

481 *Kemper*, S. 165.

482 *Fischinger*, S. 188; *Fischinger*, RdA 2007, 99, 101; *Kreuz*, S. 114 f.; *Wank*, in: FS Kissel, 1225, 1234.

483 *Auktor*, S. 33.

484 *Auktor*, S. 33; *Czerweny v. Arland*, S. 56: „(...) daß der Grundsatz der Kampfparität mit dem Verhältnismäßigkeitsgrundsatz nichts zu tun hat. (...) Das bedeutet, daß die Kampfparität ausschließlich die Funktion hat, die generell zulässigen Angriffs- und Abwehrkampfmittel zu bestimmen. Im Gegensatz dazu findet der Verhältnismäßigkeitsgrundsatz nicht nur generell, sondern konkret bei der Überprüfung der Rechtmäßigkeit der jeweiligen Arbeitskampfmaßnahme Anwendung (...), weil er einen konkreten Ausgleich zwischen Eingriff und den davon betroffenen Rechtspositionen schaffen soll"; siehe zur Beziehung der beiden Prinzipien sogleich 1. Teil C. V. 2. e) S. 78 ff.

(2) Andere Bezugspunkte der Literatur

Demgegenüber gibt es zahlreiche Stimmen in der Literatur, die den Bezugspunkt der Verhältnismäßigkeitsprüfung nicht in der Herstellung der Parität sehen, sondern der Meinung sind, der Arbeitskampf diene anderen Zwecken.

So vertrat *Löwisch* schon zu Zeiten, in denen die Diskussion erstmalig aufkam, die Ansicht, dass die Erforderlichkeit und Proportionalität ausschließlich an der von der kampfführenden Partei frei wählbaren Kampftaktik zu messen seien. Je nach Kampftaktik seien ganz unterschiedliche Eingriffe in die Arbeitsverhältnisse erforderlich.[485] Dieser Ansatz wird jedoch insofern kritisiert, dass er nur die Interessen der Kampfparteien, nicht aber die der Allgemeinheit, berücksichtigt.[486] Zudem wird bei einem Anknüpfen an die jeweilige Kampftaktik ein Missbrauch durch die kampfführende Partei befürchtet.[487] Sie könnte jedes Kampfmittel allein dadurch rechtfertigen, indem sie später vorträgt, zum Einsatzzeitpunkt eine dieses Mittel erfordernde Kampftaktik verfolgt zu haben.[488]

Zum Teil wird auch vertreten, dass der Zweck des Arbeitskampfes die Willensbeeinflussung der Gegenseite sei. Daher soll im Rahmen der Verhältnismäßigkeitsprüfung zu fragen sein, ob der Arbeitskampf geeignet, erforderlich und angemessen zur Beeinflussung der Willensbildung des Kampfgegners sei.[489]

Gegen diese Ansicht spricht jedoch, dass die Willensbeeinflussung der Gegenseite kein Selbstzweck ist.[490] Vielmehr ist dies bloß als Zwischenziel anzusehen. Wie auch von denjenigen in der Literatur, die nicht auf die Herstellung der Parität abstellen, überwiegend vertreten wird, ist der Zweck des Arbeitskampfes zugleich maßgeblicher Bezugspunkt der Verhältnismäßigkeitsprüfung und das daher verfolgte Ziel ist es, die Tarifforderungen durchzusetzen.[491] Der Arbeitskampf ist Hilfsinstrument der Tarifautonomie.[492] Da die Rechtsordnung nur solche Arbeitskampfmaßnahmen zulasse, mit denen ein tarifvertragliches Regelungsziel angestrebt werde, müsse dieses Ziel auch im Rahmen der Verhältnismäßigkeitsprüfung zugrunde gelegt werden.[493] Auch *Fischinger* erkennt, dass nur ein rechtmäßiger Zweck der Arbeitskampfmaßnahme Bezugspunkt einer Verhältnismäßigkeitskontrolle sein könne und

---

485 *Löwisch*, ZfA 1971, 319, 326 ff.

486 *Czerweny v. Arland*, S. 53 f.; *Kreuz*, S. 108 f.

487 *Auktor*, S. 34; *Czerweny v. Arland*, S. 53 f.; *Kreuz*, S. 108; *Wank*, in: FS Kissel, S. 1225, 1233.

488 So auch *Fischinger*, RdA 2007, 99, 100.

489 *Czerweny v. Arland*, S. 59; *v. Hoyninigen-Huene*, JuS 1987, 505, 507.

490 *Auktor*, S. 34; *Fischinger, S. 188; Fischinger*, RdA 2007, 99, 100 f.; *Wank*, in: FS Kissel, S. 1225, 1234.

491 *Auktor*, S. 33 f.; *Fischinger*, RdA 2007, 99, 101; *Fischinger*, S. 188 f.; *Kemper*, S. 165 f.; *Kemper*, in: v. Mangoldt/Klein/Starck, Art. 9 Abs. 3 GG Rn. 163; *Kissel*, § 29 Rn. 21; *Kreuz*, S. 115 ff.; *Wank*, in: FS Kissel, S. 1225, 1234.

492 BAG v. 5.3.1985, NZA 1985, 504, 507.

493 *Kreuz*, S. 117; *Wank*, in: FS Kissel, S. 1225, 1234 f.

schlussfolgert aus der Tarifbezogenheit des Arbeitskampfes, dass der rechtmäßige Zweck daher die Durchsetzung einer zulässigen tariflichen Regelung sei.[494]

Der Schwachpunkt dieser Ansicht wird oftmals darin gesehen, dass die Gefahr einer unzulässigen Tarifzensur bestehe.[495] *Wank* sieht dies insofern als unbegründet an, da die Tarifforderung als Arbeitskampfziel sachlich zwingend vorgegeben sei. Zu unterscheiden sei die beschreibende Aussage, was genau das Tarifziel sei, von der normativen Würdigung, ob dieses Ziel zulässig sei. Für ihn sei nicht zu erkennen, was der Gedanke der Tarifzensur mit der bloßen Feststellung, was eine Gewerkschaft als Arbeitskampfforderung aufstelle, zu tun habe.[496]

Allerdings bereitet diese Auffassung *Wanks* spätestens bei der Prüfung der Angemessenheit Probleme. Sollte die Durchsetzung der Tarifforderung nämlich Bezugspunkt der Verhältnismäßigkeitskontrolle sein, müsste eine inhaltliche Auseinandersetzung mit der Tarifforderung stattfinden, um zu überprüfen, ob die durchgeführte Arbeitskampfmaßnahme zur Erreichung der Forderung angemessen gewesen ist. Um der nicht von der Hand zu weisenden Gefahr einer Tarifzensur zu begegnen, wird daher argumentiert, dass sich die inhaltliche gerichtliche Kontrolle der angestrebten Tarifziele auf eine Exzesskontrolle beschränken müsse.[497] Arbeitskampfmaßnahmen seien nur dann unverhältnismäßig, wenn die vom Arbeitskampf beeinträchtigten Rechtsgüter und Interessen offensichtlich überwiegen würden.[498] Dadurch würde auch verhindert, dass die Arbeitskampfparteien einer zu großen Rechtsunsicherheit ausgeliefert seien.[499]

cc) Durchsetzung der Tarifforderungen als Bezugspunkt

Nach der vorstehenden ausführlichen Analyse ist deutlich geworden, dass es bei der Frage des maßgeblichen Bezugspunktes der Verhältnismäßigkeitsprüfung insbesondere zwei divergierende Meinungsströmungen gibt. Manche wollen das zweifellos wichtige Paritätsgebot zum Fixpunkt machen, andere wiederum stellen in unterschiedlicher Ausführung mehr oder weniger auf das Durchsetzen tariflicher Forderungen ab, auch wenn die Begrifflichkeiten bisweilen weiter gefasst sind (z. B. Kampfziel, Kampftaktik, Willensbeeinflussung) und damit größeren Spielraum bieten. Wie aufgezeigt wurde, hat sich letztgenannter Ansicht in den zuletzt zu dieser Frage ergangenen Urteilen nun auch das BAG angeschlossen, wobei die durch den Begriff „Kampfziel“ weit gefasste Formulierung für Irritationen sorgte.[500]

---

494 *Fischinger,* RdA 2007, 99, 101; so auch *Dumke,* S. 269.

495 *Czerweny v. Arland,* S. 52 f.; *v. Hoyningen-Huene,* JuS 1987, 505, 508; auf die Gefahr hinweisend BVerfG v. 26.6. 1991, NZA 1991, 809, 812.

496 *Wank,* in: FS Kissel, S. 1225, 1235.

497 *Fischinger,* RdA 2007, 99, 101; *Wank,* in: FS Kissel, S. 1225, 1235.

498 So auch *Kreuz,* S. 152, 157 ff.; *Zöllner/Loritz/Hergenröder,* § 44 Rn. 75.

499 *Wank,* in: FS Kissel, S. 1225, 1235.

500 BAG v. 19.6.2007, NZA 2007, 1055, 1058; siehe dazu schon: 1. Teil C. V. 2. a) aa) (2) S. 64 ff.

Um die Frage nach dem maßgeblichen Bezugspunkt der Verhältnismäßigkeitsprüfung einer Arbeitskampfmaßnahme beantworten zu können, bietet sich ein Vergleich zum öffentlichen Recht an, wo der Verhältnismäßigkeitsgrundsatz seinen Ursprung hat. Dort ist es anerkannt, dass der Verhältnismäßigkeitsgrundsatz für seine Anwendung einen rechtmäßigen Zweck voraussetzt.[501] Steht z. B. in Frage, ob ein Gesetz verhältnismäßig ist, ist zunächst nach dem Zweck des Gesetzes zu fragen, um sodann prüfen zu können, ob dieses Gesetz zur Erreichung dieses Zweckes geeignet, erforderlich und angemessen ist. Dabei ist aber zu beachten, dass der zu verfolgende Zweck im Einklang mit der Rechtsordnung stehen muss. Zieht man diesbezüglich eine Parallele, richtet sich daher im Arbeitskampfrecht die Frage nach dem maßgeblichen Bezugspunkt in erster Linie danach, was man für den rechtmäßigen Zweck hält, der verfolgt werden soll.

Bereits mehrfach erwähnt wurde, dass der Arbeitskampf ein Hilfsinstrument zugunsten der Tarifautonomie und deren Funktionsfähigkeit ist.[502] Ohne Frage dient auch das Paritätsgebot der Funktionsfähigkeit der Tarifautonomie. Jedoch ist ein Hauptmerkmal der Tarifautonomie der Abschluss von Tarifverträgen. Ohne deren Zustandekommen wäre das Tarifwesen nicht funktionsfähig. Man kann zwar argumentieren, dass es ohne gleichwertige Verhandlungschancen überhaupt nicht erst zum Abschluss von Tarifverträgen kommen könnte, jedoch offenbart dieses Argument gerade die dienende Funktion der Parität. Sie ist gleichzeitig Voraussetzung für das Zustandekommen von Tarifverträgen und Folge des Führens eines Arbeitskampfes, aber nicht der durch die Arbeitskampfmaßnahme verfolgte Zweck. Dies räumen teilweise bezeichnenderweise sogar Autoren ein, welche die Herstellung von Parität zum Bezugspunkt machen wollen.[503]

Dafür spricht vor allem auch die subjektive Zielrichtung der arbeitskampfführenden Partei (im Sinne dieser Arbeit: die Gewerkschaft). Warum führt eine Gewerkschaft eine Arbeitskampfmaßnahme durch? Was bezweckt sie damit? Das von ihr bezweckte Ergebnis ist, dass die von ihr verfolgten tariflichen Regelungen aufgrund des auf den Arbeitgeber ausgeübten Drucks durchgesetzt und erreicht werden. Zweifellos gleicht sie mit der Maßnahme auch ihre gegenüber dem Arbeitgeber strukturell schwächere Verhandlungsposition aus. Jedoch ist die Herstellung von Parität nicht das von ihr verfolgte Hauptziel, sondern lediglich eine Folge der Zielverfolgung. Was hat nämlich die Gewerkschaft davon, wenn sie zwar Parität herstellt, aber ihre Forderungen trotzdem nicht durchsetzen kann? Der beabsichtige Erfolg und damit der Zweck, zu dem die Arbeitskampfmaßnahme durchgeführt werden soll, ist nach dem Willen der Gewerkschaft die Durchsetzung der aufgestellten Tarifforderungen. Dies sollte daher auch der Bezugspunkt der Verhältnismäßigkeitsprüfung – zumindest wenn es um „Angriffsarbeitskampfmaßnahmen“

501 *Kingreen/Poscher*, Rn. 297 f.; *Gentz*, NJW 1968, 1600, 1602; *Jakobs*, Verhältnismäßigkeit, S. 60.

502 Vgl. BAG 5.3.1985, NZA 1985, 504, 507.

503 Vgl. nur etwa *Czycholl*, S. 40; *Konzen*, SAE 1986, 57, 58.

der Arbeitnehmer geht – sein. Dies wird auch von vielen Stimmen in der Literatur sowie von der Rechtsprechung, die dies in letzter Zeit ebenfalls verstärkt zum Ausdruck brachte, so gesehen. Letztere verwendet zwar in aktuellen Urteilen den Begriff „Kampfziel“ und fasst den Zweck einer Arbeitskampfmaßnahme damit etwas weiter, doch meint sie nach hier vertretener Auffassung damit nichts anderes, als die Durchsetzung von Tarifforderungen. Eine in Zukunft dahingehende Klarstellung des BAG wäre wünschenswert.

Die Bedenken, dass dieser gewählte Bezugspunkt zu einer Tarifzensur durch die Gerichte führen könnte, sind ernst zu nehmen. Jedoch dürfen sie nicht dazu führen, vorschnell auf einen anderen Bezugspunkt auszuweichen.[504] Es werden stimmige Lösungen aufgezeigt, wie eine solche Tarifzensur vermieden werden kann.[505] *Kreuz* bringt darüber hinaus den Begriff der „Interessenwertkonstante“ ins Spiel.[506] Die Arbeitskampffreiheit und das damit verbundene Interesse der Geltendmachung tariflicher Forderungen dürfe nicht ständig subjektiv individuell durch den Richter bewertet werden, sondern müsse eine konstante Wertgröße sein. Diese Interessenwertkonstante könne dann in die Proportionalitätsprüfung einbezogen werden, sodass gar nicht nach der konkreten Tarifforderung gefragt werden müsse. Dies ist stimmig und unterscheidet sich im Ergebnis nicht wesentlich von der heutigen ständigen Praxis durch die Gerichte.

dd) Rechtliches Schicksal der Parität

Auch das Vorliegen von Parität muss geprüft werden und ist von ebenso großer Bedeutung. Jedoch kann es nach dem Vorgesagten nicht richtig sein, sie als Bezugspunkt der Verhältnismäßigkeit heranzuziehen. Richtigerweise muss die Parität vorgezogen zur eigentlichen Verhältnismäßigkeitsprüfung untersucht werden, um die Zulässigkeit der Arbeitskampfmaßnahme festzustellen. Nach zutreffender Auffassung betrifft der Grundsatz der Arbeitskampfparität nämlich (lediglich) das „Arsenal zulässiger Kampfmittel“ und damit die generelle Zulässigkeit eines Arbeitskampfmittels. Die Bewertung des konkreten Einsatzes des Arbeitskampfmittels ist aber Aufgabe des Verhältnismäßigkeitsprinzips.[507]

Man könnte jedoch auch zusätzlich andenken, die Paritätsprüfung dergestalt in die Verhältnismäßigkeitsprüfung zu integrieren, dass man sie in der Proportionalität der Arbeitskampfmaßnahme prüft.[508] Dies wird etwa von *Kreuz* vorgeschlagen, da Arbeitskämpfe, welche die Parität stören würden, nicht proportional sein könnten.[509]

504 So schon *Kreuz*, S. 117.

505 Mit dem Vorschlag einer bloßen Exzesskontrolle siehe schon *Fischinger*, RdA 2007, 99, 101; *Wank*, in: FS Kissel, S. 1225, 1235.

506 *Kreuz*, S. 159.

507 *Kissel*, § 32 Rn. 5; *Wank*, in: FS Kissel, 1225, 1243.

508 Siehe dazu nun auch BAG v. 22.9.2009, NZA 2009, 1347, 1352, Rn. 46.

509 *Kreuz*, S. 114 f.; So auch *Wank*, in: FS Kissel, 1225, 1234.

In Erwägung könnte man auch eine sog. doppelte Verhältnismäßigkeitsprüfung ziehen. Dann wäre eine Arbeitskampfmaßnahme nur dann verhältnismäßig, wenn sie sowohl in Bezug auf die Herstellung von Parität als auch in Bezug auf die Durchsetzung von Tarifforderungen verhältnismäßig wäre.[510] Durch diese Handhabe wäre man bezüglich der Rechtmäßigkeit einer Arbeitskampfmaßnahme auf der „sicheren Seite" und würde allen Anforderungen gerecht werden. Jedoch wäre dies eine verdeckte und künstliche Herbeiführung zusätzlicher Rechtmäßigkeitsanforderungen an eine Arbeitskampfmaßnahme, um unterschiedliche Positionen zu befriedigen. Zudem ist dies eine zusätzliche und zu weit gehende Beschränkung der durch Art. 9 Abs. 3 GG garantierten Koalitionsfreiheit.

Daher ist das hier vertretene Ergebnis vorzugswürdig. Es ist zu untersuchen, ob eine Arbeitskampfmaßnahme in Bezug auf die Durchsetzung von Tarifforderungen verhältnismäßig ist. Die Einhaltung des Paritätsgebots muss an anderer Stelle geprüft werden.[511]

b) Geeignetheit

Eine Arbeitskampfmaßnahme muss zunächst zur Zweckerreichung geeignet sein. Geeignetheit liegt im Allgemeinen vor, wenn durch den Einsatz des Mittels der gewünschte Erfolg gefördert wird; der Erfolg zumindest näher rückt.[512] Ungeeignet ist nur ein Mittel, welches im Hinblick auf den angestrebten Zweck überhaupt keine Wirkung entfaltet; ein Teilerfolg ist bereits ausreichend.[513] Wie gerade zum Bezugspunkt ausgeführt wurde muss eine Arbeitskampfmaßnahme dazu geeignet sein, so auf die Verhandlungsbereitschaft des Tarifgegners Einfluss zu nehmen, dass die erstrebten tariflichen Regelungen durchgesetzt werden können.[514] Das BAG führt dazu aus, dass ein Kampfmittel dann geeignet sei, wenn durch seinen Einsatz die Durchsetzung des Kampfziels gefördert werden könne.[515] Wie bereits kurz angesprochen lässt das BAG seit neuestem der den Arbeitskampf führenden Partei eine Einschätzungsprärogative zukommen. Sie hat einen Beurteilungsspielraum bei der Frage, ob eine Arbeitskampfmaßnahme geeignet ist, Druck auf den sozialen Gegenspieler auszuüben.[516] Nur wenn das Kampfmittel zur Erreichung des zulässigen

---

510 Zumindest klingt es auch bei *Otto*, § 8 Rn. 7 an, dass auch mehrere Bezugspunkte möglich sind.

511 Siehe u. a. zum Prüfungsstandort des Paritätsprinzip: 1. Teil C. V. 2. e) S. 78 ff.

512 BVerfG v. 16.3.1971, NJW 1971, 1255, 1256; BVerfG v. 14.10.1975, NJW 1976, 179, 180; *Kreuz*, S. 37.

513 *Kreuz*, S. 37.

514 *Kissel*, § 29 Rn. 21; *Preis*, S. 396.

515 BAG v. 19.6.2007, NZA 2007, 1055, 1058; BAG v. 22.9.2009, NZA 2009, 1347, 1352.

516 BAG v. 19.6.2007, NZA 2007, 1055, 1058; BAG v. 22.9.2009, NZA 2009, 1347, 1352.

Kampfziels offensichtlich ungeeignet sei, könne eine Arbeitskampfmaßnahme aus diesem Grund rechtswidrig sein.[517]

c) *Erforderlichkeit*

Darüber hinaus muss die Arbeitskampfmaßnahme zur Zielerreichung erforderlich sein. Zunächst betrifft das Merkmal der Erforderlichkeit die Frage, welches Mittel aus dem nicht abschließenden Arsenal von Arbeitskampfmitteln konkret gewählt werden darf.[518] Die Erforderlichkeit ist gegeben, wenn kein anderes, zumindest gleich geeignetes Mittel zur Verfügung steht, das die Rechtssphäre der von Arbeitskampfmaßnahmen Betroffenen weniger einschneidend beeinträchtigt, also ein zumindest gleicher Erfolg nicht durch weniger belastende Mittel erreicht werden kann.[519]

Das BAG führt dazu aus, dass ein Kampfmittel dann erforderlich sei, wenn mildere Mittel zur Erreichung des angestrebten Ziels nach der Beurteilung der den Arbeitskampf führenden Koalition nicht zur Verfügung stünden.[520]

Das Kampfziel darf nicht „auf eine andere, [den Einzelnen] weniger belastende Weise ebenso gut erreicht werden" können.[521] Auch insoweit umfasse deren Betätigungsfreiheit grundsätzlich die Einschätzung, ob sie zur Erreichung des verfolgten Ziels das gewählte Mittel für erforderlich oder andere Mittel für ausreichend erachte. Die Grenze bilde auch hier der Rechtsmissbrauch. Ein solcher liege dann vor, wenn es des ergriffenen Kampfmittels zur Erreichung des Ziels – etwa deshalb, weil der Gegner dazu erkennbar ohnehin bereit ist – offensichtlich nicht bedürfe.[522] Auch bezüglich der Erforderlichkeit haben die Parteien nach der neuen Rechtsprechung des BAG somit eine Einschätzungsprärogative, wobei die Beurteilung *ex-ante* erfolgt.[523] Sie können also selbst entscheiden, welches Kampfmittel sie zu welcher Zeit einsetzen wollen. Ein Abstufungssystem, das es gebietet, zunächst mit weniger belastenden Eingriffen zu beginnen, um dann zu stärker belastenden Maßnahmen überzugehen (z. B. erst kleinere Warnstreiks durchzuführen, um dann zu Erzwingungsstreiks überzugehen), ist keine rechtlich gebotene Verhaltensweise, auch wenn es in der Praxis häufig so gehandhabt wird.[524] Es ist notwendig, aber auch ausreichend, dass die Arbeitskampfmaßnahme „erforderlich" ist.

---

517 BVerfG v. 10.9.2004, NZA 2004, 1338, 1340; BAG v. 19.6.2007, NZA 2007, 1055, 1058; eine kritische Auseinandersetzung mit der Gewährung der Einschätzungsprärogative erfolgt unter 2. Teil B. II. 1. S. 158 ff.

518 *Kissel*, § 29 Rn. 28.

519 BVerfG v. 16.3.1971, NJW 1971, 1255, 1256; *Kissel*, § 29 Rn. 29.

520 BAG v. 19.6.2007, NZA 2007, 1055, 1058; BAG v. 22.9.2009, NZA 2009, 1347, 1352.

521 BVerfG v. 12.4.2005, NJW 2005, 1917.

522 BAG v. 19.6.2007, NZA 2007, 1055, 1058; BAG v. 22.9.2009, NZA 2009, 1347, 1352.

523 Vgl. BAG v. 19.6.2007, NZA 2007, 1055; BAG v. 22.9.2009, NZA 2009, 1347, 1352; *Kissel*, § 29 Rn. 29.

524 *Däubler*, in: Däubler, § 14 Rn. 7; *Kissel*, § 30 Rn. 44.

Der Erforderlichkeitsgrundsatz verlangt nicht, aus dem Kreis sämtlicher geeigneter Kampfmittel, sondern aus dem kleineren Kreis gleich geeigneter Mittel das schonendste Arbeitskampfmittel auszuwählen, sodass demnach auch oftmals scharfe Kampfmaßnahmen erforderlich und „mildestes Mittel" sein können.[525] Das somit oftmals das schärfste Kampfmittel aufgrund der größten Erfolgswahrscheinlichkeit gewählt werden wird[526], ist zwar denkbar, jedoch vernachlässigt diese Ansicht taktische und tatsächliche Möglichkeiten der den Arbeitskampf führenden Partei. Zum einen kann es in bestimmten Situationen langfristig gedacht zunächst besser sein, mildere Mittel zu wählen und zum anderen geht die den Arbeitskampf betreibende Partei auch immer das Risiko ein, ein zu scharfes, nicht erforderliches Mittel zu wählen.[527]

Daneben soll die „Erforderlichkeit" nicht nur die Stärke des eingesetzten Kampfmittels betreffen, sondern auch die zeitliche, formelle Komponente.[528] So soll der Einsatz eines Kampfmittels *ultima ratio* sein, also letztes Mittel, das nur eingesetzt wird, wenn andere Möglichkeiten nicht ausreichen.[529] Das *ultima-ratio* Prinzip wird teilweise mit der Erforderlichkeit gleichgesetzt[530], teilweise als eigenständiger Unterpunkt der Verhältnismäßigkeitsprüfung angesehen.[531] Es wurde 1971 vom großen Senat eingeführt, der festhielt, dass eine Arbeitskampfmaßnahme erst nach Ausschöpfung aller Verständigungsmöglichkeiten ergriffen werden dürfe.[532] In den späteren Warnstreikentscheidungen[533] wurde das Kriterium insofern flexibilisiert, als dass keine förmliche Erklärung des Verhandlungsscheiterns mehr gefordert wurde, sondern bereits in der Einleitung von Kampfmaßnahmen die Entscheidung liegen sollte, dass die Verhandlungsmöglichkeiten erschöpft seien.[534] Des Weiteren sei dem Grundsatz entsprochen, wenn die Gewerkschaft nach einer Verhandlung mit der Arbeitgeberseite zu dem Ergebnis komme, frei von Druck weiter zu verhandeln bringe keinen Fortschritt.[535] Das *ultima-ratio*-Prinzip verbiete daher den Arbeitskampf um des Arbeitskampfes und der Demonstration eigener Stärke willen und zu einem Zeitpunkt, zu dem noch nicht einmal der Standpunkt der Gegenseite

525 *Kreuz*, S. 132.

526 So etwa *Ricken*, in: MüArbR, § 200 Rn. 54.

527 Solange das BAG an der Einschätzungsprärogative der Parteien bzgl. der Erforderlichkeit festhält, ist dieses Argument nicht durchschlagend, es sei denn die Gewerkschaft wählt ein „offensichtlich" nicht erforderliches Mittel.

528 So *Däubler*, in: Däubler, § 14 Rn. 9; *Kissel*, § 29 Rn. 28; *Kreuz*, S. 140.

529 BAG v. 21.4.1971, NJW 1971, 1668, 1669.

530 „Ausformung des Grundsatzes der Erforderlichkeit" BAG v. 21.6.1988, NZA 1988, 846, 849; *Czycholl*, S. 44.

531 *Kissel*, § 29 Rn. 28; *Ricken*, in: MüArbR, § 200 Rn. 48.

532 BAG v. 21.4.1971, NJW 1971, 1668, 1669.

533 BAG v. 21.6.1988, NZA 1988, 846; BAG v. 12.9.1984, NZA 1984, 393; BAG v. 17.12.1976, NJW 1977, 1079.

534 BAG v. 21.6.1988, NZA 1988, 846, 848, 849.

535 So die letzte Warnstreikentscheidung: BAG v. 21.6.1988, NZA 1988, 846.

zur Kenntnis genommen worden sei.[536] Es ist daher nur dann verletzt, wenn kein einziger Verhandlungsversuch unternommen wurde, was jedoch kaum vorkommen dürfte.[537]

d) Proportionalität

Schließlich muss eine Arbeitskampfmaßnahme auch proportional, verhältnismäßig im engeren Sinne oder auch angemessen sein.[538]

Nach Maßgabe des BAG ist die Verhältnismäßigkeit im engeren Sinn eines Arbeitskampfmittels dann gewahrt, wenn das Arbeitskampfmittel sich unter hinreichender Würdigung der grundrechtlich gewährleisteten Betätigungsfreiheit zur Erreichung des angestrebten Kampfziels unter Berücksichtigung der Rechtspositionen der von der Kampfmaßnahme unmittelbar oder mittelbar Betroffenen als angemessen darstellt.[539] Unverhältnismäßig sei ein Arbeitskampfmittel erst, wenn es sich als unangemessene Beeinträchtigung gegenläufiger, ebenfalls verfassungsrechtlich geschützter Rechtspositionen darstelle.[540] Dabei sei zu berücksichtigen, dass es gerade das Wesen einer Arbeitskampfmaßnahme sei, durch Zufügung wirtschaftlicher Nachteile Druck zur Erreichung eines legitimen Ziels auszuüben.[541] Bloße wirtschaftliche Nachteile als solche können demnach nicht zu einer Unangemessenheit führen. Etwas anderes kann jedoch bei übermäßigen, unzumutbaren hohen Nachteilen der Fall sein.[542]

Da es sich um eine rechtliche Abwägung zwischen der Betätigungsfreiheit der Koalitionen und den Grundrechten des Arbeitskampfgegners und Dritter handelt und nicht um eine tatsächliche Einschätzung, steht einer Arbeitskampfpartei bei der Beurteilung der Angemessenheit im Gegensatz zur Geeignetheit und Erforderlichkeit keine Einschätzungsprärogative zu.[543] Die Interessen, zu deren Wahrung das Mittel eingesetzt wird, werden den von dem Mittel betroffenen Rechtsgütern und Interessen gegenübergestellt und gegeneinander abgewogen. Es handelt sich um einen speziellen Anwendungsfall des Prinzips der Güterabwägung.[544]

Wichtig ist die Erkenntnis, dass die Höhe der erhobenen Forderungen bei der Beurteilung der Angemessenheit keine Rolle spielen darf. Ansonsten bestünde die

---

536 So das BAG v. 21.6.1988, NZA 1988, 846, 849.

537 *Däubler*, in: Däubler, § 14 Rn. 9.

538 Das BAG benutzt die Begriffe synonym. Vgl. nur BAG v. 22.9.2009, NZA 2009, 1347, 1352; BAG v. 19.6.2007, NZA 2007, 1055, 1058, Rn. 25; siehe auch *Kissel*, § 29 Rn. 33; *Kreuz*, S. 39 m. w. N.

539 BAG v. 22.9.2009, NZA 2009, 1347, 1352, Rn. 44.

540 BAG v. 22.9.2009, NZA 2009, 1347, 1352, Rn. 44; BAG v. 19.6.2007, NZA 2007, 1055, 1058, Rn. 28.

541 BAG v. 22.9.2009, NZA 2009, 1347, 1352, Rn. 44; vgl. insofern auch *Jacobs*, in: FS Buchner, S. 342, 354 f.

542 Vgl. *Däubler*, in: Däubler, § 14 Rn. 12.

543 BAG v. 22.9.2009, NZA 2009, 1347, 1352, Rn. 44.

544 So *Kreuz*, S. 40 f.

Gefahr einer Tarifzensur.[545] Das BAG könnte unerwünschte Forderungen einfach als unangemessen deklarieren. Tarifforderungen dürfen jedoch nicht auf ihre wirtschaftliche Berechtigung oder situative Angemessenheit hin überprüft werden.[546] Mit welchen Forderungen die Tarifparteien in die Verhandlungen gehen, ist ihre Sache.[547] *Kreuz* spricht in diesem Fall zu Recht von einem Spannungsverhältnis zwischen Proportionalität und Tarifautonomie.[548] Auch das BVerfG vertritt hier die Auffassung, dass bei einer Verhältnismäßigkeitsprüfung, die schon bei den Angriffsmitteln ansetze, eine gerichtliche Kontrolle der Tarifziele kaum zu vermeiden sei und das dem Grundgedanken der Tarifautonomie widerspreche.[549] An dieser Stelle könnte man mit guten Gründen die Heranziehung der „Durchsetzung der Tarifforderungen“ als Bezugspunkt der Verhältnismäßigkeitsprüfung anzweifeln.[550] Es stehen jedoch auch Lösungen zur Verfügung, wie eine solche Tarifzensur bei Beibehaltung der Zweckbestimmung vermieden werden kann.[551]

Ebenfalls anzumerken ist die Tatsache, dass die bei der im Rahmen der Abwägung zu berücksichtigenden Gesichtspunkte je nach eingesetztem Kampfmittel unterschiedlich sein können. Dies hat das BAG bereits ausdrücklich für die „Angemessenheit“ des Unterstützungsstreiks und des Hauptarbeitskampfes klargestellt.[552] Auch in der „Flashmob“-Entscheidung hat das BAG ausgeführt, dass für die Beurteilung der Angemessenheit zahlreiche Umstände eine Rolle spielen können.[553] Diese ließen sich nicht für sämtliche in Betracht kommenden Arbeitskampfmittel in ihrem Gewicht und ihrem Verhältnis zueinander abschließend beschreiben, sondern könnten je nach Art des Kampfmittels unterschiedliche Bedeutung erlangen.[554] In diesem Zusammenhang äußerte sich das Gericht auch speziell zu anderen als den „klassischen" Arbeitskampfmitteln des Streiks und der Aussperrung, d. h. zu neuen atypischen Arbeitskampfmitteln. Für diese könne für die Beurteilung der Angemessenheit von Bedeutung sein, ob das Kampfmittel mit eigenen Opfern des Angreifers verbunden sei und ob dem Gegner effektive Verteidigungsmöglichkeiten zur Verfügung stünden.[555] Somit scheint es so, dass auch die Verletzung oder Gefährdung

---

545 BAG v. 24.4.2007, NZA 2007, 987, 996, Rn. 98; so schon BAG v. 10.6.1980, NJW 1980, 1642, 1650; *Jacobs*, NZA 2008, 325, 331.

546 *Kreuz*, S. 153, *Seiter*, Streikrecht, S. 176 ff.

547 *Jacobs*, NZA 2008, 325, 331; a. A. *Otto*, § 8 Rn. 41 einen Streik zur Durchsetzung exorbitant hoher Tarifforderungen für rechtsmissbräuchlich.

548 *Kreuz*, S. 153, 155.

549 BVerfG v. 26.6.1991, NZA 1991, 809, 812.

550 Dies wird wie schon erwähnt auch getan; vgl. dazu schon: 1. Teil C. V. 2. a) bb) S. 66 ff.

551 Vgl. hierzu schon oben: 1. Teil C. V. 2. a) cc) S. 70 ff.

552 BAG v. 19.6.2007, NZA 2007, 1055, 1060, Rn. 38.

553 BAG v. 22.9.2009, NZA 2009, 1347, 1352, Rn. 45.

554 BAG v. 22.9.2009, NZA 2009, 1347, 1352, Rn. 45.

555 BAG v. 22.9.2009, NZA 2009, 1347, 1352, Rn. 46.

der Verhandlungsparität eine Arbeitskampfmaßnahme nach Maßgabe des BAG unangemessen und damit unverhältnismäßig werden lassen kann.[556]

Nicht von der Hand zu weisen ist eine gewisse Unbestimmtheit und Rechtsunsicherheit bei der Prüfung der Proportionalität. Diese ist im Arbeitskampfrecht bei der Interessenabwägung sogar noch größer als bei anderen Interessenabwägungen, da mit der Vielzahl der Kampfbetroffenen (Kampfgegner, Allgemeinheit, nicht am Arbeitskampf beteiligte Dritte) zugleich die Zahl der betroffenen Rechtsgüter und Interessen steigt.[557] Dies hat auch das BAG bereits früh erkannt und sah sich in der Pflicht, klare Abgrenzungen und Kriterien zu bestimmen.[558] Es musste aber feststellen, dass dies nur schwer möglich ist, indem es gerade aufgestellte Kriterien zum Teil sofort wieder verwarf.[559] Eine gewisse Rechtsunsicherheit ist jedoch Abwägungen immanent und ist der Preis dafür, einzelfallgerecht und flexibel Recht sprechen zu können.

e) Beziehung zwischen Verhältnismäßigkeits- und Paritätsprinzip

Das Verhältnismäßigkeits- und das Paritätsprinzip sind zwei tragende Säulen des Arbeitskampfrechts. Die Feststellung (oder zumindest die Formulierung) in welcher Beziehung diese beiden Prinzipien im Einzelnen zueinander stehen, bereitet jedoch bis heute große Schwierigkeiten.[560] Vor allem ist das der Tatsache geschuldet, dass beide Prinzipien im Wechsel zu „obersten Prinzipien" des Arbeitskampfrechts erklärt wurden[561] und von der Rechtsprechung einmal mehr und einmal weniger in den Mittelpunkt gerückt wurden und werden. Hinzu kommt der bereits dargestellte Fakt, dass von vielen die Parität als Bezugspunkt der Verhältnismäßigkeitsprüfung angesehen wird und somit dort teilweise eine direkte Beziehung zwischen den beiden Prinzipien hergestellt wird, wo andere eine klare Trennung bevorzugen. Im Folgenden soll in der gebotenen Kürze skizziert werden, wie ein Neben- und Miteinander der beiden Prinzipien nach hier vertretener Auffassung funktionieren könnte.

---

556 „Ein Arbeitskampfmittel, das frei von eigenen Risiken eingesetzt werden kann und zugleich dem Gegner keine Verteidigungsmöglichkeiten lässt, gefährdet typischerweise die Verhandlungsparität", BAG v. 22.9.2009, NZA 2009, 1347, 1352, Rn. 46.

557 So schon *Kreuz*, S. 149.

558 BAG v. 10.6.1980, NJW 1980, 1642, 1650.

559 BAG v. 10.6.1980, NJW 1980, 1642, 1651.

560 Für „nicht befriedigend geklärt" hielt dies schon vor einiger Zeit aber immer noch zutreffend: *Kreuz*, S. 111; „Verhältnis (...) in Rspr. und Lehre nicht immer deutlich", *Wank*, in: FS Kissel, S. 1225, 1243.

561 „Die Verhandlungsparität ist der oberste Grundsatz des Arbeitskampfrechts", BAG v. 12.9.1984, NZA 1984, 393, 399; zur Verhältnismäßigkeit: BAG v. 21.4.1971, NJW 1971, 1668, 1669; neuerdings „zentrale Bewertungsmaßstab", BAG v. 19.6.2007, NZA 2007, 1055, 1057.

Die Probleme, das Wechselspiel zwischen Paritäts- und Verhältnismäßigkeitsprinzip präzise zu beschreiben, verwundern vor allem daher, da die Rechtsprechung früh deutlich gemacht hat, wie ein Miteinander der beiden Prinzipien nach ihrer Vorstellung auszusehen hat. So führte das BAG bereits im Jahr 1980 aus, der Grundsatz der Parität beziehe sich auf das Arsenal zulässiger Kampfmittel.[562] Dies bestätigte das BAG später und nahm zudem in seinem Urteil vom 15.3.1985 noch ausdrücklicher zum Verhältnis der beiden Prinzipien Stellung:

> „Die Arbeitskampfordnung darf deshalb keiner Seite solche Vorteile zukommen lassen, aus denen ein nennenswertes Verhandlungsungleichgewicht entstehen könnte. Denn ohne das grundsätzliche Verhandlungsgleichgewicht wäre die Richtigkeitsgewähr autonomer Rechtsgestaltung in Gefahr.
> (...) Der Grundsatz der Verhältnismäßigkeit hat eine selbständige Bedeutung neben der Frage, welche Kampfmittel den beiden kämpfenden Parteien zur Verfügung stehen müssen. Letzterenfalls geht es um das *„Arsenal zulässiger Kampfmittel"* hier wird entschieden, welche Kampfmittel den Gewerkschaften und Arbeitgebern nach der Kampfordnung überhaupt zur Verfügung stehen. Der Grundsatz der Verhältnismäßigkeit befaßt sich demgegenüber mit der Frage, ob und *unter welchen Voraussetzungen ein Kampfmittel im Einzelfall eingesetzt werden darf.*"[563]

Dies ist auch in der neueren Rechtsprechung des BAG, wenn auch nicht so ausdrücklich, dem Grunde nach bestätigt worden. Das Paritätsprinzip sei wegen seiner Abstraktionshöhe als Maßstab zur Bewertung einzelner Kampfsituationen regelmäßig nicht ausreichend. Es bezeichne aber zumindest eine Grenze, die bei der gerichtlichen Ausgestaltung nicht überschritten werden dürfe.[564]

Dies entspricht einem breiten Verständnis in der Literatur. Nicht die konkrete Arbeitskampfmaßnahme, sondern die prinzipielle Zulassung eines Arbeitskampfmittels durch die Rechtsordnung muss dem Grundsatz der Kampfparität entsprechen.[565] Das Paritätsprinzip sei vielmehr eine „grundsätzliche Orientierungshilfe", für die Beurteilung konkreter Kampfsituationen jedoch untauglich.[566] Auf den Punkt bringt es *Wank*:

> „Die Parität bestimmt über die *generelle Zulässigkeit* bestimmter Arbeitskampfmittel. Sie gibt den rechtlichen Rahmen, das Arbeitskampfsystem, vor. Für den *konkreten Arbeitskampf* kommt es dagegen nur auf Erforderlichkeit und Proportionalität im Rahmen des Verhältnismäßigkeitsprinzips an."[567]

---

562 BAG v. 10.6.1980, NJW 1980, 1642, 1647.

563 BAG v. 15.3.1985, NZA 1985, 537, 538.

564 BAG v. 19.6.2007, 1055, 1058; bestätigt in BAG v. 22.9.2009, NZA 2009, 1347, 1352.

565 *V. Hoyningen-Huene*, JuS 1987, 505, 507; *Löwisch*, ZfA 1971, 334 f.

566 *Deinert*, in: *Rehder/Deinert/Callsen*, S. 68.

567 *Wank*, in: FS Kissel, S. 1225, 1243; so auch *Auktor*, S. 30; *Dieterich*, in: FS Herschel, S. 37, 46; *Kissel*, § 32 Rn. 5; *Otto*, § 8 Rn. 5; wohl auch *Picker*, ZfA 2011, 443, 474.

Zu Verwirrung und Kritik an neuerer Rechtsprechung bezüglich des Umgangs mit dem Paritätsprinzip hat vor allem der Umstand beigetragen, dass diese an sich klare Richtlinie zum Verhältnis von Paritäts- und Verhältnismäßigkeitsprinzip teilweise durch das BAG selbst aufgeweicht wird. Zwar ändert es nichts an der dargelegten „Aufgabenverteilung", es möchte jedoch Paritätserwägungen auch als einen Faktor der Proportionalität verstanden wissen. So führt es aus:

> „Wo Abwehraussperrungen in einem Maße eingesetzt werden, durch das die Verhandlungsparität gefährdet oder wieder beseitigt wird, können sie nicht erforderlich und proportional sein. Die Herstellung der Verhandlungsparität gewinnt daher noch einmal im Rahmen der Prüfung, ob das Kampfmittel verhältnismäßig ist, entscheidende Bedeutung."[568]

Wohl bemerkt ging es in diesem Urteil jedoch um eine Aussperrung, sodass die dortigen Aussagen auch auf die Herstellung der Verhandlungsparität als Bezugspunkt der Verhältnismäßigkeitsprüfung gemünzt gewesen sein könnten. Nichtsdestotrotz hat das BAG im Sympathiestreik-Urteil die abstrakte Zulässigkeit des Arbeitskampfmittels teilweise anhand des Verhältnismäßigkeitsprinzips geprüft.[569]Auch erwähnt das BAG im aktuellen „Flashmob-Urteil" die Parität als Gradmesser der Proportionalitätsprüfung. Ein Arbeitskampfmittel, das frei von eigenen Risiken eingesetzt werden könne und zugleich dem Gegner keine Verteidigungsmöglichkeiten lasse, gefährde typischerweise die Verhandlungsparität.[570]

Beides kann aber auch Sinn ergeben. Schon *Kreuz* erkannte, dass Arbeitskämpfe, welche die Parität stören, nicht proportional sein können.[571] Auch stehen diese Erwägungen nicht im Widerspruch zum Vorgesagten. Wenn ein Arbeitskampfmittel von vornherein und im Regelfall dem Gegner keine Verteidigungsmöglichkeiten lässt, verstößt es gegen den Grundsatz der Parität und muss daher generell als unzulässig betrachtet werden. Im „Flashmob"-Urteil bemüht sich das Gericht hingegen, klarzustellen, dass es nicht über jede denkbare in Zukunft auftretende Flashmobform als Arbeitskampfmittel entscheidet, sondern über jene konkret zu entscheidende Form. So betont es, „Flashmob"-Aktionen seien „nicht generell rechtswidrig" und „nicht generell unverhältnismäßig".[572] Es möchte gerade keine generelle Aussage zur Rechtmäßigkeit treffen und nicht ausschließen, dass „Flashmob"-Aktionen unter bestimmten Gegebenheiten auch rechtswidrig sein können. Da für solche konkreten Überprüfungen die Verhältnismäßigkeitsprüfung das richtige Instrument ist, werden die Verteidigungsmöglichkeiten des Arbeitgebers dort in der Proportionalität geprüft. Der dortige Hinweis auf eine Paritätsgefährdung lässt daher nicht den

568 BAG v. 15.3.1985, NZA 1985, 537, 538.
569 Kritisch hierzu insb. *Wank*, Anm. zu BAG v. 19. 6. 2007, AP Nr. 173 zu Art. 9 GG Arbeitskampf, unter IV.
570 BAG v. 22.9.2009, NZA 2009, 1347, 1352, Rn. 46.
571 *Kreuz*, S. 114; so auch *Wank*, in: FS Kissel, 1225, 1234.
572 BAG v. 22.9.2009, NZA 2009, 1347, 1353, Rn. 48 und 51.

Schluss zu, dass die Paritätsprüfung in der Verhältnismäßigkeitsprüfung aufgehen würde, sondern ist lediglich folgerichtig, da ein disproportionales Arbeitskampfmittel immer auch paritätsstörend ist.

Zusammenfassend bleibt daher zu sagen, dass die Funktion der Arbeitskampfparität grundsätzlich streng von der des Verhältnismäßigkeitsprinzips zu trennen ist. Während der Grundsatz der Arbeitskampfparität die vorgeschaltete Frage betrifft, inwiefern ein Arbeitskampfmittel unter Paritätsgesichtspunkten generell zugelassen werden kann, ist das Verhältnismäßigkeitsprinzip zur Beurteilung der Art und des Ausmaßes des konkreten Einsatzes heranzuziehen.[573] Es wäre wünschenswert, dass das BAG diese Aufgabenverteilung in Zukunft noch einmal klarstellend betont, um Bedenken, das Paritätsprinzip werde verkannt,[574] zu begegnen und auszuräumen.

3. *Zwischenergebnis*

Das Verhältnismäßigkeitsprinzip hat sich im Laufe der Zeit zum zentralen Bewertungsmaßstab einer Arbeitskampfmaßnahme entwickelt. Eine Arbeitskampfmaßnahme muss daher, um rechtmäßig zu sein, geeignet, erforderlich und proportional zur Zielerreichung sein. Das übergeordnete Ziel einer Arbeitskampfmaßnahme, welches der Bezugspunkt der Verhältnismäßigkeitsprüfung ist, ist die Durchsetzung der aufgestellten Tarifforderungen. Dies darf jedoch nicht dazu führen, dass die Tarifforderungen im Rahmen der Verhältnismäßigkeitsprüfung durch die Gerichte konkret bewertet und abgewogen werden. Dies käme einer unzulässigen Tarifzensur gleich. Zwar ist es auch das Ziel von Arbeitskampfmaßnahmen (der Arbeitnehmer), die strukturell schwächere Verhandlungsposition der Arbeitnehmerseite auszugleichen und somit (Verhandlungs-)Parität herzustellen, jedoch betrifft dies Arbeitskampfmaßnahmen im Generellen. Es ist daher zu fragen, ob nach Paritätserwägungen ein Arbeitskampfmittel generell zugelassen werden kann. Ob dieses Arbeitskampfmittel zur Durchsetzung von Tarifforderungen im konkreten Fall rechtmäßig eingesetzt wurde, ist eine Frage der Verhältnismäßigkeit. Bei der Prüfung der Geeignetheit und der Erforderlichkeit kommt der den Arbeitskampf führenden Partei seit neuester Rechtsprechung des BAG eine Einschätzungsprärogative

---

573 *Wank*, in: FS Kissel, S. 1225, 1243; *Czerweny v. Arland*, S. 56: „(...) daß der Grundsatz der Kampfparität mit dem Verhältnismäßigkeitsgrundsatz nichts zu tun hat. (...) Das bedeutet, daß die Kampfparität ausschließlich die Funktion hat, die generell zulässigen Angriffs- und Abwehrkampfmittel zu bestimmen. Im Gegensatz dazu findet der Verhältnismäßigkeitsgrundsatz nicht nur generell, sondern konkret bei der Überprüfung der Rechtmäßigkeit der jeweiligen Arbeitskampfmaßnahme Anwendung (...), weil er einen konkreten Ausgleich zwischen Eingriff und den davon betroffenen Rechtspositionen schaffen soll"; *Kissel*, § 32 Rn. 5; schon *Seiter*, Arbeitskampfparität, S. 104 führte dazu aus, dass das Verhältnismäßigkeitsprinzip „ den an sich zulässigen (paritätischen) Kampfmitteln im Einzelfall Grenzen zieht."

574 Vgl. nur *Picker*, ZfA 2010, 499, 552 ff.; *Rüthers/Höpfner*, JZ 2010, 261, 262; *Thüsing/Waldhoff*, ZfA 2011, 329, 357 ff.

zu. Die Güterabwägung im Rahmen der Proportionalität birgt mangels konkreter Kriterien eine gewisse Rechtsunsicherheit. Dies ist jedoch der zu zahlende Preis, um eine flexible Güterabwägung zu gewährleisten, welche die neuen Tendenzen auch neuer Arbeitskampfmittel angemessen berücksichtigen kann. Die bestehenden Richtlinien sind dafür ausreichend.

VI. Fairnessgebot

Als weitere Rechtmäßigkeitsvoraussetzung eines Arbeitskampfmittels ist das Fairnessgebot zu nennen.[575] Es wird als „besondere Ausprägung des Verhältnismäßigkeitsgebots"[576] angesehen und besagt, dass – den Umständen im Einzelfall entsprechend – auch im Arbeitskampf auf die Interessen des Kampfgegners Rücksicht genommen werden muss.[577] Teilweise wird das Fairnessgebot als „merkwürdig unjuristisch" und „unscharf" kritisiert.[578] Richtigerweise muss man den Fairnessgrundsatz als eine „Erscheinungsform der Grundrechtsabwägung" betrachten: Unfair ist es, wenn eine Seite in die Situation gebracht wird, sich nicht mehr wehren zu können und somit beliebige Konzessionen machen zu müssen.[579] So wird das Fairnessgebot auch als Konkretisierung des Rechtsmissbrauchsgedanken angesehen.[580] Wie auch andere unbestimmte Rechtsbegriffe bedarf auch das „Fairnessgebot" der Konkretisierung durch die Rechtsprechung, z. B. durch die Bildung von Fallgruppen.

1. Existenzvernichtungsverbot

Es ist allgemein anerkannt, dass – als eine Ausformung des Fairnessgebots – ein Arbeitskampf nicht auf die Vernichtung des Kampfgegners abzielen darf.[581] In diesem Zusammenhang ist allerdings zu beachten, dass eine durch normale Folgen eines Arbeitskampfes herbeigeführte Existenzgefährdung von diesem Verbot ausgenommen ist, zumal der Kampfgegner in der Lage ist, durch Eingehen auf die Forderungen diese Folgen zu beenden.[582] Oftmals ist es sogar das Ziel, dass der Gegner besonders empfindlich getroffen wird; auch dies – etwa durch die Wahl eines

---

575 BAG v. 21.4.1971, NJW 1971, 1668, 1669.

576 *Auktor*, S. 42.

577 *Hromadka/Maschmann*, § 14 Rn. 67; *Zöllner/Loritz/Hergenröder*, § 44 Rn. 91.

578 *Dieterich*, in: ErfK, 13. Aufl., Art. 9 GG Rn. 131.

579 So *Däubler*, in: Däubler, § 14 Rn. 16.

580 BAG v. 11.5.1993, NZA 1993, 809, 811; *Dieterich*, in: ErfK, 13. Aufl., Art. 9 GG Rn. 131; *Kissel*, § 31 Rn. 2.

581 BAG v. 21.4.1971, NJW 1971, 1668, 1669; *Däubler*, in: Däubler, § 14 Rn. 14; *Kissel*, § 29 Rn. 22, der das Existenzvernichtungsgebot allerdings als einen nicht besonders benannten Bestandteil des Verhältnismäßigkeitsprinzip ansieht; *v. Hoyningen-Huene*, JuS 1987, 505, 508; *Otto*, in: FS Kissel, S. 787, 801; *Seiter*, Streikrecht, S. 532 ff.

582 *Auktor*, S. 42; *Gamillscheg*, KollArbR I, S. 1165; *Otto*, in: FS Kissel, S. 787, 802; a. A. wohl *Rüthers*, ZfA 1987, 1, 42 ff.

besonders (un)günstigen Zeitpunktes – soll prinzipiell erlaubt sein.[583] Entscheidend ist demnach vor allem die Zielrichtung der Arbeitskampfmaßnahme. Sie darf nur nicht auf die Vernichtung des Gegners abzielen. In der Praxis würde ein solch ausgerichteter Arbeitskampf jedoch nicht sehr sinnvoll sein, ist es doch das Ziel etwa der Gewerkschaft, dass der Betrieb des Arbeitgebers weiterhin besteht und die Arbeitnehmer zu verbesserten Bedingungen beschäftigt werden. Eine erzwungene Betriebsschließung wäre für keine Seite von Vorteil.[584]

2. *Wiederherstellung des Arbeitsfriedens*

Aus dem Gebot der fairen Kampfführung wird außerdem die Pflicht abgeleitet, nach Abschluss der Arbeitskampfmaßnahme den Arbeitsfrieden wiederherzustellen und die Wiederaufnahme der Arbeit zur ermöglichen.[585] Auch aus diesem Grund besteht während des Arbeitskampfes die Verpflichtung, Notdienst- und Erhaltungsmaßnahmen zu verrichten.[586]

3. *Verbot unlauterer Arbeitskampfmaßnahmen*

Auch das Verbot unlautere Kampfmittel einzusetzen, ist vom Fairnessgebot umfasst.[587] So werden z. B. Betriebsblockaden und -besetzungen[588] als unzulässig angesehen.[589] Teilweise wird auch vertreten, es solle gegen das Fairnessgebot verstoßen, wenn die Streikleitung oder die Arbeitgeberseite sich wahrheitswidriger oder aufhetzender Propaganda bedienen würden.[590] *Kissel* weist jedoch zu Recht darauf hin, dass diese Auffassung heutzutage „ethisch hochstehend" erscheine.[591] Auch soll ein Verstoß gegen das Fairnessgebot immer dann anzunehmen sein, wenn von einem an sich rechtlich erlaubten Kampfmittel objektiv zweckwidrig oder rücksichtslos Gebrauch gemacht wird.[592]

---

583 *Kissel*, § 29 Rn. 24 ff.; *Seiter*, Streikrecht, S. 516 f. und S. 535.

584 So auch *Auktor*, S. 43; *Däubler*, in: Däubler, § 14 Rn. 14; *Kocher*, in: BKS, AKR, Rn. 174.

585 BAG v. 21.4.1971, NJW 1971, 1668, 1669 f.; *Hromadka/Maschmann*, § 14 Rn. 67.

586 BAG v. 14.12.1993, NZA 1994, 331, 333; *Bauer/Haussmann*, DB 1996, 881 ff.; *Kocher*, in: BKS, AKR, Rn. 173; *Kissel*, § 31 Rn. 8.

587 *Kalb*, Rn. 134; *Seiter*, Streikrecht, S. 520 ff.

588 Siehe dazu unten: 3. Teil. B. I. S. 195 ff.

589 *Auktor*, S. 43 m. w. N.; *Kalb*, Rn. 134 ff.; *Ricken*, in: MüArbR, § 200 Rn. 42; a. A. *Kissel*, § 31 Rn. 16, der die Heranziehung des Grundsatzes angesichts anderer Bewertungskriterien für entbehrlich hält.

590 *Gamillscheg*, KollArbR I, S. 1123; *Hueck/Nipperdey*, Bd. II/2, S. 1029.

591 *Kissel*, § 31 Rn. 12.

592 *Deinert*, RdA 2007, 83, 88; *Otto*, in: MüArbR, 2. Aufl., § 285 Rn. 124.

4. *Erkennbarkeit der Arbeitskampfmaßnahme*

In jüngster Zeit hat es das BAG darüber hinaus als „unfair" bezeichnet, wenn eine Kampfmaßnahme nicht als solche erkennbar ist und der Betroffene daher sein eigenes Verhalten nicht auf diese einstellen kann.[593] An die sich daraus ergebende Pflicht zur Verkündung arbeitskampfbezogener Handlungen seien allerdings keine formalen Anforderungen im Sinne ausdrücklicher Erklärungen an die Gegenseite zu stellen. Vielmehr genüge es, wenn der Gegenspieler aus den ihm bekannten Umständen erkennen könne, welcher von der Gegenseite getragenen Arbeitskampfmaßnahme er ausgesetzt sei. Es müsse erkennbar sein, dass es sich um eine von der Gegenseite getragene Kampfmaßnahme handelt. Um sich verteidigen zu können, müsse der Angegriffene erkennen können, wer die Verantwortung für den Angriff trage.[594]

5. *Zwischenergebnis*

Das Gebot der Fairness besagt, dass auch im Arbeitskampf auf die Interessen des Kampfgegners Rücksicht genommen werden muss. Es findet sich in unterschiedlicher Ausprägung. Ein Arbeitskampf darf nicht auf die Vernichtung des Kampfgegners abzielen. Nach Abschluss der Arbeitskampfmaßnahme muss der Arbeitsfrieden wiederhergestellt werden, es dürfen keine unlauteren Arbeitskampfmittel eingesetzt werden und die Arbeitskampfmaßnahme muss für den Arbeitgeber als solche erkennbar sein.

VII. Kein Verstoß gegen Schutzgesetze

Auch wenn Arbeitskampfmittel im Rahmen der Koalitionsfreiheit nach Art. 9 Abs. 3 GG grundsätzlich geschützt sind, dürfen Arbeitskämpfe dennoch nicht gegen zwingendes Recht verstoßen.[595] Eine wichtige Grenze bilden dabei Strafgesetze.[596] Bei der Auslegung einzelner Straftatbestände muss dabei jedoch die verfassungsrechtliche Bedeutung der Koalitionsfreiheit berücksichtigt werden.[597] So erfüllt z. B. eine nach den übrigen Kriterien rechtmäßige Arbeitskampfmaßnahme nicht zwingend die Kriterien der Nötigung (§ 240 StGB) oder der Erpressung (§ 253 StGB), da eine durch Art. 9 Abs. 3 GG gedeckte Maßnahme nicht unbedingt als verwerflich i. S. d. § 240 Abs. 2 StGB angesehen werden kann.[598] Ähnliches gilt etwa für die Beeinträchtigung des durch § 823 Abs. 1 BGB geschützten Rechts am eingerichteten

---

593 BAG v. 22.9.2009, NZA 2009, 1347, 1352 f., Rn. 47; *Kissel*, § 61 Rn. 7; siehe zur Erkennbarkeit später auch 2. Teil A. II. 3. c) cc) (3) (b) S. 114.

594 BAG v. 22.9.2009, NZA 2009, 1347, 1353, Rn. 47; so im Ansatz auch schon BAG v. 31.10.1995, NZA 1996, 389, 390.

595 *V. Hoyningen-Huene*, JuS 1987, 505, 508.

596 *Kissel*, § 34 Rn. 20.

597 *V. Hoyningen-Huene*, JuS 1987, 505, 508.

598 *Eser/Eisele*, in: Schönke-Schröder, § 240 Rn. 25 m. w. N.; *Kissel*, § 34 Rn. 22.

und ausgeübten Gewerbebetrieb, da Arbeitskampfmaßnahmen sich naturgemäß im Unternehmen des Arbeitgebers auswirken.[599]

Etwas anderes gilt für andere durch das Strafrecht geschützte Rechtsgüter wie das Eigentum (§ 303 StGB) oder das Hausrecht (§ 123 StGB). Verstößt eine Arbeitskampfmaßnahme gegen diese zwingenden Strafgesetze, dann ist sie rechtswidrig.[600]

Zu unterscheiden sind davon Straftatbestände, die bei der Durchführung eines Streiks lediglich von einzelnen Teilnehmern erfüllt sein können (sog. Streikexzesse). Diese betreffen grundsätzlich nicht die Rechtmäßigkeit des Streiks als solchen.[601] In Ausnahmefällen können Streikexzesse Einzelner allerdings auch zur Rechtwidrigkeit des gesamten Streiks führen. Teilweise wird darauf abgestellt, ob sich die Gewerkschaft um einen ordnungsgemäßen Ablauf des Arbeitskampfes bemüht,[602] teilweise darauf, ob der Arbeitskampf von Anfang so geplant gewesen ist, dass er nur durch die Begehung von Straftaten Erfolg verspricht.[603] Der verfassungsrechtliche Schutz der Koalitionsfreiheit soll bei Exzessen aber nur in Fällen versagt werden, in denen der Streik nur noch „eine leere Hülse" darstelle und das eigentliche Geschehen sich von diesem löse.[604]

D. Freie Kampfmittelwahl der Arbeitskampfparteien

Wenn es um die Frage der Anerkennung und Zulässigkeit neuer Arbeitskampfmaßnahmen – wie z. B. insbesondere des „Flashmobs" – geht, spielt der Begriff der „freien Kampfmittelwahl" eine bedeutende Rolle. Vor allem steht die Problematik im Vordergrund, ob den Arbeitskampfparteien nur ein bestimmter Fundus an überkommenen Arbeitskampfmitteln zur Verfügung steht, aus denen sie wählen können (Grundsatz der freien Typenauswahl), oder ob die freie Wahl der Kampfmittel auch die Entwicklung und Erfindung neuer Arbeitskampfmaßnahmen einschließt (Grundsatz der freien Typenbildung).[605] Diese Frage ist in der Literatur umstritten und hat insbesondere durch die neuere Rechtsprechung des BAG[606] aktuelle Bedeutung erlangt.

599 *V. Hoyningen-Huene*, JuS 1987, 505, 508.

600 So *v. Hoyningen-Huene*, JuS 1987, 505, 508; siehe aber einschränkend zum Eigentum später: 2. Teil B. I. 1. b) ee) (1) S. 128 ff.

601 *Krause*, in: Entgrenzter Arbeitskampf?, ZAAR Schriftenreihe Band 37, S. 43, 71; *Reinfelder*, in: Däubler, § 15 Rn. 56; *v. Hoyningen-Huene*, JuS 1987, 505, 508.

602 *V. Hoyningen-Huene*, JuS 1987, 505, 508.

603 *Reinfelder*, in: Däubler, § 15 Rn. 56.

604 *Reinfelder*, in: Däubler, § 15 Rn. 56.

605 Diese Begrifflichkeiten nutzend: *Zöllner*, in: FS Bötticher, S. 427, 430.

606 U. a. BAG v. 22.9.2009, NZA 2009, 1347.

I. Entwicklung der Rechtsprechung

Den Grundsatz der Kampfmittelfreiheit hat bereits der Große Senat in seiner Entscheidung vom 28.1.1955 aufgestellt.[607] Dieser ergebe sich aus den Grundsätzen des freiheitlichen sozialen Rechtsstaates (Art. 18, 20, 21, 28 GG) und insbesondere aus der allgemeinen Entfaltungsfreiheit (Art. 2 Abs. 1 GG) sowie aus dem Gesamtzusammenhang „unserer wirtschafts- und sozialverfassungsrechtlichen Grundprinzipien".[608] Auch das BVerfG hat die freie Wahl der Mittel schon in seinem Urteil vom 6.5.1964 betont:

> „Die Koalitionsfreiheit umfaßt die Bildung, die Betätigung und die Entwicklung der Koalitionen in ihrer Mannigfaltigkeit und überläßt ihnen grundsätzlich die Wahl der Mittel, die sie zur Erreichung ihres Zwecks für geeignet halten; dem freien Spiel der Kräfte bleibt es überlassen, ob sie mit den gewählten Mitteln den erstrebten Erfolg erreichen."[609]

Der Grundsatz der Kampfmittelfreiheit wurde in den folgenden Jahren zwar immer wieder angesprochen, wegweisende Urteile gab es jedoch nicht. Im Jahr 1976 formulierte das BAG, die von der Rechtsordnung gewährleistete Arbeitskampffreiheit schließe Boykottmaßnahmen als Arbeitskampfmittel nicht (von vornherein) aus[610] und zwölf Jahre später erwog das BAG gar mit Blick auf die Kampfmittelfreiheit, Betriebsblockaden als zulässige Arbeitskampfmittel anzuerkennen.[611] Zu beachten ist allerdings, dass das BAG sich in beiden Fällen weder abschließend festlegte noch die Kampfmittelfreiheit dogmatisch herleitete und es somit unterließ, sich genauer mit dieser auseinanderzusetzen.

Etwas deutlicher wurde diesbezüglich das BVerfG. So führte es 1991 aus, dass den Koalitionen gemäß Art. 9 Abs. 3 GG grundsätzlich die Wahl der Mittel, die sie zur Erreichung des Abschlusses von Tarifverträgen für geeignet halten würden, überlassen seien. Arbeitskampfmaßnahmen seien jedenfalls insoweit von der Koalitionsfreiheit erfasst, als sie allgemein erforderlich seien, um eine funktionierende Tarifautonomie sicherzustellen.[612] Diese Umschreibung des Schutzbereichs stammt jedoch noch aus der Zeit der Kernbereichslehre und ist daher in dieser Form nicht mehr zeitgemäß.[613] Zudem führte es aus, dass es grundsätzlich den Tarifvertragsparteien selbst überlassen sei, ihre Kampfmittel den sich wandelnden Umständen anzupassen, um dem Gegner gewachsen zu bleiben und ausgewogene Tarifabschlüsse

607 BAG v. 28.1.1955, NJW 1955, 882.
608 BAG v. 28.1.1955, NJW 1955, 882, 884 f.
609 BVerfG v. 6.5.1964, NJW 1964, 1267, 1269.
610 BAG v. 19.10.1976, NJW 1977, 318, 319.
611 BAG v. 8.11.1988, NZA 1989, 475, 478.
612 BVerfG v. 26.6.1991, NZA 1991, 809, 810.
613 So auch *Greiner*, Anm. EzA Nr. 143 zu Art. 9 GG Arbeitskampf, S. 27, 28; a. A. *Konzen*, SAE 2008, 1, 4.

zu erzielen.[614] Bahnbrechend ist vor allem eine Formulierung des BVerfG, auf die sich nun auch das BAG in seinen jüngsten Urteilen gestützt hat: „Der Grundrechtsschutz erstreckt sich vielmehr auf alle Verhaltensweisen, die koalitionsspezifisch sind."[615] Dies hat das BVerfG auch in späteren Urteilen wiederholt und in diesem Zusammenhang auch nochmals die Kampfmittelfreiheit der Koalition betont.[616]

An diesen Entscheidungen hat sich nun auch das BAG mit seiner neueren Rechtsprechung orientiert. Wörtlich führte der 1. Senat in der Entscheidung zum Sympathiestreik vom 19.6.2007 aus:

> „Die Wahl der Mittel, mit denen die Koalitionen die Regelung der Arbeitsbedingungen durch Tarifverträge zu erreichen versuchen und die sie hierzu für geeignet halten, überlässt Art. 9 Abs. 3 GG grundsätzlich ihnen selbst. Dementsprechend schützt das Grundrecht als koalitionsmäßige Betätigung auch Arbeitskampfmaßnahmen, die auf den Abschluss von Tarifverträgen gerichtet sind. Sie werden jedenfalls insoweit von der Koalitionsfreiheit erfasst, als sie erforderlich sind, um eine funktionierende Tarifautonomie sicherzustellen. [...] Die durch Art. 9 Abs. 3 GG gewährleistete Freiheit in der Wahl der Arbeitskampfmittel schützt nicht nur bestimmte Formen des Streiks. Der Schutzbereich des Art. 9 Abs. 3 GG ist nicht etwa von vorneherein auf den Bereich des Unerlässlichen beschränkt. Der Grundrechtsschutz erstreckt sich vielmehr auf alle Verhaltensweisen, die koalitionsspezifisch sind."[617]

Auch in dem „Flashmob"-Urteil vom 22.9.2009, in welchem das BAG eine neue Arbeitskampfmaßnahme zu bewerten hatte, führte es den vom BVerfG eingeschlagenen Weg zur freien Kampfmittelwahl fort. Hier hatte das Gericht es mit einer wirklich neuen Arbeitskampfmaßnahme zu tun. „Flashmob"-Aktionen würden dem Schutzbereich des Art. 9 Abs. 3 GG unterfallen. Dem stehe nicht entgegen, dass derartige „Flashmob"-Aktionen ein neues Arbeitskampfmittel seien. Dem Schutz des Art. 9 Abs. 3 GG würde nicht nur ein historisch gewachsener, abschließender *numerus clausus* von Arbeitskampfmitteln unterfallen, sondern, in Anlehnung an die Formulierung des BVerfG, gehöre es vielmehr zur verfassungsrechtlich geschützten Freiheit der Koalitionen, ihre Kampfmittel an die sich wandelnden Umstände anzupassen, um dem Gegner gewachsen zu bleiben und ausgewogene Tarifabschlüsse zu erzielen.[618] Bemerkenswert ist jedoch vor allem die anschließende Klarstellung, welche Maßnahmen als „koalitionsspezifisch" anzusehen seien: „Die Beurteilung, ob eine Betätigung koalitionsspezifisch ist, richtet sich grundsätzlich nicht nach der Art des von der Koalition gewählten Mittels, sondern nach dem von ihr damit verfolgten Ziel." Es sei daher verfassungsrechtlich geboten, eine durch Art. 9

614 BVerfG v. 4.7.1995, NZA 1995, 754, 756.

615 BVerfG v. 14.11.1995, NZA 1996, 381, 382.

616 BVerfG v. 6.2.2007, NZA 2007, 394, 395; BVerfG v. 10.9.2004, NZA 2004, 1338, 1339; BVerfG v. 3.4.2001, NZA 2001, 777, 778.

617 BAG v. 19.6.2007, NZA 2007, 1055, 1056.

618 BAG v. 22.9.2009, NZA 2009, 1347, 1351, Rn. 34.

Abs. 3 GG geschützte koalitionsspezifische Betätigung anzunehmen, wenn das von einer Koalition eingesetzte – friedliche – Mittel der Durchsetzung eines koalitionsspezifischen Ziels, wie insbesondere der Erzwingung eines Tarifvertrags diene.[619]

Das BAG hat sich somit, wie bereits in der Entscheidung 2007, in Anlehnung an die Rechtsprechung des BVerfG, klar für eine tatsächliche Kampfmittelfreiheit ausgesprochen, die nicht nur die freie (Aus-)Wahl zwischen historisch überkommenen Arbeitskampfmitteln umfasst, sondern den Koalitionen auch eine faktische Erfindungsfreiheit garantiert. Dabei trifft die Aussage, ein Kampfmittel unterfalle dem Schutzbereich von Art. 9 Abs. 3 GG, jedoch noch kein abschließendes Urteil über die Rechtmäßigkeit der Arbeitskampfmaßnahme im Einzelfall. Dies wird richtigerweise einschränkend vom BAG klargestellt.[620] Die Tendenz der Rechtsprechung zu einem weiten Schutzbereich des Art. 9 Abs. 3 GG und zu einer umfassenden Kampfmittelfreiheit wurde jüngst vom BVerfG noch einmal bestätigt. Die gegen das „Flashmob-Urteil" eingelegte Verfassungsbeschwerde wurde vom BVerfG per Nichtannahmebeschluss zurückgewiesen. Das BVerfG bestätigte, dass alle koalitionsspezifischen Verhaltensweisen vom Schutzbereich umfasst seien und die Wahl der Mittel, welche die Koalitionen zur Erreichung der koalitionsspezifischen Zwecke für geeignet halten würden, ihnen selbst überlassen sei.[621]

II. Unterschiedliche Ansichten in der Literatur

Die Bedeutung und der Umfang der sog. „Kampfmittelfreiheit" sind in der Literatur sehr umstritten.

1. Für eine weite Kampfmittelfreiheit

Ein nicht unbedeutender Teil schließt sich der Auffassung des BVerfG und des BAG an und legt den Begriff der Kampfmittelfreiheit weit aus.[622] Immer wieder wird betont, dass es keinen abschließenden Katalog oder anders ausgedrückt keinen *numerus clausus* zulässiger Kampfmittel gebe und es den Gewerkschaften somit auch frei stünde, sowohl frei über den Einsatz bestehender Kampfmittel zu entscheiden als auch neue Kampfmittel zu entwickeln.[623]

Aus der sich aus der Koalitionsfreiheit ergebenden Freiheit der Wahl der Arbeitskampfmittel folge, dass den Koalitionen die Wahl der Mittel überlassen sei, die sie zur

619 BAG v. 22.9.2009, NZA 2009, 1347, 1351, Rn. 34.

620 BAG v. 22.9.2009, NZA 2009, 1347, 1351, Rn. 36.

621 BVerfG v. 26.3.2014, NZA 2014, 493, 494.

622 *Berg*, in: BKS, Grundlagen, Rn. 41; *Bieback/Wroblewski*, in: Däubler, § 17 Rn. 7 m. w. N.; *Götz*, S. 30; *Greiner*, Anm. EzA Nr. 143 zu Art. 9 GG Arbeitskampf, S. 27, 28; *Kissel*, § 14 Rn. 25; *Linsenmaier*, in: ErfK, Art. 9 GG Rn. 271; *Rudkowski*, S. 62; *Zöllner*, in: FS Bötticher, S. 427, 442.

623 Anstatt vieler: *Berg*, in: BKS, Grundlagen, Rn. 41; *Kissel*, § 14 Rn. 25; *Rosenau*, S. 98 f.

Erreichung ihrer legitimen Ziele für geeignet hielten.[624] Vor allem wird darauf hingewiesen, dass die Rechtsprechung ausgeführt habe, dass es den Tarifvertragsparteien überlassen sei, ihre Kampfmittel den sich wandelnden Umständen anzupassen, um dem Gegner gewachsen zu bleiben und ausgewogene Tarifabschlüsse zu erzielen.[625] Daher müsse einem Fortschritt des Arbeitgebers, z. B. die Möglichkeit, durch die produktionstechnische Entwicklung die Folgen der Arbeitskampfmaßnahmen der Arbeitnehmerseite abzufedern, neue kollektive Vorgehensweisen der Arbeitnehmerseite entgegengesetzt werden können.[626] Anderenfalls seien sie verpflichtet, taten- und hilflos den eigenen Untergang infolge veränderter Rahmenbedingungen hinzunehmen, was jedoch wiederum nur schwer mit der Bestandsgarantie des Art. 9 Abs. 3 GG zu vereinbaren sei.[627] Wären die einsetzbaren Druckmittel auf eine „Standardform" beschränkt, würde zudem die Gegenmachtsfunktion ausgehöhlt.[628] Eine Vielfalt der Aktions- und Kampfformen sei daher nötig, damit die Ausstrahlungskraft und der politische Druck nicht erlahmen würden.[629]

Auch *Seiter* hatte bereits die Unzweckmäßigkeit eines *numerus clausus* von Kampfformen angesichts der möglichen Veränderung der gesellschaftlichen und wirtschaftlichen Verhältnisse angemahnt.[630] Zudem bestehe eine Beschränkung auf bestimmte Kampfformen schon *de lege lata* nicht. Dies komme insbesondere in Art. 6 Nr. 4 ESC zum Ausdruck, in der das Recht der Arbeitnehmer auf „kollektive Maßnahmen" anerkannt und das Streikrecht lediglich als ein besonders wichtiges Kampfmittel hervorgehoben werde.[631] Gleichzeitig werden jedoch auch von den Befürwortern der „Kampfmittelerfindungsfreiheit" Grenzen gefordert. So fände die Erfindung von Kampfformen ihre Grenze in der bestehenden Rechtsordnung. Strafbare Handlungen könnten nicht unter Berufung auf diesen Grundsatz gerechtfertigt werden.[632] Zudem müsse sie sich am Gebot fairer Kampfführung orientieren.[633] Zumindest in der Daseinsvorsorge seien daher Dienst nach Vorschrift, Bummelstreik und sonstige atypische Kampfmaßnahmen zum Schutz der Allgemeinheit als

---

624 *Kissel,* § 14 Rn. 25.
625 *Rehder/Deinert/Callsen,* S. 87; *Bieback/Wroblewski,* in: Däubler, § 17 Rn. 8.
626 *Kissel,* § 14 Rn. 25.
627 *Rehder/Deinert/Callsen,* S. 87; insofern ist es nicht überzeugend, wenn *Franzen,* in: JbArbR, Bd. 47 (2010), S. 119, 128 f., einerseits die Kampfmittelfreiheit mit der Begründung ablehnt, dass sie nur von vornherein erlaubte Mittel gestatte, andererseits aber annimmt, die rechtliche Zulässigkeit eines „Flashmobs" könne aus einer Paritätsverschiebung infolge jüngerer Entwicklungen herzuleiten sein (S. 135 f.).
628 *Bieback/Wroblewski,* in: Däubler, § 17 Rn. 3.
629 *Bieback/Wroblewski,* in: Däubler, § 17 Rn. 6.
630 *Seiter,* Streikrecht, S. 142 f.
631 *Seiter,* Streikrecht, S. 142.
632 *Seiter,* Streikrecht, S. 143.
633 *Rudkowski,* S. 63.

unzulässig anzusehen. Notwendig sei dort nicht nur eine Beschränkung des Streiks, sondern auch eine Beschränkung auf Streiks.[634]

2. Für eine eingeschränkte Kampfmittelfreiheit

Ein großer Teil der Stimmen in der Literatur plädiert jedoch für eine eingeschränkte Kampfmittelwahl und empfindet die Zugeständnisse der neueren Rechtsprechung als zu weitgehend.[635]

Es gebe keinen Grundsatz der freien Kampfmittelwahl, da die Gegenansicht verkenne, dass Art. 9 Abs. 3 GG die Freiheit nur für die Koalitionsbildung gewährleiste. Was die Koalitionsbetätigung betreffe, sei nicht Freiheit, sondern Wirksamkeit garantiert, da die Koalitionsbildungsfreiheit leer laufen würde, wenn der gebildeten Koalition nicht die wirksame Betätigung im Dienst ihres Zweckes gestattet sei.[636] Vor allem wird die Tatsache kritisiert, dass der Schutzbereich konturenlos werden würde und ausufere und als einzige Grenze lediglich der Verhältnismäßigkeitsgrundsatz verbleibe.[637] Daher wird die Ansicht des BVerfG, der Schutzbereich umfasse alle koalitionsspezifischen Verhaltensweisen[638], kritisch hinterfragt. Das BVerfG hatte ausgeführt, ob eine Verhaltensweise koalitionsspezifisch sei, richte sich grundsätzlich nicht nach der Art des von der Koalition gewählten Mittels, sondern sei nach dem von ihr verfolgten Ziel zu bestimmen. Diese Aussage wird als zu weitreichend kritisiert. Auf Grundlage dieses Ansatzes könne eine Koalition jedes Verhalten zu einem koalitionsspezifischen machen, wenn sie es mit einem koalitionsspezifischen Ziel verknüpfe.[639] Es wird eine Bedeutungslosigkeit des Schutzbereiches als Prüfungskriterium befürchtet.[640] *Otto* schlägt vor, den Schutzbereich dahingehend einzuschränken, dass nur für den Fall, dass das Arbeitskampfmittel „Streik" aufgrund eines Wandels der grundlegenden tatsächlichen Gegebenheiten nicht mehr effektiv genug und somit die Parität gefährdet sei, neue Kampfmittel einbezogen werden dürften.[641]

Zudem wird oftmals betont, der Grundsatz der Kampfmittelfreiheit könne die Rechtmäßigkeit eines neuen Kampfmittels nicht begründen, sondern setze diese voraus.[642] Gewollt sei lediglich die freie Wahl unter zulässigen Arbeitskampfmitteln.[643]

---

634 *Rudkowski*, S. 63.

635 *Jacobs*, ZfA 2011, 71, 77; *Rieth*, SAE 2010, 37, 41; *Säcker/Mohr*, JZ 2010, 440, 443.

636 *Reuter*, in: FS Wiese, 427, 433 f.

637 *Jacobs*, ZfA 2011, 71, 82; „totale Entgrenzung", *Picker*, ZfA 2010, 499, 537; *Rieth*, SAE 2010, 37, 41; *Rüthers/Höpfner*, JZ 2010, 261, 262; *Säcker/Mohr*, JZ 2010, 440, 443.

638 BVerfG v. 14.11.1995, NZA 1996, 381, 382.

639 *Jacobs*, ZfA 2011, 71, 77; *Säcker/Mohr*, JZ 2010, 440, 443.

640 *Jacobs*, ZfA 2011, 71, 82.

641 *Otto*, S. 68; *Otto*, RdA 2010, 135, 138 f.

642 *Franzen*, in: JbArbR, Bd. 47 (2010), S. 119, 129; *Hergenröder*, in: HWK, Art. 9 GG Rn. 165.

643 *Thüsing/Waldhoff*, ZfA 2011, 329, 337.

Bereits das BVerfG hat erkannt, dass Art. 9 Abs. 3 GG nicht die uneingeschränkte Befugnis, alle denkbaren Kampfformen einzusetzen, gewährleistet.[644] Man möchte daher die Kampfmittel auf die bisher von der Rechtsprechung anerkannten und als verfassungskonform eingestuften Arbeitskampfmittel beschränken.[645]

3. *Vertragsrechtliche Deutung des Arbeitskampfes*

Ein ganz eigener Ansatz, der gegen eine weite Kampfmittelfreiheit spricht, ist es, den Arbeitskampf vertragsrechtlich zu deuten, mit der Folge, dass als Kampfmittel nur die passive Zurückhaltung der eigenen Hauptleistung gegenüber dem Arbeitsvertragspartner zulässig sein soll.[646] Der Arbeitskampf wird auf Arbeitnehmerseite somit als passive kollektive Kooperationsverweigerung begriffen.[647]

Jacobs zieht aus der vertragsrechtlichen Erklärung des Arbeitskampfes drei Schlussfolgerungen.[648] Erstens: Arbeitskämpfe dürfen nur zwischen tariffähigen Parteien und nur um normativ geltende Tarifverträge geführt werden. Zweitens: Kampfmittel müssen arbeitsvertragsbezogen sein, um in den Schutzbereich der Koalitionsfreiheit zu fallen. Dies hat zur Folge, dass als Kampfmittel nur die passive Zurückhaltung der eigenen Hauptleistung gegenüber dem Arbeitsvertragspartner zulässig ist. Drittens: Die Kampfmittelfreiheit gilt nicht unbegrenzt, sondern gibt nur ein Wahlrecht hinsichtlich der Frage, in welcher Art und Weise und in welcher Intensität die arbeitsvertraglich geschuldete Hauptleistung vorenthalten werden kann.

Dafür spreche, dass die überkommenen Kampfmittel Streik und Aussperrung komplementäre Kampfmittel seien. Der Einsatz des einen Kampfmittels könne durch den Einsatz des anderen wirksam beantwortet werden. Dies sei nur bei diesen Kampfmitteln der Fall. Nur diese Kampfmittel seien zudem durch das Element der Selbstschädigung gekennzeichnet, sodass die Kampfmaßnahme für die einsetzende Partei zugleich ein hohes eigenes wirtschaftliches Risiko sei. Andere für zulässig gehaltene Kampfmittel wie die Betriebsblockade oder der Boykott seien demgegenüber dadurch charakterisiert, dass auch betriebsfremde Dritte Kampfteilnehmer seien, die ihrerseits keine Vermögensnachteile erleiden würden, umgekehrt allerdings beim Kampfgegner sogar zusätzliche Schäden verursachen würden. Nur der vertragsrechtliche Ansatz könne erklären, dass betriebsfremde Dritte nicht dem Schutzbereich der Koalitionsfreiheit unterfallen.[649]

644 BVerfG v. 26.6.1991, NZA 1991, 809.

645 *Gamillscheg*, KollArbR I, S. 984; *Konzen*, in: FS Molitor, 1988, S. 181, 199 f.; *Picker*, ZfA 2010, 499, 538 m. w. N.; *Säcker/Mohr*, JZ 2010, 440, 443; wohl auch *Wank*, RdA 2009, 1, 3.

646 *Jacobs*, ZfA 2011, 71, 84; *Rieble*, NZA 2008, 796, 797; wohl auch *Thüsing/Waldhoff*, ZfA 2011, 329, 342 f.; *Zöllner/Loritz/Hergenröder*, § 44 Rn. 76 ff.

647 *Krause*, in: Entgrenzter Arbeitskampf?, ZAAR Schriftenreihe Band 37, S. 43, 62.

648 *Jacobs*, ZfA 2011, 71, 83 ff.

649 So argumentierend *Jacobs*, S. 71, 84 f.

Dieser Gedanke leuchtet prinzipiell ein, da auch die bisher anerkannten, überkommenen Kampfmittel in Form des Streiks und der Aussperrung und die somit erlangte Typisierung für eine solche Deutung sprechen könnten. Auch *Krause* hält ein solches Modell für „gedanklich stringent". Aus einer strikt am Einzelarbeitsverhältnis ansetzenden Perspektive, nach der in der bipolaren Arbeitgeber-Arbeitnehmer-Beziehung angemessene Austauschbedingungen das zu lösende Problem seien, gelange man zu einem arbeitsvertragsakzessorischen Arbeitskampfmodell. Dieser Ansatz verstehe den Arbeitskampf daher als normgeprägte Freiheit, die nur nach Maßgabe einfachrechtlicher Vorgaben ausgeübt werden dürfe.[650] Für Tarifabschlüsse nicht erforderliche Arbeitskampfmaßnahmen könne die Rechtsordnung daher von vornherein aus dem Kampfmittelarsenal ausklammern.[651]

Es ist zwar richtig, dass Streik und Aussperrung komplementäre Kampfmittel sind, doch ist es auch möglich, auf andere Kampfmittel der Gewerkschaft effektiv zu antworten. Eine wechselseitige Verschränkung ist nicht nötig, solange man sich gegen das widerstreitende Kampfmittel wirkungsvoll wehren kann. Setzt die Gewerkschaft z. B. einen „Flashmob" ein, kann sich der Arbeitgeber nicht nur mir seinem Hausrecht behelfen, um die Arbeitskampfmaßnahme zu beenden.[652] Zudem kann er etwa, die Erfindungsfreiheit der freien Kampfmittelwahl nutzend, das Arbeitsentgelt der Arbeitnehmer für einen bestimmten Zeitraum bei gleichbleibender Arbeitsleistung reduzieren.[653] Die auf diese Weise um ihren Lohn gebrachten Gewerkschaftsmitglieder würden als Konsequenz Druck auf die Gewerkschaft ausüben, zu einer Tarifeinigung zu kommen und weitere Arbeitskampfmaßnahmen zu unterlassen, sodass auch auf diese Weise ein Gleichgewicht hergestellt werden könnte. Es ist zwar richtig, dass ein „Flashmob" unter Einbeziehung Dritter zusätzliche Schäden durch die Verletzung von Freiheits- oder Eigentumsrechten beim Arbeitgeber verursachen würde. Es muss allerdings beachtet werden, dass ein „Flashmob" ein Minus zum Streik ist. Die wirtschaftlichen Belastungen, denen der Eigentümer durch eine kurzfristige „Flashmob"-Aktion ausgesetzt ist, sind deutlich geringer, als wenn der Betrieb infolge eines Streiks komplett schließen müsste, sodass auch die kurzfristige Beeinträchtigung von Freiheits- oder Eigentumsrechten kein durchgreifendes Argument gegen die Zulässigkeit von weiteren Kampfmitteln ist.[654] Es lässt sich auch nicht nur unter Zugrundelegung des vertragsrechtlichen

650 *Krause*, in: Entgrenzter Arbeitskampf?, ZAAR Schriftenreihe Band 37, S. 43, 62.

651 *Krause*, in: Entgrenzter Arbeitskampf?, ZAAR Schriftenreihe Band 37, S. 43, 62 mit Verweis auf *Konzen*, in: FS Reuter, 2010, S. 603, 614 ff. und *Otto*, RdA 2010, 135, 137 ff.

652 Siehe dazu später unter 2. Teil B. II. 3. S. 167 ff.

653 Mit diesem Vorschlag eines neuen Arbeitskampfmittels *Jacobs*, ZfA 2011, 71, 86; *Zöllner/Loritz/Hergenröder*, § 44 Rn. 78; *Greiner*, NJW 2010, 2977, 2980 „negative Streikbruchprämie".

654 LAG Berlin-Brandenburg v. 29.9.2008, AuR 2009, 47, 48; *Däubler*, in: Däubler, § 31 Rn. 7.

Ansatzes erklären, wieso Dritte nicht vom Schutzbereich der Koalitionsfreiheit umfasst sind.[655]

Andererseits ist es gut möglich, dass gerade das dem Streik und der Aussperrung innewohnende Element der Selbstschädigung dazu beigetragen hat, dass der Arbeitskampf bisher effektiv reguliert wurde.[656] Jedoch enthält die Verfassung eine solche vertragsakzessorische Beschränkung des Arbeitskampfes nicht.[657] Der Schutzbereich des Art. 9 Abs. 3 GG ist offen formuliert und nicht in zivilrechtlichen Kategorien zu erfassen.[658] Eine solche Beschränkung lediglich auf einer bisher – eventuell sogar nicht beabsichtigten – entstandenen Typik zu begründen, ist daher nicht ausreichend. Art. 9 Abs. 3 GG legt nicht explizit fest, auf welche Art und Weise Arbeits- und Wirtschaftsbedingungen gefördert werden sollen. So wird auch vertreten, es werde so versucht, die Beschreibung eines Rechtsprinzips in einen subsumtionsfähigen Rechtssatz umzudeuten, ohne dass das Ergebnis im geschriebenen Recht eine Entsprechung finde.[659] Dafür spricht auch, dass das BAG und das BVerfG in ihrer neueren Judikatur das Hauptgewicht auf das Verfassungsrecht legen und es den Koalitionen mehr oder weniger frei überlassen, welcher Arbeitskampfmittel sie sich bedienen wollen.

Das so verfolgte „Autonomiekonzept“ kann daher als „Befreiung des Arbeitskampfrechts von zivilistischem Denken“ charakterisiert werden.[660] Arbeitskämpfe stellen danach eine „Funktionsbedingung der sozialen Ordnung“ dar und sind nicht zivilrechtlich „eigentlich unzulässig“. Folglich sind Arbeitskampfmaßnahmen als natürliche Freiheiten anzusehen.[661] Das BVerfG qualifiziert die durch aktive Störung verursachten Beeinträchtigungen des Betriebs zwar als an sich gewichtig, wenn auch im konkreten „Flashmob“-Fall nicht als umfassend und nur von vergleichsweise kurzer Dauer.[662] Dies verdeutlicht, dass das BVerfG die Arbeitskampfmittelfreiheit weit versteht, sodass nicht nur das Unterlassen von an sich geschuldeten Handlungen, sondern auch die Befugnis zum positiven Tun von zivilrechtlich an sich zu unterlassenden Handlungen von Art. 9 Abs. 3 GG gedeckt ist.[663] So wird auch

---

655 Siehe dazu ausführlich 2. Teil B. I. 2. S. 143 ff.

656 Vgl. BAG v. 22.9.2009, NZA 2009, 1347, 1353, Rn. 52; *Willemsen/Mehrens*, Anm. zu BAG v. 22.09.2009, AP Nr. 174 zu Art. 9 GG Arbeitskampf, unter II. 2. b) bb) (1) (a); *Rieth*, SAE 2010, 37, 40.

657 So auch *Rehder/Deinert/Callsen*, S. 88.

658 *Bieback/Unterhinninghofen*, in: Däubler, § 17 Rn. 230 m. w. N.; *Linsenmaier*, in: ErfK, Art. 9 GG Rn. 271 m. w. N.

659 *Rehder/Deinert/Callsen*, S. 88.

660 *Krause*, in: Entgrenzter Arbeitskampf?, ZAAR Schriftenreihe Band 37, S. 43, 57, 63 ff., 83.

661 *Krause*, in: Entgrenzter Arbeitskampf?, ZAAR Schriftenreihe Band 37, S. 43, 64; *Engels*, S. 261 f.; *Kemper*, S. 64 f.

662 BVerfG v. 26.3.2014, NJW 2014, 1874, Rn. 31.

663 *Krause*, in: Entgrenzter Arbeitskampf?, ZAAR Schriftenreihe Band 37, S. 43, 67 f.

nicht die verfassungsrechtliche Ausgestaltung der Koalitionsfreiheit verweigert,[664] sondern es kommt nach *Krause* lediglich das Grundverständnis des BVerfG zum Ausdruck, die Ausgestaltung erst auf der Ebene des Einsatzes der Arbeitskampfmittel und nicht schon auf der Ebene deren Zulassung vorzunehmen.[665]

Zudem kann es nicht den Arbeitnehmern zum Nachteil gereichen, dass aus strukturellen Gründen zumeist sie es sind, welche die Austauschbedingungen zwischen ihnen und dem Arbeitgeber neu verhandelt wissen möchten und damit die Beziehung stören. Nach dem Autonomiekonzept darf danach nicht ihr Kampfmittelarsenal zugunsten der auf eine Beibehaltung der Arbeitsbeziehungen gerichteten grundrechtlichen Freiheit von vornherein eng gefasst werden.[666] Darüber hinaus wird eingewandt, der Regelungsmechanismus der Zurückbehaltung der eigenen Leistung beim Individualvertrag folge den Gesetzen eines unter den Bedingungen von Konkurrenz und Wettbewerbs gebildeten Markts.[667] Demgegenüber sei das tarifvertragliche Einigungsmodell in Form eines bilateralen Monopols organisiert, da die Arbeitnehmer zu einem Ausweichen auf andere Vertragspartner nicht in der Lage seien.[668] Deshalb verfolge die Gewerkschaft die Preisstrategie der Schadensandrohung und -zufügung durch einen Arbeitskampf. Es gehe nicht nur darum, ein Leistungsverweigerungsrecht „kollektiv" zu realisieren, sondern die Mittel der kollektiven Privatautonomie seien qualitativ andere.[669]

Das Arbeitskampfrecht muss darüber hinaus offen für neue notwendig werdende Entwicklungen bleiben, die – wie im Falle der „Flashmob"-Entscheidung – mit einer bisher existierenden Typik brechen können müssen.[670] Beschränkt man die Kampfmittel von Anfang an auf den Streik und dessen Varianten, beraubt man den Arbeitskampf seiner Funktion, wenn die Gewerkschaft aus strukturellen Gründen und gestörter Parität, d. h. nicht wegen eigener Schwäche, keine ausreichende Druckwirkung auf den Arbeitgeber ausüben kann.

III. Arbeitsvölkerrechtlicher Umgang mit der Kampfmittelfreiheit

Auch die Heranziehung der völkerrechtlichen Vorgaben, die auf verschiedene Art und Weise auf das deutsche Arbeitskampfrecht einwirken, spricht dafür, bei der Interpretation und Ausgestaltung des Art. 9 Abs. 3 GG eine weite Kampfmittelfreiheit anzunehmen.[671] Art. 6 Nr. 4 ESC spricht allgemein von dem „Recht der Arbeitnehmer

---

664 So *Thüsing/Waldhoff*, ZfA 2011, 329, 340 f.
665 *Krause*, in: Entgrenzter Arbeitskampf?, ZAAR Schriftenreihe Band 37, S. 43, 68.
666 *Krause*, in: Entgrenzter Arbeitskampf?, ZAAR Schriftenreihe Band 37, S. 43, 64.
667 *Treber*, in: Schaub, § 192 Rn. 49.
668 *Treber*, S. 354 ff. m. w. N.
669 *Treber*, S. 359 ff., 362, 497; *Rehder/Deinert/Callsen*, S. 88.
670 Ähnlich auch *Bieback/Wroblewski*, in: Däubler, § 17 Rn. 17.
671 Siehe zu den verschiedenen völkerrechtlichen Vorgaben bereits: 1. Teil B. IV. S. 24 ff.

(...) auf kollektive Maßnahmen einschließlich des Streikrechts". Ausdrücklich wird zwar nur das Streikrecht genannt, doch schließen „kollektive Maßnahmen" dieses als Oberbegriff ein.[672] „Kollektive Maßnahmen" sind kein Synonym für den Streik i. S. v. Art. 6 Nr. 4 ESC, sodass daneben noch weitere Arbeitskampfmittel, wie z. B. Boykott oder Betriebsblockaden erlaubt sein müssen.[673]

Ähnliches gilt für Art. 28 GRC. Auch dort werden „kollektive Maßnahmen (...) einschließlich Streiks" als Arbeitnehmerrechte genannt. Auch dort, das gebietet bereits die enge Verzahnung mit Art. 6 Nr. 4 ESC, macht die explizite Nennung des Streiks als bloßes Beispiel von kollektiven Maßnahmen deutlich, dass noch weitere Kampfmittel zu den zulässigen Arbeitnehmerrechten zählen.[674] So wird auch der „Flashmob" zu den von Art. 28 GRC garantierten Arbeitskampfmitteln gezählt.[675]

Keine eindeutigen Schlussfolgerungen sind dagegen aus Art. 11 EMRK zu ziehen. Ursprünglich ging der EGMR in der Rechtssache *Schmidt und Dahlström*[676] davon aus, dass Kollektivmaßnahmen grundsätzlich durch Art. 11 EMRK gewährleistet seien, die Auswahl der zulässigen Kollektivmaßnahmen jedoch Sache der Mitgliedstaaten sei. Der Streik sei zwar eine der wichtigsten Maßnahmen für eine Gewerkschaft, es gebe aber auch andere. Es verweigerte aber, die Verankerung des Streikrechts in Art. 11 EMRK anzuerkennen. Nachdem nun vom EGMR aber ausdrücklich die Bedeutung des Streikrechts hervorgehoben wurde und deutlich gemacht wurde, dass dieses als zentrales Arbeitskampfmittel der Gewerkschaft von Art. 11 EMRK umfasst sei[677], bleibt aber dennoch offen, welche verschiedenen Formen des Arbeitskampfes gewährleistet sind.[678]

Auch der Sachverständigenausschuss sowie der Ausschuss für die Vereinigungsfreiheit, die wichtige Überwachungsorgane der ILO sind, sehen durch das von der Bundesrepublik Deutschland ratifizierte ILO-Übereinkommen Nr. 87 nicht nur den Streik als von der Vereinigungsfreiheit mit umfasst an. Bezüglich der Arbeitskampfformen besteht eine deutlich größere Toleranz als im deutschen Arbeitskampfrecht.[679] So soll nach der Auslegungspraxis der Ausschüsse unter dem Vorbehalt der Friedlichkeit etwa ein Recht zum Bummelstreik, zum Dienst nach Vorschrift,

672 *Dumke*, S. 71 f.

673 *Dumke*, S. 71 f.; *Evju*, AuR 2012, 276, 279; *Gamillscheg*, KollArbR I, S. 956 f.; *Deinert*, in: Rehder/Deinert/Callsen, S. 76; *Schubert*, in: Franzen/Gallner/Oetker, Art. 6 ESC Rn. 41; *Sproedt*, S. 71 f.

674 *Heuschmid*, in: Däubler, § 11 Rn. 38; *Holoubek*, Art. 28 GRC Rn. 19; *Schubert*, in: Franzen/Gallner/Oetker, Art. 28 GRC Rn. 8 u. 35.

675 *Heuschmid*, in: Däubler, § 11 Rn. 39.

676 EGMR v. 6.2.1976 – 5589/72, EuGRZ 76, 68, 471, Rn. 34–36.

677 EGMR v. 12.11.2008 – 34503/97, „Demir und Baykara", AuR 2009, 269 ff.; EGMR v. 21.4.2009 – 68959/01, „Enerji Yapi-Yol Sen", AuR 2009, 274 ff.

678 Dies offen lassend in Bezug auf den EGMR („ Dilek u. a."), EGMR v. 17.7.2007 – 74611/01, 26876/02, 72628/02: *Dorssemont*, in: Dorssemont/Lörcher/Schömann, S. 333, 340; *Schubert*, in: Franzen/Gallner/Oetker, Art. 11 EMRK Rn. 30.

679 Mit dieser Einschätzung auch *Deinert*, in: Rehder/Deinert/Callsen, S. 85.

zur kollektiven Krankmeldung und zu Betriebsbesetzungen bestehen.[680] Dies ist auch insofern von Bedeutung, da die Spruchpraxis der ILO-Kontrollorgane mittelbar Einfluss auf die Auslegung anderer Konventionen hat, wie etwa Art. 11 EMRK oder Art. 28 GRC.[681]

Man kann daher konstatieren, dass die Öffnung der innerstaatlichen Gerichte hin zu einer Zulassung atypischer Arbeitskampfmaßnahmen eine völkerrechtliche Bestätigung in den internationalen Verpflichtungen der Bundesrepublik findet. Auch wenn man die Spruchpraxis zu den jeweiligen Konventionen, mit Ausnahme der Rechtsprechung des EGMR, nicht als streng verbindlich ansehen kann, muss der gesetzesvertretende Richter die Auslegung der jeweiligen Übereinkommen dennoch berücksichtigen, da diese einer autonomen Interpretation bedürfen und eine Nichtberücksichtigung der Spruchpraxis triftiger Gründe bedarf.[682]

IV. Zustimmung zur umfassenden Kampfmittelfreiheit

Wie gerade dargelegt, treten die Rechtsprechung sowie ein nicht geringer Teil der Literatur dafür ein, den Schutzbereich des Art. 9 Abs. 3 GG weit auszulegen und plädieren für eine umfassende Kampfmittelfreiheit. Eine breite Literaturströmung ist jedoch der Auffassung, der Schutzbereich und damit die Anerkennung von bestimmten Arbeitskampfmitteln müsse begrenzt werden, da sie eine Ausuferung des Schutzbereiches befürchtet.

Die Aufgabe der Kernbereichstheorie durch das BVerfG[683] hat verdeutlicht, dass die Handlungsfreiheit der Gewerkschaften nicht lediglich in einem Kernbereich, sondern umfassend durch Art. 9 Abs. 3 GG geschützt sein soll.[684] Das BVerfG hat ausgeführt, dass alle koalitionsspezifischen Verhaltensweisen geschützt seien.[685] Das BAG und das BVerfG sehen Arbeitskampfmaßnahmen als natürliche Freiheiten an und verfolgen ein Autonomiekonzept. Sie legen das Hauptgewicht auf das Verfassungsrecht und überlassen es den Koalitionen mehr oder weniger frei, welcher Arbeitskampfmittel sie sich bedienen wollen.[686] Von daher ist eine weite Interpretation des Schutzbereichs und somit eine umfassende Kampfmittelfreiheit vor allem auch vor dem Hintergrund der völkerrechtlichen Regelungen, die auf eine

680 *Freedom of Association*, Digest of decisions and principles of the Freedom of Association Committee of the Governing Body of the ILO, Genf 2006, Rn. 545, Rn. 546, Rn. 586.

681 *Buchholtz*, S. 377; *Heuschmid*, in: Däubler, § 11 Rn. 27 u. 39; *Schubert*, in: Franzen/Gallner/Oetker, Art. 28 GRC Rn. 8 u. Art. 11 EMRK Rn. 2; dies zwar anerkennend aber kritisch sehend *Jacobs/Schmidt*, EuZA 2016, 82, 86, 91.

682 *Deinert*, in: Rehder/Deinert/Callsen, S. 85 f.

683 BVerfG v. 14.11.1995, NZA 1996, 381.

684 So auch *Bieback/Wrobkewski*, in: Däubler, § 17 Rn. 8.

685 BVerfG v. 14.11.1995, NZA 1996, 381, 382.

686 *Krause*, in: Entgrenzter Arbeitskampf?, ZAAR Schriftenreihe Band 37, S. 43, 57, 63 ff., 83.

weite Kampfmittelfreiheit hindeuten, indiziert und stringent. Eine Begrenzung der Kampfmittelfreiheit würde zu einer Erstarrung und zu einer Gefahr der Wirkungslosigkeit des Arbeitskampfes führen.[687]

Jedoch gibt es auch berechtigte, kritische Stimmen, welche sowohl den zu weiten Schutzbereich als auch die Argumentation der Gerichte, die zu diesem führt, rügen.[688] So ist es zumindest diskussionswürdig, wenn sowohl das BVerfG[689] als auch das BAG[690] ausführen, dass die Beurteilung, ob eine Betätigung koalitionsspezifisch sei, sich grundsätzlich nicht nach der Art des von der Koalition gewählten Mittels, sondern ausschließlich nach dem von ihr damit verfolgten Ziel richte. Auf Grundlage dieses Ansatzes könnte eine Koalition jedes Verhalten zu einem koalitionsspezifischen machen, wenn sie es mit einem koalitionsspezifischen Ziel verknüpfen würde.[691]

Den Bedenken ist grundsätzlich zuzustimmen, da eine am frei wählbaren Ziel orientierte Bewertung der Maßnahme leicht folgenschwer ausufern könnte. Jedoch darf nicht verkannt werden, dass gerade durch die Begrifflichkeit der Zielorientierung der Maßnahmenkatalog schon deutlich eingeschränkt wird. Viel spricht dafür, dass mit dem Begriff des „koalitionsspezifischen Ziels" ähnlich wie bei der Tarifbezogenheit eines Arbeitskampfes[692] und der Bestimmung des Bezugspunktes der Verhältnismäßigkeit[693] eine Maßnahme gemeint ist, welche die Durchsetzung von Tarifforderungen zur Regelung von Arbeits- und Wirtschaftsbedingungen zum Ziel hat. Zudem muss davor gewarnt werden, Schreckensszenarien dahingehend zu bilden, welche zahlreichen, unliebsamen Maßnahmen die Gewerkschaft mit der „Gestaltungsfreiheit" durchführen könnte.[694] Die Historie des Arbeitskampfes in Deutschland hat gezeigt, dass Gewerkschaften auch an langfristig funktionierenden Beziehungen mit ihren Tarifpartnern interessiert sind und allzu radikale Maßnahmen nicht um jeden Preis betreiben (wollen). So ist die Gewaltentgleisung, die anlässlich der neuen BAG Rechtsprechung zum „Flashmob" befürchtet und prognostiziert wurde,[695] bisher auch ausgeblieben. Dies zeigt, dass die Gewerkschaften, trotz rechtlich neu geschaffener Spielräume,

---

687 *Götz*, S. 30.

688 Siehe dazu oben: 1. Teil D. II. 2. S. 90 f.

689 BVerfG v. 14.11.1995, NZA 1996, 381, 382.

690 BAG v. 22.9.2009, NZA 2009, 1347, 1351.

691 So etwa *Jacobs*, ZfA 2011, 71, 77; *Säcker/Mohr*, JZ 2010, 440, 443.

692 Siehe oben: 1. Teil C. II. S. 46 ff.

693 Siehe oben: 1. Teil C. V. 2. a) S. 61 ff.

694 *Krause*, in: Entgrenzter Arbeitskampf?, ZAAR Schriftenreihe Band 37, S. 43, 67, 83 bestätigt ebenfalls, dass zu „Kassandrarufen" kein Anlass bestehe. Dies sei durch die Entwicklung seit der Zulassung von „Flashmob"-Aktionen bestätigt worden.

695 *Gaul/Janz*, NZA-Beil. 2010, 60, 62: „(...) steht zu besorgen, dass wir zukünftig französische Verhältnisse (...) zu erwarten haben."; *Krieger/Günther*, NZA 2010, 20: „Erlaubt ist was gefällt?!"; *Säcker*, NJW 2010, 1115: „Der Arbeitskampf im Wandel zum Partisanenkampf".

verantwortungsbewusst mit den ihnen gegebenen Möglichkeiten umgehen können. Außerdem bedeutet eine weite Ausdehnung des Schutzbereichs nicht automatisch grenzenlose Freiheit. Die konkrete Maßnahme wird weiterhin zusätzlich durch den Verhältnismäßigkeitsgrundsatz, der von den Gerichten zum zentralen Maßstab erkoren wurde, bewertet und eingeschränkt. Einer Konturlosigkeit sowie einer Situation, in der man der Willkür der Gewerkschaften ausgeliefert wäre, wird schon dadurch entschieden vorgebeugt.

Den Kritikern ist jedoch insoweit Recht zu geben, dass allein mit dem Verhältnismäßigkeitsgrundsatz der Beschränkung des Schutzbereichs nicht Genüge getan sein könnte. Man muss beachten, dass mit dem Vorteil, den man der einen Seite durch einen weiten Schutzbereich und somit ein weites Verständnis der Koalitionsfreiheit gewährt, spiegelbildlich ein Nachteil der anderen Seite einhergeht.[696] So wird teilweise auch von den Befürwortern eine Beschränkung des Schutzbereichs gefordert.[697] Ob diese jedoch so weit gehen muss, dass man in bestimmten Gebieten – wie z. B. der Daseinsvorsorge – lediglich Streiks zulässt[698], darf zumindest bezweifelt werden. Dem Schutz der Bevölkerung kann man auch auf andere Art und Weise gerecht werden, z. B. durch eine umfassende und strenge Verhältnismäßigkeitsprüfung, bei der die Allgemeinheit als Faktor einbezogen werden kann.[699]

V. Mögliche Einschränkung der Kampfmittelfreiheit durch Paritätsgrundsatz

Nach hier vertretener Auffassung muss die Grenze des weiten Schutzbereichs und einer weiten Kampfmittelfreiheit stattdessen im Grundsatz der Parität zu sehen sein. So kann Bedenken, der Schutzbereich ufere aus, begegnet werden. Dies wird von Teilen des Schrifttums in unterschiedlicher Ausführung ebenfalls vertreten.[700] Der Paritätsgrundsatz ist bei der Prüfung der Zulässigkeit des „Waffenarsenals" zu beachten.[701] Schon das BVerfG hat an verschiedener Stelle eine mögliche Beschränkung der Kampfmittelfreiheit durch den Paritätsgrundsatz angesprochen, gerade wenn die Gefahr drohe, dass Arbeitskampfmittel zu einem Ungleichgewicht führen würden.[702]

Fraglich ist allein, wie eine solche Beschränkung durch den Paritätsgrundsatz ausgestaltet werden sollte. Nicht erstrebenswert ist es, die Kampfmittelwahlfreiheit und damit implizit die Koalitionsfreiheit unter einen generellen Erlaubnisvorbehalt

696 So auch *Thüsing/Waldhoff*, ZfA 2011, 329, 341.

697 Siehe oben: 1. Teil D. II. 1. S. 88 ff.

698 So *Rudkowski*, S. 63.

699 Siehe oben: 1. Teil C. IV. 3. S. 56 f.

700 *Kissel*, § 60 Rn. 5; *Zöllner*, in: FS Bötticher, S. 427, 433; abweichend, aber nicht ausschließend *Bieback/Wroblewski*, in: Däubler, § 17 Rn. 19.

701 Siehe oben: 1. Teil C. V. 2. e) S. 78 ff.

702 BVerfG v. 4.7.1995, NZA 1995, 754, 756; BVerfG v. 26.6.1991, NZA 1991, 809, 811.

zu stellen, in der Gestalt, dass (atypische) Kampfmittel generell unzulässig sind und nur dann erlaubt sein sollen, wenn sie gemessen an der Verhandlungsparität und für die Funktionsfähigkeit der Tarifautonomie erforderlich und geeignet sind.[703] Das würde dem Paritätsgrundsatz eine zu große Einflussnahme gewähren, obwohl die Entwicklung in der Rechtsprechung gezeigt hat, dass dem Paritätsgrundsatz nicht mehr das Gewicht früherer Zeiten zukommen soll.[704] Auch würde eine solche Begrenzung der verfassungsrechtlich garantierten freien Wahl der Streik- bzw. Arbeitskampfform widersprechen.[705] Umgekehrt könnte die Beschränkung durch den Paritätsgrundsatz jedoch so aussehen, dass man (neuen) Arbeitskampfmitteln die generelle „Erlaubnis" erteilt, diese aber unter einen Verbotsvorbehalt stellt. Dieses Verbot würde dann für den Fall greifen, dass die Arbeitskampfmaßnahme zu einer zu großen Verschiebung der Verhandlungsparität führen würde, etwa weil dem Arbeitgeber keine Gegenmittel zur Verfügung gestellt werden können. Dies könnten eigene Arbeitskampfmittel, aber auch Verteidigungsmöglichkeiten sein.[706] Sollten potentielle Gegenmittel existieren, könnte man diese dem Arbeitgeber zur Verfügung stellen, um die Paritätsgefährdung durch die Arbeitskampfmittel der Arbeitnehmerseite zu verhindern.[707]

Bei einer solchen Lösung darf man allerdings nicht die Nachteile verschweigen, die diese mit sich bringen würde. Die Bewertung der Arbeitskampfparität ist – wie bereits dargelegt wurde[708] – schwierig vorzunehmen und von einigen Unwägbarkeiten abhängig. Demnach würde eine Beschränkung von Arbeitskampfmitteln durch den Grundsatz der Parität neue Unsicherheiten bewirken.[709] Erschwerend hinzu kommt die Tatsache, dass sich die Parität nur über einen längeren Zeitraum bestimmen lässt und es nicht auf den einzelnen Arbeitskampf ankommt, sondern bei einer längerfristigen und typisierenden Betrachtungsweise ein ungefähres Gleichgewicht zwischen den Tarifparteien bestehen muss.[710] Dies birgt eine gewisse Unsicherheit für den einzelnen Arbeitskampf. Gerade bei neuen Arbeitskampfmitteln ist man darauf angewiesen, dass das Gericht diese nicht als paritätsstörend einstuft. Im Extremfall könnte es sogar soweit kommen, dass ein (neueres) Arbeitskampfmittel zu einem Zeitpunkt als zulässig angesehen, aufgrund gewisser paritätsgefährdender Entwicklungen jedoch zu einem späteren Zeitpunkt als unzulässig bewertet wird.

Diese Unwägbarkeiten und dieses Risiko müssen jedoch hingenommen werden. Es ist das typische Risiko, welches sich in einem vom Richterrecht geprägten

---

703 So wohl *Otto*, § 4 Rn. 25 f., § 10 Rn. 2.

704 Ablehnend auch *Bieback/Wroblewski*, in: Däubler, § 17 Rn. 13.

705 So *Bieback/Wroblewski*, in: Däubler, § 17 Rn. 19.

706 Mit letzteren argumentiert hinsichtlich des Paritätsprinzips das BAG in der „Flashmob"-Entscheidung: BAG v. 22.9.2009, NZA 2009, 1347, 1352, Rn. 46.

707 So *Bieback/Wroblewski*, in: Däubler, § 17 Rn. 19.

708 Siehe oben: 1. Teil C. I. 2. S. 40 ff.

709 So auch *Kissel*, § 60 Rn. 10.

710 Siehe bereits oben: 1. Teil C. I. 2. S. 40 ff.; *Buchner*, RdA 1986, 7, 14; *Rüthers*, in: Brox/Rüthers, Arbeitskampfrecht, Rn. 168; *Zöllner*, S. 34.

Rechtsgebiet auswirken kann. Die Wahrscheinlichkeit, dass sich die paritätsbildenden Faktoren ständig besonders stark verändern, ist, wie die Vergangenheit zeigt, gering. Eine als zulässig anerkannte Kampfmaßnahme wird daher, bei dann immer noch bestehenden Gegen- oder Verteidigungsmitteln der Gegenseite, wahrscheinlich auch in folgenden Arbeitskämpfen als zulässig angesehen werden, sodass sich das größte Risiko lediglich auf den erstmaligen Einsatz eines neuen Arbeitskampfmittels beschränkt. Dieses Risiko ist als der Preis der Kreativität in Kauf zu nehmen.

Somit eignet sich der Grundsatz der Parität, trotz angesprochener Unsicherheiten, als Beschränkung der ansonsten weit zu fassenden Kampfmittelfreiheit.

VI. Zusammenfassung

Es ist weitgehend umstritten, ob den Arbeitskampfparteien bei der Wahl ihrer Mittel nur ein bestimmter Fundus an historisch überkommenen Arbeitskampfmitteln zur Verfügung steht oder ob die freie Wahl der Kampfmittel auch die Entwicklung und Erfindung neuer Arbeitskampfmaßnahmen einschließt. Das BAG hat sich in Anlehnung an die Rechtsprechung des BVerfG für eine umfangreiche Kampfmittelfreiheit ausgesprochen, die den Koalitionen eine faktische Erfindungsfreiheit garantiert. Dies wird von Teilen der Literatur aus verschiedenen Gründen kritisiert. Insbesondere wird für eine vertragsrechtliche Deutung des Arbeitskampfes plädiert mit der Folge, dass als Kampfmittel nur die passive Zurückhaltung der eigenen Hauptleistung gegenüber dem Arbeitsvertragspartner zulässig sein soll.

Im Ergebnis ist jedoch eine weite Kampfmittelfreiheit der Koalitionen zu befürworten. Eine Begrenzung der Kampfmittelfreiheit würde zu einer Erstarrung und zu einer Gefahr der Wirkungslosigkeit des Arbeitskampfes führen. Ein dynamisches Arbeitskampfrecht ist daher notwendig. Dafür, dass bei der Interpretation und Ausgestaltung des Art. 9 Abs. 3 GG eine weite Kampfmittelfreiheit angenommen wird, spricht auch die Heranziehung der völkerrechtlichen Vorgaben, die auf verschiedene Art und Weise auf das deutsche Arbeitskampfrecht einwirken. Eine Beschränkung des weiten Schutzbereichs und der weiten Kampfmittelfreiheit ist im Grundsatz der Parität zu sehen, der die Zulässigkeit des „Waffenarsenals“ begrenzt.

2. Teil „Flashmob“ als atypisches Arbeitskampfmittel

Nachdem sich im ersten Teil ausführlich mit den Grundlagen des Arbeitskampfrechts beschäftigt wurde, steht im zweiten Teil der „Flashmob“ als ein neues, atypisches Arbeitskampfmittel im Fokus. Wie bereits zu Beginn der Untersuchung dargestellt wurde, müssen neue Arbeitskampfformen zunächst den schon allgemeingültigen, entwickelten Kriterien genügen. Zudem muss die Rechtsprechung jedoch auch Antworten auf die Frage finden, ob und welche neuen Kriterien für die Rechtmäßigkeit neuer Arbeitskampfformen entwickelt und herangezogen werden müssen. Der folgende Teil soll sich daher mit der Darstellung des Arbeitskampfmittels „Flashmob“ beschäftigen. Es soll aufgezeigt werden wie das BAG bei dessen Rechtmäßigkeitsbewertung vorgegangen ist, wie der „Flashmob“ mit den vorgestellten Grundsätzen des Arbeitskampfrechts in Einklang zu bringen ist und wie das BAG diese bei der Bewertung herangezogen, weiterentwickelt und evt. sogar missachtet hat. Zudem soll sich dieser Teil der Arbeit aber auch kritisch mit der Vorgehensweise des BAG auseinandersetzen. Es soll zu der Kritik am Urteil des BAG Stellung genommen werden und Wege aufgezeigt werden, wie eine differenzierte Rechtmäßigkeitsbewertung aktiv betriebsstörender Arbeitskampfmittel aussehen könnte.

A. Allgemeiner Teil

Im Folgenden wird der „Flashmob“, als bisher bekanntestes der neueren atypischen Arbeitskampfmittel, untersucht werden. Die „Flashmob“-Entscheidung des BAG und die daran geäußerte Kritik werden dabei im Fokus der Untersuchung stehen. Dabei sind Antworten auf folgende Fragen zu ermitteln: War der „Flashmob“ im konkreten Fall rechtmäßig? Kann er als atypisches Arbeitskampfmittel in Zukunft eingesetzt werden? Welche Voraussetzungen müssen bei der Anwendung eines „Flashmobs“ beachtet werden, damit dieser eine rechtmäßige Arbeitskampfmaßnahme darstellt? Vor einer konkreten Auseinandersetzung mit den aufgeworfenen Fragestellungen ist aber zunächst zu klären, was genau unter einem „Flashmob“ zu verstehen ist und wie die Gerichte mit dessen Einsatz als Arbeitskampfmittel umgegangen sind.

I. Begriff des „Flashmobs“

Bevor im Folgenden der „Flashmob“ als Arbeitskampfmaßnahme intensiv rechtlich beleuchtet wird, soll an dieser Stelle zunächst kurz der Begriff des „Flashmobs“ vorgestellt werden.

Der Begriff „Flashmob“ stammt aus dem Englischen. Er setzt sich aus den beiden Worten „flash“, was soviel wie der „Blitz“ bedeutet, und „mob“, was im Deutschen am besten mit der „Menschenmasse“ oder auch dem „Pöbel“ übersetzt werden kann, zusammen. Er wird daher zum Teil als „Blitzauflauf“[711] oder „Blitzpöbel“[712] übersetzt. Teilweise wird jedoch auch darauf abgestellt, dass das Wort „mob“ für „mobile“ stände und die Beweglichkeit der Handlungsform beschreiben solle.[713] Es habe nichts mit einer gefährlichen und unberechenbaren Menschenmasse zu tun.[714]

Er bezeichnet einen kurzen, scheinbar spontanen Menschenauflauf auf öffentlichen oder halböffentlichen Plätzen, bei denen sich die Teilnehmer persönlich nicht kennen und ungewöhnliche Dinge tun. „Flashmobs“ gelten als spezielle Ausprägungsformen der virtuellen Gesellschaft, die neue Medien wie Mobiltelefone und das Internet benutzt, um kollektive direkte Aktionen zu organisieren.[715]„Flashmob“-Aktionen zeichnen sich dadurch aus, dass sie plötzlich und für den Außenstehenden überraschend einsetzen.[716] Sie hatten ursprünglich künstlerischen und unterhaltenden Charakter.[717]

Obwohl die Ursprungsidee unpolitisch war, gibt es mittlerweile auch als „Flashmob“ bezeichnete Aktionen mit politischem oder wirtschaftlichem Hintergrund.[718] Für solche zielgerichtete Aktionen, welche stets einen bestimmten Sinn und Zweck verfolgen, wird oft die Bezeichnung „Smart Mob“ verwendet.[719] Einen solchen „Smart Mob“ stellt etwa auch die „Flashmob“-Aktion im Berliner Einzelhandel dar, welche das BAG beschäftigt hat.

II. „Flashmob“-Entscheidung des BAG vom 22.9.2009

1. Sachverhalt

Im Jahr 2007 führte die tarifzuständige Gewerkschaft ver.di zur Durchsetzung ihrer Forderungen nach einem neuen Tarifvertrag einen Streik. Während dieses Streiks veröffentlichte der rechtlich unselbständige ver.di Landesbezirk Berlin-Brandenburg im Dezember 2007 u. a. auf seiner Homepage im Internet ein virtuelles Flugblatt mit folgendem Wortlaut:

„Wunschliste der EinzelhändlerInnen an Gewerkschaftsmitglieder und alle, die uns unterstützen wollen.

- *Bitte kaufe nicht in Filialen ein, die bestreikt werden! Informationen darüber erhältst Du in unserem Fachbereich, Tel. ...*
- *Meide Sonntagseinkäufe und Einkäufe nach 20.00 Uhr!*

711 *Däubler*, in: Däubler, § 31 Rn. 5.
712 *Rieble*, NZA 2008, 796.
713 *Däubler*, in: Däubler, § 31 Rn. 5.
714 *Däubler*, in: Däubler, § 31 Rn. 5.
715 Wikipedia: http://de.wikipedia.org/wiki/Flashmob, zuletzt abgerufen am: 15.06.2015.
716 *Däubler*, in: Däubler, § 31 Rn. 5.
717 Beispiele bei *Krieger/Günther*, NZA 2010, 20: Man trifft sich auf einem öffentlichen Platz zur Kissenschlacht oder zum gemeinsamen Handstand.
718 *Krieger/Günther*, NZA 2010, 20.
719 *Agbalaka*, S. 12; *Götz*, S. 1; *Callsen*, in: Rehder/Deinert/Callsen, S. 34 m. w. N.

- *Sei freundlich und rücksichtsvoll den Kolleginnen im Verkauf gegenüber, besonders in der Vorweihnachtszeit! Gerade da haben wir im Handel alle Hände voll zu tun.*
- *Hast Du Lust, Dich an Flashmob-Aktionen zu beteiligen? Gib uns Deine Handy-Nummer und dann lass uns zu dem per SMS gesendeten Zeitpunkt zusammen in einer bestreikten Filiale, in der Streikbrecher arbeiten, gezielt einkaufen gehen, z. B. so:*
- *Viele Menschen kaufen zur gleichen Zeit einen Pfennig-Artikel und blockieren damit für längere Zeit den Kassenbereich.*
- *Viele Menschen packen zur gleichen Zeit ihre Einkaufswagen voll (bitte keine Frischware!!!) und lassen sie dann stehen.*
- *Schicke ein Fax an Leiharbeitsfirmen, die ihre Beschäftigten als Streikbrecher im Einzelhandel einsetzen lassen und protestiere dagegen!*

Die Liste mit den Abschriften/Faxnummern dieser Firmen werden wir in Kürze auf unserer Homepage http://...veröffentlichen."

Auch in der Presse und auf einer Demonstration am 7.12.2007 propagierte die Gewerkschaft die „Flashmob"-Aktionen. Am 8.12.2007 führte ver.di im Rewe-Markt im Berliner Ostbahnhof mit ca. 40–50 Personen eine solche „Flashmob"-Aktion durch.

Zunächst betraten drei Personen mit Flugblättern, die einen Streikaufruf beinhalteten, die Filiale. Zwei oder drei der Aktionsteilnehmer trugen eine Jacke mit der Aufschrift „ver.di", zahlreiche andere Sticker der Gewerkschaft. Eine der vier in der Filiale anwesenden Arbeitnehmerinnen, eine Kassiererin, wurde an der Kasse angesprochen und zum Streik aufgefordert. Von den Teilnehmern der Aktion wurden einerseits Pfennigartikel gekauft und andererseits Einkaufswagen mit Waren gefüllt. Das Einscannen der Artikel nahm längere Zeit in Anspruch, sodass sich an den Kassen Warteschlangen bildeten. Es wurden etwa 40 Einkaufswagen größtenteils randvoll gefüllt und dann ohne Begründung oder mit dem Vorwand, das Geld vergessen zu haben, in den Gängen oder im Kassenbereich stehen gelassen. Ob einzelne Teilnehmer der Aktion verderbliche Ware (Fischprodukte, Käse, Wurst oder Salat) in Einkaufswagen luden und dann in der Filiale stehen ließen, ist streitig. In einem Fall fuhr eine Frau mit einem mit Kleinstartikeln übervoll gefüllten Wagen an die Kasse. Dort wurde sie von der Kassiererin gefragt, ob sie in der Lage sei, zu bezahlen und bejahte dies. Nachdem die Artikel im Wert von 371,78 € eingescannt worden waren und sie die Artikel wieder in den Einkaufswagen zurückgelegt hatte, erklärte sie, ihr Geld vergessen zu haben und stellte den Einkaufswagen an der Kasse ab. Die anderen Aktionsteilnehmer klatschten Beifall und gaben durch laute Zurufe ihr Gefallen kund. Die Aktion dauerte zwischen 45 und 60 Minuten.

Streitgegenstand war die Verpflichtung der Gewerkschaft, Aufrufe zu ähnlichen „Flashmob"-Aktionen im Arbeitskampf zu unterlassen. Der klagende Einzelhandelsverband macht einen Anspruch auf Unterlassung von „Flashmobs" gemäß § 1004 Abs. 1 i. V. m. § 823 Abs. 1 BGB, Art. 9 Abs. 3 GG geltend.

2. *Entscheidungen der Instanzgerichte*

a) *Entscheidung des Arbeitsgerichts Berlin vom 12.12.2007*

Mit Beschluss vom 12.12.2007 hatte das ArbG Berlin der Gewerkschaft Aufrufe zu derartigen Aktionen im Verfahren des einstweiligen Rechtsschutzes untersagt.[720] Es begründete seine Entscheidung damit, dass Filialen der Mitgliedsunternehmen des Handelsverbandes Berlin-Brandenburg durch sog. „Flashmob"-Aktionen gezielt daran gehindert werden würden, ihrer Geschäftstätigkeit nachzugehen. „Flashmob"-Aktionen, wie sie insbesondere im genannten Flugblatt des hiesigen Landesbezirkes der Gewerkschaft beschrieben werden würden, hätten den Charakter von Boykottmaßnahmen und seien als solche auch im Arbeitskampf nicht zulässig: Solche Boykottmaßnahmen würden nämlich die erlaubten Grenzen des aus Art. 9 Abs. 3 GG folgenden Rechts, einen Arbeitskampf durchzuführen, überspannen und würden zudem gegen Art. 14 Abs. 1 GG verstoßen.

b) *Entscheidung des Arbeitsgerichts Berlin vom 1.4.2008*

Am 1.4.2008 entschied dieselbe Kammer des ArbG Berlin dann in der Hauptsache.[721] Anders als im Verfahren des einstweiligen Rechtsschutzes, wies es die Klage des Handelsverbandes ab und hielt „Flashmob"-Aktionen für nicht rechtswidrig. Zur Begründung führte das Gericht im Wesentlichen aus, dass atypische Arbeitskampfmaßnahmen ausgehend vom Grundsatz der Kampfmittelfreiheit eigenständig auf ihre Rechtmäßigkeit hin zu prüfen seien. Die „Flashmob-Aktion" sei keine unzulässige Betriebsblockade gewesen. Dies folgert das Gericht zum einen aus der geringen zeitlichen Dauer als auch zum anderen daraus, dass der Zugang zur Filiale nicht blockiert gewesen sei und dass niemand daran gehindert worden wäre, die Filiale zu betreten. Auch habe die Aktion keinen Straftatbestand erfüllt. Ein für einen Hausfriedensbruch (§ 123 StGB) oder eine Sachbeschädigung (§ 303 StGB) notwendiger Strafantrag sei nicht gestellt worden. Auch der Tatbestand der Nötigung i. S. d. § 240 StGB sei nicht erfüllt. Jeder Arbeitskampfmaßnahme wohne zwar ein nötigendes Element inne, doch sei es unverhältnismäßig hierin gleich eine rechtswidrige Nötigung zu sehen. Gleiches gelte für einen (rechtswidrigen) Eingriff in den eingerichteten und ausgeübten Gewerbebetrieb oder eine vorsätzliche sittenwidrige Schädigung i. S. d. §§ 823, 826 BGB.

Schließlich sei die „Flashmob"-Aktion auch nicht deswegen als rechtswidrig einzustufen, weil die in der betroffenen Filiale arbeitenden Arbeitnehmer, die nach Auskunft der Beklagten „Leiharbeitnehmer" gewesen sein könnten, unverhältnismäßig unter der Aktion gelitten haben könnten und von den Teilnehmern der „Flashmob"-Aktion verunglimpft worden sein könnten. Die Maßnahme sei erkennbar nicht gegen die Arbeitnehmer persönlich gerichtet gewesen, sodass daraus eine persönliche Verunglimpfung zu fühlen, „überspannt" sei. Die „Flashmob"-Aktion in der Art und

720 ArbG Berlin v. 12.12.2007, BeckRS 2009, 68140.

721 ArbG Berlin v. 1.4.2008, BeckRS 2009, 68139.

Weise, wie sie von der Gewerkschaft in ihrem Flugblatt aus dem Dezember 2007 beschrieben und am 08.12.2007 in der Rewe-Filiale in Berlin durchgeführt worden sei, genüge demnach den weiten Vorgaben, die sich aus der generellen Freiheit der Kampfmittelwahl im Arbeitskampf ergäben.

Zum Ende des Urteils bezog das Gericht zu „Flashmob"-Aktionen klar Stellung. Diese seien „geschmacklos" und von der kampfführenden Gewerkschaft in den einzelnen Auswüchsen nur schwer kontrollierbar. Die Rechtswidrigkeit der Maßnahme folge daraus nach näherer Prüfung jedoch nicht.

Die schwere Kontrollierbarkeit der Teilnehmer durch die Gewerkschaft und die dadurch regelmäßig bestehende Gefahr von Exzessen und Sachbeschädigungen würde jedoch vermutlich dazu führen, dass das Arbeitskampfmittel der „Flashmob"-Aktionen „keine übergroße Popularität im Kanon der Arbeitskampfmaßnahmen erlangen können" wird.

c) Entscheidung des Landgerichts Berlin-Brandenburg vom 29.9.2008

Am 29.9.2008 erging das Berufungsurteil des LAG Berlin-Brandenburgs.[722] Das Gericht stellte im Einklang mit der Vorinstanz fest, dass dem klagenden Handelsverband kein Anspruch aus § 1004 Abs. 1 i. V. m. § 823 Abs. 1 BGB, Art. 9 Abs. 3 GG gegen die Gewerkschaft zustehe, rechtswidrige Arbeitskampfmaßnahmen, wie vorliegend behauptet die „Flashmob"-Aktion, zu unterlassen. Solche Aufrufe seien, jedenfalls nicht in allen denkbaren Fällen, rechtswidrig. Die beschriebenen Aufrufe zu „Flashmob"-Aktionen würden als einen Arbeitskampf ergänzende Maßnahmen grundsätzlich der in Art. 9 Abs. 3 GG geschützten Betätigungsfreiheit der Gewerkschaft und im engeren Sinne der darin geschützten Freiheit der Wahl der Arbeitskampfmittel unterfallen.

aa) Umfassende Betätigungsfreiheit

Das LAG beruft sich in seiner Argumentation dabei auf das BAG[723] und das BVerfG[724], die für eine umfassende Betätigungsfreiheit plädiert hatten und alle koalitionsspezifischen Verhaltensweisen geschützt wissen wollen. Demnach würden innerhalb eines Arbeitskampfes auch andere Maßnahmen, welche die Koalition zur Durchsetzung des mit dem Arbeitskampf verfolgten Zieles eines Tarifabschlusses ergreifen würde, um den Streik zu ergänzen und zu unterstützen, als koalitionsspezifische Betätigungen der Arbeitskampfmittelfreiheit unterfallen. Um eine solche Maßnahme handele es sich bei der „Flashmob"-Aktion. Diese sei sogar noch das mildere Mittel gegenüber einem Streik, da sie im Gegensatz zur vom Streik verfolgten vollkommenen Arbeitsniederlegung nur auf eine Störung des Betriebes abzielen würde.

---

722 LAG Berlin Brandenburg v. 29.9.2008, AuR 2009, 47.

723 BAG v. 19.6.2007, NZA 2007, 1055.

724 BVerfG v. 14.11.1995, NZA 1996, 381.

bb) Keine Betriebsblockade

Eine Betriebsblockade oder -besetzung schließt das Gericht für den vorliegenden Fall aus. Diese sei nur dann gegeben, wenn die verursachte Unordnung dafür sorgen würde, dass der Einkaufsbetrieb vollständig zum Erliegen käme und kein Kunde mehr die Filiale betreten könne. Eine zeitweise Blockade des Kassenbereichs sei in Supermärkten, etwa in Stoßzeiten, keineswegs ungewöhnlich. Zudem könne die Gewerkschaft eine solche Aktion – entgegen der Vorwürfe des Handelsverbandes – steuern, indem sie z. B. nur einen Teil der Interessenten per SMS über Zeitpunkt und Ort der Aktion informieren und somit ein unangemessenes Ausmaß vermeiden könnte.

cc) Unschädliche Hinzuziehung von Nichtgewerkschaftsmitgliedern

Auch die Tatsache, dass der Aufruf zu der „Flashmob"-Aktion sich auch an Nichtmitglieder der Gewerkschaft (d. h. Außenseiter oder sonstige Außenstehende) richten würde, stehe ihrer Qualifizierung als Arbeitskampfmittel der Gewerkschaft grundsätzlich nicht entgegen. Auch diese Nichtmitglieder würden mit einer etwaigen Beteiligung die Gewerkschaft bei ihrer koalitionsmäßigen Betätigung und dem Ziel der Gestaltung von Arbeitsbedingungen unterstützen. Nur weil Außenstehende bereit seien, der Gewerkschaft beim Erreichen ihrer Streikziele zu helfen, ändere dies nichts am Grundrechtsschutz der Maßnahme. Das Gericht verweist an dieser Stelle auf die ähnliche Sachlage beim Urteil des BAG zum Unterstützungsstreik.[725]

dd) Keine Beeinträchtigung des Paritätsprinzips

Zudem nimmt das LAG zu einer möglichen Beeinträchtigung des Paritätsprinzips Stellung. Diese will es jedoch zumindest nicht für jede mögliche Kampfsituation feststellen. Es betont die nicht mehr herausragende Bedeutung des Paritätsprinzips und stellt fest, dass der Handelsverband und seine Mitgliedsunternehmen zumindest über Gegenmittel verfügen würden. Dem Verband stünde es frei, seine Mitglieder darüber in Kenntnis zu setzen, dass ähnliche Aktionen in Zukunft auf sie zukommen könnten und er könnte beratend tätig werden. Auch das Überraschungsmoment solcher Aktionen sei hinzunehmen, da die Aktion ansonsten nicht ihre beabsichtige Wirkung entfalten könne. Der Betriebsinhaber könne darüber insbesondere im Falle von Aktionsexzessen von seinem Hausrecht Gebrauch machen.

In der in Frage stehenden Arbeitskampfsituation sei zudem das Gleichgewicht der vorhandenen Kräfte zu Lasten der Gewerkschaft gestört gewesen. Die Mitgliedsunternehmen des Verbandes seien offenbar in der Lage gewesen, der Wirkung des Streiks durch den verstärkten Einsatz von Leiharbeitnehmern zum großen Teil auszuweichen und der Streik sei dadurch in der Öffentlichkeit kaum mehr wahrgenommen worden. Durch den Aufruf zur „Flashmob"-Aktion habe die Gewerkschaft daher auch versucht, eine größere öffentliche Aufmerksamkeit für ihren Arbeitskampf zu erreichen. Die Grenze des Kampfgleichgewichts sei daher jedenfalls nicht erkennbar

---

725 BAG v. 19.6.2007, NZA 2007, 1055.

überschritten worden. Solche Arbeitskampfsituationen würden sich auch in der Zukunft zwischen den Parteien ergeben können. Dies ist als ein Hinweis zu deuten, dass man „Flashmob"-Aktionen nicht generell aus Gründen der Parität verbieten kann, da Konstellationen auftreten können, die einen Einsatz nötig werden lassen.

ee) Keine Beeinträchtigung des Verhältnismäßigkeitsgrundsatzes

Ebenfalls zum Grundsatz der Verhältnismäßigkeit äußert sich das Gericht. Dieser sei durch künftige Aufrufe der Gewerkschaft zu „Flashmob"-Aktionen in bestreikten Filialen des Handelsverbandes nicht in allen denkbaren Fällen verletzt. Das LAG macht deutlich, dass der Grundsatz der Verhältnismäßigkeit der zentrale Maßstab für die rechtliche Beurteilung von Arbeitskampfmaßnahmen sei und es einer Abwägung kollidierender Rechtspositionen bedürfe. Auffallend ist, dass es sich bei dem Aufstellen des Prüfungsmaßstabs des Verhältnismäßigkeitsgrundsatzes an der „Unterstützungsstreik"-Entscheidung[726] des BAG orientiert. Als Bezugspunkt der Prüfung wählt es die Erreichung eines rechtmäßigen Kampfziels. Später präzisiert es dahingehend, dass mit diesen Aktionen zusätzlicher Druck ausgeübt werden könne und der Tarifgegner somit zum Nachgeben bei den Tarifverhandlungen veranlasst werden könne. Zudem gewährt es der den Arbeitskampf führenden Koalition einen Beurteilungsspielraum, ob die Maßnahme zur Erreichung des Kampfziels geeignet und erforderlich sei. Im Rahmen der Angemessenheit möchte es eine Abwägung mit den durch die Kampfmaßnahme unmittelbar oder mittelbar betroffenen Rechtspositionen durchführen.

Die Geeignetheit und Erforderlichkeit der Maßnahme stellt das Gericht in aller Kürze fest. Der Aufruf zu „Flashmob"-Aktionen unterliege jedenfalls der Einschätzungsprärogative der Gewerkschaft. Diese habe derartige Aktionen für erforderlich halten dürfen. Interessant ist jedoch die Tatsache, dass sich das Gericht lediglich bei der Prüfung der Erforderlichkeit auf den Beurteilungsspielraum der Gewerkschaft beruft. Bei der Prüfung der Geeignetheit stellt es lediglich fest, die Durchsetzung des Kampfziels könne durch solche Aktionen gefördert werden.

Darüber hinaus würden „Flashmob"-Aktionen auch nicht regelmäßig unter der Berücksichtigung der verfassungsrechtlich geschützten Rechtspositionen des betroffenen Arbeitgebers oder sonstiger Dritter als unangemessen angesehen werden können. Weder das Hausrecht sei verletzt noch läge zweifelsfrei ein Eingriff in den eingerichteten und ausgeübten Gewerbebetrieb des betroffenen Unternehmens vor. Es handele sich um ein erlaubtes Kundenverhalten, welches erst durch die geplante und massenweise Ausübung an die Grenze eines rechtswidrigen Verhaltens gelange. Dieses sei aber durch die Kampfmittelfreiheit aus Art. 9 Abs. 3 GG geschützt, welche sich gegenüber dem Rahmenrecht am eingerichteten und ausgeübten Gewerbebetrieb bei Durchführung eines im Übrigen rechtmäßigen Arbeitskampfes regelmäßig durchsetze.

---

726 BAG v. 19.6.2007, NZA 2007, 1055.

Auch eine strafrechtlich relevante Nötigung sowie eine Eigentumsverletzung des Unternehmens sollen nicht in Betracht kommen. Ebenfalls läge keine Verletzung der negativen Koalitionsfreiheit der in der Filiale tätigen Arbeitnehmer vor, da diese nicht an der Ausübung ihrer Tätigkeit gehindert worden seien und ihre Entscheidungsfreiheit, sich am Arbeitskampf zu beteiligen, nicht berührt worden sei. Auch das Persönlichkeitsrecht der Arbeitnehmer sei durch „Flashmob-Aktionen" regelmäßig nicht betroffen, da deutlich erkennbar sei, dass sich die Aktionen nicht gegen diese persönlich, sondern den Arbeitgeber richten würden.

ff) Keine generelle Gefahr von Arbeitskampfexzessen

Abschließend verneint das Gericht auch eine dadurch entstehende generell erhöhte Gefahr von Arbeitskampfexzessen, dass nicht nur Mitglieder der Gewerkschaft, sondern auch andere zur Unterstützung bereite Personen an „Flashmob"-Aktionen teilnehmen könnten. Gegenüber Nichtmitgliedern der Gewerkschaft bestünden zwar keine Sanktionsmöglichkeiten, sodass diese nicht in gleicher Weise zur Disziplin angehalten werden könnten wie Mitglieder. Der Gefahr von Exzessen könne jedoch durch eine mögliche Begrenzung der Aktionsteilnehmer durch klare Anweisungen zum Ablauf und durch eine deutliche Abgrenzung von etwaigen exzessbereiten, von ihr nicht erwünschten Aktionsteilnehmern ausreichend entgegengewirkt werden. Daher sei das Exzessrisiko von der Gewerkschaft beherrschbar. Nichts anderes gelte für die konkrete „Flashmob"-Aktion vom 8.12.2007, da diese durch den Aufruf per SMS und durch entsprechende Anweisungen steuerbar gewesen sei.

Auch könne ein genereller Unterlassungsantrag nicht dadurch begründet werden, dass am 8.12.2007 möglicherweise rechtswidrige Handlungen seitens der Aktionsteilnehmer erfolgt seien, indem diese verderbliche Lebensmittel in die Einkaufswagen gelegt hätten ohne von der Gewerkschaft daran gehindert worden zu sein. Es sei nicht ersichtlich, dass dies von der Gewerkschaft gewollt gewesen wäre; im Gegenteil habe sie in ihrem Aufruf ausdrücklich darauf hingewiesen, dies zu unterlassen. Zudem könne sie in Zukunft derartige Aktionen umsichtiger vorbereiten und damit Exzessrisiken weitestgehend entgegenwirken. Da rechtmäßige Aktionen also im Bereich des Möglichen lägen, sei ein Globalantrag unbegründet.

3. BAG-Urteil zum „Flashmob"

Das BAG bestätigte in seinem Urteil vom 22.9.2009[727] die beiden Vorinstanzen und kam zu dem Ergebnis, dass gewerkschaftlich getragene streikbegleitende „Flashmob"-Aktionen im Rahmen von Arbeitskämpfen im Einzelhandel nicht generell rechtswidrig seien. Die Kernpunkte dieser Entscheidung sollen hier, zwecks anschließender ausführlicher und kritischer Auseinandersetzung, zunächst dargestellt werden.

727 BAG v. 22.9.2009, NZA 2009, 1347.

a) Eingriff in das Recht am eingerichteten und ausgeübten Gewerbebetrieb

Während das LAG Berlin-Brandenburg es noch als zweifelhaft angesehen hat, dass „Flashmob"-Aktionen das Recht am eingerichteten und ausgeübten Gewerbebetrieb des von der Maßgabe betroffenen Unternehmens verletzen, ist der Tatbestand eines Eingriffs durch diese Aktionen nach Ansicht des BAG typischerweise erfüllt. Dieser Eingriff könne aber aus Gründen des Arbeitskampfes gerechtfertigt sein.[728]

Interessant ist die Differenzierung, welche das BAG hierbei vornimmt: Während Verletzungen der in § 823 Abs. 1 BGB ausdrücklich genannten Rechte wie Leben, Körper, Gesundheit, Freiheit und Eigentum regelmäßig unangemessen sein sollen, gelte dies nicht in gleicher Weise für die Rahmenrechte, z. B. das Recht am eingerichteten und ausgeübten Gewerbebetrieb. Ob ein arbeitskampfbedingter Eingriff in diese Rechte angemessen sei, hänge wesentlich davon ab, ob das Kampfmittel den durch das Richterrecht entwickelten Grundsätzen genüge.[729] Es ist also rechtfertigungsfähig. Das BAG differenziert demnach eindeutig in der Wertigkeit zwischen den absolut geschützten Rechtsgütern des § 823 Abs. 1 BGB und den „sonstigen Rechten" des § 823 Abs. 1 BGB. Eingriffe in andere, absolut geschützte Rechtsgüter werden vom BAG nicht erwogen, wobei dies hinsichtlich des Eigentums indiziert gewesen wäre.

b) Schutzbereichserwägungen des BAG

aa) Definition der koalitionsspezifischen Betätigung

Auch zur Frage des Schutzbereiches von Art. 9 Abs. 3 GG nimmt das BAG Stellung.[730] Geschützt sei die Koalition selbst in ihrem Bestand, ihrer organisatorischen Ausgestaltung und ihren Betätigungen, sofern diese der Förderung der Arbeits- und Wirtschaftsbedingungen dienen würden. Der Schutz erstrecke sich auf alle koalitionsspezifischen Verhaltensweisen und umfasse insbesondere die Tarifautonomie, die im Zentrum der den Koalitionen eingeräumten Möglichkeiten zur Verfolgung ihrer Ziele stehe. Der Schutzbereich des Art. 9 Abs. 3 GG sei nicht von vornherein auf den Bereich des Unerlässlichen beschränkt. Er erstrecke sich vielmehr auf alle Verhaltensweisen, die koalitionsspezifisch seien. Für die Frage, ob eine Betätigung koalitionsspezifisch ist, ist nach der Auffassung des BAG nur relevant, ob die Koalition ein koalitionsspezifisches Ziel verfolgt. Es komme grundsätzlich nicht auf die Art des von der Koalition gewählten Mittels an. Eine Verengung des Schutzbereichs aufgrund der Art des Mittels würde der Bedeutung des Grundrechts nicht gerecht werden. Zudem ließe sich so die verfassungsrechtlich geschützte koalitionsspezifische Betätigung nicht zuverlässig und sachgerecht von deren sonstiger, nicht von Art. 9 Abs. 3 GG erfasster, Betätigung abgrenzen. Daher soll eine solche Betätigung

---

728 BAG v. 22.9.2009, NZA 2009, 1347, 1349, Rn. 19.

729 BAG v. 22.9.2009, NZA 2009, 1347, 1348.

730 BAG v. 22.9.2009, NZA 2009, 1347, 1351, Rn. 33 und 34.

anzunehmen sein, wenn das eingesetzte Mittel der Durchsetzung eines koalitionsspezifischen Ziels, wie insbesondere der Erzwingung eines Tarifvertrags, diene.

bb) Freie Kampfmittelwahl

In diesem Zusammenhang spricht sich das BAG zudem für eine umfassende Kampfmittelfreiheit aus. Einer Einordnung als koalitionsspezifische Betätigung stehe nicht entgegen, dass „Flashmob"-Aktionen bislang kein typisches, in der Geschichte des Arbeitskampfes schon seit längerem bekanntes und anerkanntes, sondern ein neues Arbeitskampfmittel seien. Dem Schutz des Art. 9 Abs. 3 GG unterfalle nicht nur ein historisch gewachsener, abschließender *numerus clausus* von Arbeitskampfmitteln. Vielmehr gehöre es zur verfassungsrechtlich geschützten Freiheit der Koalitionen, ihre Kampfmittel an die sich wandelnden Umstände anzupassen, um dem Gegner gewachsen zu bleiben und ausgewogene Tarifabschlüsse erzielen zu können.

cc) Begriff der Friedlichkeit

Bei der Fokussierung auf das mit der Arbeitskampfmaßnahme verfolgte Ziel macht das BAG insoweit eine Ausnahme, als dass es als einzig erkennbare Voraussetzung, die es an die Art des gewählten Mittels stellt, auf dessen „Friedlichkeit" abstellt.[731] Eine genauere Definition dieses Merkmals unterbleibt allerdings ebenso wie eine genauere Prüfung der „Friedlichkeit" bei „Flashmob"-Aktionen.

dd) Einbeziehung Dritter

Wie bereits im Sachverhalt dargestellt, richteten sich die Aufrufe der Gewerkschaft nicht nur an Arbeitnehmer und Mitglieder der Gewerkschaft, sondern an einen unbestimmten Personenkreis („an alle, die uns unterstützen wollen"). Der klagende Handelsverband hatte die Auffassung vertreten, der Schutzbereich des Art. 9 Abs. 3 GG sei versperrt, weil nicht von vornherein ausgeschlossen werden könne, dass sich an der von der Gewerkschaft getragenen Aktion auch Dritte beteiligen würden. Dass sich Dritte auch an „Flashmob"-Aktionen beteiligen können, hält das BAG allerdings nicht für problematisch.[732] Für die Einordnung als Arbeitskampfmaßnahme zur Durchsetzung tariflich regelbarer Forderungen komme es nicht auf die individuelle Motivation der einzelnen Teilnehmer, sondern auf das von der Gewerkschaft verfolgte Ziel an. Aus der Wortwahl des BAG, es könne nicht ausgeschlossen werden, dass sich an den Aktionen *auch* Dritte beteiligen würden, lässt sich allerdings folgern, dass die Arbeitskampfmaßnahme nicht komplett oder überwiegend von außen stehenden Dritten getragen werden darf.[733] Weiterer Ausführungen und genauerer Anforderungen enthält sich das BAG allerdings.

---

731 BAG v. 22.9.2009, NZA 2009, 1347, 1351, Rn. 34.

732 BAG v. 22.9.2009, NZA 2009, 1347, 1351, Rn. 35.

733 *Rosenau*, S. 238 folgert sogar, dass zumindest Arbeitnehmer des bestreikten Betriebs an der Aktion beteiligt sein müssen.

c) Verhältnismäßigkeit der Kampfmaßnahme

In seinem Urteil bestätigt das BAG die Aussage, dass der zentrale Maßstab für die Beurteilung der unterschiedlichen Erscheinungsformen des Arbeitskampfes der Grundsatz der Verhältnismäßigkeit sei.[734] Seine Prüfung baut es anhand des bekannten Dreischritts „Geeignetheit", „Erforderlichkeit" und „Proportionalität" auf. Ehe es in die konkrete Prüfung einsteigt, macht es jedoch bemerkenswerte Aussagen zu umstrittenen Fragen.

aa) Bezugspunkt der Prüfung

Zum einen stellt es heraus, dass – wie sich bereits in der Entwicklung der Rechtsprechung abgezeichnet hatte[735] – der Bezugspunkt der Verhältnismäßigkeitsprüfung die Erreichung eines rechtmäßigen Kampfziels sei.[736] Der Begriff des Kampfziels wird im weiteren Verlauf nicht näher definiert, jedoch werden die Begriffe „Druck ausüben"[737] oder „Durchsetzung der tariflichen Forderungen"[738] als Ziel des Arbeitskampfes und damit Bezugspunkt der Verhältnismäßigkeitsprüfung synonym verwendet.

bb) Einschätzungsprärogative der Gewerkschaft

Zum anderen greift das BAG die sog. Einschätzungsprärogative der Gewerkschaften auf. Diese hatte es bereits in früheren Urteilen angenommen[739] und ist daher nun verfestigte Rechtsprechung.

Den einen Arbeitskampf führenden Koalitionen komme bei der Frage, ob eine Arbeitskampfmaßnahme geeignet sei, Druck auf den sozialen Gegenspieler auszuüben, eine Einschätzungsprärogative zu. Sie hätten einen Beurteilungsspielraum.[740] Auch bei der Frage der Erforderlichkeit umfasse deren Betätigungsfreiheit grundsätzlich die Einschätzung, ob sie zur Erreichung des verfolgten Ziels das gewählte Mittel für erforderlich oder andere Mittel für ausreichend erachten würden. Anderes gelte für die Frage der Angemessenheit. Insoweit stehe der Arbeitskampfpartei keine Einschätzungsprärogative zu, da es hierbei nicht um eine tatsächliche Einschätzung, sondern um eine rechtliche Abwägung gehe.[741] Eine Grenze bilde allerdings der Rechtsmissbrauch. Ein solcher liege vor, wenn das ergriffene Kampfmittel offensichtlich ungeeignet sei oder es des Kampfmittels zur Erreichung des Ziels offensichtlich nicht bedürfe.[742]

---

734 BAG v. 22.9.2009, NZA 2009, 1347, 1352, Rn. 41; zuvor schon etwa in BAG v. 19.6.2007, NZA 2007, 1055, 1058.
735 Siehe oben bereits: 1. Teil C. V. 2 a) aa) S. 61 ff.
736 BAG v. 22.9.2009, NZA 2009, 1347, 1352, Rn. 41.
737 BAG v. 22.9.2009, NZA 2009, 1347, 1352, Rn. 42.
738 BAG v. 22.9.2009, NZA 2009, 1347, 1350, 1353, Rn. 32 und Rn. 50.
739 BAG v. 19.6.2007, NZA 2007, 1055; BAG v. 18.2.2003, NZA 2003, 866.
740 BAG v. 22.9.2009, NZA 2009, 1347, 1352, Rn. 42.
741 BAG v. 22.9.2009, NZA 2009, 1347, 1352, Rn. 44.
742 BAG v. 22.9.2009, NZA 2009, 1347, 1352, Rn. 43.

cc) Konkrete Verhältnismäßigkeitsprüfung

Das BAG kommt abschließend zu dem Ergebnis, dass gewerkschaftlich getragene, streikbegleitende „Flashmob"-Aktionen, wie sie im vorliegenden Fall auftreten, nicht generell rechtswidrig seien. Sie würden insbesondere nicht in allen ernsthaft in Betracht kommenden Fallgestaltungen unverhältnismäßig sein.[743] Mit dieser Aussage enthält sich das BAG geschickt einer generellen Aussage zu „Flashmob"-Aktionen, sondern orientiert sich stattdessen am Klageantrag des Handelsverbandes. Es möchte nicht bestätigen, dass solche Aktionen generell rechtmäßig sind, hält dies aber unter bestimmten Voraussetzungen für möglich. Welche Maßstäbe es bei der Verhältnismäßigkeitsprüfung, dem zentralen Bewertungsmaßstab der Rechtmäßigkeit, im konkreten Fall anlegt, soll im Folgenden kurz aufgezeigt werden.

(1) Geeignetheit

Ein Kampfmittel sei geeignet, wenn durch seinen Einsatz die Durchsetzung des Kampfziels gefördert werden könne. Dabei komme der arbeitskampfführenden Koalition eine Einschätzungsprärogative zu. Das BAG kommt zu dem Ergebnis, dass streikbegleitende „Flashmob"-Aktionen nicht (stets) offensichtlich ungeeignet seien, um verfolgte tarifliche Ziele durchzusetzen.[744] Dabei umfasst diese Aussage also auch mögliche künftige Arbeitskämpfe.

(2) Erforderlichkeit

Erforderlich sei ein Kampfmittel, wenn mildere Mittel zur Erreichung des angestrebten Ziels nach der Beurteilung der den Arbeitskampf führenden Koalition nicht zur Verfügung stünden. Auch hier kommt das BAG zu dem Ergebnis, dass die Annahme nicht gerechtfertigt sei, dass „Flashmob"-Aktionen in künftigen Tarifauseinandersetzungen offensichtlich nicht erforderlich seien, um zur Durchsetzung der tariflichen Ziele, Druck auf den Verband und dessen Mitgliedsunternehmen auszuüben. Der Gewerkschaft stehe ein Beurteilungsspielraum zu, ob durch den bisherigen Verlauf des Arbeitskampfes ausreichender wirtschaftlicher Druck auf die Gegenseite aufgebaut werden konnte.[745]

(3) Proportionalität

Gerade im Zuge der Gewährung einer Einschätzungsprärogative, bleibt die Prüfung der Verhältnismäßigkeit im engeren Sinn das zentrale Element der Rechtmäßigkeitsprüfung. Proportional sei ein Arbeitskampfmittel, das sich unter hinreichender Würdigung der grundrechtlich gewährleisteten Betätigungsfreiheit, zur Erreichung

---

743 BAG v. 22.9.2009, NZA 2009, 1347, 1353, Rn. 48.
744 BAG v. 22.9.2009, NZA 2009, 1347, 1353, Rn. 49.
745 BAG v. 22.9.2009, NZA 2009, 1347, 1353, Rn. 50.

des angestrebten Kampfziels unter Berücksichtigung der Rechtspositionen der von der Kampfmaßnahme unmittelbar oder mittelbar Betroffenen, als angemessen darstelle.[746]

Das BAG möchte demnach an dieser Stelle eine Abwägung der widerstreitenden Interessen durchführen, auch um bei der Beurteilung von Arbeitskampfmaßnahmen flexibel bleiben zu können. Unverhältnismäßig sei ein Arbeitskampfmittel erst, wenn es sich als unangemessene Beeinträchtigung gegenläufiger, ebenfalls verfassungsrechtlich geschützter Rechtspositionen darstelle. Im Gegensatz zur Entscheidung zur Zulässigkeit des Unterstützungsarbeitskampfes[747], in der an dieser Stelle eine relativ umfangreiche Prüfung und Abwägung vorgenommen wurde, fehlt bei der „Flashmob"-Entscheidung bedauerlicherweise eine tatsächliche Abwägung unterschiedlicher Positionen. Stattdessen wird vordergründig auf andere Elemente abgestellt.

(a) Besonderheit aufgrund Atypik

Zunächst unterstreicht das BAG die Atypik von „Flashmob"-Aktionen. Derartige Aktionen würden sich von dem herkömmlichen Arbeitskampfmittel des Streiks beträchtlich unterscheiden.[748] Beiden Arbeitskampfmitteln sei zwar gemeinsam, dass sie auf die Behinderung der betrieblichen Tätigkeit abzielen würden und hierdurch dem Arbeitgeber wirtschaftlichen Schaden zufügen sollten. Jedoch handele es sich beim Streik um eine *„passive"* und nach Zeit und Ort koordinierte, kollektive Verweigerung der vertraglich geschuldeten Arbeitsleistung, bei „Flashmob"-Aktionen hingegen um eine *„aktive"* Störung betrieblicher Abläufe. Zudem könne ein Streik seinem Charakter nach nur von Arbeitnehmern geführt werden, wohingegen die Beteiligung an „Flashmob"-Aktionen auch anderen Personen möglich sei. Ein Unterschied liege aber vor allem darin, dass „Flashmob"-Aktionen nicht mit einem erheblichen wirtschaftlichen eigenen Nachteil für die Aktionsteilnehmer verbunden seien. Im Gegensatz dazu führe der Streik zu einem Verlust des Vergütungsanspruchs und damit zu einer Selbstschädigung. Abschließend seien gewerkschaftlich getragene und organisierte Streiks regelmäßig zuverlässig beherrschbar und stünden nicht in Gefahr durch ein weniger beeinflussbares Verhalten Dritter außer Kontrolle zu geraten.

Nach Auffassung des BAG führen diese Unterschiede jedoch nicht dazu, dass „Flashmob"-Aktionen als Arbeitskampfmittel stets unverhältnismäßig seien. Allerdings fordert das Gericht, dass die Arbeitgeberseite der gewerkschaftlichen Arbeitskampfmaßnahme nicht wehrlos ausgeliefert sein dürfe. Die Art des Kampfmittels und die dafür verantwortliche Gewerkschaft müssten für den betroffenen Arbeitgeber erkennbar sein und ihm müssten darüber hinaus wirksame Verteidigungsmöglichkeiten zur Verfügung stehen. Zumindest bezüglich der „Erkennbarkeit" macht es allerdings nicht den Anschein, als sei dies ein exklusiv für atypische Arbeitskampfmaßnahmen entwickeltes und anzuwendendes Prüfungsmerkmal.

---

746 BAG v. 22.9.2009, NZA 2009, 1347, 1352, Rn. 44.
747 BAG v. 19.6.2007, NZA 2007, 1055.
748 BAG v. 22.9.2009, NZA 2009, 1347, 1353, Rn. 52.

Dafür sprechen neben der Formulierung („*insbesondere* bei anderen als klassischen Arbeitskampfmitteln")[749] auch die Verweise auf frühere Urteile. Jedoch soll bei atypischen Arbeitskampfmitteln diesen Merkmalen, im Rahmen der Angemessenheit, anscheinend eine besondere Bedeutung zukommen.

(b) Erkennbarkeit der Arbeitskampfmaßnahme

Um dem Gegner eigene Reaktionen zu ermöglichen, bedürfe es in der Regel der Erkennbarkeit einer Kampfmaßnahme als solcher.[750] Der Angegriffene müsse wissen, von welcher Maßnahme er betroffen sei, um sich in seinem eigenen Verhalten darauf einstellen zu können. An die sich daraus ergebene Pflicht zur Verkündung arbeitskampfbezogener Handlungen seien allerdings keine formalen Anforderungen im Sinne ausdrücklicher Erklärungen an die Gegenseite zu stellen. Es genüge, wenn der Gegenspieler aus den ihm bekannten Umständen erkennen könne, welcher von der Gegenseite getragenen Arbeitskampfmaßnahme er ausgesetzt sei. Es müsse in jedem Fall erkennbar sein, dass es sich nicht um „wilde", sondern um eine von der Gegenseite organisierte und gesteuerte Kampfmaßnahme handele. Um sich verteidigen zu können, müsse der Angegriffene erkennen können, wer die Verantwortung für den Angriff trage.

Für die vorliegenden streikbegleitenden, von der Gewerkschaft getragenen, „Flashmob"-Aktionen könnten die betroffenen Arbeitgeber auf Grund der ihnen bekannte Umstände – wie Flugblätter oder öffentliche Kundgebungen – die Art des Kampfmittels und die dafür verantwortliche Gewerkschaft erkennen, sodass die Arbeitgeberseite der gewerkschaftlichen Arbeitskampfmaßnahme nicht wehrlos ausgeliefert sei. Daher seien zumindest aus diesem Grund „Flashmob"-Aktionen als Arbeitskampfmittel nicht stets unverhältnismäßig.

(c) Verteidigungsmöglichkeiten der Arbeitgeberseite

Das BAG führt aus, dass insbesondere bei nicht „klassischen" Arbeitskampfmitteln für die Beurteilung der Angemessenheit von Bedeutung sein könne, ob das Kampfmittel mit eigenen Opfern des Angreifers verbunden sei und ob dem Gegner effektive Verteidigungsmöglichkeiten zur Verfügung stünden.[751]

Es ist der Auffassung, dass bei erkennbar von der Gewerkschaft getragenen und organisierten „Flashmob"-Aktionen die Arbeitgeberseite diesen aber nicht wehrlos ausgeliefert sei, da ihr wirksame Verteidigungsmöglichkeiten zur Verfügung stünden.[752] Diese seien im Hausrecht des betroffenen Arbeitgebers und in der Möglichkeit einer Betriebsschließung zu sehen.

---

749 BAG v. 22.9.2009, NZA 2009, 1347, 1352, Rn. 46.
750 BAG v. 22.9.2009, NZA 2009, 1347, 1352 f., Rn. 47.
751 BAG v. 22.9.2009, NZA 2009, 1347, 1352, Rn. 46.
752 BAG v. 22.9.2009, NZA 2009, 1347, 1353, Rn. 55.

Das auf dem Grundstückseigentum oder -besitz (§§ 858 ff., 903, 1004 BGB) beruhende Hausrecht ermögliche seinem Inhaber, grundsätzlich frei darüber zu entscheiden, wem er den Zutritt zu der Örtlichkeit gestatte und wem er ihn verwehre. Gegenüber solchen Kunden, die hierzu durch Störungen des Betriebsablaufes Anlass gäben, könne er von seinem Hausrecht Gebrauch machen. Der Inhaber eines Betriebs müsse die Inanspruchnahme seines Besitztums zum Zwecke der Herbeiführung von Betriebsablaufstörungen auch im Arbeitskampf nicht dulden. Dabei sei dieses Verteidigungsmittel zur Gegenwehr auch aus tatsächlichen Gründen nicht typischerweise ungeeignet. Die sofortige Identifikation aller Teilnehmer einer derartigen Aktion könne zwar Schwierigkeiten bereiten, jedoch bestehe regelmäßig die Möglichkeit, die Aktionsteilnehmer entweder anhand äußerer Anzeichen (Bekleidung, Anstecknadeln etc.) oder spätestens, wenn sie sich durch Handlungen oder Äußerungen als Teilnehmer zu erkennen gäben, zu identifizieren. Durch Ausübung des Hausrechts könne der Betriebsinhaber länger dauernde, nachhaltige Störungen regelmäßig vermeiden.

Ferner bestehe die Möglichkeit, der Arbeitskampfmaßnahme durch eine vorübergehende Betriebsschließung zu begegnen. Der betroffene Arbeitgeber habe die Möglichkeit, sich dem ausgerufenen, aber tatsächlich nicht vollständig befolgten oder von ihm bislang durch den Einsatz von Leiharbeitnehmern unterlaufenen Streik zeitweilig zu beugen und den Betrieb vorübergehend mit suspendierender Wirkung für die nicht streikenden Arbeitnehmer zu schließen. So könne der Arbeitgeber unmittelbar und flexibel auf die gewerkschaftliche Arbeitskampfmaßnahme reagieren. Allerdings räumt das BAG ein, dass eine solche vorübergehende Betriebsschließung genau zu dem Ergebnis führe, das die Gewerkschaft mit dem tatsächlich nicht uneingeschränkt befolgten Streikaufruf zu erreichen versuche. Dies ändere jedoch nichts daran, dass der betroffene Arbeitgeber durch die Betriebsschließung die „Flashmob“-Aktion als solche wirksam beenden könne und Zeit bekäme, die Folgen der Betriebsstörung zu beseitigen.

(d) Keine Betriebsblockade und keine Verwirklichung eines Straftatbestandes

Zudem bestätigte das BAG die Auffassung des LAG, dass es sich bei „Flashmob“-Aktionen der vorliegenden Art nicht um Betriebsblockaden handele.[753] Die Filialen würden nicht gegenüber Kunden oder Lieferanten abgesperrt. Die Aktionen seien nicht auf eine nachhaltige Absperrung des gesamten Betriebs, sondern auf eine kurzfristige Störung betrieblicher Abläufe gerichtet.

Des Weiteren führt es aus, dass mit „Flashmob“-Aktionen nicht typischerweise die Verwirklichung eines Straftatbestands verbunden sei.[754] Ein Hausfriedensbruch gemäß § 123 Abs. 1 StGB sei nicht bereits dann erfüllt, wenn jemand ein der Öffentlichkeit zugängliches Einzelhandelsgeschäft ohne die Absicht betrete, dort tatsächlich einzukaufen. Es bedürfe grundsätzlich einer erfolglosen Aufforderung

753 BAG v. 22.9.2009, NZA 2009, 1347, 1354, Rn. 62
754 BAG v. 22.9.2009, NZA 2009, 1347, 1355, Rn. 64.

des Hausrechtsinhabers, sich zu entfernen. Zudem sei eine rechtmäßige Arbeitskampfmaßnahme keine Nötigung i. S. d. § 240 Abs. 1 StGB. Auch § 303 Abs. 1 StGB werde durch derartige Aktionen nicht typischerweise verwirklicht. Die bloße Möglichkeit, dass sich Aktionsteilnehmer nicht an die Aufforderungen halten würden, keine verderbliche Frischware aus den Regalen zu entnehmen, führe allein nicht zur generellen Rechtswidrigkeit des Arbeitskampfmittels. Auch eine besondere Verwerflichkeit des Verhaltens i. S. d. § 826 BGB läge nicht vor. Das Gericht schließt es demnach nicht aus, dass Straftatbestände verwirklicht sein können, hält dies bei „Flashmob"-Aktionen aber nicht für generell gegeben und verneint somit einen darauf fußenden generellen Unterlassungsanspruch.

d) Parität

Die Bedeutung des Paritätsgrundsatzes lässt auch im vorliegenden Urteil des BAG deutlich nach. Es wird wiederum betont, dass zentraler Maßstab für die Beurteilung von Arbeitskampfmaßnahmen der Verhältnismäßigkeitsgrundsatz sei. Der Grundsatz der Verhandlungsparität bleibt allerdings nicht unerwähnt. Im Rahmen der Schutzbereichsdiskussion des Art. 9 Abs. 3 GG führt das BAG aus, dass die Gerichte bei der Ausgestaltung des Arbeitskampfrechts vor allem darauf zu achten hätten, dass ein vorhandenes Kräftegleichgewicht zwischen den Tarifvertragsparteien nicht gestört oder ein Ungleichgewicht nicht verstärkt würde.[755] Auch wenig später wird die Notwendigkeit eines ungefähren Kräftegleichgewichts zur Funktionsfähigkeit der Tarifautonomie betont. Es wird auf die Schwierigkeiten verwiesen, das Kräftegleichgewicht anhand konkreter Maßstäbe zu bestimmen.[756] Das Paritätsprinzip sei wegen seiner Abstraktionshöhe als Maßstab zur Bewertung einzelner Kampfsituationen regelmäßig nicht ausreichend. Es bezeichne aber zumindest eine Grenze, die bei der gerichtlichen Ausgestaltung nicht überschritten werden dürfe.[757]

Die Aussagen des Gerichts stimmen insofern mit den Leitlinien vergangener Urteile überein. Das Paritätsprinzip spielt keine überragende Bedeutung mehr, ist aber dennoch stets zu beachten. Angesichts des Vorliegens eines atypischen und neuen Arbeitskampfmittels verwundert es, dass das BAG das Paritätsprinzip nicht eingehender untersucht, um festzustellen, ob „Flashmob"-Aktionen aus Waffengleichheits- bzw. Paritätserwägungen zuzulassen sind. Schließlich hatte es in der Vergangenheit schon deutlich offensiver formuliert, dass das Paritätsprinzip die Bestimmung des Arsenals zulässiger Kampfmittel betreffe.[758] Zumindest in diese Richtung gehend, spricht es das Paritätsprinzip anschließend auch noch einmal an: Ein Arbeitskampfmittel, das frei von eigenen Risiken eingesetzt werden könne

---

755 BAG v. 22.9.2009, NZA 2009, 1347, 1351, Rn. 37.

756 BAG v. 22.9.2009, NZA 2009, 1347, 1352, Rn. 40: „(...) hängt von einer kaum überschaubaren Fülle von Faktoren ab".

757 BAG v. 22.9.2009, NZA 2009, 1347, 1352, Rn. 40; wie auch schon bereits in BAG v. 19.6.2007, NZA 2007, 1055, 1058, Rn. 21.

758 BAG v. 10.6.1980, NJW 1980, 1642.

und zugleich dem Gegner keine Verteidigungsmöglichkeiten ließe, gefährde typischerweise die Verhandlungsparität.[759] Hier schwingen Voraussetzungen mit, bei Vorliegen derer nach Ansicht des BAG die Parität nicht gefährdet und das Arbeitskampfmittel somit zulässig sei. Der Prüfungsstandort im Rahmen der Proportionalitätsprüfung ist jedoch irritierend. Im Rahmen der Proportionalität sollte die Abwägung widerstreitender Interessen und nicht die Gefährdung der Verhandlungsparität im Mittelpunkt stehen.

4. *Einordnung in bisherige Rechtsprechung*

Das Urteil des BAG lässt sich damit als konsequente Fortführung seiner neueren Rechtsprechung sehen.

Es wird vom BAG weiterhin und in Übereinstimmung mit dem BVerfG betont, dass Art. 9 Abs. 3 einen weiten Schutzbereich gewährleiste. Jede koalitionsspezifische Verhaltensweise sei umfasst. In diesem Zusammenhang betont es auch einmal mehr die Kampfmittelfreiheit. Da es sich vorliegend um eine neue Kampfmaßnahme handelte und somit sogar von einer Kampfmittelerfindungsfreiheit Gebrauch gemacht wurde, ist die Eindeutigkeit der Aussage des BAG umso bemerkenswerter. Die Tendenz des Gerichts, zunächst eine möglichst große Zahl von Verhaltensweisen zu schützen, die sich u. a. bereits im Sympathiestreik-Urteil gezeigt hatte, wird vorliegend fortgesetzt. Insbesondere äußert sich dies darin, die Teilnahme nicht gewerkschaftszugehöriger Dritter zu der Arbeitskampfmaßnahme zuzulassen. Zwar wurde schon beim Sympathiestreik-Urteil eine mittelbare Tarifbezogenheit zugelassen, jedoch geht die direkte unmittelbare Zulassung von Dritten, die noch nicht einmal einen mittelbaren Bezug haben, darüber einen ganzen Schritt hinaus.

Bemerkenswert sind auch die Aussagen zum Verhältnismäßigkeits- bzw. zum Paritätsprinzip. Ersteres bleibt für das BAG weiterhin „zentraler Bewertungsmaßstab“. Bezugspunkt der Prüfung und Zweck der Arbeitskampfmaßnahme bleibt nach Meinung des BAG weiterhin in fortgesetzter Rechtsprechung[760] die Durchsetzung von Tarifforderungen. Vor allem wird der Gewerkschaft weiterhin eine Einschätzungsprärogative zugestanden. Dies führt dazu, dass der eindeutige Schwerpunkt der Prüfung, hier und damit wahrscheinlich auch in Zukunft, in der Proportionalitätsprüfung der Maßnahme zu sehen ist. Im Gegensatz zum Sympathiestreik-Urteil unterlässt das BAG aber vorliegend eine ausführliche Abwägung, obwohl dies eigentlich unter gerade erwähnter Prämisse erforderlich gewesen wäre. Dafür stellt es aber in erfreulicher Klarheit Merkmale heraus, die bei atypischen Arbeitskampfformen in der Proportionalitätsprüfung eine gewichtige Rolle spielen können. Dabei werden Merkmale wie z. B. die „Erkennbarkeit“ der Maßnahme weiterentwickelt[761] oder wie das Bestehen von Verteidigungsmöglichkeiten zum ersten Mal in den Mittelpunkt gerückt.

759 BAG v. 22.9.2009, NZA 2009, 1347, 1352, Rn. 46.
760 Siehe dazu ausführlich: 1. Teil C. V. 2. a) aa) S. 61 ff.
761 Siehe dazu schon: BAG v. 31.10.1995, NZA 1996, 389, 390.

Auch der Paritätsgrundsatz wird kurz erwähnt. Anhand der Aussagen des BAG wird deutlich, dass die Wichtigkeit dieses Kriteriums bei der Urteilsfindung der Gerichte weiterhin stetig abnimmt. Aus der Aussage des BAG, dass die Arbeitskampfparität gefährdet sei, sollte ein Arbeitskampfmittel gewählt werden, welches dem Gegner keine Verteidigungsmöglichkeiten lasse, kann man jedoch schließen, dass es die Parität weiterhin als „Zulässigkeitskriterium" ansieht, auch wenn der Standort in der Verhältnismäßigkeitsprüfung auf den ersten Blick irritieren mag.[762] Anlässlich der Beurteilung eines neuen Arbeitskampfmittels wäre es jedoch wünschenswert gewesen, das BAG hätte – wie es dies schon in der Vergangenheit getan hat[763] – deutlich offensiver formuliert, dass die generelle Zulässigkeit des Arbeitskampfmittels „Flashmob" am Maßstab der Verhandlungsparität zu messen sei.

B. Bewertung der „Flashmob"-Entscheidung

Die Entscheidung des BAG zu der „Flashmob"-Aktion der Gewerkschaft hat für Kritik in der Literatur gesorgt.[764] Vor allem grundrechtsdogmatisch hat sie einige Fragen aufgeworfen. Dies ist nicht verwunderlich, da Entscheidungen zum Arbeitskampfrecht stets von dem Zusammenspiel zwischen Verfassungsrecht und Arbeitsrecht geprägt sind. Aufgrund der Untätigkeit des Gesetzgebers und der daraus resultierenden Verantwortung der Arbeitsgerichte, die Leitlinien des Arbeitskampfrechts durch die Fortentwicklung eines „Richterrechtes" festzulegen, sorgen die nicht gerade häufig zum Arbeitskampfrecht ergehenden höchstrichterlichen Entscheidungen zwangsläufig für großes Aufsehen. Im Folgenden soll die Kritik am neuen Arbeitskampfverständnis des BAG diskutiert und bewertet werden.

I. Schutzbereichserwägungen

Arbeitskampfmaßnahmen sind durch Art. 9 Abs. 3 GG legitimiert.[765] Voraussetzung dafür, dass „Flashmob"-Aktionen diesem grundrechtlichen Schutz unterliegen, ist, dass diese überhaupt vom Schutzbereich des Art. 9 Abs. 3 GG erfasst werden. Dabei werden im Rahmen des Schutzbereichs zwei Aspekte als problematisch angesehen: Zum einen stellt sich die Frage, ob gewerkschaftsfremde außenstehende Dritte, die noch nicht einmal Arbeitnehmer des Betriebes waren und sich dennoch an der in Rede stehenden Aktion beteiligten vom personalen Schutzbereich des Art. 9 Abs. 3 GG umfasst sind. Zum anderen stellt sich die Frage, inwiefern

762 Vgl. dazu schon oben: 1. Teil C. V. 2. e) S. 78 ff.

763 Vgl. dazu nur: BAG v. 10.6.1980, NJW 1980, 1642, 1647; BAG v. 15.3.1985, NZA 1985, 537, 538: „Der Grundsatz der Parität bezieht sich auf das Arsenal zulässiger Kampfmittel."

764 Vgl. nur *Jacobs*, ZfA 2011, 71 ff.; *Jacobs*, Bucerius Law Journal 2010, 1 f.; *Kluth*, in: Verfassungsfragen des Arbeitskampfes, S. 102 ff.; *Krieger/Günther*, NZA 2010, 20; *Otto*, RdA 2010, 135; *Thüsing/Waldhoff*, ZfA 2011, 329.

765 Vgl. oben: 1. Teil B. I. S. 17 ff.

„Flashmob"-Aktionen vom sachlichen Schutzbereich des Art. 9 Abs. 3 GG erfasst werden. Die Aussagen des BAG in der „Flashmob"-Entscheidung zum sachlichen Schutzbereich werden kritisch hinterfragt: Sind „Flashmob"-Aktionen wirklich vom sachlichen Schutzbereich erfasst? Lässt eine Öffnung hin zu allen koalitionsspezifischen Betätigungen den Schutzbereich konturenlos werden? Welche Rolle spielt die „Friedlichkeit" einer Aktion? Finden regelmäßig Straftaten im Rahmen von „Flashmob"-Aktionen statt und wie wirken sich diese auf die Rechtmäßigkeit aus? Mit diesen Fragen soll sich im Folgenden intensiver auseinandergesetzt werden.

1. Sachlicher Schutzbereich

Fraglich ist zunächst, ob „Flashmob"-Aktionen in den sachlichen Schutzbereich des Art. 9 Abs. 3 GG fallen. Dazu muss zunächst geklärt werden, welche Verhaltensweisen vom Schutzbereich der Koalitionsfreiheit gedeckt sind (a)), und ob die neuere Rechtsprechung des BAG den Schutzbereich zu konturenlos werden lässt und Begrenzungen notwendig sind (b)). Ferner soll im Rahmen dessen untersucht werden, ob „Flashmob"-Aktionen möglicherweise „unfriedlich" sind (ee)), indem mit ihnen typischerweise Eigentumsverletzungen ((1)) oder Straftaten ((2)) einhergehen.

a) Schutzbereich der Koalitionsfreiheit

Bereits im Rahmen der Kampfmittelfreiheit wurde der Schutzbereich der Koalitionsfreiheit diskutiert.[766] Dort wurde bereits für eine umfassende Kampfmittelfreiheit plädiert, die einen weiten Schutzbereich zugleich voraussetzt als auch zur Folge hat. Der Inhalt der Koalitionsfreiheit hat sich aufgrund des knappen Wortlauts des Art. 9 Abs. 3 GG überwiegend durch historische und teleologische Auslegung entwickelt.[767] Zur Bestimmung des Inhalts der Koalitionsfreiheit ist insbesondere die durch das BVerfG vorgenommene Auslegung des Art. 9 Abs. 3 GG heranzuziehen, da diesem die verfassungsrechtliche letztverbindliche Konkretisierungskompetenz zukommt.[768] In ständiger Rechtsprechung gehen das BVerfG und BAG davon aus, dass der Schutzbereich des Art. 9 Abs. 3 GG die spezifisch koalitionsgemäße Betätigung der Koalition umfasst.[769] Dass Art. 9 Abs. 3 GG lediglich den Kernbereich der Koalitionsbetätigung schützt, der für die Sicherung und Erhaltung der Existenz der Koalition unerlässlich ist,[770] wird in der Form nicht mehr vertreten. Dies wurde vom BVerfG klargestellt, wobei es nach eigenem Bekunden nie den Eindruck erwecken wollte, als sei die koalitionsmäßige Betätigung von vornherein nur in einem

---

766 Siehe oben: 1. Teil D. S. 85 ff.

767 *Rosenau*, S. 246.

768 *Schmidt*, in ErfK, GG Einl. Rn. 71.

769 BVerfG v. 26.3.2014, NZA 2014, 493; BVerfG v. 28.4.1976, NJW 1976, 1627, 1628; BVerfG v. 6.5.1964, NJW 1964, 1267; BAG v. 22.9.2009, NZA 2009, 1347, 1349.

770 So das BVerfG v. 18.12.1974, NJW 1975, 1265; BVerfG v. 17.2.1981, NJW 1981, 1829; BAG v. 30.8.1983, AP Nr. 38 zu Art. 9 GG.

inhaltlich eng begrenzten Umfang gerechtfertigt.[771] Dieses „Missverständnis" klärte es auf und erklärte, dass der Grundrechtsschutz sich vielmehr auf alle Verhaltensweisen, die koalitionsspezifisch sind, erstrecke.[772]

Im „Flashmob"-Urteil machte das BAG darüber hinaus deutlich, dass einziger Maßstab, der über eine (sachliche) Schutzbereichseröffnung entscheiden soll, das Vorliegen einer „koalitionsspezifischen Betätigung" ist.[773] Die Beurteilung, ob eine Betätigung koalitionsspezifisch sei, richte sich dabei grundsätzlich nicht nach der Art des von der Koalition gewählten Mittels, sondern nach dem von ihr damit verfolgten Ziel.[774] Dies wurde vom BVerfG bestätigt.[775]

b) Erforderlichkeit einer Konturierung des Schutzbereichs?

Es gibt einige Stimmen in der Literatur, die aufgrund dieser Rechtsprechung eine Entgrenzung und Konturlosigkeit des Schutzbereichs befürchten.[776] Die Koalitionsfreiheit nähere sich einer Art Handlungsfreiheit der Koalition an, die nur durch die in Art. 9 Abs. 3 GG genannten Zwecke begrenzt werde.[777] Es entstünde so eine verfassungsrechtlich privilegierte Sonderform der Handlungsfreiheit ohne Schrankenvorbehalt, solange nur ein Koalitionszweck verfolgt werde.[778]

Zu diskutieren ist allerdings, ob das Schutzbereichsverständnis des BAG, das sich neuerdings nur noch am verfolgten Ziel der Betätigung orientiert, zu weitgehend ist und Art. 9 Abs. 3 GG sich somit einer allgemeinen Handlungsfreiheit für Koalitionen annähert. Risiken eines weiten Schutzbereichs wurden bereits im Rahmen der Kampfmittelfreiheit[779] angesprochen und eine Eingrenzung gefordert. Dort wurde auch herausgearbeitet, dass schon eine Orientierung am verfolgten Ziel die Maßnahme und damit den Schutzbereich eingrenzt. Auch wurde dort für eine Begrenzung neuer Kampfmittel durch den Grundsatz der Verhandlungsparität plädiert. Wie bereits beschrieben wurde, ist der Schutz der Koalitionsbetätigung zumindest nicht ausdrücklich durch die Verfassung garantiert. Zudem führen Koalitionsbetätigungen meist zu erheblichen Eingriffen in die privatrechtliche Rechts- und Wirtschaftsordnung und verursachen große Schäden.[780] Die Koalitionsbetätigungsfreiheit extensiv auszulegen und ihr umfassenden Schutz zu garantieren, ist daher auch unter dem Aspekt des grundrechtlichen vorbehaltlosen Schutzes des Art. 9

---

771 BVerfG v. 14.11.1995, NZA 1996, 381, 382.
772 BVerfG v. 14.11.1995, NZA 1996, 381, 382.
773 BAG v. 22.9.2009, NZA 2009, 1347, 1351.
774 BAG v. 22.9.2009, NZA 2009, 1347, 1351.
775 BVerfG v. 26.3.2014, NZA 2014, 493, 494.
776 Vgl. nur *Jacobs*, ZfA 2011, 71, 77 ff.; *Kemper*, in: v. Mangoldt/Klein/Starck, Art. 9 Abs. 3 GG, Rn. 111 ff.; *Picker*, ZfA 2010, 499, 537; *Rosenau*, S. 63.
777 *Rosenau*, S. 63 f.
778 *Rosenau*, S. 64.
779 Oben: 1. Teil D. S. 85 ff.
780 *Gamillscheg*, KollArbR I, S. 928 ff.

Abs. 3 GG fernliegend.[781] Fraglich ist jedoch, welche (weiteren) Grenzen dem vom BAG weit gefassten Schutzbereich des Art. 9 Abs. 3 GG gezogen werden können.

aa) Eingrenzung durch verfolgten Zweck

Das BAG möchte die Beurteilung, ob eine Handlung „koalitionsspezifisch" ist, nur noch am mit der Handlung verfolgten Ziel festmachen. Art. 9 Abs. 3 GG schützt Vereinigungen, die der Wahrung und Förderung der Arbeits- und Wirtschaftsbedingungen dienen. Dabei sind Arbeits- und Wirtschaftsbedingungen als funktionale Einheit zu verstehen. Gemeint ist die Gesamtheit der Bedingungen, unter denen abhängige Arbeit geleistet und eine sinnvolle Ordnung des Arbeitslebens ermöglicht wird.[782] Dies sind demnach die koalitionsspezifischen Zwecke bzw. Ziele. Jedoch wird diese Formulierung als inhaltlich sehr weit und daher nicht präzise kritisiert.[783] Es wird behauptet, eine Begrenzung der Betätigungsmöglichkeiten der Koalition könne dem Wortlaut nicht entnommen werden. Somit scheitere eine Eingrenzung des Tatbestandes von Art. 9 Abs. 3 GG anhand des Koalitionszweckes.[784] Es ist zwar grundsätzlich zuzustimmen, dass eine Eingrenzung anhand der Zwecksetzung immer noch sehr grobkörnig ist, nichtsdestotrotz ist es eine erste Eingrenzung. Vieles spricht dafür, dass mit dem Begriff des „koalitionsspezifischen Ziels" ähnlich wie bei der Tarifbezogenheit eines Arbeitskampfes[785] und der Bestimmung des Bezugspunktes der Verhältnismäßigkeit[786] eine Maßnahme gemeint ist, welche die Durchsetzung von Tarifforderungen zur Regelung von Arbeits- und Wirtschaftsbedingungen zum Ziel hat. Handlungen der Koalition ohne echten Tarifbezug, wie reine Protest- oder Demonstrationsaktionen, können daher ebenso aus dem Schutzbereich herausgenommen werden wie solche, die allgemein wirtschaftspolitischer oder wirtschaftsrechtlicher Art sind.[787] Abhängig ist dies freilich von der Entwicklung der Rechtsprechung bezüglich des Merkmals der Tarifbezogenheit.[788]

bb) Eingrenzung durch Gemeinwohlbelange

Man könnte auch über eine Einschränkung des Schutzbereichs durch Erfordernisse des Gemeinwohls nachdenken. Wie schon weiter oben diskutiert,[789] ist es umstritten, in wie weit Gründe des Gemeinwohls zur Beschränkung des Arbeitskampfrechts im Allgemeinen und zur Beschränkung des Schutzbereichs der Koalitionsfreiheit

781 So auch *Rosenau*, S. 249.
782 *Linsenmaier*, in: ErfK, Art. 9 GG Rn. 23; *Gamillscheg*, KollArbR I, S. 219 ff.
783 *Löwer*, in Münch/Kunig, Art. 9 GG Rn. 87 f.
784 *Rosenau*, S. 70.
785 Siehe oben: 1. Teil C. II. S. 46 ff.
786 Siehe oben: 1. Teil C. V. 2. a) S. 61 ff.
787 Zu letzteren *Löwer*, in Münch/Kunig, Art. 9 GG Rn. 88.
788 Vgl. zur Entwicklung und kritischen Würdigung hinsichtlich der Tarifbezogenheit: 1. Teil C. II. 2. S. 46 ff.
789 Siehe: 1. Teil C. IV. S. 51 ff.

im Speziellen herangezogen werden können.[790] Nach hier vertretener Ansicht ist es zwar richtig, Belange der Allgemeinheit als beschränkenden Faktor einzubeziehen, dies sollte jedoch im Rahmen der Verhältnismäßigkeitsprüfung geschehen und nicht schon als Begrenzung des Schutzbereichs. Ob und in welchem Ausmaß Gemeinwohlbelange durch eine Koalitionsbetätigung tangiert sind, ist ebenso wie die mögliche Rechtfertigung dieses Eingriffs eine Frage der Verhältnismäßigkeit. Ein Ausschluss bereits auf der Schutzbereichsebene würde diesem komplexen Zusammenspiel aller Faktoren nicht gerecht werden.

cc) Eingrenzung durch Paritätsgrundsatz

Wie bereits im Rahmen der Kampfmittelfreiheit vorgeschlagen,[791] ist der Paritätsgrundsatz ein geeignetes Mittel, um Koalitionsbetätigungen zu begrenzen. (Neuartige) Arbeitskampfmittel der Arbeitnehmer, welche die strukturelle Unterlegenheit der Arbeitnehmer[792] zu stark kompensieren und darüber hinaus gehend sogar zu einem Ungleichgewicht zu Lasten der Arbeitgeberseite führen, sollen aufgrund des Paritätsgrundsatzes nicht zulässig sein. Dieser dient demnach als Begrenzung des „Waffenarsenals". Mit diesen Überlegungen einhergehend kommt ihm daher eine den Schutzbereich der Koalitionsfreiheit eingrenzende Wirkung zu.[793]

dd) Eingrenzung durch „Art" des Kampfmittels

Wie das BAG ausgeführt hat, soll für die Frage, ob eine Betätigung „koalitionsspezifisch" ist, lediglich das Ziel der Betätigung relevant sein. Die Beurteilung richte sich grundsätzlich nicht nach der Art des von der Koalition gewählten Mittels, da dies der Bedeutung des Grundrechts der Koalitionsfreiheit nicht gerecht werde. Zudem lässt sich nach Meinung des BAG bei einer Berücksichtigung der Art des gewählten Mittels eine sachgerechte Abgrenzung zwischen den von Art. 9 Abs. 3 GG geschützten und den sonstigen Betätigungen einer Koalition nicht bewerkstelligen.[794]

---

790 Für eine Einschränkung durch Erfordernisse des Gemeinwohls: *Scholz,* in: Maunz/Dürig, Art. 9 Abs. 3 GG Rn. 274 ff.; *Lehmann,* in: FS Buchner, S. 529, 535 f., 553; *Thüsing,* in: FS 50 Jahre BAG, S. 899 ff.; *Rosenau,* S. 73 ff., der die Gemeinwohlbindung der Koalitionen aufgrund ihrer staatsentlastenden Funktion als gegeben ansieht; dagegen: *Linsenmaier,* in: ErfK, Art. 9 GG Rn. 80 f.; *Kemper,* S. 100 ff.; *Picker,* in: FS 50 Jahre BAG, S. 795, 819 f.; *Ricken,* in: MüArbR, § 200 Rn. 58 ff.

791 Siehe dazu: 1. Teil D. V. S. 98 ff.

792 Vgl. dazu *Hensche,* in Däubler/Hjort/Schubert/Wolmerath, Art. 9 GG Rn. 20 f.; *Rosenau,* S. 60, 98.

793 *Kemper,* in: v. Mangoldt/Klein/Starck, Art. 9 Abs. 3 GG Rn. 113; dagegen *Engels,* S. 241, der den Paritätsgrundsatz auf der Ebene der Ausgestaltung ansiedelt.

794 BAG v. 22.9.2009, NZA 2009, 1347, 1351, Rn. 34.

(1) Vergleich zu anderen Grundrechten

Jedoch gibt es Gründe, die dafür sprechen, nicht nur auf das mit der Betätigung verfolgte Ziel abzustellen. Man stünde nämlich ansonsten dem Problem gegenüber, dass die Koalition durch eine entsprechende Zielformulierung den Schutzbereich quasi selber eröffnen könnte.[795]

Einer solchen Selbsteröffnung des Schutzbereichs steht die Rechtsprechung allerdings kritisch gegenüber. So hat das BVerfG bzgl. der Religionsfreiheit (Art. 4 GG) entschieden, dass allein das Selbstverständnis einer Gemeinschaft nicht zur Eröffnung des grundrechtlichen Schutzbereichs führen könne.[796] Es würden nicht alle glaubensgeleiteten Verhaltensweisen vom Schutz umfasst sein sollen, sondern nur solche, die auf einer zwingenden Verhaltensregel beruhen würden.[797] Die Behauptung, ein Verhalten sei glaubensgeleitet, müsse plausibel sein, um vom Grundrechtsschutz umfasst zu sein.[798] Schutzbereichsbeschränkungen sind der Grundrechtsdogmatik demnach nicht fremd. Auch im Rahmen der nach Art. 5 Abs. 1 GG geschützten Meinungsfreiheit ist anerkannt, dass nicht schützenswerte bewusst unwahre Tatsachenbehauptungen nicht unter den Schutzbereich des Grundrechts fallen.[799]

Im sog. „Sprayer-Fall" machte das BVerfG deutlich, dass von der Kunstfreiheit von vornherein nicht die eigenmächtige Inanspruchnahme oder Beeinträchtigung fremden Eigentums zum Zwecke der künstlerischen Entfaltung umfasst sei.[800] Auch hier wird deutlich, dass schon auf der Ebene des Schutzbereichs Grenzen gezogen werden können und einzelne „Arten" der Grundrechtsausübung von vornherein nicht geschützt werden. Entsprechend sind auch im Hinblick auf die Koalitionsfreiheit bestimmte Verhaltensweisen denkbar, die von vornherein nicht schutzwürdig sind, selbst wenn sie der Verfolgung eines tariflichen Ziels dienen.[801]

Auch das Argument des BAG, es würde der Koalitionsfreiheit nicht gerecht werden, eine Betätigung aufgrund ihrer Art vom Schutzbereich des Art. 9 Abs. 3 GG auszunehmen, kann kritisch hinterfragt werden. So haben die gerade angestellten Vergleiche zu anderen Grundrechten gezeigt, dass nicht immer sämtliche Handlungen, die im Zusammenhang mit einem Grundrecht stehen, auch von diesem geschützt werden (sollten).[802] Dies ist dann der Fall, wenn bestimmte Verhaltensweisen

795 *Jacobs*, ZfA 2011, 71, 82; *Rosenau*, S. 248.

796 BVerfG v. 5.2.1991, NJW 1991, 2623.

797 BVerfG v. 25.1.2007, NJW 2007, 1865, 1867; BVerwG v. 23.11.2000, NJW 2001, 1225, 1227.

798 BVerfG v. 24.9.2003, NJW 2003, 3111, 3112.

799 BVerfG v. 9.10.1991, NJW 1992, 1439; BVerfG v. 11.1.1994, NJW 1994, 1781, 1782; *Jarass*, in: Jarass/Pieroth, Art. 5 GG Rn. 7.

800 BVerfG v. 19.3.1984, NJW 1984, 1293.

801 *Willemsen/Mehrens*, Anm. zu BAG v. 22.09.2009, AP Nr. 174 zu Art. 9 GG Arbeitskampf; so auch bereits *Wank*, Anm. zu BAG v. 19. 6. 2007, AP Nr. 173 zu Art. 9 GG Arbeitskampf.

802 So auch *Rosenau*, S. 247.

als nicht schutzwürdig angesehen werden.[803] Würden sämtliche im Zusammenhang mit einem Grundrecht getätigten Handlungen geschützt werden, würden der grundrechtliche Schutzbereich und der für ein Grundrecht einschlägige Lebensbereich zu sehr vereinheitlicht.[804] Eine Abgrenzung zwischen beiden Bereichen ließe sich neben dem mit der Maßnahme verfolgten Zweck durch eine stärkere Gewichtung der Art des von der Koalition gewählten Betätigungsmittels erreichen. So könne festgestellt werden, ob tatsächlich ein innerer Zusammenhang zwischen der Handlung und dem Grundrecht gegeben ist.[805]

(2) Funktion des Arbeitskampfes als Schutzbereichsgrenze

Daher wird zum Teil angeregt, dies durch eine funktionale Auslegung des Grundrechtstatbestandes zu erreichen.[806] Auch das BVerfG legt ein funktionales Schutzbereichsverständnis an den Tag. Es sieht nur solche Arbeitskampfmittel als geschützt an, die allgemein erforderlich sind, um eine funktionierende Tarifautonomie sicherzustellen.[807] Als letzte zur Wahl von Kampfmitteln ergangene Entscheidung, sei diese Einschränkung auch heute noch zu berücksichtigen.[808] Für den Schutz einer Arbeitskampfmaßnahme sei daher ihre eigene Funktion entscheidend.[809] Es sei dementsprechend nicht jedes Handeln, welches das Ziel der Verbesserung von Arbeits- und Wirtschaftsbedingungen verfolge, geschützt, sondern nur solche Betätigungen, welche die dem Arbeitskampf zugedachte Funktion erfüllten könnten.[810] Auf diese Weise werde auch eine sachgerechte Abgrenzung zwischen den von der Koalitionsfreiheit geschützten Betätigungen und denjenigen Betätigungen erreicht, die nicht von Art. 9 Abs. 3 GG geschützt seien.[811]

Ausgangspunkt für die Frage nach der genauen Funktion des Arbeitskampfes ist die Überlegung, dass das Zentrum der Koalitionsfreiheit die Tarifautonomie ist; also das Recht der Tarifparteien, Tarifverträge frei von staatlichen Einflüssen abzuschließen.[812] Des Weiteren besteht eine strukturelle Unterlegenheit der Arbeitnehmerseite.[813] Ein Grund dafür ist ein konstanter Überhang an Arbeitskräften was zu einer stärkeren Marktmacht auf Seiten der nachfragenden Arbeitgeberseite

---

803 *Willemsen/Mehrens*, Anm. zu BAG v. 22.09.2009, AP Nr. 174 zu Art. 9 GG Arbeitskampf.

804 Zur Unterscheidung zwischen Lebens- und Schutzbereich vgl. *Merten*, in: Handbuch der Grundrechte III, § 56 Rn. 35 ff.

805 *Rosenau*, S. 248.

806 So *Jacobs*, ZfA 2011, 71, 82; *Rosenau*, S. 247; dagegen *Cornils*, S. 414 ff.

807 BVerfG v. 26.6.1991, NZA 1991, 809.

808 *Otto*, in: Neues Arbeitskampfrecht?, S. 15, 27.

809 *Rosenau*, S. 250.

810 *Rosenau*, S. 250.

811 *Rosenau*, S. 250.

812 Vgl. statt vieler *Gamillscheg*, KollArbR I, S. 263.

813 BAG v. 22.9.2009, NZA 2009, 1347, 1352, Rn. 39; *Ubber*, in: Grobys/Panzer, Arbeitskampf Rn. 44; *Jacobs*, ZfA 2011, 71, 83; *Kocher*, in: BKS, AKR, Rn. 4; *Rosenau*, S. 251.

führt. Tarifverträgen kommt dabei die Aufgabe zu, das Machtgefälle, welches beim Einzelarbeitsvertrag besteht, zugunsten der schwächeren Arbeitnehmerseite auszugleichen.[814] Dazu sind sie aber nur in der Lage, wenn beide Tarifparteien sich auf Augenhöhe begegnen und einen gleichen Einfluss auf die Vertragsinhalte haben. Somit ist die Kampf- oder Verhandlungsparität eine notwendige Voraussetzung für eine funktionsfähige Tarifautonomie.[815] Während die Koalitionsfreiheit als solche dazu dienen soll, die strukturelle Unterlegenheit der Arbeitnehmer durch die Kollektivierung individueller Interessen auszugleichen,[816] soll dem Arbeitskampf im Speziellen dabei die Rolle als Instrument der Druckausübung zukommen. Er dient dazu, bestehendes Ungleichgewicht zu verringern, Parität zwischen den Tarifparteien herzustellen und so die Voraussetzung fairer Vertragsverhandlungen zu schaffen.[817] Die Funktion des Arbeitskampfes ist es somit, die „privatautonome Ausgleichung" der Interessen der sich miteinander in einem Vertragsverhältnis befindlichen Parteien durch die Möglichkeit der Schaffung von Verhandlungsparität abzusichern.[818] Der Arbeitskampf soll die Tarifautonomie demnach funktionsfähig machen.[819]

Im Rahmen einer funktionalen Auslegung der Koalitionsfreiheit können demnach nur solche Arbeitskampfmaßnahmen vom Schutzbereich umfasst sein, welche in der Lage sind, die Funktionsmäßigkeit der Tarifautonomie zu gewährleisten und Verhandlungsparität herzustellen. Dies steht nicht in Widerspruch zu den bisher zur Parität und zum Bezugspunkt der Verhältnismäßigkeitsprüfung erzielten Ergebnissen.[820] Es ist nämlich zu unterscheiden zwischen dem Zweck bzw. der Funktion des Arbeitskampfes insgesamt und dem Zweck des konkreten Kampfmitteleinsatzes, der den Bezugspunkt für die Verhältnismäßigkeitsprüfung darstellt. Zweck des letzteren ist es nämlich, dass der Kampfgegner „zum Eingehen auf die Tarifforderung" gebracht wird.[821] Der Zweck des Arbeitskampfes im Generellen ist es jedoch, die Funktionsmäßigkeit der Tarifautonomie zu gewährleisten und Verhandlungsparität herzustellen.

(3) Eingrenzung durch die Typik der Zurückhaltung der Arbeitsleistung

Die Schutzbereichsbestimmung erfolgt also lediglich in einem ersten Schritt nach der Zielsetzung der Koalition. Hierdurch werden Arbeitskampfmaßnahmen ausgeschlossen, die – wie z. B. bei einem politischen Arbeitskampf – nicht auf die Regelung von Arbeits- und Wirtschaftsbedingungen gerichtet sind. In einem zweiten

---

814 *Jacobs*, ZfA 2011, 71, 83.
815 BVerfG v. 4.7.1995, NZA 1995, 754; BVerfG v. 26.6.1991, NZA 1991, 809; *Jacobs*, ZfA 2011, 71, 83.
816 *Hensche*, in: Däubler/Hjort/Schubert/Wolmerath, Art. 9 GG Rn. 20 f.
817 *Picker*, ZfA 2010, 499, 521.
818 *Picker*, ZfA 2010, 499, 517; *Rüthers*, NZA 2010, 6, 7, 11.
819 Statt vieler *Jacobs*, ZfA 2011, 71, 83 m. w. N.
820 Siehe dazu bereits: 1. Teil D. V. S. 98 ff.; 1. Teil C. V. 2. a) S. 61 ff.
821 *Rüthers*, NZA 2010, 6, 8.

Schritt ist dann jedoch noch zusätzlich zu fragen, ob nicht auch die Art des Kampfmittels gegen eine Einbeziehung in den Schutzbereich der Koalitionsfreiheit sprechen kann.[822] Die Art des Kampfmittels kann zum einen im Wege einer funktionalen Auslegung begrenzt werden. Es gibt auch Bestrebungen, die Art weitergehend dergestalt einzuschränken, dass nur solche Kampfmittel zuzulassen sind, welche die Zurückhaltung der eigenen Hauptleistung gegenüber dem Arbeitsvertragspartner als Wesenskern haben.[823]

Dem kann jedoch nicht gefolgt werden.[824] Es sprechen Gründe dagegen, dass lediglich Arbeitskampfmaßnahmen, welche dadurch charakterisiert werden, dass die Arbeitskraft vorenthalten wird, die dem Arbeitskampf zugedachte Funktion erfüllen können sollen. Gerade die Umstände beim „Flashmob" der Gewerkschaft haben gezeigt, dass ein dynamisches Arbeitskampfrecht vonnöten ist.[825] Die für den Einzelhandel typische Beschäftigung des Personals in kleinen Betrieben und die vergleichsweise einfache Ersetzbarkeit streikender Arbeitnehmer durch Leiharbeitnehmer, Aushilfskräfte oder arbeitswillige Außenseiter führten in dem speziellen Konflikt zu einer Schwächung der Durchsetzungsfähigkeit der Gewerkschaft.[826] Der Geschäftsbetrieb konnte weitgehend ungestört aufrechterhalten werden. Daher musste ver.di versuchen, neuere und wirkungsvollere Kampfmittel einzusetzen, um Druck auf die Arbeitgeberseite zu erzeugen. Wäre die Gewerkschaft in solchen oder vergleichbaren Situationen lediglich auf Kampfmittel beschränkt, welche die Zurückhaltung der geschuldeten Hauptleistung als Wesenskern haben, könnte der Arbeitskampf seiner Funktion – der Herstellung von Verhandlungsparität – nicht nachkommen. Mangels potentieller Druckausübung auf die Arbeitgeberseite wäre man dem Diktat dieser mehr oder weniger ausgeliefert. Zwar ist es richtig, dass Art. 9 Abs. 3 GG gerade keinen Anspruch der Koalition darauf gewährleistet, dass der Staat ihr durch die Ausgestaltung des Arbeitskampfrechts die erforderliche Durchsetzungsstärke verleiht, um ihre Koalitionsziele effektiv zu verfolgen.[827]

---

822 *Willemsen/Mehrens*, Anm. zu BAG v. 22.09.2009, AP Nr. 174 zu Art. 9 GG Arbeitskampf.

823 *Engels*, S. 254; *Jacobs*, ZfA 2011, 71, 84; *Rieble*, NZA 2008, 796, 797; dies nicht als zwingend ansehend, aber momentan für alternativlos haltend *Rosenau*, S. 252 ff.; wohl auch *Thüsing/Waldhoff*, ZfA 2011, 329, 342 f.; *Zöllner/Loritz/Hergenröder*, § 44 Rn. 76 ff.

824 Siehe bereits oben: 1. Teil D. II. 3. S. 91 ff. zu Bedenken an vertragsrechtlicher Begrenzung.

825 Für ein dynamisches Arbeitsrecht auch: *Rehder/Deinert/Callsen*, S. 87; *Ricken*, in: MüArbR, § 193 Rn. 10; *Zöllner*, in: FS Bötticher, S. 427, 442; sich dem zumindest nicht verschließend *Rosenau*, S. 256 f.

826 *Berg*, in: BKS, AKR, Rn. 213; *Greiner*, NJW 2977, 2980; vgl. nun aber die sich für den Einsatz von Leiharbeitnehmern ergebenden Einschränkungen aus § 11 Abs. 5 AÜG n. F.

827 So schon BVerfG v. 4.7.1995, NZA 1995, 754, 756; *Rieble*, NZA 2008, 796, 797 mit dem Argument es gebe kein Grundrecht auf Erfolg; *Thüsing/Waldhoff*, ZfA 2011, 329, 354.

Jedoch entstanden die Probleme für die Gewerkschaft im vorliegenden Tarifstreit eher aufgrund struktureller Umstände, als aufgrund eigener Schwäche, sodass die Parität gestört war.[828]

Einschränkend kann dem „vertragsrechtlichen" Ansatz jedoch insofern zugestimmt werden, dass der Arbeitskampf vertragsbezogen, d. h. auf einem vertraglichen Verhältnis beruhend und dieses regelnd, sein soll.[829] Auf diese Weise wird sichergestellt, dass alleine Koalitionen durch systematische Druckausübung ihrer Mitglieder eine Vertragsänderung herbeiführen können und die Richtigkeitsgewähr des Tarifvertrags nicht gefährdet wird.[830] Aus diesem Grunde sind bei der Einbeziehung von Dritten in Arbeitskampfmaßnahmen gewisse Einschränkungen geboten.[831]

ee) Eingrenzung durch Friedlichkeitsvorbehalt

Auch das BAG verschließt sich einer Eingrenzung hinsichtlich der Art des Kampfmittels jedoch nicht ausnahmslos. Im „Flashmob"-Urteil merkt es einschränkend per Parenthese an, dass das von einer Koalition eingesetzte Mittel zur Durchsetzung eines koalitionsspezifischen Ziels „friedlich" sein muss.[832] Sowohl als Eingrenzung der Art nach als auch als eigene Schutzbereichsgrenze kann man den Friedlichkeitsvorbehalt bzw. das Gewaltverbot auffassen. Den Andeutungen des BAG zufolge ist die Frage der Friedlichkeit von Kampfmaßnahmen schutzbereichsrelevant.[833]

Der Friedlichkeitsvorbehalt wird lediglich in Art. 8 Abs. 1 GG im Rahmen der Versammlungsfreiheit ausdrücklich erwähnt, was aber mit der Entstehungsgeschichte des Grundgesetzes zu begründen sein soll.[834] Er soll aber dennoch auch als immanente Schutzbereichsbegrenzung anderer Freiheitsrechte in Betracht kommen und auch auf Art. 9 Abs. 3 GG ausstrahlen.[835]

Wann genau eine unfriedliche Koalitionsbetätigung bzw. Arbeitskampfmaßnahme vorliegt, führt das BAG nicht näher aus. Es spricht jedoch viel dafür, eine

---

828 *Berg*, in: BKS, AKR, Rn. 213; *Decruppe*, jurisPR-ArbR 1/2009 Anm. 1, unter D.; *Franzen*, in: JbArbR, Bd. 47 (2010), S. 119, 135 f.; *Hayen/Ebert*, AuR 2008, 19, 21; *Sunnus*, AuR 2008, 1, 12.

829 Vgl. etwa *Jacobs*, ZfA 2011, 71, 83 ff.; vom Grundsatz her auch *Kersten*, in: Neues Arbeitskampfrecht?, S. 61, 68; *Rosenau*, S. 254 ff.

830 *Rosenau*, S. 255.

831 Vgl. schon oben: 2. Teil B. I. 2. S. 143 ff.

832 BAG v. 22.9.2009, NZA 2009, 1347, 1351, Rn. 34; Vgl. schon BAG v. 13.7.1993, NJW 1994, 74, 76.

833 BAG v. 22.9.2009, NZA 2009, 1347, 1351, Rn. 34; so auch *Kersten*, in: Neues Arbeitskampfrecht?, S. 61, 68; *Rosenau*, S. 83; *Säcker/Mohr*, JZ 2010, 440, 443.

834 *Rosenau*, S. 83.

835 *Gaede*, in: Entgrenzter Arbeitskampf?, ZAAR Schriftenreihe Band 37, S. 129, 147; *Horn*, in: Stern/Becker, Art. 2 GG Rn. 28; *Merten*, in: Handbuch der Grundrechte III, § 56 Rn. 28; *Muckel*, in: FS Schiedermair, S. 347, 353; *Willemsen/Mehrens*, Anm. zu BAG v. 22.09.2009, AP Nr. 174 zu Art. 9 GG Arbeitskampf.

Parallelwertung zu Art. 8 Abs. 1 GG und den dort entwickelten Grundsätzen vorzunehmen und den verfassungsrechtlichen Begriff der Unfriedlichkeit eher als den umfassenderen strafrechtlichen Gewaltbegriff des § 240 StGB zur Bewertung der koalitionsspezifischen Betätigung heranzuziehen.[836] Diesen Maßstab legt auch das BAG an.

Danach wäre eine Arbeitskampfmaßnahme insbesondere dann unfriedlich, wenn sie die Begehung oder den Versuch von Straftaten gegen Leib, Leben, Freiheit oder sonstige erhebliche Rechtsgüter Dritter oder der Allgemeinheit mit sich bringen würde.[837] Dabei soll nach dem BVerfG eine Versammlung jedoch nicht bereits dann unfriedlich sein, wenn es zu Behinderungen Dritter komme, auch wenn diese gewollt seien, sondern erst, wenn Handlungen von einiger Gefährlichkeit gegen Personen oder Sachen oder sonstige Gewalttätigkeiten stattfänden.[838] Dieser Maßstab kann für Art. 9 Abs. 3 übernommen werden[839] und hat Auswirkungen bei später zu diskutierenden Rechtsverletzungen oder Straftaten.

Der Friedlichkeitsvorbehalt ist demnach eine Grenze des sachlichen Schutzbereiches. Die Einschränkung des BAG findet dabei Zuspruch, da so den in Frankreich zunehmend beliebten exzessiven Kampfformen, wie z. B. der Geiselnahme von Managern („Bossnapping")[840] oder der Zerstörung von Produktionsanlagen, Einhalt geboten wird.[841] Auch exzessive Varianten des „Flashmobs", die einzig und allein auf Sachzerstörung ausgerichtet sind, dürften danach verboten sein.

Fraglich ist allerdings, ob eine typische „Flashmob"-Aktion, wie sie das BAG zu bewerten hatte, nicht schon als unfriedlich eingestuft hätte werden müssen. Dabei muss vor allem geklärt werden, ob in Rechte Dritter, wie z. B. das Eigentumsrecht, eingegriffen wurde, ob typischerweise im Rahmen von solchen Aktionen Straftatbestände erfüllt werden und wie dies zu bewerten ist.

(1) Mögliche Eigentumsverletzungen

Verletzungen des Rechts am Eigentum könnten eine Arbeitskampfmaßnahme unfriedlich werden lassen. Es ist Arbeitskampfmaßnahmen nicht gestattet, absolut geschützte Grundrechte anderer Personen wie Leben, Körper, Freiheit und Eigentum

---

836 So auch *Fischer*, RdA 2011, 50, 57; *Krause*, in: Entgrenzter Arbeitskampf?, ZAAR Schriftenreihe Band 37, S. 43, 70; *Willemsen/Mehrens*, Anm. zu BAG v. 22.09.2009, AP Nr. 174 zu Art. 9 GG Arbeitskampf.

837 *Willemsen/Mehrens*, Anm. zu BAG v. 22.09.2009, AP Nr. 174 zu Art. 9 GG Arbeitskampf; *Gusy*, in: v. Mangoldt/Klein/Starck, Art. 8 GG Rn. 23; ebenfalls auf das Friedlichkeitsgebot als Bewertungsmaßstab abstellend: *Gaede*, in: Entgrenzter Arbeitskampf?, ZAAR Schriftenreihe Band 37, S. 129, 155.

838 BVerfG v. 1.12.1992, NJW 1993, 581; BVerfG v. 11.11.1986, NJW 1987, 43, 47.

839 So auch *Fischer*, RdA 2011, 50, 57.

840 Siehe dazu später noch: 3. Teil B. IV. 7. S. 259 f.

841 *Greiner*, Anm. EzA Nr. 143 zu Art. 9 GG Arbeitskampf, S. 27, 52 f.

zu verletzen.[842] Das BAG führte im „Flashmob"-Urteil hierzu aus, dass Verletzungen der in § 823 Abs. 1 BGB ausdrücklich genannten Rechte, wie z. B. das Eigentum, regelmäßig unangemessen seien.[843] Unklar ist es, ob das BAG solche Betätigungen, welche die in § 823 Abs. 1 BGB ausdrücklich genannten Rechte verletzen, schon nicht als vom Schutzbereich des Art. 9 Abs. 3 GG umfasst ansieht oder die Unrechtmäßigkeit erst im Rahmen der Verhältnismäßigkeit feststellen möchte. Trotz der missverständlichen Formulierung muss man davon ausgehen, dass Betätigungen, die zumindest eindeutige und beachtliche Eigentumsverletzungen mit sich bringen, schon nicht vom Schutzbereich umfasst sein sollen. Es wäre auch kaum nachzuvollziehen, dass das BAG solche Betätigungen, die etwa das auch von § 823 Abs. 1 BGB geschützte Rechtsgut „Leben" verletzen, zunächst als vom Schutzbereich umfasst ansehen möchte.[844]

Das Urteil des BAG hinsichtlich der „Flashmob"-Aktionen ist insofern zu kritisieren, dass es mögliche Eigentumsverletzungen des Ladeninhabers lediglich nebenbei anspricht und im Grunde übergeht.[845] Es merkt zwar an, dass das auf Eigentum und Besitz beruhende Hausrecht des Inhabers der durch Art. 9 Abs. 3 GG geschützten gewerkschaftlichen Betätigungsfreiheit nicht weichen müsse,[846] allerdings macht es darüber hinaus keine weiteren Ausführungen. Lediglich als das Gericht eine mögliche Sachbeschädigung gemäß § 303 StGB erwähnt, wird klargestellt, dass bei „Flashmob"-Aktionen typischerweise keine Eigentumsverletzungen im Sinne einer Zerstörung von Waren begangen werden, da die Gewerkschaft im speziellen Fall (und vermutlich auch in künftigen Fällen) eine Direktive ausgab, keine verderbliche Frischware aus den Regalen zu nehmen. Eine genauere Untersuchung möglicher Verletzungen des dem Ladeninhaber zustehenden Eigentums wäre allerdings angebracht gewesen. Wesentlicher Inhalt des Eigentums ist ein alle anderen Personen ausschließendes Verfügungs- und Nutzungsrecht des Berechtigten (§§ 903, 1004 BGB).[847] Daraus ergeben sich verschiedene Verletzungsmodalitäten, die geeignet sind, Schadensersatzansprüche nach § 823 Abs. 1 BGB auszulösen.[848] Eine Verletzung kommt u. a. bei der nachteiligen Einwirkung auf den körperlichen Gegenstand, insbesondere durch Substanzverletzungen, durch Vorenthaltung des Besitzes sowie bei sonstigen Störungen der Nutzbarkeit der Sache in Betracht.[849]

---

842 *Säcker/Mohr*, JZ 2010, 440, 443 verweisen darauf, dass dies bisher durch das Prinzip der Friedlichkeit und das Gebot der fairen Kampfführung sichergestellt wurde; *Rieble*, Arbeitsmarkt und Wettbewerb, Rn. 1345 ff.; *Scholz*, in: HStR VIII, § 175 Rn. 121.

843 BAG v. 22.9.2009, NZA 2009, 1347, 1348, Rn. 8.

844 So auch *Krause*, in: Entgrenzter Arbeitskampf?, ZAAR Schriftenreihe Band 37, S. 43, 72 „Redaktionsversehen"; *Willemsen/Mehrens*, Anm. zu BAG v. 22.09.2009, AP Nr. 174 zu Art. 9 GG Arbeitskampf.

845 Kritisch auch *Götz*, S. 10.

846 BAG v. 22.9.2009, NZA 2009, 1347, 1354, Rn. 57.

847 *Brückner*, in: MüKoBGB, § 903 Rn. 12.

848 *Wagner*, in: MüKoBGB, § 823 Rn. 213.

849 *Wagner*, in: MüKoBGB, § 823 Rn. 213.

(a) Substanzverletzung durch Einwirkung auf die Sache selbst

Bei den vorliegenden „Flashmob"-Aktionen sind im typisierten „Normalfall" keine direkten Eingriffe in die Eigentumssubstanz, i. S. einer Beschädigung oder Zerstörung der Waren (wie etwa das Herausnehmen und Stehen lassen von Frischwaren), zu erwarten. Die den Arbeitskampf führende Gewerkschaft hatte schon im Vorfeld der Aktion darauf hingewiesen, dies zu unterlassen und wird dies daher voraussichtlich auch bei zukünftigen Aktionen tun. Sollte dies von Arbeitskampfteilnehmern trotzdem ignoriert werden, wäre dies dann als Arbeitskampfexzess zu bewerten. Es darf dann aber nicht auf eine generelle Eigentumsverletzung durch „Flashmob"-Aktionen geschlossen werden, gerade wenn die Gewerkschaft während den Aktionen auch noch versuchen würde, als Kontrollinstanz aufzutreten.

Eine Eigentumsverletzung ist jedoch auch in den Fällen zu bejahen, in denen Veränderungen der Substanz die Verwendungsfähigkeit der Sache beeinträchtigen.[850] So soll bereits das Herausnehmen der Ware aus den Regalen ohne Kaufabsicht eine Eigentumsverletzung sein.[851] Gestützt wird dies auf ein Urteil des BGH, welcher entschieden hatte, dass schon die bewusste Änderung der Ordnung in einem Archiv das Eigentum verletzt.[852] Gerade die Vollständigkeit und Ordnung eines Archivs würden zu dessen Funktionsfähigkeit und damit zu dessen bestimmungsgemäßen Gebrauchswert führen. Sie würden einen Wert repräsentieren, der über den Wert der in dem Archiv zusammengefassten Einzelsachen hinausgehe.[853] Auch bei einem Discounter mit zum Verkauf ausliegenden Waren habe die Ordnung der zum Verkauf angebotenen Sachen einen über den Wert der Einzelsachen hinausgehenden Wert.[854] Nur durch die Ordnung der Waren nach bestimmten Kriterien werde der Verkauf der Waren an den Verbraucher ermöglicht. Bei „Flashmob"-Aktionen in Supermärkten sei der Kunde in seinem Einkaufsverhalten behindert, da er die Ware nicht mehr problemlos finden könne.

Ob wirklich allein das Herausnehmen der Ware und das Stehen lassen von befüllten Einkaufswagen in den Gängen eine Eigentumsverletzung ist, kann man jedoch kritisch hinterfragen. Gerade der zum Archiv gezogene Vergleich überzeugt nicht vollends. Man muss bei einer solchen Arbeitskampfmaßnahme in einem Supermarkt nämlich auch die Besonderheiten des Einzelfalls und damit der tatsächlichen Gegebenheiten berücksichtigen. Ein Supermarkt zeichnet sich durch ein Angebot aus, bei dem jede der angebotenen Waren in mehrfacher Ausführung vorhanden ist. Es ist daher nur schwer vorstellbar, dass der Kunde wirklich in seinem Einkaufsverhalten behindert werden würde, indem er die Ware nicht mehr problemlos finden könnte. Sollten einzelne Waren aus den Regalen genommen werden, sind immer noch ausreichend gleich beschaffene Waren in den Regalen zu finden, sodass der

850 *Wagner*, in: MüKoBGB, § 823 Rn. 231.
851 *Rosenau*, S. 281.
852 BGH v. 26.2.1980, NJW 1980, 1518, 1519.
853 BGH v. 26.2.1980, NJW 1980, 1518, 1519.
854 *Rosenau*, S. 282.

reguläre Verkauf von bestimmten Waren weiterhin möglich bleibt. Die Eigentumsverletzung wäre in einem solchen Fall – wenn überhaupt gegeben – daher eine von geringer Intensität.

(b) Eigentumsverletzung durch Nutzungsbeeinträchtigung

Zum großen Teil wird jedoch ein Eingriff in das Nutzungs- und Besitzrecht am Eigentum bejaht.[855] Der Gebrauch des Eigentums wird immer dann entzogen, wenn die Sache nicht mehr bestimmungsgemäß genutzt werden kann.[856] Grundlage der Diskussion um die Eigentumsverletzung durch Nutzungsbeeinträchtigungen ist der sog. „Fleet-Fall".[857] Der BGH hatte in diesem die „Einsperrung" eines Schiffs in einem Kanal als Eigentumsverletzung angesehen, da dem Eigentümer die Möglichkeit zum bestimmungsgemäßen Gebrauch entzogen worden sei. Etwas anderes galt für ein Schiff, welches nicht mehr in den Kanal hineinfahren konnte. Dieses sei nicht seinem natürlichen Gebrauch entzogen, sondern lediglich in einer bestimmten Ausführungsform behindert.[858] Daraus kann man folgern, dass entscheidendes Differenzierungskriterium die Intensität der Nutzungsbeeinträchtigung ist. Wenn die Verwendungsfähigkeit der Sache praktisch aufgehoben ist, wird eine Eigentumsverletzung bejaht, wenn lediglich nur eine bestimmte Verwendungsmodalität ausgeschlossen ist, liegt keine Eigentumsverletzung vor.[859] Richtigerweise wird daher auch zum Teil bei Nutzungsbeeinträchtigungen eine gewisse Erheblichkeitsschwelle gefordert. So soll eine Eigentumsverletzung nur bei einer „nicht unerheblichen" Nutzungsbeeinträchtigung vorliegen, d. h. wenn diese eine gewisse Erheblichkeitsschwelle überschritten hat.[860] Damit einhergehend hat der BGH entschieden, dass eine Eigentumsverletzung nicht gegeben ist, wenn ein Fahrzeug nur wenige Stunden an der konkret geplanten Weiterfahrt gehindert und dadurch seine wirtschaftliche Nutzung vorübergehend eingeengt wird.[861]

Ausgehend von diesen Grundsätzen wird für „Flashmob"-Aktionen gefolgert, dass die Absperrung des Zugangs zu einem Verkaufsgeschäft gemäß § 823 Abs. 1 BGB eine Eigentumsverletzung sei, da dadurch sowohl Arbeitswillige an der Erbringung

---

855 *Otto*, RdA 2010, 135, 142; *Rieble*, NZA 2008, 796, 798; *Säcker/Mohr*, JZ 2010, 440, 441; *Wagner*, in: MüKoBGB, § 823 Rn. 228.

856 BGH v. 21.12.1970, NJW 1971, 886 ff.; *Boecken*, S. 81 ff.; *Wagner*, in: MüKoBGB, § 823 Rn. 240 m. w. N.

857 BGH v. 21.12.1970, NJW 1971, 886.

858 BGH v. 21.12.1970, NJW 1971, 886, 888.

859 *Wagner*, in: MüKoBGB, § 823 Rn. 237.

860 *Hager*, in: Staudinger, § 823 Rn. B 97; *Wagner*, in: MüKoBGB, § 823 Rn. 243; vgl. auch BAG v. 20.1.2009, NZA 2009, 615, welches im Leitsatz ausführt, mögliche Eigentumsstörungen müssten den Gebrauch des Eigentums bzw. das Funktionieren des Betriebs **in spürbarer Weise** (Hervorhebung durch Verfasser) beeinträchtigen können; a. A. jedenfalls bei gezielter Nutzungsstörung *Säcker/Mohr*, JZ 2010, 440, 442. Dann komme es auf Dauer und Intensität der Beeinträchtigung nicht an.

861 BGH v. 18.11.2003, NJW 2004, 356, 358.

ihrer Arbeitsleistung als auch Kunden am Kaufen gehindert werden würden.[862] Auch werde der Eigentümer daran gehindert, sein Ladenlokal, seine Betriebsmittel und seine Waren bestimmungsgemäß zu nutzen.[863] Allerdings spricht gegen eine Einordnung der Versperrung des Zugangs zu dem Geschäft als Eigentumsverletzung, dass vom Zuweisungsgehalt des Eigentums nicht dessen „Nutzung mit Hilfe der Umwelt" umfasst sein soll.[864] Zudem war der Zugang zu dem Supermarkt auch gar nicht vollumfänglich versperrt, sodass die Folgerung bereits aus tatsächlichen Gründen unzutreffend ist.

Auch in dem Entfernen und Verräumen der Waren, wodurch deren Nutzung als Kaufgüter auf Zeit aufgehoben sein soll, wird eine Beeinträchtigung der Verfügungsbefugnis des Eigentümers über sein Eigentum gesehen. Dies sei ein Eingriff in das Recht zur bestimmungsgemäßen Nutzung.[865] Die Warenentnahme aus den Regalen sei nur zum Zweck des Einkaufens gestattet. Daher verletze ein Scheinkunde das Eigentum des Unternehmens, wenn er Waren in Absprache mit anderen Personen massenhaft aus den Regalen entferne. Das Unternehmen sei an der bestimmungsgemäßen Nutzung der Waren gehindert.[866] Bezogen auf die konkreten Waren, die einzig und allein deshalb in die Einkaufswagen geräumt wurden, um den Betriebsablauf zu stören, kommt eine Nutzungsbeeinträchtigung in Betracht. Allerdings ist im Unterschied zum eingesperrten Schiff im „Fleet-Fall" anzumerken, dass die Möglichkeit der Nutzung der Waren nicht vollkommen aufgehoben ist. Lediglich das Auffinden der aus dem Regal geräumten Waren wird erschwert. Kaufwillige Kunden können sich aber immer noch aus den offensichtlich abgestellten und verwaisten Einkaufswagen bedienen und die Waren nutzen. Daher kann man schon geteilter Meinung darüber sein, ob die Erheblichkeitsschwelle der Nutzungsbeeinträchtigung dieser konkreten Waren überschritten worden ist. Stellt man darüber hinaus eine Gesamtbetrachtung an und berücksichtigt die Umstände des Einzelfalls (siehe schon (a)), könnte der Umstand, dass es von der umgeräumten Ware immer noch viele gleichwertige Pendants in den Regalen zu erwerben gibt, dafür sprechen, bereits die Intensität der Nutzungsbeeinträchtigung der konkreten umgeräumten Ware als nicht gravierend anzusehen. Dazu muss der Umstand berücksichtigt werden, dass es sich lediglich um eine kurzfristige und vorübergehende Störung handelte, die sich verhältnismäßig einfach nach der Aktion wieder beseitigen lassen konnte.

Teilweise wird auch auf die eingeschränkte Nutzbarkeit der Betriebsmittel „Kassen" und „Einkaufswagen" abgestellt.[867] Bezüglich der Einkaufswagen gelten die gleichen Erwägungen, die bereits zu den Waren gemacht wurden. Bezüglich der Kassen ist bereits fraglich, ob diese als eigenständiges „Betriebsmittel" und als

---

862 *Säcker/Mohr*, JZ 2010, 440, 442.
863 *Säcker/Mohr*, JZ 2010, 440, 442; *Henssler*, SAE 1989, 130 ff.; *Löwisch*, RdA 1987, 219, 221 f.
864 *Picker*, JZ 2010, 541, 550, aber mit Verweis auf mögliche Ausnahmen.
865 *Säcker/Mohr*, JZ 2010, 440, 442.
866 *Otto*, RdA 2010, 135, 142; *Säcker/Mohr*, JZ 2010, 440, 442.
867 *Säcker/Mohr*, JZ 2010, 440, 442.

„Sache" aufzuführen sind. Schließlich geht es nicht um den körperlichen Gegenstand der Geldkassette, sondern um den (möglichst schnellen) Prozess des Kassierens, also den ganzen Kassenbereich. Die Grenze zum Schutz des Rechts am eingerichteten und ausgeübten Gewerbebetrieb droht zu verschwimmen.[868] Auch hier wird der Zugang bzw. die Nutzung dieser lediglich erschwert und nicht vollkommen verhindert. Auch muss man berücksichtigen, dass lediglich wenige der Aktionsteilnehmer Waren einscannen ließen ohne die Absicht gehabt zu haben, diese zu bezahlen. Viele Aktionsteilnehmer bezahlten ihre (wenn auch sehr günstigen) „Pfennigartikel". Zu Stoßzeiten ist es darüber hinaus nicht unüblich, dass Kassen aufgrund der Menge der Kunden nur eingeschränkt nutzbar sind.[869] Den gleichen Sachverhalt einmal als Eigentumsverletzung zu werten und das andere mal nicht, würde inkonsequent erscheinen. Diese Wertung kann nicht schon aufgrund der „Absprache" zur gleichzeitigen Kassennutzung ergehen.

Zudem hat der BGH in der „Elbe-Seitenkanal-Entscheidung"[870], in dem ein allein über den Elbe-Seitenkanal zu erreichendes Unternehmen für einen Zeitraum von mehr als einem Jahr aufgrund eines Dammbruchs nicht mehr von Schiffen angefahren werden konnte, entschieden, dass keine Eigentumsverletzung aufgrund der Unerreichbarkeit der Anlagen des Unternehmens vorläge. Die Anlagen des Unternehmens seien benutzbar geblieben und lediglich die Kunden seien ausgeblieben. Dies habe nur zu Vermögensschäden geführt, nicht aber die Rechtsposition des Unternehmens als Eigentümerin berührt.[871] Diese Rechtsprechung hat der BGH jüngst bestätigt. Eine Rastanlage konnte wegen einer eingestürzten Autobahnbrücke nicht angefahren werden. Der BGH verneinte eine Beeinträchtigung der Brauchbarkeit der Rastanlage zu ihrer bestimmungsgemäßen Verwendung, da die Brauchbarkeit einer Sache für ihre zweckentsprechende Verwendung nicht davon abhänge, ob und in welchem Umfang auch ein tatsächlicher Bedarf für die entsprechende Verwendung der Sache bestehe.[872] Zudem fehle es an der unmittelbaren Einwirkung auf die Sache selbst, die bei einer auf Nutzungseinschränkungen gestützten Eigentumsverletzung verlangt wird.[873] Ähnlich könnte man demnach in Bezug auf die Erreichbarkeit der Kassen argumentieren, da die Funktionsfähigkeit der Kassen weiterhin bestand und auch nicht auf die Kassen selber eingewirkt wurde. Hinzu kommt, dass diese grundsätzlich – wenn auch eingeschränkt unter Inkaufnahme einer Wartezeit – erreichbar waren.

---

868 Auch *Richardi/Fischinger*, in: Staudinger, Vorbem. zu §§ 611 ff. Rn. 952 sehen dies eher als einen Eingriff in das Recht am eingerichteten und ausgeübten Gewerbebetrieb an.

869 Ähnlich *Götz*, S. 20.

870 BGH v. 15.11.1982, NJW 1983, 2313.

871 BGH v. 15.11.1982, NJW 1983, 2313, 2314.

872 BGH v. 9.12.2014, NZV 2015, 292, Rn. 8.

873 BGH v. 9.12.2014, NZV 2015, 292, 293 Rn. 18 m. w. N.

(c) Zukünftiger toleranterer Umgang mit Eigentumsverletzungen?

Zusammenfassend muss man festhalten, dass das BAG sich mit der Problematik der Eigentumsverletzung nicht ausreichend auseinandergesetzt hat. Wie aufgezeigt wurde, kann man der Meinung sein, dass durch „Flashmob"-Aktionen Eigentumsverletzungen begangen werden. Vor allem Nutzungsbeeinträchtigungen der umgeräumten Waren kommen in Betracht. Hier kommt es letztendlich auf die Frage an, ob eine gewisse Erheblichkeitsschwelle an Dauer und Intensität überschritten ist. Dabei muss man jedoch die Besonderheiten des Einzelfalls und damit der örtlichen Gegebenheiten beachten. Der Wert, welchen die Funktionsfähigkeit des Supermarktes darstellt, ist durch die Herausnahme einzelner Waren nicht merklich geschmälert. Auch ist die Nutzung der in den Einkaufswagen konkret zurückgelassenen Waren lediglich vorübergehend erschwert, jedoch nicht vollkommen ausgeschlossen. Stellt man dann auch noch zusätzlich darauf ab, dass es zahlreiche leicht zugängliche und gleich beschaffene Substitutionsgüter gibt, kann man zu dem Schluss kommen, dass die Beeinträchtigungen bezüglich des Eigentums eher geringer Natur waren.

Dies ist auch der Grund warum das BAG lediglich den „Auffangtatbestand"[874] des Rechts am eingerichteten und ausgeübten Gewerbebetrieb bemüht hat. Es ist vielmehr der Betriebsablauf gestört und somit „die ungestörte Betätigung und Entfaltung des vom Betriebsinhaber geführten Betriebs"[875], als dass wirklich schwerwiegende Eigentumsverletzungen vorliegen. Vielmehr könnte der Umgang des BAG mit der vorliegenden Problematik ein Indiz sein, welche Richtung das BAG bei Eigentumsbeeinträchtigungen einschlagen möchte. Auch der Kammerbeschluss des BVerfG[876] scheint in dieser Hinsicht weitergehen zu wollen als eine ältere Entscheidung zur durch Art. 5 Abs. 3 S. 1 GG geschützten Kunstfreiheit.[877] Die Gewährleistung der Kunstfreiheit soll sich nämlich von vornherein nicht auf die eigenmächtige Inanspruchnahme fremden Eigentums erstrecken.[878]

Das BAG spricht lediglich im Rahmen der Sachbeschädigung mögliche Einwirkungen in die Sachsubstanz der Waren an. Nutzungsbeeinträchtigungen übergeht es komplett.[879] Dies könnte auf eine zweigliedrige Prüfung hindeuten. Während direkte Eingriffe in körperliche Gegenstände, die eine Substanzverletzung dieser zur Folge haben, eine Arbeitskampfmaßnahme unfriedlich werden lassen und daher nicht vom Schutzbereich gedeckt sind, könnten in Zukunft Eigentumsverletzungen, die

874 So *Otto*, RdA 2010, 135, 141.

875 So zum Recht am eingerichteten und ausgeübten Gewerbebetrieb BAG v. 22.9.2009, NZA 2009, 1347, 1349.

876 BVerfG v. 26.3.2014, NJW 2014, 1874.

877 Mit dieser Einschätzung auch *Krause*, in: Entgrenzter Arbeitskampf?, ZAAR Schriftenreihe Band 37, S. 43, 72.

878 BVerfG v. 19.3.2014, NJW 1984, 1293, 1294 („Sprayer von Zürich").

879 So auch schon LAG Berlin-Brandenburg v. 29.9.2008, AuR 2009, 47, 49; diesen Vorwurf macht dem Gericht auch *Säcker*, NJW 2010, 1115, 1116.

auf einer Nutzungsbeeinträchtigung der Sache beruhen, vom Schutzbereich noch gedeckt sein.[880] Diese müssten dann jedoch im Rahmen der Verhältnismäßigkeitsprüfung zu berücksichtigen sein, bei der sie je nach Intensität und Dauer gewichtet werden müssten.[881] Nutzungsbeeinträchtigungen, welche die Erheblichkeitsschwelle deutlich überschreiten und im Extremfall zu einer völligen Unbrauchbarkeit der Sache führen, könnten dann aber auch weiterhin Substanzverletzungen gleichzustellen sein und zu einem Schutzbereichsausschluss der Kampfmaßnahme wegen Unfriedlichkeit führen. So würde man auch einer Entgleisung und grenzenlosen Öffnung zur Sachgewalt entgegenwirken können und würde trotzdem den Bedürfnissen und besonderen Umständen des Einzelfalls gerecht werden. Streng genommen sind die Belastungen, denen der Eigentümer und auch der Kunde durch eine kurzfristige „Flashmob"-Aktion ausgesetzt sind, deutlich geringer, als wenn der Betrieb infolge eines Streiks komplett schließen müsste.[882] Diese geringere Intensität einer „Minusmaßnahme" sollte berücksichtigt werden. Eine geringe Intensität ist selbst dann anzunehmen, wenn der Arbeitgeber infolge des „Flashmobs" als Abwehrmaßnahme den Betrieb kurzfristig schließt. Diese ist von wesentlich kürzerer Dauer als die erzwungene Betriebsschließung aufgrund eines Streiks.

Dafür spricht auch, dass bei der Auslegung des Friedlichkeitsbegriffs bei Versammlungen das BVerfG die Auffassung vertritt, eine Versammlung sei nicht schon dann unfriedlich, wenn es zu Behinderungen Dritter komme, auch wenn diese gewollt seien, sondern erst, wenn Handlungen von einiger Gefährlichkeit gegen Personen oder Sachen oder sonstige Gewalttätigkeiten stattfänden.[883] Behinderungen und Beeinträchtigungen von geringer Intensität und „Friedlichkeit" sind keine sich ausschließenden Begrifflichkeiten.

Ob das BAG diese Richtung wirklich einschlagen möchte, bleibt Spekulation. Es unterlässt eine ausführliche Auseinandersetzung mit dieser Problematik. Möglich ist es auch, dass die tolerante Einstellung von BAG und BVerfG im „Flashmob"-Fall dadurch erklärt werden kann, dass Sachen des Arbeitgebers betroffen waren, die frei zugänglich waren, ihrer äußerlichen Bestimmung entsprechend bewegt wurden und ohne größere Probleme wieder an ihren Platz zurückgebracht werden konnten.[884] Vielleicht sollte sich jedoch in Zukunft von der starren Dogmatik gelöst werden, Eigentumsverletzungen seien von einer Kampfmaßnahme nicht gedeckt, und damit der Weg zu diesem flexibleren Lösungsweg geebnet werden. Es macht einen Unterschied, ob mutwillig Produktionsanlagen des Arbeitgebers dauerhaft zerstört werden oder ob die Nutzung einzelner und austauschbarer Waren im Supermarkt

880 So auch die Interpretation von *Säcker*, NJW 2010, 1115, 1116.

881 Dies als einen möglichen Lösungsweg einräumend *Rosenau*, S. 279.

882 LAG Berlin-Brandenburg v. 29.9.2008, AuR 2009, 47, 48; *Däubler*, in: Däubler, § 31 Rn. 7.

883 BVerfG v. 1.12.1992, NJW 1993, 581; BVerfG v. 11.11.1986, NJW 1987, 43, 47.

884 Mit dieser Erklärung *Krause*, in: Entgrenzter Arbeitskampf?, ZAAR Schriftenreihe Band 37, S. 43, 74.

vorübergehend beeinträchtigt wird. „Ein bisschen Eigentumsverletzung“[885] ist unbestritten auch eine Eigentumsverletzung, doch muss es die Möglichkeit geben, Unterschiede in der Bewertung vorzunehmen. Lässt man aus Paritätserfordernissen anstatt der bloß passiven Leistungsverweigerung auch aktive Behinderungen als Arbeitskampfmittel zu, muss man konsequenterweise auch Beeinträchtigungen des Arbeitgebers neu bewerten. So kann man im Rahmen einer Interessenabwägung evt. doch zu dem Schluss gelangen, dass „ein bisschen Eigentumsverletzung“ unter Umständen erlaubt sein kann.[886]

(2) Typischerweise erfüllte Straftatbestände

„Flashmob“-Aktionen könnten auch als generell „unfriedlich“ eingestuft werden, wenn sie typischerweise mit der Erfüllung von Straftatbeständen einhergehen würden. Dass das BAG die Erfüllung von Straftatbeständen als schutzbereichsrelevant ansieht, wird aufgrund des Prüfungsstandorts beim „Flashmob“-Urteil zwar nicht völlig klar, ist aber die logische Folgerung daraus, dass es lediglich „friedliche“ Mittel als geschützte koalitionsspezifsche Mittel ansehen möchte.[887] Friedlich ist eine Betätigung in Anlehnung an den Friedlichkeitsbegriff bei der Versammlungsfreiheit nämlich nur, wenn weder ihr Zweck noch ihr Verlauf die Begehung oder den Versuch von Straftaten gegen Leib, Leben, Freiheit oder sonstiger erheblicher Rechtsgüter Dritter oder der Allgemeinheit mit sich bringt.[888] Bei einer gezielten Begehung von Straftaten werden Arbeitskampfmaßnahmen daher nicht durch Art. 9 Abs. 3 GG geschützt.[889] Eine „Flashmob“-Aktion ist automatisch als Arbeitskampfmittel unzulässig, wenn das entsprechende Verhalten als solches typischerweise strafbar ist.[890] Sollten Straftaten jedoch nur im Einzelfall von wenigen Teilnehmern begangen werden, handelt es sich um einen Exzess, der höchstens im Rahmen der Angemessenheitsprüfung zu berücksichtigen ist.[891] Daher müsste ein „Flashmob“ regelmäßig und typischerweise die Begehung von Straftaten erwarten lassen, um aus diesem Grunde nicht vom Grundrechtsschutz umfasst zu sein.

---

885 So *Säcker*, NJW 2010, 1115, 1117.

886 Nach Deutung von *Säcker*, NJW 2010, 1115, 1116 sieht das BAG nun offenbar „kleinere“ Verletzungen des Eigentums als zum Inhalt koalitionsspezifischer Betätigung gehörig an; gegen die Tolerierung von Eigentumsverletzungen nachdrücklich *Müller*, S. 299 f.

887 BAG v. 22.9.2009, NZA 2009, 1347, 1351, Rn. 34. Die Strafbarkeit wird hingegen abschließend unter NZA 2009, 1347, 1355, Rn. 63 ff. behandelt.

888 *Willemsen/Mehrens*, Anm. zu BAG v. 22.09.2009, AP Nr. 174 zu Art. 9 GG Arbeitskampf; *Gusy*, in: v. Mangoldt/Klein/Starck, Art. 8 GG Rn. 23.

889 *Krieger/Günther*, NZA 2010, 20, 23.

890 *Franzen*, in: JbArbR, Bd. 47 (2010), 119, 132.

891 BAG v. 22.9.2009, NZA 2009, 1347, 1355, Rn. 67; *Rosenau*, S. 257 f.

(a) Sachbeschädigung gemäß § 303 StGB

Das BAG geht davon aus, dass der Tatbestand des § 303 Abs. 1 StGB durch „Flashmob"-Aktionen, wie sie vorliegend praktiziert wurden, nicht typischerweise verwirklicht wird.[892] Eine Sachbeschädigung liegt vor, wenn derartig auf eine Sache eingewirkt wird, dass ihre Substanz nicht nur unerheblich verletzt oder ihre bestimmungsgemäße Brauchbarkeit nicht nur unerheblich beeinträchtigt wird.[893] Dem BAG kann man für den Fall zustimmen, dass die arbeitskampfführende Gewerkschaft die Direktive an die „Flashmob"-Teilnehmer herausgibt, keine Frischwaren den Kühltruhen zu entnehmen, auch sonst kein Eigentum des Betriebsinhabers zu beschädigen und sie die Aktion vor Ort überwacht, um im Notfall regulierend eingreifen zu können. Als Folge ist dann nämlich davon auszugehen, dass die Kampfmaßnahme solche Aktionen nicht beinhalten wird, die eine Sachbeschädigung mit sich bringen. Wenn überhaupt wären diese nur in Einzelfällen zu erwarten. Dann aber wird es sich um einen Arbeitskampfexzess handeln, welcher der Gewerkschaft jedoch nicht zuzurechnen ist.[894] Auch wenn es zumindest aufgrund des „Vorschlags" der Gewerkschaft, die Einkaufswagen mit Waren voll zu packen, möglich ist, dass Waren in einer entstehenden Hektik beschädigt werden, wird dies nicht typischerweise der Fall sein.[895]

(b) Hausfriedensbruch gemäß § 123 StGB

Auch der Tatbestand des Hausfriedensbruchs gemäß § 123 Abs. 1 StGB wird – zumindest im Regelfall – durch „Flashmob"-Aktionen nicht erfüllt werden.[896] Bei den bisher mit solchen Aktionen „bekämpften" Betrieben, handelte es sich um der Öffentlichkeit frei zugängliche Einzelhandelsgeschäfte, sodass der Tatbestand aufgrund der generellen Eintrittserlaubnis des Geschäftsinhabers in der Regel nicht erfüllt sein wird.[897] Eine der generellen Eintrittserlaubnis entgegenstehende konkludente Bedingung, sich nach dem Eintritt in bestimmter Weise zu verhalten, kommt nur in Betracht, wenn das Betreten der Geschäftsräume durch die Teilnehmer nach seinem äußeren Erscheinungsbild von dem allgemein erlaubten Verhalten offenkundig abweicht.[898] Diesem verlangten Verhalten werden „Flashmob"-Teilnehmer bei ihrem Eintritt jedoch zunächst genügen. Die Geschäftsräume könnten aber für den Fall widerrechtlich betreten werden, wenn erkennbare Hinweise vor dem Geschäft angebracht wären, dass das Geschäft nur mit Kaufabsicht oder nur ohne den Willen „Flashmob"-Aktionen durchzuführen, betreten werden dürfe. Dies ist nach

892 BAG v. 22.9.2009, NZA 2009, 1347, 1355, Rn. 67.
893 *Stree/Hecker*, in: Schönke/Schröder, § 303 Rn. 8.
894 So auch *Rosenau*, S. 258.
895 A. A. *Picker*, ZfA 2010, 499, 567.
896 So auch BAG v. 22.9.2009, NZA 2009, 1347, 1355, Rn. 65.
897 *Franzen*, in: JbArbR, Bd. 47 (2010), 119, 132.
898 OLG Düsseldorf 7.7.1982, NJW 1982, 2678; *Fischer*, StGB, § 123 Rn. 17 f.; *Gaede*, in: Entgrenzter Arbeitskampf?, ZAAR Schriftenreihe Band 37, S. 129, 150.

allgemeiner Lebenserfahrung bisher nicht zu erwarten, könnte aber in Zukunft eine mögliche Reaktion der Arbeitgeber sein.[899]

Allerdings kann dem entgegengehalten werden, dass bei einer solchen beschränkten Erlaubnis, „Flashmob“-Teilnehmer trotzdem keinen Hausfriedensbruch begehen würden, wenn sie ihrem äußeren Erscheinungsbild nach vortäuschen würden, zum berechtigten Personenkreis – nämlich zu dem Kreis der normalen Käufer – zu gehören.[900] Dies könnte jedoch mit dem vom BAG aufgestellten Erfordernis, dass die „Flashmob“-Aktion für den Arbeitgeber deutlich erkennbar sein muss, schwierig zu vereinbaren sein.[901] Sollten Teilnehmer oder Gewerkschaftsbeauftragte demnach – dem Erfordernis entsprechend deutlich erkennbar durch Kleidung oder sonstige Accessoires – die Geschäftsräume betreten, könnten diese von einer generellen Zutrittserlaubnis, bei entsprechend angebrachtem Hinweis, ausgenommen sein.[902] Allerdings ist dann wiederum fraglich, ob die Arbeitskampfmaßnahme bereits bei Betreten erkennbar sein muss und es somit ausreichend sein könnte, dass die Teilnehmer sich erst nach Zutritt zu erkennen geben.[903] Dies wird vom BAG nicht klargestellt.[904]

Dass „Flashmob“-Teilnehmer einer Aufforderung des Hausrechtsinhabers nicht nachkommen würden[905] und damit den Tatbestand des § 123 Abs. 1 Alt. 2 StGB verwirklichen, ist unwahrscheinlich. Dies ist zwar im Einzelfall möglich, kann jedoch nicht typischerweise erwartet werden, womit eine generelle Strafbarkeit ausscheidet.[906]

(c) Betrug gemäß § 263 StGB

Teilweise wird auch erwogen, dass bei derartig in Supermarktfilialen durchgeführten „Flashmob“-Aktionen typischerweise der Tatbestand des Betrugs gemäß § 263 StGB erfüllt sein könnte.[907] Dies gilt vor allem für Fälle, bei denen „Flashmob“-

---

899 Siehe dazu „Verteidigungsmöglichkeiten“: 2. Teil B. II. 3. S. 167 ff.; *Franzen*, in: JbArbR, Bd. 47 (2010), 119, 132; *Krieger/Günther*, NZA 2010, 20, 23; kritisch *Greiner*, NJW 2010, 2977, 2978; ebenso *Rüthers/Höpfner*, JZ 2010, 261, 264; *Däubler*, in: Däubler, § 31 Rn. 10 ist der Auffassung, dies sei nicht möglich, da dies das Kampfmittel insgesamt gegenstandslos machen und deshalb gegen Art. 9 Abs. 3 GG verstoßen würde.

900 *Lencker/Sternberg-Lieben*, in: Schönke/Schöder, § 123 Rn. 24/25; *Lilie*, in: Leipziger Kommentar StGB, § 123 Rn. 52; a. A. *Fischer*, StGB, § 123 Rn. 23.

901 BAG v. 22.9.2009, NZA 2009, 1347, 1353, Rn. 57.

902 So auch *Franzen*, in: JbArbR, Bd. 47 (2010), 119, 133.

903 Mit den Bedenken auch *Rosenau*, S. 275; anders *Otto*, in: Neues Arbeitskampfrecht?, S. 41 f.

904 Siehe dazu näher „Erkennbarkeit der Arbeitskampfmaßnahme“: 2. Teil B. II. 2. S. 165 ff.

905 *Otto*, in: Neues Arbeitskampfrecht?, S. 46 ff.; *Willemsen/Mehrens*, Anm. zu BAG v. 22.09.2009, AP Nr. 174 zu Art. 9 GG Arbeitskampf.

906 So auch *Rosenau*, S. 258.

907 *Franzen*, in: JbArbR, Bd. 47 (2010), S. 119, 133 f.; *Maaß*, ArbRAktuell 2009, 151, 153; *Rieble*, NZA 2008, 796, 798; *Rosenau*, S. 259.

Teilnehmer ihre eingepackten Waren an der Kasse einscannen lassen und somit, trotz gegenläufiger Pläne, Zahlungsbereitschaft vorspielen. Hierbei scheiden aber in der Regel sowohl der vollendete als auch der versuchte Betrug aus.[908] Ein vollendeter Betrug scheidet aus, da der vermeintliche Käufer die Waren letztendlich nicht mitnimmt und somit zumindest kein Vermögensschaden entsteht. Zudem fehlt es auch bereits an einer Bereicherungsabsicht. Auch ein versuchter Betrug kommt nicht in Betracht. Der vom „Scheinkäufer" vorgestellte Vermögensschaden, der beim Ladeninhaber aufgrund seiner Täuschungshandlung – der Vorspielung der Zahlungswilligkeit – eintreten könnte, könnte lediglich darin zu sehen sein, dass dem Ladeninhaber ein höherer Personalkostenaufwand dadurch entsteht, dass die Waren in die Regale des Geschäfts zurückgeräumt werden müssen.[909] Zum einen ist dann aber bereits fraglich, ob die Vorstellung des „Scheinkäufers" wirklich so weitgehend ist und eventuelle Folgeschäden einkalkuliert. Zum anderen wäre dieser Schaden aber zumindest nicht stoffgleich mit dem Schaden, der aufgrund der täuschungsbedingten Verfügung der Kassiererin entstehen könnte, also dem Verlust von Eigentum an den Waren ohne finanziellen Ausgleich.[910]

(d) Nötigung gemäß § 240 StGB

Schließlich lässt sich auch darüber diskutieren, ob mit einer „Flashmob"-Aktion typischerweise der Straftatbestand einer Nötigung gemäß § 240 StGB erfüllt ist. Der Tatbestand des § 240 StGB fordert, dass ein Mensch rechtswidrig mit Gewalt zu einer Handlung, Duldung oder Unterlassung genötigt wird. Dabei ist nach § 240 Abs. 2 StGB jedoch zu beachten, dass die Tat erst dann rechtswidrig ist, wenn die Anwendung der Gewalt zu dem angestrebten Zweck als verwerflich anzusehen ist.

Bei derartigen „Flashmob"-Aktionen im Supermarkt werden einzelne Kunden durch gezielte physische Erschwernisse, wie etwa dem Stehen lassen gefüllter Einkaufswagen in Gängen oder dem „Blockieren" der Kassen durch massenhafte Einkäufe (Nötigungshandlung), daran gehindert, ihrem Einkaufverhalten in der gewohnten Geschwindigkeit nachzukommen (Nötigungserfolg). Zu Stoßzeiten ist es jedoch nichts Ungewöhnliches, dass der Kassenbereich überfüllt ist, sodass fraglich ist, ob „Scheinkäufer" oder Käufer von bloßen „Pfennigartikeln", welche die Kassenbereiche überfüllen und damit „echte" Kunden vom (zügigen) Einkauf abhalten, überhaupt eine nötigende Handlung begehen. Doch muss man dies gerade wegen der geplant zusammenwirkenden Art und Weise ihrer (scheinbaren) Käufe und der damit gezielten gemeinsamen Behinderung der Betriebsabläufe bejahen.

Darüber hinaus müsste die nötigende Wirkung, die „Flashmob"-Teilnehmer auf weitere Kunden ausüben, jedoch auch verwerflich und damit rechtswidrig sein. Das BAG führt hierzu aus, eine rechtmäßige Arbeitskampfmaßnahme sei keine

---

908 So auch *Franzen*, in: JbArbR, Bd. 47 (2010), S. 119, 133; *Rosenau*, S. 258; a. A *Rieble*, NZA 2008, 796, 798; *Greiner*, Anm. EzA Nr. 143 zu Art. 9 GG Arbeitskampf, S. 27, 51.

909 *Franzen*, in: JbArbR, Bd. 47 (2010), S. 119, 133.

910 *Franzen*, in: JbArbR, Bd. 47 (2010), S. 119, 133.

Nötigung.[911] Dies wird jedoch dogmatisch kritisch hinterfragt, da gerade die Frage geklärt werden müsse, ob eine strafbare Kampfmaßnahme von Art. 9 Abs. 3 GG gedeckt sei.[912]

Im Bereich des Arbeitskampfes soll die Nötigung durch Streik und Aussperrung jedenfalls dann nicht rechtswidrig sein, wenn sie sich in den rechtlich anerkannten Grenzen des Arbeitskampfes bewegt und nicht außer Verhältnis zu dessen Anlass und Zweck steht.[913] Teilweise wird jedoch gefolgert, dass dies nur für bereits rechtlich anerkannte klassische Arbeitskampfmittel, deren Leitlinien klar umrissen seien, gelten könne. Soll die Zulässigkeit neuer Arbeitskampfmittel – wie etwa die des „Flashmobs" – geklärt werden, müsse eine eigene Strafbarkeitsprüfung vorgenommen werden.[914] Dies ist auf den ersten Blick nachzuvollziehen, fehlt es doch an Erfahrungswerten wie eine solche neue Arbeitskampfmaßnahme ablaufen könnte. Andererseits ist es nicht vollends einleuchtend, warum für eine neue Arbeitskampfmaßnahme ein deutlich strengerer Maßstab angelegt wird und diese sich nicht lediglich auch – wie die anerkannten Maßnahmen – in den übrigen festgelegten Grenzen des Arbeitskampfes bewegen muss, um eine Rechtswidrigkeit auszuschließen.[915] Betriebsbesetzungen oder -blockaden, mit denen „Flashmob"-Aktionen eine gewisse Ähnlichkeit nachgesagt wird,[916] sollen in der Regel rechtswidrig sein, wenn sie ausschließlich oder überwiegend dazu dienen, Arbeitswillige an der Arbeit zu hindern.[917] Arbeitswillige an der Arbeit zu hindern ist jedoch nicht die Intention einer „Flashmob"-Aktion, sodass bereits aus diesem Grund eine Parallelwertung ausscheiden muss.

Die Rechtswidrigkeit muss daher abstrakt festgestellt werden. Diese ist gegeben, wenn die Anwendung der Gewalt zu dem angestrebten Zweck verwerflich ist.[918] Die Widerrechtlichkeit ergibt sich also aus dem Verhältnis von Nötigungsmittel und Nötigungszweck.[919] Speziell bei einem Streik bzw. einer Arbeitskampfmaßnahme generell soll die Nötigung nur insoweit erlaubt sein, wie Mittel und Zweck in einem adäquaten Verhältnis zueinander stehen.[920] Die Verwerflichkeit lässt sich nur auf Grund einer umfassenden Abwägung unter Berücksichtigung sämtlicher Umstände

---

911 BAG v. 22.9.2009, NZA 2009, 1347, 1355, Rn. 66.

912 *Picker*, ZfA 2010, 499, 550; *Rieth*, SAE 2010, 37, 40; *Rosenau*, S. 260.

913 *Neumann*, ZStW 109, 1, 4 ff.; *Alvater*, in: Leipziger Kommentar StGB, § 240 Rn. 138.

914 *Rosenau*, S. 261.

915 Auch *Däubler*, in: Däubler, § 15 Rn. 62 ist der Auffassung, dass andere rechtmäßige Arbeitskampfmaßnahmen, wie z. B. der Flashmob einem rechtmäßigen Streik in der Bewertung gleichgesetzt werden müssten.

916 *Konzen*, in: FS Reuter, S. 606, 609; *Willemsen/Mehrens*, Anm. zu BAG v. 22.09.2009, AP Nr. 174 zu Art. 9 GG Arbeitskampf, unter II. 2. b) cc).

917 *Fischer*, StGB, § 240 Rn. 49a; hierzu jedoch später kritisch: 3. Teil B. I. 1. und 2. S. 195 ff. und S. 207 ff.

918 *Rengier*, § 23 Rn. 57 ff.

919 *Eser/Eisele*, in: Schönke/Schröder, § 240 Rn. 15.

920 *Eser/Eisele*, in: Schönke/Schröder, § 240 Rn. 25; *Rosenau*, S. 261.

des Einzelfalls und einer darauf aufbauenden Gesamtwürdigung des Wertverhältnisses und des sachlichen Zusammenhangs von Zweck und Mittel abschließend beurteilen.[921] Da sich an einem „Flashmob" beliebige Dritte beteiligen könnten, führe dies zu einer Verfolgung beliebiger Zwecke. Daraus ergebe sich ein grobes Missverhältnis in der Mittel-Zweck-Relation, vor allem im Hinblick auf diejenigen Dritte, die den eigentlichen Zweck der Maßnahme – die Steigerung tariflicher Löhne – nicht verfolgen würden.[922]

Zunächst muss an dieser Stelle jedoch angemerkt werden, dass Dritte keine „beliebigen Zwecke" verfolgen, sondern genau wie die anderen Teilnehmer der Maßnahme auch, letztendlich mit der Aktion die Steigerung der Tariflöhne bezwecken wollen. Sie sind größtenteils Sympathisanten der unterstützten Gewerkschaftsmitglieder und keine Krawallmacher. Auch haben sich an der in Frage kommenden „Flashmob"-Aktion – nach zur Verfügung stehenden Informationen – überwiegend Gewerkschaftsmitglieder beteiligt. Zudem ist es zwar richtig, dass die nicht arbeitskampfrechtlich legitimierten Akteure in den Bereich einer Nötigung gelangen[923], doch wurde bereits aufgezeigt, dass daraus nicht zwangsläufig auf eine Rechtswidrigkeit bzw. Unfriedlichkeit der Maßnahme geschlossen werden kann. Wie bereits erwähnt, muss in Zukunft ein deutliches Überwiegen von Gewerkschaftsmitgliedern über beliebige Dritte gefordert werden,[924] sodass spätestens dann ein Missverhältnis der Mittel-Zweck-Relation allein aus diesem Grunde nicht mehr angenommen werden kann. Es muss vielmehr von Einzelfall zu Einzelfall und je nach gewählter „Flashmob"-Variante überprüft werden, ob Nötigungsmittel und -zweck in einem adäquaten Verhältnis zueinander stehen.[925] Dies kann bei einer derartigen „Flashmob"-Aktion im Supermarkt noch angenommen werden. Dies gilt vor allem dann, wenn man die Privilegierung von Nötigungen bei Arbeitskampfmaßnahmen berücksichtigt und bedenkt, dass das gewählte Nötigungsmittel die Nötigungsopfer nicht übermäßig stark beeinträchtigt.[926]

Ähnlich bewertet es auch das BAG. Es verneint das Vorliegen von Betriebsblockaden, da „Flashmob"-Aktionen nicht auf eine nachhaltige Absperrung des gesamten Betriebs, sondern auf eine relativ kurzfristige, vorübergehende Störung betrieblicher

---

921 BVerfG v. 26.7.1990, NJW 1991, 971; BVerfG v. 23.3.1992, NJW 1992, 2688; BVerfG v. 24.10.2001, NJW 2002, 1031; *Alvater*, in: Leipziger Kommentar StGB, § 240 Rn. 138 geht davon aus, dass selbst dann nicht zwangsläufig eine Verwerflichkeit anzunehmen ist, wenn die Arbeitskampfmaßnahme rechtswidrig ist, da die Tarifparteien „immer wieder aufs Neue" aufgrund geänderter Rahmenbedingungen Grenzen austesten müssten.

922 *Rosenau*, S. 261.

923 So auch *Picker*, ZfA 2010, 499, 550.

924 Siehe: 2. Teil B. I. 2. a) ee) S. 149 ff.

925 *Gaede*, in: Entgrenzter Arbeitskampf?, ZAAR Schriftenreihe Band 37, S. 129, 153 ff.

926 Auch *Richter*, S. 81 verneint die Verwerflichkeit eines Verhaltens bei nur unerheblichen Beschränkungen.

Abläufe gerichtet seien.[927] Dort verläuft für das BAG daher anscheinend die Grenze eines adäquaten Verhältnisses zwischen Mittel und Ziel und damit zum friedlichen Charakter der Aktion.[928] Dass im Rahmen von „Flashmob“-Aktionen typischerweise der Straftatbestand der Nötigung gemäß § 240 StGB erfüllt ist, kann – bereits aus dem Grund der möglichen Vielfältigkeit hinsichtlich der Art und Weise der Maßnahme – daher nicht für jeden Fall festgehalten werden.

(3) Zwischenergebnis

„Flashmob“-Aktionen erfüllen demnach typischerweise weder Straftatbestände noch verletzen sie regelmäßig das Eigentum in solch einer Art und Weise, dass diese Aktionen als „unfriedlich“ angesehen werden und bereits daher aus dem Schutzbereich herausfallen müssten. Hinsichtlich möglicher Eigentumsverletzungen muss allerdings nach hier vertretener Auffassung die Angemessenheitsprüfung im konkreten Einzelfall beachtet werden.

Allerdings haben die vorstehenden Ausführungen deutlich gemacht, dass die Grenze zwischen „friedlichen“ und „unfriedlichen“ Aktionen „vage und von geringer Trennschärfe“[929] ist. Es ist daher im Bereich des Möglichen, dass „Flashmob“-Aktionen in bestimmten Varianten als unfriedlich eingestuft werden können. Eine Wertung dahingehend, dass diese jedoch regelmäßig unfriedlich seien, kann nicht vorgenommen werden. Auch wenn die rechtliche Bewertung bzw. Abgrenzung der „friedlichen“ Arbeitskampfmaßnahme daher Schwierigkeiten bereiten könnte, ist die Erwähnung dieses Merkmals durch das BAG dennoch zu begrüßen. Es stellt nämlich sicher, dass nicht „erlaubt ist, was gefällt“[930] und extremen sowie gewalttätigen Arbeitskampfverläufen und -strategien der Gewerkschaften Einhalt geboten wird. So ist nicht zu befürchten, dass Arbeitskampfmaßnahmen wie das in Frankreich populäre Gefangennehmen von Managern („Bossnapping“)[931] in Deutschland übernommen werden könnten.

c) Zusammenfassung

Im Ergebnis lässt sich festhalten, dass der sachliche Schutzbereich des Art. 9 Abs. 3 GG durch die neuere Rechtsprechung des BVerfG und des BAG sehr weit gefasst ist und daher begrenzt werden muss, um das Grundrecht nicht zu konturenlos werden zu lassen. Eine solche Begrenzung kann zum einen – wie vom BAG durchgeführt – durch den verfolgten Zweck erfolgen. Eine Eingrenzung durch Gemeinwohlbelange ist jedenfalls auf Schutzbereichsebene nicht zielführend. Hingegen

---

927 BAG v. 22.9.2009, NZA 2009, 1347, 1354, Rn. 62.

928 Vgl. auch *Greiner*, Anm. EzA Nr. 143 zu Art. 9 GG Arbeitskampf, S. 27, 53.

929 *Greiner*, NJW 2010, 2977, 2981.

930 So die Befürchtung von *Krieger/Günther*, NZA 2010, 20.

931 Vgl. http://www.sueddeutsche.de/wirtschaft/frankreich-volkssport-bossnapping-1.396213 (zuletzt geprüft am: 20.06.2016); siehe dazu später noch: 3. Teil B. IV. 7. S. 259 f.

kommt dem Paritätsgrundsatz eine den Schutzbereich eingrenzende Wirkung zu, da er für eine Eindämmung des „Waffenarsenals" sorgen soll. Im Gegensatz zur Meinung des BAG kann darüber hinaus auch die Art des Kampfmittels den Schutzbereich begrenzen. Dies kann durch eine funktionale Auslegung des Grundrechtstatbestandes erfolgen. Es können demnach nur solche Verhaltensweisen – oder besser Arbeitskampfmaßnahmen – vom Schutzbereich umfasst sein, die in der Lage sind, die Funktionsmäßigkeit der Tarifautonomie zu gewährleisten und Verhandlungsparität herzustellen. Dieses Verständnis ist demnach eng verknüpft mit der Begrenzung des Schutzbereichs durch den Paritätsgrundsatz, jedoch streng zu trennen vom eigentlichen Zweck der konkreten Arbeitskampfmaßnahme und damit vom Bezugspunkt der Verhältnismäßigkeitsprüfung. Abschließend ist eine Begrenzung des Schutzbereichs – das ist im Ergebnis die praktisch relevanteste Begrenzung – durch einen Friedlichkeitsvorbehalt zu bejahen. Insbesondere sind daher schwerwiegende Eigentumsverletzungen und Straftaten, sofern sie bei einer Arbeitskampfmaßnahme regelmäßig zu erwarten sind, von vornherein nicht vom Schutz des Art. 9 Abs. 3 GG umfasst.

2. *Personaler Schutzbereich*

Zudem ist aufgrund der besonderen Fallkonstellation fraglich, ob der personale Schutzbereich einschlägig ist. Im entschiedenen „Flashmob"-Fall wurden außenstehende Dritte, die nicht zwingend Arbeitnehmer des Unternehmens oder Gewerkschaftsmitglieder sein mussten, aufgefordert, sich an der Aktion zu beteiligen. Ob diese wirklich teilgenommen haben, kann nicht zweifelsfrei geklärt werden und wird von der Gewerkschaft bestritten. Zumindest bei künftigen Aktionen muss mit dem Eingreifen von externen Dritten jedoch gerechnet werden, sodass die Frage, welche Folgen mit einer solchen Teilnahme einhergehen, geklärt werden muss.

In seinem Urteil geht das BAG davon aus, dass der Schutzbereich des Art. 9 Abs. 3 GG nicht etwa deshalb versperrt sei, weil nicht von vornherein ausgeschlossen werden könne, dass sich an gewerkschaftlichen „Flashmob"-Aktionen auch Dritte beteiligen würden.[932] Es ordnet diese Problematik demnach dem Schutzbereich zu.[933] Es ist aber anzumerken, dass gewisse (faktische) Aspekte, wie etwa das mögliche Exzessrisiko, vom BAG besser in der Proportionalität im Zuge der Verhältnismäßigkeitsprüfung zu prüfen gewesen wären.[934] Daher ist es angebracht, die Problematik der Einbeziehung Dritter in „Flashmob"-Aktionen in zwei separaten Teilen zu bearbeiten.

---

932 BAG v. 22.9.2009, NZA 2009, 1347, 1351, Rn. 35.

933 Ähnlich sehen dies: *Kersten*, in: Neues Arbeitskampfrecht?, S. 61, 68; *Rosenau*, S. 240 f. Allerdings differenziert das BAG nicht näher zwischen persönlichem und sachlichem Schutzbereich. Gewisse Äußerungen lassen jedoch auf eine Verortung in den sachlichen Schutzbereich schließen. Kritisch dazu: *Rosenau*, S. 241.

934 So auch: *Greiner*, Anm. EzA Nr. 143 zu Art. 9 GG Arbeitskampf, S. 27, 49 f.; *Rehder/ Deinert/Callsen*, S. 99.

a) „Dritte" als Problem des personalen Schutzbereichs des Art. 9 Abs. 3 GG

aa) Möglicher Schutz durch individuelle Koalitionsfreiheit

Zunächst ist zu erörtern, ob außenstehende Dritte, die sich an den in Frage stehenden „Flashmob"-Aktionen beteiligen, von der individuellen Koalitionsfreiheit des Art. 9 Abs. 3 GG erfasst sind.

Auf den ersten Blick ist eine Einbeziehung in den Schutzbereich unproblematisch. Art. 9 Abs. 3 GG ist ein „Jedermann-Grundrecht".[935] Jede natürliche Person kann hiernach mit anderen Personen eine Koalition bilden. Allerdings ergibt sich aus dem Wortlaut, dass dieses „Jedermann-Grundrecht" durch besondere Qualifikationsmerkmale eingeschränkt ist.[936] Zum einen ist die Koalitionsfreiheit „für jedermann und für alle Berufe" gewährleistet und zum anderen nur „zur Wahrung und Förderung der Arbeits- und Wirtschaftsbedingungen". Grundrechtsträger sollen demnach nur Personen in ihrer Eigenschaft als Berufsangehörige sein.[937] Es bedürfe eines Handelns als „Arbeitnehmer" oder „Arbeitgeber". Ein ausreichender Bezug zu den Arbeitsbeziehungen müsse bestehen.[938] Nimmt man den Wortlaut des Grundgesetzes ernst, nehmen somit außenstehende Personen, die sich aus ganz anderen Motiven an einer Druckausübung gegen das Unternehmen beteiligen als die den Arbeitskampf führende Gewerkschaft sie hegt, nicht ihr Grundrecht auf Förderung der Arbeits- und Wirtschaftsbedingungen durch kollektiven Zusammenschluss wahr.[939] Gründe für dritte Personen sich an solchen „Flashmob"-Aktionen zu beteiligen, ohne eigene wirtschaftliche Interessen durchzusetzen, könnten etwa Solidaritätserwägungen, politische Überzeugungen oder Erlebnis- und Eventgründe sein. Daher werden sie auch als „Sympathisanten"[940] oder „Politaktivisten"[941] bezeichnet.

Die (direkte) Berufung auf die individuelle Koalitionsfreiheit kommt demnach für Personen, welche die besonderen Qualifikationsmerkmale des Art. 9 Abs. 3 GG nicht erfüllen, nicht in Betracht.[942] Solche außenstehenden Personen, die nicht Gewerkschaftsangehörige oder zumindest Arbeitnehmer eines der Mitgliedsunternehmen des bekämpften Arbeitgeberverbandes sind[943] und sich an „Flashmob"-Aktionen beteiligen, können sich bei Vorliegen der Voraussetzungen dann aber immer noch

---

935 Siehe bereits zum Schutzbereich der Koalitionsfreiheit: 1. Teil B. I. S. 17 ff.

936 *Linsenmaier*, in: ErfK, Art. 9 GG Rn. 27; *Bauer*, in: Dreier, Art. 9 GG Rn. 67; *Greiner*, Anm. EzA Nr. 143 zu Art. 9 GG Arbeitskampf, S. 27, 31; *Thüsing/Waldhoff*, ZfA 2011, 329, 350.

937 *Bauer*, in: Dreier, Art. 9 GG Rn. 67.

938 *Thüsing/Waldhoff*, ZfA 2011, 329, 343.

939 So auch *Thüsing/Waldhoff*, ZfA 2011, 329, 351.

940 *Willemsen/Mehrens*, Anm. zu BAG v. 22.09.2009, AP Nr. 174 zu Art. 9 GG Arbeitskampf, unter II. 2. a.

941 *Rieble*, NZA 2008, 796, 797.

942 So auch *Rosenau*, S. 242; *Thüsing/Waldhoff*, ZfA 2011, 329, 349 ff.

943 Dann gebe es die Möglichkeit einer sog. „ad-hoc Koalition": *Schumann*, in: BKS, AKR, Rn. 272; *Däubler*, in: Däubler, § 12 Rn. 35; *Ögüt*, in: Däubler, § 19 Rn. 10.

auf andere Grundrechte wie etwa Art. 5 Abs. 1 oder Art. 8 Abs. 1 GG berufen.[944] Diese sind systematisch zur Kundgabe politischer Ansichten und das aktive Eintreten und Demonstrieren für eigene Vorstellungen ohnehin eher einschlägig.[945]

bb) Möglicher Schutz durch kollektive Koalitionsfreiheit

Neben der individuellen Koalitionsfreiheit ist allerdings auch die Koalition selbst durch die kollektive Koalitionsfreiheit geschützt. Es ist anerkannt, dass sie, als Trägerin des Arbeitskampfmittels, Dritte im begrenzten Umfang einbeziehen kann.[946] Diese könnten demnach dann vom kollektiven Schutz profitieren. Allerdings galt der Schutz der Koalition bisher nur für Außenseiter, d. h. nichtorganisierte Arbeitnehmer, und auch nur wenn diese zumindest mittelbar (etwa durch Bezugnahmeklauseln) an dem erstrebten Verhandlungsergebnis teilhaben konnten.[947] Diese handelten dann nämlich zur Förderung der eigenen Arbeitsbedingungen. Folgt man dieser bisherigen Ansicht, der zwingenden Partizipationsmöglichkeit am Verhandlungsergebnis von Außenseitern, kommt den Dritten, die noch nicht einmal Arbeitnehmer des betroffenen Arbeitgeber sind, bei „Flashmob"-Aktionen die kollektive Koalitionsfreiheit der Gewerkschaft allerdings auch nicht rechtsreflexiv begünstigend[948] zugute, da sie keinerlei Verbindung zum eigentlichen Arbeitskampf haben.

Gegen eine Einbeziehung von Dritten in den Arbeitskampf spricht zudem, dass schwach organisierte Koalitionen dann ihre Schwäche dadurch kompensieren könnten, dass sie sich für ihre Arbeitskämpfe externe Hilfe organisieren.[949] Teilweise ist sogar von bezahlten „Krawalltruppen"[950] oder „Fremdenlegionen"[951] die Rede. Ihre Kampfkraft könnte auf diese Art und Weise künstlich und massiv verstärkt werden. Dabei soll gerade das freie Kräftemessen unter reellen Kräfteverhältnissen der Parteien für ausgewogene und marktgerechte Tarifabschlüsse sorgen.[952] Nicht

---

944 In diese Richtung ebenfalls gehend *Thüsing/Waldhoff*, ZfA 2011, 329, 352 f.

945 *Thüsing/Waldhoff*, ZfA 2011, 329, 350, 352.

946 *Thüsing/Waldhoff*, ZfA 2011, 329, 351.

947 Für den Streik gegen einen Außenseiter-Arbeitgeber: BAG v. 18.2.2003, NZA 2003, 866, 867 f.: „Dies ist insbesondere dann anzunehmen, wenn das Ergebnis eines Arbeitskampfes zumindest faktisch auch den Außenseitern zugute kommt und diese dann im Rahmen des von der Gewerkschaft getragenen Arbeitskampfes letztlich um ihre eigenen Arbeitsbedingungen kämpfen."; für Außenseiter-Arbeitnehmer: BAG v. 22.3.1994, NZA 1994, 1097, 1098; BAG 21.4.1971, NJW 1971, 1668, 1670: „Weiterhin genießen sie regelmäßig auch die Vorteile eines neuen Tarifabschlusses."; *Otto*, § 6 Rn. 11; *Thüsing/Waldhoff*, ZfA 2011, 329, 351 f.

948 Diese Formulierung nutzend *Thüsing*, S. 28, 54.

949 *Greiner*, Anm. EzA Nr. 143 zu Art. 9 GG Arbeitskampf, S. 27, 30.

950 *Greiner*, Anm. EzA Nr. 143 zu Art. 9 GG Arbeitskampf, S. 27, 30.

951 *Picker*, ZfA 2010, 499, 526.

952 *Bieder*, NZA 2008, 799; *Greiner*, Anm. EzA Nr. 143 zu Art. 9 GG Arbeitskampf, S. 27, 31 f.

umsonst wird der Arbeitskampf als „Preiskampf am Arbeitsmarkt" bezeichnet.[953] Diese Kräfteverhältnisse würden aber durch eine externe Hinzuziehung arbeitskampfwilliger Personen verfälscht. Zudem verlöre dann auch die mitgliedschaftliche Legitimation durch die Gewerkschaftsmitglieder deutlich an Relevanz.[954] Koalitionen könnten dann ohne oder sogar gegen den Willen der Mitglieder Handlungen vornehmen, indem sie auf Dritte zurückgreifen würden.[955] Die Einbeziehung Dritter soll daher die Legitimität der Arbeitskampfhandlung grundsätzlich in Frage stellen.[956] Die individuelle Koalitionsfreiheit, die eigentlich historischer Ausgangspunkt ist, werde so zugunsten der kollektiven Koalitionsfreiheit, der Macht der Verbände, völlig entwertet.[957] Koalitionsbetätigungen seien nur solange und soweit in den personalen Schutzbereich der Koalitionsfreiheit einzubeziehen, wie sie Anteil an der legitimatorischen Grundlage der Koalitionsfreiheit selbst hätten. Außenstehende Personen, die nicht von der individuellen Koalitionsfreiheit umfasst seien, könnten der Arbeitskampfmaßnahme der Koalition daher keine Legitimität verschaffen.[958]

cc) Parallele zu anderen Arbeitskampfmaßnahmen mit Drittbezug

Man könnte auch über eine Parallele zum Unterstützungsstreik, den das BAG unter bestimmten Voraussetzungen für rechtmäßig erklärt hat,[959] nachdenken. Auch dort geht es um eine Art der Drittbeteiligung. *Götz* führt insofern aus, wenn schon ein Arbeitgeber als Dritter in den Arbeitskampf hineingezogen werden dürfe (wie beim Unterstützungsstreik geschehen), solle auch parallel dazu für Dritte die Möglichkeit zur Beteiligung an der Arbeitskampfmaßnahme bestehen, denn dies verkörpere eine geringere Eingriffsintensität.[960] Laut *Greiner* ist ein Vergleich jedoch unpassend.[961] Es sei dort im Kern um die Arbeitsniederlegung durch Arbeitnehmer wirtschaftlich oder produktionstechnisch eng verbundener Unternehmen gegangen. Die Anerkennung des Unterstützungsstreiks und die Billigung der Arbeitskampfmaßnahmen von Dritten sei eine Reaktion auf fortschreitende Outsourcingprozesse auf Unternehmensseite und sei zur Wahrung der Parität notwendig. Beim „Flashmob" stünden die Dritten dem Arbeitskampf deutlich ferner und seien den Zielen nur ideell verbunden. Zudem käme es dort zu Konflikten mit dem Charakter des Art. 9 Abs. 3 GG als Grundrecht der Parteien abhängiger Beschäftigungsverhältnisse, da

---

953 *Brox/Rüthers/Henssler*, Arbeitsrecht, Rn. 736.

954 So auch *Greiner*, Anm. EzA Art. 9 GG, 143, 27, 30.

955 *Greiner*, Anm. EzA Nr. 143 zu Art. 9 GG Arbeitskampf, S. 27, 30; *Rieble*, NZA 2008, 796, 797; *Rosenau*, S. 244.

956 *Rosenau*, S. 241 f.; *Willemsen/Mehrens*, Anm. zu BAG v. 22.09.2009, AP Nr. 174 zu Art. 9 GG Arbeitskampf.

957 *Franzen*, in: JbArbR, Bd. 47 (2010), S.119, 135.

958 *Rosenau*, S. 242.

959 BAG v. 19.6.2007, NZA 2007, 1055.

960 *Götz*, S. 58.

961 *Greiner*, Anm. EzA Nr. 143 zu Art. 9 GG Arbeitskampf, S. 27, 33 f.

teilweise noch nicht einmal Arbeitnehmer streiken würden. Dies sei beim Unterstützungsstreik gerade nicht zu befürchten. Eine schematische Parallelbewertung sei daher unangebracht.[962]

Grundsätzlich kann dem gefolgt werden, da die Konstellationen auf den ersten Blick in der Tat sehr unterschiedlich sind. Allerdings muss an dieser Stelle angemerkt werden, dass die Hinzuziehung von Dritten beim „Flashmob" ebenfalls als paritätswahrende Maßnahme verstanden werden kann.[963] Im Einzelhandel bedient sich die Arbeitgeberseite unter anderem des Einsatzes von Leiharbeitnehmern oder Aushilfskräften, um den Streik abzuwehren. Das den Leiharbeitnehmern zustehende Leistungsverweigerungsrecht aus § 11 Abs. 5 S. 3 AÜG wird von diesen kaum wahrgenommen, auch weil sie vom Ergebnis des Streiks beim Entleiher regelmäßig nicht profitieren.[964] In so einem Fall ist es aber nur gerecht, wenn auch die Gewerkschaften auf außenstehende Dritte zurückgreifen können. Ansonsten würde sich das Kräftegleichgewicht zu stark zugunsten der Arbeitgeberseite verschieben. Entgegen der Meinung *Greiners* kann man die Einbeziehung Dritter demnach aus Gründen der Kampfparitätswahrung billigen, um strukturelle Probleme auszugleichen.[965] Dies wäre dann eine Parallele zumindest zu den Gründen, aufgrund derer ein Unterstützungsstreik zugelassen wurde.

dd) Fehlende Partizipation als möglicher Hinderungsgrund

Gegen eine Einbeziehung Dritter wird oftmals der fehlende Partizipationsgedanke angeführt.[966] Dieser wurde z. B. in der Außenseiterrechtsprechung des BAG[967] als Merkmal manifestiert. Dieses mögliche Leitbild des Arbeitskampfes soll nun gegen eine Einbeziehung Dritter sprechen. Allerdings muss beachtet werden, dass dieser Gedanke bereits im Urteil des BAG zum Unterstützungsstreik quasi keine Rolle spielte und nicht weiter verfolgt wurde.[968] Vielmehr hat das Gericht dort die umfängliche – nicht nur im Kernbereich geschützte – Koalitionsbetätigungsfreiheit[969] und die Bedeutung des Verhältnismäßigkeitsgrundsatzes betont. In diesem Zusammenhang

---

962 *Greiner*, Anm. EzA Nr. 143 zu Art. 9 GG Arbeitskampf, S. 27, 33 f.; ebenso *Rosenau*, S. 243, der feststellt, dass das BAG dort eine besondere Nähebeziehung verlangte.

963 A. A. *Willemsen/Mehrens*, Anm. zu BAG v. 22.09.2009, AP Nr. 174 zu Art. 9 GG Arbeitskampf, welche die Einbeziehung Dritter als Gefährdung der Verhandlungsparität ansehen.

964 Vgl. *Berg*, in: JbArbR, Bd. 46 (2009), S. 69, 75 f.; dahingehend auch die Vorinstanz LAG Berlin Brandenburg v. 29.9.2008, AuR 2009, 47, 48; vgl. nun aber die Einschränkungen für den Einsatz von Leiharbeitnehmern beim Streik durch § 11 Abs. 5 AÜG n. F.

965 So auch *Franzen*, in: JbArbR, Bd. 47 (2010), S. 119, 135 f.

966 *Jacobs*, Bucerius Law Journal 2010, 1, 2; *Rüthers/Höpfner*, JZ 2010, 261, 262 f.; *Thüsing/ Waldhoff*, ZfA 2011, 329, 351 f.

967 Siehe dazu: Fn. 947.

968 So auch *Rehder/Deinert/Callsen*, S. 99.

969 Vgl. schon oben: 1. Teil D. S. 85 ff.

ist auch das Urteil des BAG zum Hafenarbeiter-Boykott zu nennen.[970] Der Boykott ist als historisch überkommenes Arbeitskampfmittel von der Koalitionsfreiheit aus Art. 9 Abs. 3 GG umfasst und rechtlich zulässig.[971] Auch beim Hafenarbeiter-Boykott wurden Dritte zur Unterstützung der Arbeitnehmer aufgefordert, Maßnahmen gegen den im Arbeitskampf stehenden Arbeitgeber zu ergreifen. Auch diesen fehlte teilweise jede Verbindung zum Arbeitskampf. Dennoch wurde die Arbeitskampfmaßnahme als rechtmäßig bewertet, da Boykottmaßnahmen zu der „von der Rechtsordnung gewährleisteten Arbeitskampffreiheit" gehören würden.[972] Auch wenn es dort „nur" um die Störungen der Leistungsbeziehungen und nicht um aktive Betriebsstörungen ging, ist dies aber dennoch ein Indiz, dass auch Dritte in den Arbeitskampf mit einbezogen werden können.

Zudem sollten diejenigen, die die Einbeziehung außenstehender Dritter bei „Flashmob"-Aktionen kritisieren, bedenken, dass quasi jede Aktion in einem Arbeitskampf unter einer irgendwie gearteten „Einbeziehung" Dritter erfolgt.[973] Dies meint nicht nur die für Dritte bei einem Arbeitskampf existierenden Folgewirkungen. Auch zu einer Kundgebung bei einem Warnstreik kämen Menschen von überall her, damit die Gewerkschaft Stärke demonstrieren könnte.[974] Gerade neuere atypische Arbeitskampfmaßnahmen zeichnen sich auch dadurch aus, dass Dritte in Arbeitskampfmaßnahmen einbezogen werden. Die Umwelt eines Unternehmens soll für die Zwecke der Gewerkschaft mobilisiert werden.[975] Ein Arbeitskampf findet etwa regelmäßig in den Medien Beachtung. Teilweise werden die Reaktionen, welche die Berichterstattung in der Öffentlichkeit auslöst, bewusst einkalkuliert, da das mediale Echo und somit die Dritteinbindung den eigenen Interessen dienlich sein kann. So wird auch argumentiert, dass ein „Verbot" der unmittelbaren oder auch nur mittelbaren Drittbeteiligung an Arbeitskampfmaßnahmen der freiheitlichen Grundordnung widersprechen würde.[976] Dies wäre auch kaum durchzusetzen. Um den „Flashmob"-Fall als Beispiel zu nehmen: Wie soll eine Gewerkschaft einen Einzelhandelsbetrieb bestreiken können, ohne dass Kunden davon einerseits in Mitleidenschaft gezogen werden, andererseits dennoch die Möglichkeit haben, sich mit den Streikenden zu solidarisieren?[977] Negative Betroffenheit und Solidarisierung

970 BAG v. 19.10.1976, NJW 1977, 318.

971 *Berg*, in: BKS, AKR Rn. 207; *Linsenmaier*, in: ErfK, Art. 9 Rn. 278; *Otto*, § 11 Rn. 30; a. A. *Rieble*, NZA 2005, 1, 5; siehe ausführlich zur Rechtmäßigkeit des Boykotts: 3. Teil B. II. 2. b) S. 234 ff.

972 BAG v. 19.10.1976, NJW 1977, 318, 319.

973 So auch *Ingrid Schmidt*, in: Warum werden Klorollen mitgenommen?, Interview in der Süddeutschen Zeitung vom 29.12.2009, online abrufbar unter: http://www.sueddeutsche.de/wirtschaft/arbeitsgericht-praesidentin-warum-werden-klorollen-mitgenommen-1.53934 (zuletzt geprüft am: 20.06.2016).

974 *Ingrid Schmidt*, a. a. O.

975 *Rehder*, in: Rehder/Deinert/Callsen, S. 10.

976 *Fischer*, RdA 2011, 50, 56.

977 Diese Frage aufwerfend *Fischer*, a. a. O.

seien kein Gegensatzpaar.[978] Oder soll lediglich der an Dritte erfolgende Aufruf zur Teilnahme rechtswidrig sein, das Gestatten derer solidarischen Betätigung aber die Wirksamkeit unberührt lassen?[979] Auch wenn eine bloße Solidarisierung in der Qualität hinter der direkten Beteiligung am Arbeitskampf zurückbleibt, unterstreicht dies dennoch die bestehenden Wechselwirkungen, welche auch zwischen „Dritten" und den Arbeitskampfparteien existieren.

ee) Konsequenzen für die Rechtmäßigkeit der Arbeitskampfmaßnahme

Daran schließt sich die Frage an, welche Konsequenzen die fehlende Berufungsmöglichkeit einzelner Teilnehmer einer „Flashmob"-Aktion auf Art. 9 Abs. 3 GG für die generelle Rechtmäßigkeit der Arbeitskampfmaßnahme nach sich zieht. Wie gerade dargestellt gab es auch bisher die Möglichkeit für Gewerkschaften, Dritte und Außenseiter in den Arbeitskampf mit einzubeziehen. Dies galt jedoch bisher meist nur bei einem zumindest mittelbaren Bezug zu diesem bzw. bei einer Partizipation am Verhandlungsergebnis. Auch ging es in der Diskussion bisher vielmehr um den Schutz des Einzelnen, als um die Rechtmäßigkeit der Arbeitskampfmaßnahme des Kollektivs.

Zum Teil wird bei dieser Frage vertreten, dass bei einer Rechtswidrigkeit der Teilnahme von Dritten, dies über einen bloßen Exzess hinausgehe und zur Rechtswidrigkeit der ganzen Aktion führen könne.[980] Dabei wird aber nicht vollends klar, ob dies nur der Fall sein soll, wenn sich an der Arbeitskampfmaßnahme ausschließlich oder zumindest überwiegend Dritte beteiligen oder bereits die Teilnahme von wenigen zur Rechtswidrigkeit des Ganzen führen soll.

Eine Möglichkeit wäre es, dass selbst wenn einige Außenstehende, die sich an der Arbeitskampfmaßnahme beteiligen, nicht vom persönlichen Schutzbereich des Art. 9 Abs. 3 GG umfasst sind, dies nicht für die den Arbeitskampf führende Gewerkschaft gilt und die Arbeitskampfmaßnahme somit zumindest aus diesem Grunde nicht rechtswidrig wäre. Teilweise wird bestritten, dass eine solche Differenzierung möglich ist.[981] Es drohe dann eine „bedenkliche Entkoppelung der kollektivrechtlichen von den individualrechtlichen Schutzfacetten des Art. 9 Abs. 3 GG". Die Annahme, dass sich Personen, für die der individuelle Schutzbereich des Art. 9 Abs. 3 GG nicht eröffnet sei, an Arbeitskampfmaßnahmen beteiligen könnten und der aufrufenden Koalition dabei die privilegierende Schutzwirkung des Kollektivgrundrechts zukomme, weise „dem Kollektivgrundrecht einen eigenständigen Stellenwert zu, der nicht

978 *Fischer*, a. a. O. mit Verweis auf den Lokführerstreik 2007/2008.
979 Auch das bloße Dulden als rechtswidrig erachtend: *Klumpp*, in: Neues Arbeitskampfrecht?, S. 129, 146 f.
980 *Klumpp*, in: Neues Arbeitskampfrecht?, S. 129, 145 spricht vom „Personalexzess"; *Konzen*, in: FS Reuter, S. 603, 609.
981 *Greiner*, Anm. EzA Nr. 143 zu Art. 9 GG Arbeitskampf, S. 27, 31.

begründbar" sei. Dieses sei systematisch aus dem Individualgrundrecht abgeleitet.[982] Teilweise wird bei einer solchen Handhabe eine Entwertung der individuellen Koalitionsfreiheit befürchtet.[983] Es sei nicht ausreichend, dass eine Arbeitskampfmaßnahme von einer Gewerkschaft getragen werde, da eine solche Deutung die Existenz einer abstrakten kollektiven Koalitionsfreiheit voraussetzen würde, die allerdings nicht existiere.[984] Andererseits wird teilweise – ohne nähere Begründung – auch davon ausgegangen, dass eine Einbeziehung Dritter durch die Koalitionsbetätigungsfreiheit der Gewerkschaft geschützt werde und zwar unabhängig davon, ob auch der sich beteiligende Dritte durch die Koalitionsfreiheit geschützt werde.[985]

Die geäußerten Bedenken sind ernst zu nehmen. Es ist Acht zu geben, dass die individuelle Koalitionsfreiheit nicht zu einer bloßen Hülse wird. Es darf nicht ausreichen, dass ausschließlich Dritte an einer Arbeitskampfmaßnahme mitwirken, die sich nicht auf Art. 9 Abs. 3 GG berufen können, und die Maßnahme lediglich von der Gewerkschaft getragen wird. Handeln die Teilnehmer der Arbeitskampfmaßnahme nämlich aus anderen als tarifbezogenen Motiven, dann handelt auch das Kollektiv mit anderen als tarifbezogenen Mitteln. Die Arbeitskampfmaßnahme kann nicht nur deshalb als solche gewertet werden, weil eine Gewerkschaft dazu aufruft.[986] Die bereits angesprochene fehlende Legitimität der Arbeitskampfmaßnahme durch die Teilnahme Externer ist ein berechtigter Einwand. Befürchtungen dahingehend, dass die Arbeitnehmer in Zukunft nicht ausreichend repräsentiert werden und Gewerkschaften nur noch Aktivisten einstellen werden, die quasi stellvertretend für die Arbeitnehmer den Arbeitskampf führen[987], sind zwar sehr weitgehend, aber dennoch ernst zu nehmen. Ein solches Szenario ist zu verhindern. Das BAG hat im Zuge des „Flashmob"-Urteils die Aussage getätigt, dass es nicht auf die individuelle Motivation der einzelnen Teilnehmer, sondern auf das von der Gewerkschaft verfolgte Ziel ankomme.[988] Dies signalisiert eindeutig, auch wenn es teilweise kritisiert wird, dass das BAG die Einbeziehung von Dritten zulässt und die kollektive der individuellen Koalitionsfreiheit überordnet. Ferner führt es aus, dass der Schutzbereich des Art. 9 Abs. 3 GG nicht deshalb versperrt sei, weil sich an den Aktionen auch Dritte beteiligen würden.[989] Durch die Verwendung des Wortes „auch" macht das BAG deutlich, dass es davon ausgeht, dass sich ebenfalls Arbeitnehmer bzw.

---

982 *Greiner*, Anm. EzA Nr. 143 zu Art. 9 GG Arbeitskampf, S. 27, 31; *Franzen*, in: JbArbR, Bd. 47 (2010), S. 119, 135: „Individuelle Koalitionsfreiheit [ist] historischer Ausgangspunkt"; *Wank*, RdA 2009, 1, 2 mit der These, dass alles, was über das in Art. 9 Abs. 3 GG ausdrücklich genannte Individualgrundrecht hinausgehe, Rechtsfortbildung sei.

983 *Franzen*, in: JbArbR, Bd. 47 (2010), S. 119, 135.

984 *Rosenau*, S. 244.

985 *Rehder/Deinert/Callsen*, S. 99.

986 So *Thüsing/Waldhoff*, ZfA 2011, 329, 353.

987 In diese Richtung *Thüsing/Waldhoff*, ZfA 2011, 329, 354 f.

988 BAG v. 22.9.2009, NZA 2009, 1347, 1351, Rn. 35.

989 BAG v. 22.9.2009, NZA 2009, 1347, 1351, Rn. 35.

Gewerkschaftsmitglieder an der Aktion beteiligen. Dies geht in eine annehmbare und vermittelnde Richtung.

Für die Zukunft muss verlangt werden, dass bei Arbeitskampfmaßnahmen, die wie „Flashmob"-Aktionen aktiv Dritte einbinden, der überwiegende Teil der Teilnehmer aus Arbeitnehmern des Unternehmens und aus Gewerkschaftsmitgliedern besteht.[990] So kann verhindert werden, dass die Arbeitskampfmaßnahme nicht ausreichend durch die Gewerkschaftsmitglieder legitimiert wird und Gewerkschaften Arbeitskämpfe mit Hilfe externer „Krawalltruppen" führen. Auch können eine hohe Anzahl von Betriebsangehörigen oder Gewerkschaftsmitgliedern deeskalierend wirken und die „Dritten" während der Aktion so weit wie möglich überwachen.[991] Es wäre aber zu weitgehend, wenn bereits die Hinzuziehung weniger Außenstehender die Arbeitskampfmaßnahme als ganze rechtswidrig lassen werden würde. Eine solche Maßgabe könnte man insofern kritisch bewerten, dass das Merkmal „überwiegender Teil" zu unbestimmt und praktisch nicht umsetzbar sein könnte, da im Nachhinein nur schwer ermittelt werden kann, wer an der Arbeitskampfmaßnahme teilgenommen hat. Starre Grenzen sind an diesem Punkt jedoch verfehlt. Vielmehr muss die Rechtsprechung entsprechende Grenzen abhängig von den Details des jeweiligen Arbeitskampfmittels und des konkreten Einzelfalls mit der Zeit bilden.[992] Eine einzelfallabhängige, flexible Grenze könnte die Gewerkschaft darüber hinaus dazu animieren, möglichst wenige Dritte an der Kampfmaßnahme teilnehmen zu lassen, um sicherzugehen, dass die Kampfmaßnahme rechtmäßig bleibt.

Dem Problem der Nachweisbarkeit könnte man insofern begegnen, der Gewerkschaft diesbezüglich die Darlegungs- und Beweislast aufzuerlegen. Wenn die Gewerkschaft sich bei einer atypischen Arbeitskampfmaßnahme wie einem „Flashmob" schon Dritter bedienen darf, obliegt es folgerichtig ihr, nachzuweisen, welche Gewerkschaftsmitglieder und Außenseiter sich an der Arbeitskampfmaßnahme beteiligt haben und dass diese somit den „überwiegenden Teil" der Teilnehmer gebildet haben. Dies wäre ihr als Organisatorin der Aktion, welche die Details der Aktion den angemeldeten Personen mitteilt, zuzumuten und möglich. Das Ersuchen an Dritte, die Arbeitskampfmaßnahme zu unterstützen, kann unter Umständen sogar aus Gründen der Paritätswahrung erforderlich sein. Dabei muss die Besonderheit hingenommen werden, dass sich diese außenstehenden Dritten

---

990 Ähnlich *Rosenau*, S. 96 f., der davon spricht, dass die Koalitionsmitglieder der Betätigung ihr Gesamtgepräge geben müssen; *Däubler*, in: Däubler, § 12 Rn. 6, geht davon aus, dass sich auch dadurch nichts am gewerkschaftlichen Charakter des Streiks ändert, dass Nicht- oder Andersorganisierte ggf. sogar die Mehrheit darstellen. Dies wird freilich nicht für „Dritte" gelten; *Krause*, in: Entgrenzter Arbeitskampf?, ZAAR Schriftenreihe Band 37, S. 43, 77, der darauf abstellt, dass es „im Schwerpunkt die Gewerkschaft und ihre Mitglieder" sein müssen, die den Kampf führen.

991 *Götz*, S. 59.

992 So auch *Götz*, S. 59 f. Dessen Annahme, dass 50 % Gewerkschaftsmitglieder ausreichend seien, ist allerdings zu niedrig.

dann nicht auf die Koalitionsfreiheit des Art. 9 Abs. 3 GG berufen können, sondern auf anderen Grundrechtsschutz verwiesen werden müssen und der Betriebsinhaber in Bezug auf den durch diese Personen ausgeübten Druck gerade keine durch Art. 9 Abs. 3 GG legitimierte Duldungspflicht hat,[993] die Maßnahme der Gewerkschaft hingegen jedoch von der kollektiven Koalitionsfreiheit gedeckt ist.

Da bei der zu entscheidenden „Flashmob“-Aktion nicht geklärt werden kann, ob überhaupt Dritte teilgenommen haben und es sich zumindest beim überwiegenden Teil der Teilnehmer um Gewerkschaftsmitglieder handelte, war es richtig, die Rechtmäßigkeit der Maßnahme nicht aus diesem Grund in Frage zu stellen. Das BAG hat sich durch seine Wortwahl Einschränkungen in Bezug auf „Dritte“ als Arbeitskampfteilnehmer vorbehalten und geht anscheinend davon aus, dass diese nur „Beiwerk“ sein, die Arbeitskampfmaßnahme aber nicht dominieren sollen. Dies sollte in zukünftigen Urteilen noch einmal konkretisiert werden, um berechtigte Stimmen der Kritik und Besorgnis aus den Kreisen der Literatur zu beruhigen und klare Leitlinien vorzugeben.

b) Proportionalitätsgefährdung durch faktische Folgen der Einbeziehung

Die andere Problematik in Bezug auf die Einbeziehung von außenstehenden Dritten ist, dass eine solche Aktion durch die gewollte oder ungewollte Beteiligung Außenstehender leicht aus dem Ruder laufen kann.[994] So wird häufig von einem „Exzessrisiko“ oder von einer „Eskalationsgefahr“ geschrieben.[995] Die Problematik der Beherrschbarkeit der Dritten durch die Gewerkschaft ist von zentraler Bedeutung und ist – wie bereits erwähnt – eher ein Problem der Proportionalität der Arbeitskampfmaßnahme als eines des Schutzbereichs.[996]

aa) Steuerungsprobleme durch die Einbeziehung Dritter

Da es sich um einen unbestimmten und oftmals anonymen Teilnehmerkreis handele, seien die Steuerungsmöglichkeiten durch die aufrufende Gewerkschaft sehr begrenzt.[997] Die sich am Arbeitskampf beteiligenden Dritten seien nicht in gleichem Maße der gewerkschaftlichen Einwirkung ausgesetzt wie streikende Arbeitnehmer bzw. Gewerkschaftsmitglieder.[998] Sie hätten unter Umständen kein Interesse an der Begrenzung des Kampfgeschehens, da kein Interesse am Erhalt des Arbeitsplatzes

993 *Thüsing/Waldhoff*, ZfA 2011, 329, 350 mit Verweis auf den möglichen Schutz der Dritten durch andere Grundrechte.

994 *Otto*, RdA 2010, 135, 145.

995 *Greiner*, Anm. EzA Nr. 143 zu Art. 9 GG Arbeitskampf, S. 27, 49 f.; *Klumpp*, in: Neues Arbeitskampfrecht?, S. 129, 133; *Langen*, AuA 2010, 154, 156 f.; *Maaß*, ArbRAktuell 2009, 151, 153; *Rieble*, NZA 2008, 796, 798.

996 Siehe auch *Rehder/Deinert/Callsen*, S. 99.

997 *Greiner*, Anm. EzA Nr. 143 zu Art. 9 GG Arbeitskampf, S. 27, 50; *Maaß*, ArbRAktuell 2009, 151, 153.

998 *Rehder/Deinert/Callsen*, S. 99.

das „Schadenszufügungsinteresse" begrenzen würde.[999] Das Element der Selbstschädigung, welches zwar kein begriffsnotwendiger Teil einer Arbeitskampfmaßnahme ist,[1000] welches aber einen mäßigenden Einfluss auf den Einsatz des Kampfmittels hat,[1001] fehlt also hier. Sich beteiligende Arbeitnehmer könnten z. B. dadurch einigermaßen in ihrem Handeln zurückgehalten werden, dass sie das angerichtete Chaos unter Umständen selber wieder im Rahmen ihrer Arbeit beseitigen müssten oder dass ihr eigener Betrieb zu stark geschädigt werden könnte.

bb) Haftungsrisiko als möglicher mäßigender Faktor

Ein mäßigender Faktor könnte aber unter Umständen das Haftungsrisiko für teilnehmende Dritte sein. So wird gemutmaßt, dass infolge der – aufgrund von möglichen Schäden infolge von Exzessen – hohen persönlichen Haftungsrisiken für die Teilnehmer, die nicht unmittelbar wirtschaftlich vom eventuellen Erfolg profitieren würden, „Flashmob"-Aktionen schnell an Zulauf verlieren werden würden.[1002] Im Widerspruch dazu steht die Aussage, die Tatsache, dass auch betriebsfremde Personen an solchen Aktionen teilnehmen könnten, werde gerade dazu führen, dass diese hierfür nicht betrieblich haftbar gemacht werden könnten.[1003] Ein Exzess wäre für Dritte weitgehend gefahrlos, weil sie anonym auftreten könnten.[1004]

Andererseits wird geltend gemacht, dass gerade weil außenstehende Teilnehmer nur ein ideelles Interesse an einer Arbeitskampfaktion hätten, es eher unwahrscheinlich sei, dass es zu unverhältnismäßigen Störungen bzw. Schädigungen kommen würde. Auch sei für solche Teilnehmer, die im Windschatten von legitim handelnden Personen nur auf „Randale" aus seien, eine Beteiligung deshalb nicht attraktiv, weil die sich mit dem Arbeitskampf identifizierenden Personen genügend Gelegenheit hätten, diese Personen zu neutralisieren.[1005]

(1) Grundsätzliche Haftungsregelungen bei Exzessen

Doch wie sieht das Haftungsregime bei Exzesshandlungen, die zu Verletzungen der in § 823 Abs. 1 BGB genannten Rechtsgüter oder der Rahmenrechte wie dem Recht am eingerichteten und ausgeübten Gewerbebetrieb führen, genau aus?

Grundsätzlich lassen Exzesse die Arbeitskampfmaßnahme nicht rechtswidrig werden, sondern führen lediglich zur Haftung der Exzesstäter.[1006] Soweit Teilnehmer

---

999 *Säcker/Mohr*, JZ 2010, 440, 449.
1000 *Däubler*, in: Däubler, § 31 Rn. 9.
1001 *Klumpp*, in: Neues Arbeitskampfrecht?, S. 129, 134; *Rehder/Deinert/Callsen*, S. 99 f.
1002 *Götz*, S. 59; *Langen*, AuA 2010, 154, 156 f.
1003 *Säcker/Mohr*, JZ 2010, 440 ff.
1004 *Klumpp*, in: Neues Arbeitskampfrecht?, S. 129, 134; *Rieble*, NZA 2008, 796, 798; *Rüthers/Höpfner*, JZ 2010, 261, 262.
1005 *Fischer*, RdA 2011, 50, 57.
1006 BAG v. 8.11.1988, NZA 1989, 475; *Klumpp*, in: Neues Arbeitskampfrecht?, S. 129, 139; *Rieble*, NZA 2008, 796, 798.

mit ihrem Handeln die Grenzen der rechtmäßigen Arbeitskampfteilnahme überschreiten, machen sie sich dem Arbeitgeber bzw. Kampfgegner gegenüber schadensersatzpflichtig.[1007] Über § 831 BGB kommt allerdings auch eine Haftung der Gewerkschaft in Frage.[1008] Die Arbeitskampfmaßnahme soll allerdings für den Fall doch rechtswidrig sein, dass die Exzesse von der Gewerkschaft von Anfang an (ein) geplant wurden[1009], also wenn sie dem Arbeitskampf „ihr Gepräge" geben[1010] und die Kampfpartei die Exzesse als Druckmittel eingesetzt hat oder die Kampfstrategie (auch) auf den Exzessen beruht.[1011]

Die Leiter und Organisatoren der Arbeitskampfmaßnahme trifft jedoch eine Auswahl-, Überwachungs- und Steuerungspflicht. Dies folge aus dem allgemeinen Rechtsprinzip der §§ 278, 831 BGB. Komme es zum Exzess, müsse die Gewerkschaft zudem aktiv gegensteuern.[1012] *Rieble* ist der Meinung, da ein Flashmob nicht gesteuert werde und dieser vielmehr auf einen spontanen Verlauf abziele, der Exzessaktionen freien Raum gebe und es keinen verantwortlichen Leiter gäbe, der Einwirkungsversuche gegen Exzesse unternehmen könnte, sei eine „Flashmob"-Aktion daher rechtswidrig.[1013]

(2) Besonderheiten bei gefahrgeneigten „Flashmob"-Aktionen

„Flashmob"-Aktionen ist ein erhöhtes Exzessrisiko immanent.[1014] Allerdings hat bereits das BAG richtigerweise ausgeführt, „die bloße Möglichkeit, dass sich Aktionsteilnehmer nicht an die Direktive halten [...] führt allein nicht zur generellen Rechtswidrigkeit des Arbeitskampfmittels".[1015] Wenn allein schon die abstrakte Möglichkeit eines Exzesses die Rechtswidrigkeit nach sich ziehen würde, wäre dies unverhältnismäßig.[1016] Das erhöhte abstrakte Exzessrisiko muss aber zu erhöhten Organisations- und Überwachungspflichten der Kampfpartei als Veranstalter führen.[1017] Daher wird gemutmaßt, dass diese strengen Organisationspflichten das Mittel des „Flashmobs" haftungsrechtlich und arbeitskampfrechtlich nicht sehr attraktiv erscheinen lassen würden.[1018]

1007 *Kissel,* § 47 Rn. 120; *Rieble,* NZA 2008, 796, 798.
1008 *Rieble,* NZA 2008, 796, 798.
1009 *Klumpp,* in: Neues Arbeitskampfrecht?, S. 129, 140; *Rieble,* NZA 2008, 796, 798.
1010 *Otto,* § 12 Rn. 22.
1011 *Kissel,* § 47 Rn. 118.
1012 *Rieble,* NZA 2008, 796, 798; siehe auch BAG v. 8.11.1988, NZA 1989, 475; *Klumpp,* in: Neues Arbeitskampfrecht?, S. 129, 135 ff.
1013 *Rieble,* NZA 2008, 796, 799.
1014 Vgl. das Eingeständnis des LAG Berlin-Brandenburg v. 29.9.2008, AuR 2009, 47, 49; so auch *Klumpp,* in: Neues Arbeitskampfrecht?, S. 129, 142.
1015 BAG v. 22.9.2009, NZA 2009, 1347, 1355, Rn. 67.
1016 *Klumpp,* in: Neues Arbeitskampfrecht?, S. 129, 139 f.
1017 So auch *Klumpp,* in: Neues Arbeitskampfrecht?, S. 129, 142 f.
1018 *Klumpp,* in: Neues Arbeitskampfrecht?, S. 129, 147.

Zudem ist es nicht überzeugend zu sagen, ein „Flashmob“ werde nicht gesteuert, sozusagen sich selber überlassen und sei daher immer rechtswidrig. Zum einen wird ein „Flashmob“ von der Gewerkschaft organisiert und im Vorfeld gesteuert und zum anderen müssen vielmehr von der Rechtsprechung Leitlinien und Lösungen vorgegeben werden wie dem besonderen Exzessrisiko bei „Flashmob“-Aktionen entgegengewirkt werden kann. Um Exzesse und unerwünschte Auswüchse in Bezug auf Dauer und Intensität zu verhindern, muss verlangt werden, dass die Gewerkschaft bei atypischen Kampfmaßnahmen mit Einbeziehung Dritter, Vorkehrungen trifft, um die volle Kontrolle über die Maßnahme zu behalten und in der Lage ist, den Einsatz des Mittels jederzeit zu reduzieren oder zu beenden.[1019] Ansonsten kann die Arbeitskampfmaßnahme schnell unproportional und damit unverhältnismäßig werden.

cc) An die Gewerkschaft als Organisatorin zu stellende Anforderungen

Was kann demnach von einer Gewerkschaft verlangt werden? Was muss sie tun, um Exzesse so gut es geht zu verhindern, und welche Maßnahmen muss sie treffen, um das Kampfgeschehen jederzeit zu beherrschen?

Die Gewerkschaft muss alles in ihrer Macht stehende tun, um zu verhindern, dass der Arbeitskampf durch das Verhalten der in diesen einbezogenen Dritten außer Kontrolle gerät. Dabei müssen die ihr auferlegten Organisationspflichten aber in einem vernünftigen Rahmen bleiben. So soll die Gewerkschaft nur solche Arbeitskampfmittel einsetzen, die sie bei normalem Verlauf des Geschehens in ihren Wirkungen reduzieren oder ganz beenden kann.[1020] Ein nicht vorherzusehender Verlauf fällt demnach nicht in ihren Verantwortungsbereich. Eine z. B. an einen unbestimmten Adressatenkreis gerichtete Einladung über Facebook würde schnell, wie die Erfahrung bei sog. „Facebook-Partys“ zeigt,[1021] außer Kontrolle geraten und würde demnach bereits bei einem gewöhnlichen Verlauf eine Eskalation erwarten lassen.[1022] Im vom BAG entschiedenen „Flashmob“-Fall wurden Dritte jedoch gezielt per SMS über den genauen Ort und Zeitpunkt der Aktion informiert, sodass die Menge der Aktivisten dort vorherzusehen und zu kontrollieren war.[1023] Für den möglichen Fall, dass die Teilnehmerzahl dadurch leicht ansteigt, dass die Kontaktierten die Information an Freunde und Bekannte weiterleiten, muss die Gewerkschaft allerdings Vorkehrungen treffen, damit die Kontrolle über die Teilnehmerzahl gewährleistet bleibt.[1024]

1019 So auch *Rehder/Deinert/Callsen*, S. 99 f.

1020 *Rehder/Deinert/Callsen*, S. 100 f.

1021 Siehe z. B. http://www.sueddeutsche.de/panorama/facebook-party-in-hamburg-gaeste-elf-festnahmen-drei-anzeigen-1.1105389 (zuletzt geprüft am: 20.06.2016).

1022 Mit diesem anschaulichen Beispiel *Rehder/Deinert/Callsen*, S. 101.

1023 BAG v. 22.9.2009, NZA 2009, 1347.

1024 Etwa ein anderer „Vortreffpunkt“, um zu überblicken, wer sich beteiligen möchte; *Götz*, S. 54; *Kersten*, in: Neues Arbeitskampfrecht?, S. 61, 82:„unabsehbare Multiplikationsfunktion“.

Es könnte zudem daran gedacht werden, ein Kontrollverlust sei durch egoistische Motive der Teilnehmer, wie etwa Spaß am Event-Charakter, an der Provokation oder an der Sachbeschädigung, zu erwarten.[1025] Jedoch wird die Gewerkschaft bei einer gezielten Ansprache der Dritten darauf vertrauen dürfen, dass diese teilnehmen, um dem gewerkschaftlichen Anliegen und den Zielen zu helfen, da sie egoistische Motive viel einfacher auf andere Art und Weise ausleben könnten.[1026] Doch auch bei einem ungewöhnlichen Verlauf muss die Gewerkschaft sich darum bemühen, auf die Teilnehmer einzuwirken und das Geschehen zu kontrollieren. Sollte ihr dies nicht gelingen, ließe dies, im Gegensatz zum vorhersehbaren Verlauf, die Arbeitskampfmaßnahme aber nicht rechtswidrig werden.

Zusammenfassend muss die Gewerkschaft eine solche Arbeitskampfmaßnahme mit Einbeziehung Dritter, wie sie z. B. eine „Flashmob"-Aktion ist, so planen, dass sie bei einem gewöhnlichen und zu erwartenden Verlauf jederzeit die Kontrolle über das Kampfgeschehen behält. Dies ist zum einen durch eine Eingrenzung der Teilnehmerzahl zu bewerkstelligen und zum anderen durch klare Anweisungen und Verhaltensregeln an die Teilnehmer sowie eine Anwesenheit von genügend leitenden Personen vor Ort, welche in der Lage sind, die Menge in geordneten Bahnen zu steuern. Trifft sie diese Vorkehrungen, darf ihr aber auch nicht eine *ex post* Beurteilung zur Last gelegt werden, im konkreten Fall habe sie das Kampfmittel nicht beherrscht. Gerade bei einem Schwarmverhalten können immer wieder unvorhergesehene Dinge passieren. Wenn man der Gewerkschaft, die alle ihr möglichen Vorkehrungen getroffen hat, zusätzlich noch dieses Risiko auferlegen würde, wäre das Arbeitskampfmittel für sie nicht nutzbar.[1027] Abschließend ist anzumerken, dass die Gewerkschaft bereits aus reinem Eigeninteresse darum bemüht sein wird, die Kontrolle über das Kampfgeschehen zu behalten.[1028] Für zukünftige Tarifverhandlungen würde eine „Chaosveranstaltung" sowohl der Seriosität der Gewerkschaft schaden als auch damit einhergehend die Einigungsbereitschaft der Arbeitgeberseite beträchtlich herabsetzen. Auch wird die Gewerkschaft versuchen wollen, Schadensersatzforderungen von sich und ihren Mitgliedern fernzuhalten. Ein Kontrollverlust, der zu einer Eskalation und evt. zu Straftaten und Klagen führen würde, würde darüber hinaus auch von den Gewerkschaftsmitgliedern nicht gerne gesehen werden. Darunter würde die Solidarität leiden und auch die zukünftige Mitgliedergewinnung würde schwieriger fallen.[1029]

c) Zusammenfassung

Im Ergebnis kann konstatiert werden, dass die Einbeziehung gewerkschafts- sowie betriebsfremder „Dritter" in Arbeitskampfmaßnahmen dogmatisch und praktisch einige Probleme mit sich bringt. Die Bedenken hinsichtlich der fehlenden

---

1025 Dies aufzeigend *Rehder/Deinert/Callsen*, S. 100 f.
1026 So auch *Rehder/Deinert/Callsen*, S. 101.
1027 So auch *Rehder/Deinert/Callsen*, S. 100.
1028 *Rehder/Deinert/Callsen*, S. 101.
1029 Ähnlich argumentierend *Rehder/Deinert/Callsen*, S. 101 f.; *Agbalaka*, S. 16.

Berufungsmöglichkeit der Dritten auf Art. 9 Abs. 3 GG werden geteilt. Sie sind nicht vom persönlichen Schutzbereich umfasst. Auch wenn eine mögliche Einbeziehung in den durch die kollektive Koalitionsfreiheit der Gewerkschaft vermittelten Schutz zwar möglich, jedoch wenig überzeugend ist, kommt ihnen immer noch ein durch Art. 2, Art. 5 oder Art. 8 GG vermittelter Grundrechtsschutz zu. Solange die Aktion ihren prägenden Charakter durch Gewerkschaftsmitglieder oder nicht- bzw. andersorgansierte Arbeitnehmer behält, ist die Hinzuziehung weniger Dritter nach hier vertretener Meinung unschädlich und lässt die Arbeitskampfmaßnahme nicht im Ganzen rechtswidrig werden.

Auch ist es richtig, dass eine solche Arbeitskampfmaßnahme unter gewissen Voraussetzungen aufgrund der Beteiligung Dritter und der dadurch einhergehenden evt. Unkontrollierbarkeit unproportional und damit rechtswidrig werden kann.[1030] Man muss der Gewerkschaft aber auch die Möglichkeit geben, ihr Kampfarsenal zu erweitern und befürchtete Begleiterscheinungen einer solchen Aktion zu verhindern. Aufgrund der umfangreichen Erfahrung von Gewerkschaften bei der Organisation von Kampfmaßnahmen ist es ihnen aber zuzutrauen, diesen Anforderungen an eine ausreichende Eindämmung des Exzessrisikos gerecht zu werden.[1031] Hier wird in Zukunft jedoch die Rechtsprechung gefordert sein, sich dieser Problematik wesentlich ausführlicher zu widmen und klarere Leitlinien festzusetzen.

II. Verhältnismäßigkeit

Wie bereits dargestellt wurde, hat das BAG in seinem „Flashmob"-Urteil (einmal mehr) deutlich gemacht, dass es den Grundsatz der Verhältnismäßigkeit als zentralen Bewertungsmaßstab von Arbeitskampfmaßnahmen ansieht.[1032] Dies ist nicht unumstritten. Teilweise wird schon die Zentralisierung des Grundsatzes an sich kritisiert,[1033] teilweise wird dessen inhaltliche Prüfung und genereller Nutzen in Frage gestellt.[1034] Im Folgenden soll sich zum einen kritisch mit den Erwägungen des BAG zum Verhältnismäßigkeitsprinzip auseinandergesetzt werden; dazu gehören neben der Gewährung einer „Einschätzungsprärogative" der Gewerkschaften auch die Prüfung der Erkennbarkeit der Arbeitskampfmaßnahme sowie des Vorliegens

---

1030 Wie schon erwähnt, ist das Exzessrisiko ein Problem der Proportionalität und nicht des personellen Schutzbereichs.

1031 So auch LAG Berlin-Brandenburg v. 29.9.2008, AuR 2009, 47, 49.

1032 BAG v. 22.9.2009, NZA 2009, 1347, 1352, Rn. 41; zuvor etwa schon BAG v. 19.6.2007, NZA 2007, 1055, 1058; sehr zum Leidwesen von *Mösch*, S. 150, der schon 1991 ausführte, dass „zu hoffen ist, dass das BAG in Zukunft (...) die Anwendung dieses im Arbeitskampfrecht nicht geltenden Grundsatzes insgesamt aufgibt."

1033 *Jacobs*, ZfA 2011, 71 ff.; *Krieger/Günther*, NZA 2010, 20, 22; *Otto*, RdA 2010, 135, 140; *Picker*, ZfA 2010, 499, 537, 539; *Rieble*, NZA 2008, 796, 796 f.; *v. Steinau-Steinrück*, NZA-Beil. 2010, 127, 130 f., 134.

1034 *Mösch*, S. 36, 51 ff., 150; *Picker*, ZfA 2010, 499, 529 f., 535 ff.; *Picker*, ZfA 2011, 443, 469 ff.

von Verteidigungsmöglichkeiten für den Arbeitgeber. Zum anderen soll untersucht werden, ob bei dieser konkreten Ausführung einer „Flashmob"-Arbeitskampfmaßnahme der Grundsatz der Verhältnismäßigkeit tatsächlich gewahrt wurde und wie eine stimmige Verhältnismäßigkeitsprüfung in Zukunft – gerade für atypische Arbeitskampfmaßnahmen – aussehen könnte.

1. *Einschätzungsprärogative der Gewerkschaften*

Als sehr kritisch angesehen wird die Tatsache, dass das BAG im „Flashmob"-Urteil der Gewerkschaft eine Einschätzungprärogative dahingehend einräumte, ob die Arbeitskampfmaßnahme geeignet und erforderlich zur Zielerreichung sei.[1035] Eine rechtliche Kontrolle ist nur noch in Form einer Missbrauchskontrolle dahingehend möglich, ob die Maßnahme offensichtlich ungeeignet oder offensichtlich nicht erforderlich ist.[1036]

a) Historie der Einschätzungsprärogative

Die Tatsache, dass hinsichtlich der Geeignetheit und der Erforderlichkeit der den Streik führenden Gewerkschaft eine Einschätzungsprärogative zugestanden wird, wurde zwar in den Urteilen zum Sympathiestreik[1037] und zum Flashmob[1038] manifestiert, ist jedoch keinesfalls eine vom BAG aus dem Nichts geborene Erscheinungsform.

Bereits im letzten Warnstreikurteil aus dem Jahr 1988 überließ das BAG der Gewerkschaft im Rahmen der „Erforderlichkeit einer Arbeitskampfmaßnahme" die Einschätzung, ob gemäß des *ultima-ratio*-Prinzips die Tarifvertragsverhandlungen der Parteien als gescheitert anzusehen seien.[1039] Damit wurde den Gewerkschaften eine nicht überprüfbare Einschätzungsprärogative bezüglich des Streikbeginns eingeräumt. Die Rechtsprechung vertraut damit auf ein Verantwortungsbewusstsein der Gewerkschaft und die Bereitschaft, dieses auszuüben.[1040] Auch der Beschluss des BVerfG vom 26.6.1991 zur Aussperrung[1041] stellte eine Einschätzungsprärogative der jeweiligen Koalition fest. Dort bezog sich diese allerdings – im Rahmen der postulierten Kampfmittelfreiheit – auf die bloße Auswahl des einzusetzenden Kampfmittels.

1035 *Czycholl*, S. 52, 57; *Jacobs*, ZfA 2011, 71, 90; *Franzen*, in: JbArbR, Bd. 47 (2010), S. 119, 130; *Otto*, RdA 2010, 135, 136; *Picker*, ZfA 2010, 499, 554 f.; *Rieble*, BB 2008, 1505, 1508; *Rüthers/Höpfner*, JZ 2010, 261, 263; dagegen dem BAG zustimmend: *Linsenmaier*, in: ErfK, Art. 9 GG Rn. 130a; *Greiner*, Anm. EzA Nr. 143 zu Art. 9 GG Arbeitskampf, S. 27, 38 f.

1036 BAG v. 22.9.2009, NZA 2009, 1347, 1352, Rn. 43.

1037 BAG v. 19.6.2007, NZA 2007, 1055.

1038 BAG v. 22.9.2009, NZA 2009, 1347.

1039 BAG v. 21.6.1988, NZA 1988, 846, 849.

1040 *Franzen*, in: JbArbR, Bd. 47 (2010), S. 119, 130.

1041 BVerfG v. 26.6.1991, NZA 1991, 809, 810.

In der Entscheidung zur Einbeziehung eines Außenseiter-Arbeitgebers in den Arbeitskampf um einen Verbandstarifvertrag führte das BAG diese Einschätzungsprärogative zur Kampfmittelwahl fort. Es führte aus, dass die Koalitionen bei der Frage, ob eine Arbeitskampfmaßnahme geeignet sei, Druck auf den sozialen Gegenspieler auszuüben, einen Beurteilungsspielraum hätten.[1042] Explizit sprach das Gericht davon, dass diese Einschätzungsprärogative Teil der durch Art. 9 Abs. 3 GG geschützten Freiheit in der Wahl der Arbeitskampfmittel sei. Diese Ansicht zur Einschätzungsprärogative hinsichtlich der Geeignetheit des Kampfmittels wurde in den Urteilen zum Sympathiestreik und zum „Flashmob" vom BAG fortgeführt. Nun wurde allerdings bei der Prüfung der „Geeignetheit" und der „Erforderlichkeit" der Beurteilungsspielraum der Gewerkschaft explizit hervorgehoben. Im Hinblick auf die 2003 getätigten Aussagen wurde untermauert, dass die Einschätzungsprärogative der Gewerkschaften Teil der durch Art. 9 Abs. 3 GG geschützten Freiheit in der Wahl der Arbeitskampfmittel sei. Mit Verweis auf einen in der Zwischenzeit vom BVerfG ergangenen Nichtannahmebeschluss aus dem Jahre 2004[1043] führte nun auch das BAG aus, dass eine Bewertung von Arbeitskampfmaßnahmen durch die Fachgerichte als rechtswidrig grundsätzlich nur in Betracht komme, wenn eine Arbeitskampfmaßnahme offensichtlich ungeeignet oder offensichtlich nicht erforderlich sei.[1044] Das BVerfG hatte die Sichtweise des BAG bezüglich der Einschätzungsprärogative in seiner Kammerentscheidung über die Einbeziehung des Außenseiter-Arbeitgebers in den Arbeitskampf um einen Verbandstarifvertrag nämlich geteilt, den Passus zur Überprüfung durch die Gerichte für den Rechtsmissbrauchsfall jedoch hinzugefügt.[1045] Allerdings bezog das BVerfG den Beurteilungsspielraum lediglich auf die Geeignetheit des Arbeitskampfmittels, nicht auch auf die Erforderlichkeit.[1046] Dies wird vom BAG aber übergangen.

Zusammenfassend kann daher festgehalten werden, dass die Anerkennung einer Einschätzungsprärogative der Gewerkschaften durch die Gerichte sich mit der Zeit entwickelt hat und keine aktuelle Neuschöpfung des BAG ist. Allerdings ist zu beachten, dass der Beurteilungsspielraum seinen Ursprung in der Rechtsprechung bezüglich der Kampfmittelfreiheit hatte. Die sich aus Art. 9 Abs. 3 GG ergebene allgemeine Kampfmittelfreiheit der Gewerkschaften sollte betont werden. Die den Gewerkschaften zugestandene Einschätzungsfreiheit und die nur eingeschränkte richterliche Kontrollmöglichkeit ist dagegen eher das Resultat eines Zitatkreislaufes zwischen BAG und BVerfG mit eingefügten Ergänzungen und Neuinterpretationen.[1047] Ob dies im Jahre 1991 die ursprüngliche und nun im Jahr 2004 fortgeführte

1042 BAG v. 18.2.2003, NZA 2003, 866, 869.

1043 BVerfG v. 10.9.2004, NZA 2004, 1338.

1044 BAG v. 19.6.2007, NZA 2007, 1055, 1058; BAG v. 22.9.2009, NZA 2009, 1347, 1352.

1045 BVerfG v. 10.9.2004, NZA 2004, 1338, 1340.

1046 Mit dieser Interpretation auch *Franzen*, in: JbArbR, Bd. 47 (2010), S. 119, 130; *Konzen*, SAE 2008, 1, 4 f.

1047 Vom dogmatischen „Ping-Pong-Spiel" des BVerfG und des BAG sprechend *Kersten*, in: Neues Arbeitskampfrecht?, S. 61, 92 f.; kritisch auch *Rieble*, BB 2008, 1505, 1509.

Intention des BVerfG war, ist zumindest zweifelhaft. Teilweise wird daher auch von einem „Kunstgriff" des BAG bzw. einer „missverständlichen Formulierung" des BVerfG gesprochen.[1048]

b) Bewertung der geschaffenen Einschätzungsprärogative

Die für die Gewerkschaften im Rahmen der Verhältnismäßigkeitsprüfung so geschaffene Gewährung einer Einschätzungsprärogative wird überwiegend stark kritisiert.[1049]

Die Kritik beginnt bereits damit, dass angezweifelt wird, ob der Erste Senat des BAG für die Änderung seiner Rechtsprechung ein grundlegendes Argument hatte. Dieser hat sich nämlich bei der Schaffung der Einschätzungsprärogative auf einen Kammerbeschluss des BVerfG[1050] berufen,[1051] in dem die Kammer eine Verfassungsbeschwerde gegen das „Partizipationsstreik"-Urteil des Ersten Senats vom 18.2.2003[1052] nicht zur Entscheidung angenommen hatte. Die dort getätigte Aussage, eine Bewertung von Fachgerichten als rechtswidrig komme nur in Betracht, wenn eine Arbeitskampfmaßnahme offensichtlich ungeeignet oder unverhältnismäßig sei, wird wenn überhaupt als *obiter dictum* angesehen.[1053] Nichtannahmebeschlüsse hätten keine über das Verfahren hinausgehende Wirkung und schon gar keine Bindungswirkung nach § 31 BVerfGG.[1054] Vielmehr wird sogar nach einer Analyse als „schlichter Textversteher" festgehalten, die Aussage des BVerfG sei nicht als Verfassungsrecht, sondern als bloße Bestätigung und damit als Unbeanstandung des BAG gemeint.[1055]

Zudem kann man der Entscheidung des BVerfG – wenn überhaupt – lediglich eine Einschätzungsprärogative der Koalitionen hinsichtlich der Geeignetheit einer Arbeitskampfmaßnahme entnehmen. Bezüglich der Erforderlichkeit macht es keine Angaben, sodass dies eine völlige Neuschöpfung des BAG ist.[1056] Dem wird entgegengehalten, dass der Rückzug des BAG auf eine Evidenzkontrolle bereits eine vermittelnde Lösung sei, da nach der Entscheidung des BVerfG vom 26.6.1991[1057] die gewerkschaftlichen Angriffsmittel eigentlich vollständig freigegeben hätten werden müssen. Nur eine derart eingeschränkte Verhältnismäßigkeitskontrolle sei daher

1048 *Jacobs*, ZfA 2011, 71, 90.

1049 *Czycholl*, S. 52, 57; *Jacobs*, ZfA 2011, 71, 90; *Franzen*, in: JbArbR, Bd. 47 (2010), S. 119, 130; *Otto*, RdA 2010, 135, 136; *Rieble*, BB 2008, 1505, 1508; *Rüthers/Höpfner*, JZ 2010, 261, 263; dagegen dem BAG zustimmend: *Linsenmaier*, in: ErfK, Art. 9 GG Rn. 130a; *Greiner*, Anm. EzA Nr. 143 zu Art. 9 GG Arbeitskampf, S. 27, 38 f.

1050 BVerfG v. 10.9.2004, NZA 2004, 1338.

1051 BAG v. 19.6.2007, NZA 2007, 1055, 1058.

1052 BAG v. 18.2.2003, NZA 2003, 866.

1053 *Rieble*, BB 2008, 1505, 1508.

1054 *Rieble*, BB 2008, 1505, 1508 in Fn. 18.

1055 *Rieble*, BB 2008, 1505, 1508.

1056 So auch *Franzen*, in: JbArbR, Bd. 47 (2010), S. 119, 130; *Konzen*, SAE 2008, 1, 4 f.

1057 BVerfG v. 26.6.1991, NZA 1991, 809.

fähig, sowohl dem Freiheitsstreben der Gewerkschaft als auch dem Schutz streitender Grundrechtspositionen gerecht zu werden.[1058] Den Abschluss der umfassenden „Formal"-Kritik bildet die Tatsache, dass sich weder im Beschluss des BVerfG noch in den Urteilen des BAG eine Begründung finden lässt, warum man der kampfführenden Koalition eine Einschätzungsprärogative zuerkennen sollte.[1059] Bereits die Ausführungen des BVerfG waren in der Sache unnötig und begründungslos. Die Übernahme und sogar Erweiterung des Rechtssatzes durch das BAG ist es ebenso. Es bleibt unklar, woher das BAG die Gewährung einer Einschätzungsprärogative nimmt, welche durch die eingeschränkte Überprüfbarkeit gleichzeitig die Rechte der bekämpften Arbeitgeber beschneidet. Ein Leerlaufen der Tarifautonomie oder gravierende Funktionsstörungen dieser, waren auch vor der Gewährung einer Einschätzungsprärogative nicht erkennbar.

Doch abseits des zu Recht kritisierten „formellen Akts" der Neuschöpfung, ist es auch ansonsten fragwürdig, wieso der den Arbeitskampf führenden Koalition (für den Fall der hier diskutierten Kampfmaßnahmen der Arbeitnehmer: der Gewerkschaft) eine Einschätzungsprärogative zustehen sollte.

Vor allem wird die Tatsache kritisiert, dass so die Gewerkschaft zum „Richter in eigener Sache"[1060] gemacht werde und sie über die Legalität ihrer Aktionen zum Großteil selbst entscheiden könne.[1061] Eine bloße Willkürkontrolle durch das Gericht sei nicht ausreichend.[1062] Vielmehr müsse eine objektive Rechtsprüfung angestellt werden. Es sei rechtsdogmatisch nicht vertretbar, zu behaupten, es handele sich um tatsächliche Einschätzungen und nicht um eine rechtliche Prüfung. Der Staat sei als neutrale Instanz zu einer objektiven rechtlichen Würdigung verpflichtet.[1063] Zudem wird dadurch auch eine Entwertung des Verhältnismäßigkeitsgrundsatzes als Kontrollmaßstab befürchtet. Eine bloße Kontrolle einer Arbeitskampfmaßnahme nur durch die Angemessenheitsprüfung sei nicht ausreichend.[1064] Die Rechtskontrolle werde so erheblich zurückgenommen. Das BAG vertraue lediglich darauf, dass die

---

1058 *Greiner*, Anm. EzA Nr. 143 zu Art. 9 GG Arbeitskampf, S. 27, 37.

1059 *Franzen*, in: JbArbR, Bd. 47 (2010), S. 119, 130.

1060 *Konzen*, in: FS Reuter, S. 603, 616; ähnlich *Picker*, ZfA 2010, 499, 555 (das BAG lege die „Kontrolle in die Hände der Kontrollierten") und *Rüthers/Höpfner*, JZ 2010, 261, 263 (das BAG mache den „Bock zum Gärtner"); ferner *Czycholl*, S. 52, 57; *Otto*, RdA 2010, 135, 136.

1061 *Franzen*, in: JbArbR, Bd. 47 (2010), S. 119, 130; *Jacobs*, ZfA 2011, 71, 90; *Kersten*, in: Neues Arbeitskampfrecht?, S. 61, 69 ff.; *Picker*, ZfA 2010, 499, 554 f.; *Rieble*, BB 2008, 1505, 1508; *Rüthers/Höpfner*, JZ 2010, 261, 263.

1062 *Rüthers/Höpfner*, JZ 2010, 261, 263.

1063 *Kersten*, in: Neues Arbeitskampfrecht?, S. 61, 69 ff.

1064 *Jacobs*, ZfA 2011, S. 71, 90; ähnlich *Wank*, Anm. zu BAG v. 19. 6. 2007, AP Nr. 173 zu Art. 9 GG Arbeitskampf; einen Verlust der Effektivität ebenfalls befürchtend: *Bieder*, NZA 2008, 799, 801.

Gewerkschaften verantwortungsbewusst mit den ihnen gegebenen Möglichkeiten umgehen würden.[1065]

Gerade aus diesem Verantwortungsbewusstsein folgern einige, dass bei Arbeitskampfmaßnahmen, welche ein Selbstschädigungselement innehaben würden, die Gewährung einer Einschätzungsprärogative akzeptiert werden könne.[1066] Die Gefahr einer Selbstschädigung würde dazu führen, dass nicht leichtfertig eine Konfrontation gesucht würde, sondern Nutzen und Kosten des eigenen Handelns sorgsam abgewogen werden würden. So werde sichergestellt, dass die Gewerkschaft keinen zur Durchsetzung ihrer Ziele ungeeigneten oder nicht erforderlichen Arbeitskampf führe und es daher möglich sei, ihr eine Einschätzungsprärogative zuzubilligen.[1067] „Bekanntlich hat man niemals ein feineres Gerechtigkeitsgefühl, wägt man [...] sorgsamer die individuelle Zweckmäßigkeit ab, als wenn es um eigene Nachteile oder Lasten geht."[1068] Da der Richter dies nicht besser als die unmittelbar Handelnden einschätzen könne, reiche für solche Fälle eine eingeschränkte richterliche Kontrolle aus.[1069] Beim Streik beispielsweise ist dieses Selbstschädigungselement in dem Verlust der Lohnansprüche für die einzelnen Arbeitnehmer zu sehen, welcher sich wiederum auf die „Streikkasse" der Gewerkschaften auswirkt. Beim „Flashmob" dagegen fehlt ein solches Selbstschädigungselement.[1070] Bei der viel diskutierten „Flashmob"-Aktion in einem Berliner Supermarkt, welche vom BAG als „nicht generell rechtswidrig" beurteilt wurde, waren die sich beteiligenden Akteure zumindest zum Großteil keine Arbeitnehmer des bekämpften Betriebes und zum Teil sogar außenstehende Dritte. Diese laufen nicht Gefahr, Lohnansprüche zu verlieren. Wo aber aufgrund der fehlenden Zufügung eigener Nachteile, keine Notwendigkeit besteht, sich nur auf das Geeignete und Erforderliche zu beschränken und folglich Arbeitskampfmaßnahmen evt. auch aus reinen Schikanezwecken geführt werden könnten, kann eine Einschätzungsprärogative den Gewerkschaften nicht ruhigen Gewissens überlassen werden.[1071]

Man könnte daher andenken, nur bei solchen Kampfmitteln, welchen ein selbstschädigendes Element innewohnt, eine Einschätzungsprärogative der Gewerkschaften zuzulassen. Eine Differenzierung zwischen verschiedenen Arbeitskampfmaßnahmen anhand eines Selbstschädigungseffekts hat aber auch das BAG nicht vorgenommen. Es wäre auch fraglich, wie eine solche Unterscheidung umgesetzt werden könnte. Sollte der Einsatz selbstschädigender Arbeitskampfmittel

---

1065 *Franzen*, in: JbArbR, Bd. 47 (2010), S. 119, 130.

1066 *Franzen*, in: JbArbR, Bd. 47 (2010), S. 119, 130; *Thüsing/Waldhoff*, ZfA 2011, 329, 367 f.

1067 *Thüsing/Waldhoff*, ZfA 2011, 329, 367.

1068 *Schmidt-Rimpler*, AcP 147 (1941), S. 130, 151.

1069 *Thüsing/Waldhoff*, ZfA 2011, 329, 368.

1070 So auch BAG v. 22.9.2009, NZA 2009, 1347, 1353, Rn. 52; *Franzen* in: JbArbR, Bd. 47 (2010), S. 119, 130; *Thüsing/Waldhoff*, ZfA 2011, 329, 368.

1071 So auch *Franzen*, in: JbArbR, Bd. 47 (2010), S. 119, 130; *Thüsing/Waldhoff*, ZfA 2011, 329, 368.

hinsichtlich der Geeignetheit und Erforderlichkeit der Einschätzung der Gewerkschaft überlassen sein, der Einsatz anderer Kampfmittel jedoch nicht? Wer soll festlegen, ob eine konkrete Arbeitskampfmaßnahme selbstschädigend ist? Da dies von Einzelfall zu Einzelfall verschieden sein kann (z. B. kann ein „Flashmob“ in der Art der Durchführung und der Teilnehmer variabel sein), wäre es nämlich verfehlt, zu konstatieren, ein (atypisches) Kampfmittel sei stets selbstschädigend oder nicht. Aus diesem Grund müssen einheitliche Leitlinien für sämtliche Arbeitskampfmittel von der Rechtsprechung vorgegeben werden. Da es vorkommen kann, dass Arbeitskampfmittel keinen selbstschädigenden Effekt haben, kann jedoch auch aus diesem Grunde der den Arbeitskampf führenden Koalition eine generelle Einschätzungsprärogative nicht gewährt werden.

Es gibt jedoch auch Stimmen, welche den eingeschlagenen Weg des BAG begrüßen und die sich für eine grundsätzliche Einschätzungsprärogative aussprechen.[1072] Dies müsse schon wegen der Freiheit der Kampfmittelwahl so sein.[1073] Zudem liege dies auf einer Linie mit der Aufgabe der Kernbereichslehre und der vom BVerfG zunehmend betonten freien Wahl der Kampfmittel durch die Koalition und sei daher eine Konsequenz der verfassungsrechtlichen Entwicklungen.[1074] Die Kampfmittelfreiheit wird als Grund für die Einführung der Einschätzungsprärogative angeführt, da eine Beschränkung auf das mildeste Mittel der Gewerkschaft die „kaum leistbare und risikoreiche Einschätzung“ überließe, ob eine vermeintlich wirkungsvollere Arbeitskampfmaßnahme gerade noch geeignet und erforderlich oder bereits unverhältnismäßig sei.[1075] Das mildeste Mittel sei nur schwer zu identifizieren und eine Beschränkung auf dieses bringe daher ein hohes Maß an Rechtsunsicherheit mit sich.[1076]

Allerdings sprechen gegen eine solche Einschätzung gute Argumente. Die Gewährung einer Kampfmittelfreiheit bezüglich der Auswahl des Kampfmittels und der Erfindung neuer Kampfmittel ist keineswegs unumstritten und nach hier vertretener Auffassung zwar im Ergebnis richtig,[1077] aber dennoch bereits ein großes Zugeständnis an die Arbeitskampfparteien. Aus dieser den Arbeitskampfparteien gewährten Freiheit müssen aber nicht zwangsläufig weitere Freiheiten zu folgern sein. Vielmehr muss dafür Sorge getragen werden, dass auch der gewährten Kampfmittelfreiheit klare Grenzen gesetzt werden. Es ist zutreffend, dass gerade die Einschätzung, ob eine Arbeitskampfmaßnahme erforderlich ist, für die Gewerkschaft schwierig vorzunehmen sein kann, doch ist die daraus folgende Rechtsunsicherheit der zu zahlende Preis für die Anwendung neuer atypischer und kreativer

---

1072 *Greiner*, Anm. EzA Nr. 143 zu Art. 9 GG Arbeitskampf, S. 27, 36 f.; *Linsenmaier*, in: ErfK, Art. 9 GG Rn. 130a; *Deinert*, in: Rehder/Deinert/Callsen, S. 68, 93 f.

1073 *Greiner*, Anm. EzA Nr. 143 zu Art. 9 GG Arbeitskampf, S. 27, 39; *Linsenmaier*, in: ErfK, Art. 9 GG Rn. 130a.

1074 *Deinert*, in: Rehder/Deinert/Callsen, S. 68.

1075 *Greiner*, Anm. EzA Nr. 143 zu Art. 9 GG Arbeitskampf, S. 27, 39.

1076 *Greiner*, Anm. EzA Nr. 143 zu Art. 9 GG Arbeitskampf, S. 27, 39.

1077 Vgl. hierzu bereits: 1. Teil D. IV. S. 96 ff.

Arbeitskampfmittel. Beim Einsatz bewährter Kampfmittel und einer geringeren Auswahlmöglichkeit an Kampfmitteln fällt diese Beurteilung naturgemäß leichter. Aber deswegen kann noch lange nicht nahezu alles „erlaubt sein was gefällt"[1078].

Ob die den Arbeitskampf führende Koalition den Kampfgegner unverhältnismäßig bekämpft, indem sie nicht auf mildere Maßnahmen zurückgreift, muss weiterhin von den Gerichten voll überprüfbar bleiben. Dies ist zudem nicht bloß – anders als das BAG behauptet – eine reine tatsächliche, sondern auch eine rechtliche Einschätzung.[1079] Im Übrigen ist die Einschätzung für die Koalition, ob ein Arbeitskampfmittel bei gleicher Wirkung den Kampfgegner deutlich schwerer trifft als ein anderes, auch keine unlösbare Aufgabe. Dies gilt vor allem auch insofern, da die Gerichte in schwierig gelagerten Fällen bei der Überprüfung der Erforderlichkeit die Beurteilungsschwierigkeiten berücksichtigen werden. Zukünftige Rechtsprechung, in welchen Fallkonstellationen z. B. ein (nicht unbedingt notwendig „streikbegleitender") „Flashmob" als atypisches Arbeitskampfmittel (k)ein milderes Mittel zum bloßen Streik ist, wird zudem für weitere Rechtsklarheit sorgen. Bis dahin muss als Preis für den Einsatz dieser Kampfmittel eine gewisse Rechtsunsicherheit hingenommen werden. Nicht zu Unrecht hat auch das BAG zu früherer Zeit bereits ausgeführt: „Wer einen Arbeitskampf entfesselt, muss damit rechnen, dass die von ihm vertretene Rechtsauffassung nicht zutrifft. Wird er gleichwohl aktiv, muss er das Risiko tragen."[1080]

Gegen eine Gewährung einer Einschätzungsprärogative sprechen auch europarechtliche Gründe. So hat der EuGH in der „*Viking*" Entscheidung klargestellt, dass die Grundfreiheit des Art. 43 EGV nur dann durch den von der kämpfenden Gewerkschaft repräsentierten Arbeitnehmerschutz und somit durch kollektive Maßnahmen beschränkt werden dürfe, wenn es „*erwiesen* [ist], dass sie geeignet sind, die Erreichung des verfolgten legitimen Ziels zu gewährleisten, und dass sie nicht über das hinausgehen, was zur Erreichung dieses Ziels erforderlich ist."[1081] Möchte man wie das BAG die Rechtmäßigkeitskontrolle auf die lediglich „offensichtliche Unverhältnismäßigkeit" von Geeignetheit und Erforderlichkeit zurückfahren, würde den europarechtlichen Vorgaben nicht entsprochen werden.[1082] Dies ist somit ein weiterer Punkt, der neben der fehlenden Selbstregulierung der Gewerkschaft durch eine Selbstschädigung, der Tatsache, dass die Gewerkschaft quasi zum Richter in eigener Sache gemacht würde und der nicht schlüssigen Behauptung, es handele sich um eine rein tatsächliche und nicht rechtliche Einschätzung, dazu führt, dass die Gewährung einer generellen Einschätzungsprärogative – und davon muss man nach den aktuellen Urteilen des BAG, die eine Differenzierung vermissen lassen, ausgehen – fehlerhaft ist und in Zukunft noch einmal überdacht werden sollte.

1078 Mit dieser provokanten Formulierung *Krieger/Günther*, NZA 2010, 20.

1079 So auch *Otto*, RdA 2010, 135, 136; *Rosenau*, S. 264 f.; *Rüthers/Höpfner*, JZ 2010, 261, 263.

1080 BAG v. 31.10.1958, NJW 1959, 356, 357.

1081 EuGH v. 11.12.2007 „*Viking*", NZA 2008, 124.

1082 So auch *Rieble*, BB 2008, 1506, 1510.

2. Erkennbarkeit der Arbeitskampfmaßnahme

In der „Flashmob"-Entscheidung hatte das BAG die Aussage getätigt, es bedürfe „in der Regel der Erkennbarkeit einer Kampfmaßnahme als solcher", um dem Gegner eine Reaktion zu ermöglichen. Der Angegriffene müsse wissen, von welcher Maßnahme er betroffen sei, um sich in seinem eigenen Verhalten darauf einstellen zu können. Zudem müsse der Angegriffene erkennen können, wer die Verantwortung für den Angriff trage.[1083]

Kurz um: Die angegriffene Seite muss erkennen können, dass sie zum einen überhaupt Opfer einer Arbeitskampfmaßnahme wird und zum anderen, von wem die Arbeitskampfmaßnahme ausgeht. Das BAG sieht die „Erkennbarkeit" als Bestandteil der Angemessenheitsprüfung an.[1084] Die Erkennbarkeit der Maßnahme soll Voraussetzung dafür sein, dass man sich verteidigen könne und das Vorliegen von Verteidigungsmöglichkeiten wiederum soll Voraussetzung dafür sein, dass die Arbeitskampfmaßnahme angemessen sei.

Dem BAG ist darin beizupflichten, dass es das Merkmal der „Erkennbarkeit" der Maßnahme in den Fokus rückt. Bereits in vergangenen Urteilen hatte es dies angerissen.[1085] Teilweise wird jedoch die Meinung vertreten, die Frage der Erkennbarkeit sei dogmatisch unter dem Prüfungspunkt der Geeignetheit anzusprechen.[1086] Ein Arbeitskampfmittel sei nur dann geeignet, wenn es in der Lage sei, wirtschaftlichen Druck auf die Gegenseite auszuüben. Doch nur wenn die Gegenseite erkennen könne, dass der auf sie ausgeübte Druck auf eine koalitionsmäßige Betätigung zurückgehe, werde der allein entscheidende Druck im Vertragsverhältnis zwischen Arbeitgeber- und Arbeitnehmerseite erhöht.[1087] Dies ist für sich genommen erst einmal schlüssig. Nur wenn die Arbeitgeberseite erkennen kann, dass z. B. eine „Flashmob"-Aktion keine Spaß- oder Schikane-Aktion einer beliebigen Organisation oder sonstigen Menschenansammlung ist, sondern eine Arbeitskampfmaßnahme der Gewerkschaft, wird sie dieses Verhalten als eine Druckausübung hinsichtlich der Vertragsverhältnisse empfinden. Daher hat dieses Merkmal auch vor allem Auswirkungen auf neuere atypische Arbeitskampfmittel.[1088] Gerade neue Arbeitskampfmaßnahmen, die nicht auf die klassische Arbeitsniederlegung zurückgreifen, sondern mit ungewöhnlichen Maßnahmen eine Druckausübung erzielen wollen, sind nämlich oftmals ohne ausdrückliche Offenbarung nur schwer

1083 BAG v. 22.9.2009, NZA 2009, 1347, 1352, Rn. 47; so nun auch BVerfG v. 26.3.2014, NZA 2014, 493; siehe hierzu bereits: 2. Teil A. II. 3. c) cc) (3) (b) S. 114.

1084 Dies lässt sich aus dem Aufbau des BAG schließen: BAG v. 22.9.2009, NZA 2009, 1347, 1352 f.

1085 Siehe dazu schon BAG v. 31.10.1995, NZA 1996, 389, 390.

1086 *Rosenau*, S. 264.

1087 *Rosenau*, S. 264 f.

1088 Auch *Simon/Greßlin*, BB 2010, 381, 382 sehen eine Übertragbarkeit der Grundsätze der „Flashmob"-Entscheidung auf andere Maßnahmen.

als Arbeitskampfmaßnahmen auszumachen.[1089] So sollen „am Merkmal der Erkennbarkeit alle auf Nutzung des Internets basierenden und als Arbeitskampfmaßnahme nutzbar zu machenden Handlungsweisen scheitern“.[1090]

Allerdings ist dieses Argument nicht überzeugend. Zwar ist es richtig, dass besonders virtuelle Arbeitskampfformen, wie etwa das Blockieren von (E-Mail-)Servern,[1091] unter dem Deckmantel der Anonymität ausgeführt werden können, doch steht es der angreifenden Koalition frei, z. B. durch eine vorherige Ankündigung oder ein zeitgleiches „Bekennerschreiben“ die Aktion als Arbeitskampfmaßnahme erkennbar und damit „geeignet“ zu machen. Daher ist auch fraglich, wieso das Kriterium der Erkennbarkeit „in nahezu jede Richtung interpretationsfähig“ sein soll.[1092] Das BAG hat das Merkmal klar umrissen und den Zweck des Merkmals ausgeführt. Die Art und Weise wie die kampfführende Partei eine Arbeitskampfmaßnahme erkennbar werden lässt, bleibt ihr überlassen.

Zum Teil werden darüber hinaus Bedenken in die Richtung gehend geäußert, eine konkrete Vorankündigung vor dem Betreten des Ladens würde die Durchführung der Aktion häufig illusorisch machen, weil dann das Hausrecht sicher ausgeübt werden würde. Daher bleibe es unklar, was es eigentlich bedeute, dass für die Arbeitgeberseite jedenfalls erkennbar sein müsse, ob überhaupt und gegebenenfalls um welche Art von Arbeitskampfmaßnahme es sich handele und wer dafür die Verantwortung trage.[1093] Dem ist nur bedingt beizupflichten. Zwar ist es richtig, dass eine Vorankündigung bei „Flashmob“-Aktionen die Maßnahme stark abschwächen würde und auch andere Arbeitskampfmittel, die auf den Überraschungseffekt setzen, sinnentleeren würde, jedoch hat das BAG die formellen Anforderungen an die Erkennbarkeit noch nicht klar definiert. So dürfte es auch ausreichend sein, dass der Arbeitgeber die Arbeitskampfmaßnahme als solche erkennen kann, *während* er angegriffen wird und nicht zwangsläufig *vorher* informiert werden muss. Der Zeitpunkt der Erkennbarkeit stellt dabei auch bei der Rechtmäßigkeitsprüfung ein entscheidendes Kriterium dar. Es ist ebenfalls möglich, dass die Gewerkschaft beispielsweise eine „Flashmob“-Aktion erst im Nachhinein gegenüber dem Arbeitgeber als von ihr geplante Aktion zu erkennen gibt. Dann wäre die Maßnahme zwar immer noch geeignet, Druck aufzubauen, jedoch unangemessen, da sie dem Arbeitgeber keine Möglichkeit gegeben hätte, sich angemessen zu verteidigen.

Daraus lässt sich folgern, dass das Merkmal der Erkennbarkeit sowohl auf der Ebene der Geeignetheit als auch auf der Ebene der Angemessenheit in der Prüfung der Gerichte Bedeutung erlangen sollte, da es in beiden Bereichen relevant werden kann. Das BAG lässt den Koalitionen bei der Art und Weise, wie sie sich und die Arbeitskampfmaßnahme kenntlich zu machen haben, weitgehend freie Hand. Dies

---

1089 Vgl. auch *Krieger/Günther*, NZA 2010, 20, 21 u. 23.

1090 *Rosenau*, S. 265.

1091 Siehe dazu später: 3. Teil B. I. 3. a) aa) S. 213 f.

1092 So aber *v. Steinau-Steinrück/Brugger*, NZA Beilage 2010, 127, 130.

1093 *Otto*, RdA 2010, 133, 145.

mag man zwar als zu unbestimmt kritisieren, eröffnet den Koalitionen allerdings taktische Möglichkeiten bei gleichzeitiger Abwesenheit von formellen Zwängen.

3. *Taugliche Verteidigungsmöglichkeiten*

Das BAG hat im „Flashmob"-Urteil weiterhin ausgeführt, für die Beurteilung der Angemessenheit könne es bei anderen als den klassischen Arbeitskampfmitteln (sprich: atypischen Arbeitskampfmitteln) von Bedeutung sein, ob dem Gegner effektive Verteidigungsmöglichkeiten zur Verfügung stünden.[1094] Das Gericht war der Auffassung, dem betroffenen Arbeitgeber stünden durch die Möglichkeit, sein Hausrecht auszuüben und den Betrieb vorübergehend zu schließen, ausreichende Verteidigungsmöglichkeiten zur Verfügung. Dies ist in der Literatur zum Teil stark kritisiert worden.[1095] Im Folgenden soll auf bestehende Verteidigungsmöglichkeiten eingegangen werden und sie bezüglich ihrer Tauglichkeit untersucht werden.

a) Hausrecht des Arbeitgebers

Ein mögliches Verteidigungsmittel sieht das BAG im Hausrecht des Betriebsinhabers, welches auf dem Grundstückseigentum oder -besitz gemäß §§ 858 ff., 903, 1004 BGB beruht.[1096] Der Inhaber soll in der Lage sein, frei entscheiden zu können, wem er den Zutritt zu seinem Betrieb (nicht) gestattet. Insbesondere soll es ihm gestattet sein, vom Hausrecht gegenüber solchen Kunden Gebrauch zu machen, die insbesondere durch Störungen des Betriebsablaufs dazu Anlass geben.[1097] Demnach können Teilnehmer einer „Flashmob"-Aktion, die störend auffallen und den normalen Betriebsablauf behindern, des Geschäftes verwiesen werden, sodass der normale Geschäftsbetrieb ungehindert fortgesetzt werden kann. Gegen dieses vom BAG angebrachte Verteidigungsmittel gegen „Flashmob"-Aktionen wurde viel Kritik aus Reihen der Literatur vorgebracht.

Die Ausübung des Hausrechts begegnet zunächst einer großen Anzahl faktischer Bedenken. Hauptkritikpunkt an der Einordnung der Ausübung des Hausrechts als taugliches Verteidigungsmittel ist, dass die Teilnehmer der „Flashmob"-Aktion nur schwer zu identifizieren und somit kaum von normalen Kunden zu unterscheiden seien.[1098] Somit sei die Ausübung des Hausrechts erheblich erschwert. Dies soll nicht nur vor Beginn der Aktion so sein, wo auch die „Flashmob"-Teilnehmer (sofern

1094 BAG v. 22.9.2009, NZA 2009, 1347, 1352, Rn. 46.

1095 *Brötzmann*, NJW 2010, 638, 639; *Lingemann*, ArbRAktuell 2009, 93; *Otto*, RdA 2010, 135, 145; *Rüthers/Höpfner*, JZ 2010, 261, 263 f.

1096 BAG v. 22.9.2009, NZA 2009, 1347, 1354, Rn. 57.

1097 BAG v. 22.9.2009, NZA 2009, 1347, 1354, Rn. 57; mit Verweis auf den BGH v. 3.11.1993, NJW 1994, 188, 189; BGH v. 25.4.1991, NJW-RR 1991, 1512.

1098 *Greiner*, Anm. EzA Nr. 143 zu Art. 9 GG Arbeitskampf, S. 27, 44; *Jacobs*, ZfA 2011, 71, 93; *Kersten*, in: Neues Arbeitskampfrecht?, S. 61, 83; *Maaß*, ArbRAktuell 2009, 151, 152; *Otto*, in: Neues Arbeitskampfrecht?, S. 15, 47; *Rüthers/Höpfner*, JZ 2010, 261, 263; *Säcker/Mohr*, JZ 2010, 440, 448.

sie nicht durch äußere Merkmale als solche erkennbar sind) wie normale Kunden wirken, sondern auch während der Aktion. Auch normale Kunden könnten ihre Einkaufswagen voll beladen (z. B. bei einem Großeinkauf) oder nur einen Pfennigartikel kaufen wollen und wären somit nicht von den Aktivisten zu unterscheiden.[1099] Dem muss jedoch widersprochen werden. Ein normaler Kunde wird beim Befüllen des Einkaufswagens wesentlich sorgfältiger und bedächtiger vorgehen als ein Aktivist, der wahllos und schnell verschiedene Waren in seinen Einkaufswagen legt, mit dem Ziel dessen Volumen vollständig auszufüllen. Wie bereits stattgefundene Aktionen in Supermärkten gezeigt haben, ist ein solches Vorgehen zu erwarten, da „Flashmobs" auf gerade diesen Überraschungseffekt und diese Schnelligkeit ausgelegt sind.[1100] Ein Mitarbeiter wird in dem Wissen, dass eine „Flashmob"-Aktion gerade stattfindet, daher wenige Probleme haben, die „Flashmob"-Teilnehmer als solche zu identifizieren. Dies gilt umso mehr, als dass es gut möglich ist, dass die Teilnehmer untereinander kommunizieren oder durch das Verteilen von Flugblättern oder sonstige Meinungskundgebungen anderweitig auf sich aufmerksam machen werden. Dem BAG ist also rechtzugeben, dass die Aktionsteilnehmer „jedenfalls alsbald als solche zu erkennen" sind.[1101]

Der Betriebsinhaber hat darüber hinaus auch die Möglichkeit, entweder sein Hausrecht auch in Zweifelsfällen auszuüben oder sogar eine generelle Aufforderung (etwa durch eine Lautsprecheransage[1102]) an alle gerade im Betrieb anwesenden (Schein-)Kunden auszusprechen, das Geschäft zu verlassen. Dies ist zwar – bei Befolgung der Aufforderung – einerseits ein sehr effektives Verteidigungsmittel, jedoch besteht andererseits auf diese Art und Weise auch die Gefahr, „echte" Kunden des Geschäftes zu verweisen. Dies kann den Umsatz des Geschäftes nicht nur für den Moment verringern, sondern durch den Imageverlust und die Verärgerung der Kunden, die zur Konkurrenz wechseln könnten, auch für nachhaltige Schäden sorgen.[1103]

Möglicherweise (oder im Falle der generellen Aufforderung: beabsichtigt) „echte" Kunden des Geschäftes zu verweisen kann dabei unter Umständen als notwendiges Opfer des Geschäftsinhabers gedeutet werden.[1104] Ein „perfektes" Verteidigungsmittel kann nicht verlangt werden. Es ist für Arbeitskampfmaßnahmen typisch, dass sie mit eigenen Opfern einhergehen.[1105] Auch die Arbeitskampfmittel Streik und Aussperrung gehen mit Selbstschädigungen und Einbußen einher, sei es auf

1099 So zumindest *Rüthers/Höpfner*, JZ 2010, 261, 263.

1100 „Flashmob"-Aktion in einem Supermarkt in Aschersleben, als anschauliches Beispiel dafür, wie „Flashmobber" vorgehen: http://www.youtube.com/watch?v=-nCJ6ZTSh19Y (zuletzt geprüft am: 20.06.2016).

1101 BAG v. 22.9.2009, NZA 2009, 1347, 1354, Rn. 58.

1102 *Greiner*, Anm. EzA Nr. 143 zu Art. 9 GG Arbeitskampf, S. 27, 44.

1103 Dies befürchten auch *Greiner*, Anm. EzA Nr. 143 zu Art. 9 GG Arbeitskampf, S. 27, 44, *Picker*, ZfA 2010, 499, 557 und *Rüthers/Höpfner*, JZ 2010, 261, 263.

1104 So auch *Greiner*, Anm. EzA Nr. 143 zu Art. 9 GG Arbeitskampf, S. 27, 45.

1105 Etwas vage aber wohl auch in die Richtung gehend BAG v. 22.9.2009, NZA 2009, 1347, 1352 f., Rn. 46 u. 52.

der einen Seite der Lohnverzicht[1106] oder auf der anderen Seite der Verzicht auf die Arbeitsleistung. Mit dem Verweis aus dem Geschäft ist zumindest sichergestellt, dass weitere „Umräumaktionen" der Waren ausbleiben. Nachdem die Behinderungen beseitigt und die Waren teilweise zurückgeräumt worden sind, kann man zudem den Betrieb wieder frei von Störungen öffnen. Gleiches gilt für das Argument, dass zum Zeitpunkt der Ausübung des Hausrechts bereits Schäden eingetreten seien.[1107] Auch bei anderen Verteidigungsmitteln, wie z. B. der (Abwehr-)Aussperrung beim Streik, sind bereits Schäden eingetreten. Hier gilt es darüber hinaus, die Besonderheiten der „Flashmob"-Aktion zu berücksichtigen. Die Möglichkeit präventiven Einschreitens in Form eines vorbeugenden Hausverbots würde das Arbeitskampfmittel „gegenstandslos machen und deshalb gegen Art. 9 Abs. 3 GG verstoßen"[1108], sodass diese Möglichkeit ausscheidet.[1109] Es liegt daher am Geschäftsinhaber, sein Hausrecht konsequent und schnell auszuüben, um die Betriebsstörungen gering zu halten. Ein dazu bereitgestelltes, geeignetes Mittel hat er in Gestalt des Hausrechts.

Zum überwiegenden Teil wird auch bezweifelt, dass die Ausübung des Hausrechts durch wenige Mitarbeiter oder den Geschäftsinhaber ohne weiteres gelingen würde.[1110] So wird in Frage gestellt, ob eine größere Menge von „Flashmob"-Teilnehmern, beschwingt durch das Gemeinschaftsgefühl, sich der Anordnung weniger Mitarbeiter ohne Widerstand fügen würde.[1111] Es bestünde in diesen Momenten eine – von Gruppendynamik befeuerte – Eskalationsgefahr.[1112] Ein strafbewehrtes Verteidigungsmittel kann aber nicht unter der Annahme als untauglich eingestuft werden, die Teilnehmer der Aktion würden der Aufforderung nicht nachkommen und sich strafbar machen. Dass die Teilnehmer sich zumindest mittelfristig, abseits der spontanen Erstreaktion, widersetzen, ist aufgrund der Strafbarkeitsgefahr eher fernliegend.[1113] Der Betriebsinhaber kann bei Widersetzung der „Flashmob"-Aktivisten aber auch die staatliche Vollzugsgewalt zu Hilfe holen, um sein Hausrecht effektiv durchzusetzen. Die gebildeten Schreckensszenarien, die staatliche Exekutive trete als „Büttel der Arbeitgeber im Arbeitskampf in Erscheinung", die politische Linke sehe dadurch alte Feindbilder bestätigt und ein Hochschaukeln von Gewalt wäre

1106 Natürlich „abgefedert" durch die Streikkasse.

1107 *Kersten*, in: Neues Arbeitskampfrecht?, S. 61, 83; *Otto*, RdA 2010, 135, 145.

1108 Vgl. *Däubler*, in: Däubler, § 31 Rn. 10.

1109 A. A. *Götz*, S. 53.

1110 *Franzen*, in: JbArbR, Bd. 47 (2010), S. 119, 134; *Otto*, in: Neues Arbeitskampfrecht?, S. 15, 47; *Schmitt-Rolfes*, AuA 2009, 631.

1111 *Jacobs*, ZfA 2011, 71, 93; *Krieger/Günther*, NZA 2010, 20, 21; *Picker*, ZfA 2010, 499, 557; *Thüsing/Waldhoff*, ZfA 2011, 329, 364 f.; *Willemsen/Mehrens*, Anm. zu BAG v. 22.09.2009, AP Nr. 174 zu Art. 9 GG Arbeitskampf, unter II. 2. b) bb) (2) (a).

1112 *Franzen*, in: JbArbR, Bd. 47 (2010), S. 119, 135; *Kersten*, in: Neues Arbeitskampfrecht?, S. 61, 83; *Krieger/Günther*, NZA 2010, 20, 21; *Rüthers/Höpfner*, JZ 2010, 261, 263; *Thüsing/Waldhoff*, ZfA 2011, 329, 365.

1113 Ebenso *Götz*, S. 50; in diese Richtung auch BVerfG v. 26.03.2014, NJW 2014, 1874, 1876, Rn. 30.

die Folge[1114], sind allerdings überzeichnet. Das Recht braucht dem Unrecht nicht weichen. Es profitieren beide Lager davon, dass dies auch durch die Zuhilfenahme der Polizei sichergestellt werden kann. Im Normalfall wird dies auch die störende Partei anerkennen, auch wenn es naturgemäß vereinzelt Abweichler geben wird. Eine „Flashmob"-Aktion in einer Bremer Schlecker Filiale, die im Gegensatz zu der Berliner „Flashmob"-Aktion allerdings lediglich demonstrativen Charakter hatte und bei der auf das Umräumen von Lebensmitteln verzichtet wurde, hat gezeigt, dass die Aktivisten verständnisvoll auf das spätere Eingreifen der Polizei reagiert haben.[1115]

Zudem gibt es auch rechtliche Bedenken gegen die Einordnung des Hausrechts als taugliches Verteidigungsmittel. Insbesondere wird darauf hingewiesen, dass die Ausübung des Hausrechts das Fehlen einer Duldungspflicht voraussetze, die jedoch bei rechtmäßigen Arbeitskampfmaßnahmen gegeben sei.[1116] Wenn aber nun der Argumentation des BAG gefolgt werden würde, dass die Duldungspflicht mit der Ausübung des Hausrechts entfiele und der „Flashmob" rechtswidrig werden würde, sei dies dann ein Zirkelschluss.[1117] „Flashmobs" sollen demnach zunächst rechtmäßig sein, durch die Ausübung des Hausrechts als Verteidigungsmittel allerdings rechtswidrig werden und eine repressive, strafrechtliche Verfolgung somit möglich sein.[1118] Eine Abwehr von „Flashmob"-Aktionen durch präventiven Rechtsschutz soll allerdings nicht zulässig sein, da der „Flashmob" zunächst rechtmäßig ist.[1119] Der „Flashmob" ist mithin also „schwebend rechtswidrig".[1120] Das Arbeitskampfmittel „Flashmob" sei daher erheblich eingeschränkt und ein „Arbeitskampfmittel zweiter Klasse".[1121] So wird die Frage nach der Legalität und Sinnhaftigkeit eines Kampfinstrumentes gestellt, welches das BAG zwar gestattet, aber gleichzeitig als potentiell rechtswidrig qualifiziert.[1122] Ein Kampfmittel, das gegen den Willen des Gegners nicht ausgeübt werden könne, bliebe evident ohne Sinn.[1123]

In der Tat ist es unüblich, dass ein zugelassenes Arbeitskampfmittel mit der Ausübung eines Verteidigungsmittels seine Legalität verliert und damit unter dem Damoklesschwert der Rechtswidrigkeit angewendet wird. Die sich der Aufforderung

---

1114 *Greiner*, Anm. EzA Nr. 143 zu Art. 9 GG Arbeitskampf, S. 27, 46.

1115 Im Beitrag wird eine kooperative Zusammenarbeit mit der Polizei angedeutet: http://www.youtube.com/watch?v=VQnBijbvzgU (zuletzt geprüft am: 20.06.2016).

1116 *Rosenau*, S. 276; *Willemsen/Mehrens*, Anm. zu BAG v. 22.09.2009, AP Nr. 174 zu Art. 9 GG Arbeitskampf, unter II. 1. b) cc).

1117 *Willemsen/Mehrens*, Anm. zu BAG v. 22.09.2009, AP Nr. 174 zu Art. 9 GG Arbeitskampf, unter II. 1. b) cc).

1118 *Greiner*, Anm. EzA Nr. 143 zu Art. 9 GG Arbeitskampf, S. 27, 45.

1119 *Däubler*, in: Däubler, § 31 Rn. 10 mahnt an, dass dies das Kampfmittel gegenstandslos machen und daher gegen Art. 9 Abs. 3 GG verstoßen würde; *Greiner*, Anm. EzA Nr. 143 zu Art. 9 GG Arbeitskampf, S. 27, 45 f.

1120 So auch *Greiner*, Anm. EzA Nr. 143 zu Art. 9 GG Arbeitskampf, S. 27, 45.

1121 *Greiner*, Anm. EzA Nr. 143 zu Art. 9 GG Arbeitskampf, S. 27, 45.

1122 *Picker*, ZfA 2010, 499, 555 f.

1123 *Picker*, ZfA 2010, 499, 556.

des Geschäftsinhabers widersetzenden Teilnehmer würden sich strafbar machen, sodass für sie ein fortgesetztes – dem Willen des Geschäftsinhabers entgegenstehendes – Handeln *ex nunc* rechtswidrig wäre. Das Arbeitskampfmittel verliert seine Legalität daher auch nur *ex nunc*. Die Zeitspanne, in welcher der „Flashmob" ausgeübt werden kann, könnte daher unter Umständen sehr begrenzt sein. Dass es dadurch allerdings ein sinnloses oder nicht effektives Arbeitskampfmittel sein soll[1124], kann allerdings nicht bestätigt werden. Zum einen kann ein „Flashmob" auch in verhältnismäßig kurzer Zeit bereits einen großen Schaden anrichten. Zum anderen ist der durch eine „Flashmob"-Aktion verfolgte Zweck nicht nur die wirtschaftliche Druckausübung, sondern auch die Öffentlichkeit auf die Missstände aufmerksam zu machen und so für weiteren externen Druck zu sorgen.[1125] Die Möglichkeit der zeitlichen Einschränkung, die das BAG durch das Verteidigungsmittel des Hausrechts manifestiert, ergibt sich daraus, dass der „Flashmob" ein sehr intensives Arbeitskampf- und Eingriffsmittel sein kann. Ihm soll auf diese Weise die Rechtmäßigkeit nicht vollends entzogen werden, er aber auch nur zeitlich begrenzt ermöglicht werden, da bereits eine kurze Zeitspanne ausreichen kann, um effektiv zu sein. Er ist damit kein Arbeitskampfmittel „zweiter Klasse", sondern man begegnet lediglich seinen Besonderheiten.

Zusammenfassend kann man sagen, dass das Hausrecht zwar kein optimales Verteidigungsmittel gegen den „Flashmob" ist, gleichwohl aber ein geeignetes.[1126] Es überzeugt nicht, wieso ein Mittel, bei dessen Zuwidersetzung sogar das Strafrecht eingreift, nicht geeignet sein soll. Dass zum Zeitpunkt der Ausübung des Hausrechts bereits Schäden eingetreten sind und man möglicherweise durch die Ausweisung „echter" Kunden weitere Schäden verursacht, kann man als zu bringendes Opfer ansehen. Dies ist arbeitskampftypisch. Auch ein bestreiktes Unternehmen, welches sich zusätzlich mit der Aussperrung behilft, hat unter Umständen mit Verärgerung von Kunden, Produktionsausfall und Umsatzeinbußen zu kämpfen. Es kann kein optimales Verteidigungsmittel verlangt werden, sondern nur eines, welches geeignet ist, den „Angriff" abzuwehren.

b) Vorübergehende Betriebsschließung

Ein weiteres mögliches Verteidigungsmittel sieht das BAG darin, dass der Arbeitgeber die Möglichkeit habe, den Betrieb vorübergehend zu schließen und auf diese Weise der „Flashmob"-Aktion ein Ende zu setzen.

Auf der einen Seite ist dieses Verteidigungsmittel sehr effektiv. Wird ein Betrieb für den Publikumsverkehr geschlossen, sind im Betrieb stattfindende Arbeitskampfmaßnahmen in Form von „Flashmob"-Aktionen nicht mehr möglich. Allerdings

1124 *Picker*, a. a. O.

1125 So auch das LAG Berlin-Brandenburg v. 29.9.2008, AuR 2009, 47, 48 mit Verweis auf den Parteivortrag; *Thüsing/Waldhoff*, ZfA 2011, 329, 346.

1126 Ebenso: *Däubler*, in: Däubler, § 31 Rn. 10; *Berg*, in: BKS, AKR, Rn. 220; *Fischer*, RdA 2010, 50, 57.

muss auf der anderen Seite auch die zum Teil berechtigterweise von der Literatur vorgebrachte Kritik berücksichtigt werden. So wird zunächst angemerkt, dass eine vorgenommene Betriebsschließung genau zu dem Resultat führt, welches die Gewerkschaft mit dem gescheiterten Streik zu erreichen versucht hat.[1127] Dies räumt auch das BAG ein.[1128] Ein geschlossener Betrieb bringt für den Arbeitgeber viele Nachteile mit sich. Neben dem ohnehin eintretenden Umsatzverlust verärgert die Betriebsschließung zudem potenzielle Kunden genauso wie ein durch „Flashmob"-Teilnehmer blockierter Kassenbereich. Stehen diese vor verschlossener Tür, wird ihr Weg geradewegs zur gerade im Einzelhandel mannigfaltig vorhandenen Konkurrenz führen.[1129] So wird daher auch zu diesem vom BAG vorgeschlagenen Verteidigungsmittel angemerkt, dass dieser Rat in etwa so gut sei wie der an einen zum Tode Verurteilten, er möge sich dadurch retten, dass er sich das Leben nehme.[1130]

Eine effektive Verteidigungsmöglichkeit soll aber voraussetzen, dass sich der Arbeitgeber – dem Wortlaut entsprechend – „verteidigen" kann und sich der Kampfmaßnahme nicht beugen muss. Der Arbeitgeber würde auf diese Weise verpflichtet, dem aufgrund der eigenen Schwäche der Gewerkschaft nicht erfolgreichen Streik (zeitweise) zum Erfolg zu verhelfen.[1131] Das Interesse des Arbeitgebers sei es eher im Gegenteil, den Betrieb möglichst ohne Störung der Betriebsabläufe weiterzuführen.[1132] Dies ist andererseits jedoch immer das Interesse des Arbeitgebers, welcher sich einer Arbeitskampfmaßnahme ausgesetzt sieht. Ein „eierlegendes Wollmilchschwein" als Verteidigungsmittel muss dem Arbeitgeber jedoch nicht zugesprochen werden.[1133] Man kann den Arbeitskampf nicht so verstehen, dass dieser zwar stattfinden, er sich aber nicht auf den Arbeitgeber auswirken darf.[1134]

Die Idee des BAG hinter diesem Verteidigungsmittel leuchtet im ersten Moment ein. Durch die Betriebsschließung kann die „Flashmob"-Aktion wirksam beendet werden und die im Geschäft erzeugte Unordnung beseitigt werden.[1135] Zudem verlieren auch die arbeitswilligen Arbeitnehmer durch die suspendierende Betriebsstilllegung ihren Lohnanspruch und werden so nach Ansicht des BAG in die Risikogemeinschaft der Arbeitnehmer im Streikgeschehen einbezogen.[1136] Arbeitnehmer, die auf einmal keinen Lohn mehr erhalten, würden Druck auf die

1127 *Greiner*, Anm. EzA Nr. 143 zu Art. 9 GG Arbeitskampf, S. 27, 47; *Jacobs*, ZfA 2011, 71, 93; *Krieger/Günther*, NZA 2010, 20, 21.

1128 BAG v. 22.9.2009, NZA 2009, 1347, 1354, Rn. 61.

1129 So auch *Krieger/Günther*, NZA 2010, 20, 21; *Säcker/Mohr*, JZ 2010, 440, 448.

1130 So mit Verweis auf eine große Tageszeitung *Schmitz-Scholemann*, NZA 2012, 1001, 1005.

1131 *Willemsen/Mehrens*, Anm. zu BAG v. 22.09.2009, AP Nr. 174 zu Art. 9 GG Arbeitskampf, unter II. 2. b) bb) (2) (b).

1132 *Säcker/Mohr*, JZ 2010, 440, 448; *Buchner*, BB 2008, 106, 109.

1133 Vgl. schon gerade unter: 2. Teil B. II. 3.) S. 167 ff.

1134 *Fischer*, RdA 2011, 50, 58.

1135 BAG v. 22.9.2009, NZA 2009, 1347, 1354, Rn. 61.

1136 BAG v. 22.9.2009, NZA 2009, 1347, 1354, Rn. 60.

Gewerkschaft ausüben und allzu oft könne die Gewerkschaft auch nicht gegen den Willen der Filial-Beschäftigten handeln.[1137] Im Gegensatz zur Abwehraussperrung, bei der die Rechtmäßigkeit bei einem Verbandstarifvertrag von einem vorherigen Beschluss des Arbeitgeberverbandes abhängig sei[1138], würde das Recht zur Betriebsstilllegung dem betroffenen Arbeitgeber schnelle und betriebsspezifische Reaktionen eröffnen.[1139]

Allerdings sprechen gute Gründe gegen diese Argumente. Zunächst ist fraglich, wer das im Supermarkt angerichtete Chaos beseitigen soll, wenn auch die arbeitswilligen Arbeitnehmer suspendierend freigestellt werden.[1140] Zumindest durch sie käme dann eine Folgenbeseitigung nicht in Betracht. Der Arbeitgeber könnte unter Umständen auf externe Dritte als Aushilfskräfte zurückgreifen, was jedoch zum einen wiederum mit weiteren Kosten verbunden wäre und zum anderen die kurzfristige Verfügbarkeit eines solchen Personals nicht sichergestellt sein dürfte. Zudem ist es nicht ersichtlich, wie durch das Schaffen einer „Risikogemeinschaft" Druck auf die Gewerkschaft ausgeübt werden soll.[1141] Im Gegenteil wird die suspendierende Betriebsstilllegung der Gewerkschaft wahrscheinlich sogar eher noch nützen. Der Lohnverlust wird für die arbeitswilligen Arbeitnehmer einen enormen Anreiz bieten, der Gewerkschaft beizutreten, um finanzielle Unterstützung zu erlangen.[1142]

Auch wird durch die Betriebsstilllegung exakt das erreicht, was die Gewerkschaft durch ihren Streik erreichen wollte, aber nicht erreichen konnte.[1143] Szenarien, dass selbst eine Betriebsschließung einen „Flashmob" nicht wirksam verteidigen könnte, da „Flashmob"-Teilnehmer nach Wiedereröffnung erneut aktiv werden könnten[1144], sind jedoch überzogen. Auch wenn dies faktisch möglich ist, wäre dann jedoch

1137 Präsidentin des Bundesarbeitsgerichts *Ingrid Schmidt*, in: Warum werden Klorollen mitgenommen?, Interview in der Süddeutschen Zeitung vom 29.12.2009, online abrufbar unter: http://www.sueddeutsche.de/wirtschaft/arbeitsgericht-praesidentin-warum-werden-klorollen-mitgenommen-1.53934 (zuletzt geprüft am: 20.06.2016).

1138 Vgl. BAG v. 31.10.1995, NZA 1996, 389.

1139 BAG v. 22.9.2009, NZA 2009, 1347, 1354, Rn. 60 mit Verweis auf *Linsenmaier*, in: ErfK, Art. 9 GG Rn. 219.

1140 So auch *Franzen*, in: JbArbR, Bd. 47 (2010), S. 119, 135; *Greiner*, Anm. EzA Nr. 143 zu Art. 9 GG Arbeitskampf, S. 27, 48; *Kersten*, in: Neues Arbeitskampfrecht?, S. 61, 84; *Otto*, RdA 2010, 135, 145; *Willemsen/Mehrens*, Anm. zu BAG v. 22.09.2009, AP Nr. 174 zu Art. 9 GG Arbeitskampf, unter II. 2. b) bb) (2) (b).

1141 Auf den Flashmob wurde bisher nur zurückgegriffen, wenn entweder die Durchsetzungskraft in den Betrieben zu gering war oder streikende Arbeitnehmer durch Aushilfskräfte ersetzt worden waren: Vgl. *Greiner*, Anm. EzA Nr. 143 zu Art. 9 GG Arbeitskampf, S. 27, 47; siehe auch *Picker*, ZfA 2010, 499, 563.

1142 So auch *Greiner*, Anm. EzA Nr. 143 zu Art. 9 GG Arbeitskampf, S. 27, 47.

1143 Dies räumt sogar das BAG ein: BAG v. 22.9.2009, NZA 2009, 1347, 1354, Rn. 61; vgl. auch *Greiner*, Anm. EzA Nr. 143 zu Art. 9 GG Arbeitskampf, S. 27, 47; *Jacobs*, ZfA 2011, 71, 93; *Krieger/Günther*, NZA 2010, 20, 21; *Picker*, ZfA 2010, 499, 563; *Säcker/Mohr*, JZ 2010, 440, 448.

1144 So *Säcker/Mohr*, JZ 2010, 440, 448.

rechtlich die Grenze der Angemessenheit überschritten. Ein gewichtiger Faktor, der zudem dagegen spricht, die suspendierende Betriebsschließung als Verteidigungsmittel gegen „Flashmob"-Aktionen zu akzeptieren, ist allerdings die Tatsache, dass die Schaffung dieser Rechtsfigur und deren nun scheinbar erfolgte Etablierung[1145], rechtlich sehr fragwürdig ist.[1146] Es soll ausdrücklich kein Arbeitskampfmittel sein, faktisch aber einer Abwehraussperrung gleichkommen, jedoch gleichzeitig frei von allen Beschränkungen sein, denen diese unterliegt.[1147] So gibt es z. B. keine rechtliche Grundlage für den Eingriff in die Arbeitsverhältnisse der arbeitswilligen Arbeitnehmer.[1148] Die „Zwangssolidarisierung" mit den streikenden Arbeitnehmern greife darüber hinaus in deren negative Koalitionsfreiheit ein.[1149] Auch werden deren Grundrechte bei der Zulassung eines solchen Verteidigungsmittels nicht berücksichtigt.[1150]

Zusammenfassend bleibt festzuhalten, dass das Mittel der suspendierenden Betriebsstilllegung zur Störungsbeseitigung zwar sehr effektiv ist, jedoch für den Arbeitgeber auch zahlreiche Nachteile mit sich bringt. Im Gegensatz zum Hausrecht, welches ebenfalls kein optimales Verteidigungsmittel ist, ist hier aber zum einen schon die rechtliche Grundlage stark umstritten und zum anderen sind die entstehenden Folgen wesentlich gravierender. Mit der Schließung des Betriebs, wird der Effekt der „Flashmob-Aktion" gerade noch verstärkt und man setzt das um, wozu die Gewerkschaft nicht in der Lage war. Die eintretende Selbstschädigung ist zudem um ein Vielfaches größer als beim Hausrecht und steht in keinem Verhältnis zum bloßen Ausharren der „Flashmob"-Aktion. Ein Verteidigungsmittel, bei dem die Ausführung allerdings größeren Schaden anrichtet als die Nichtausführung, kann kein taugliches Verteidigungsmittel sein. Aus diesem Grunde kann dem BAG in diesem Punkt nicht gefolgt werden. Die suspendierende Betriebsstilllegung ist als Verteidigungsmittel einer „Flashmob"-Aktion abzulehnen.

c) Entbehrlichkeit wirksamer Verteidigungsmittel?

Vereinzelt klingt die Überlegung an, dass ein wirksames Verteidigungsmittel „ausnahmsweise entbehrlich" sein könnte.[1151] Dies wird damit begründet, dass der „Flashmob" ein Notinstrument der Gewerkschaften für Situationen sei, in denen sich die Arbeitgeberseite bereits erfolgreich gegen einen Streik gewehrt habe.[1152]

1145 Grdl. BAG v. 22.3.1994, NZA 1994, 1097; bestätigt durch BAG v. 31.1.1995, NZA 1995, 958; BAG v. 22.9.2009, NZA 2009, 1347, Rn. 60; BAG v. 13.12.2011, NZA 2012, 995, Rn. 16.

1146 Dies soll an dieser Stelle nicht umfassend behandelt werden. Vgl. ausführlich dazu nur *Kissel*, § 33 Rn. 113 ff.; *Otto*, § 11 Rn. 22 ff.; *Picker*, ZfA 2010, 499, 558 ff. m. w. N.

1147 *Picker*, ZfA 2010, 499, 562.

1148 *Jacobs*, ZfA 2011, 71, 93; *Picker*, ZfA 2010, 499, 561.

1149 *Konzen*, Anm. AP Nr. 137, 138, 139 zu Art. 9 GG Arbeitskampf; *Picker*, ZfA 2010, 499, 563.

1150 *Rüthers/Höpfner*, JZ 2010, 261, 264; *Krieger/Günther*, NZA 2010, 20, 22.

1151 *Greiner*, Anm. EzA Nr. 143 zu Art. 9 GG Arbeitskampf, S. 27, 48.

1152 *Greiner*, Anm. EzA Nr. 143 zu Art. 9 GG Arbeitskampf, S. 27, 48.

Argumentiert wird damit, dass in dem möglichen Rückgriff des Arbeitgebers auf Leiharbeitsunternehmen und andere Aushilfskräfte eine Paritätsverschiebung zugunsten der Arbeitgeberseite zu sehen sei und die Gewerkschaft mit einem „Flashmob“ die gestörte Parität lediglich wieder ausgleichen würde.[1153] Somit bedürfe es zur Paritätswahrung keiner weiteren Verteidigungsmittel der Arbeitgeberseite.[1154]

Die angestellten Überlegungen zur Verschiebung der paritätischen Lage sind plausibel und erfordern eine genauere Untersuchung.[1155] Dennoch sollte beachtet werden, dass die Verhältnismäßigkeitsprüfung nach hier vertretener Auffassung strikt von der Paritätsbewertung zu trennen ist.[1156] Das BAG hat deutlich herausgestellt, dass für die Beurteilung der *Angemessenheit* atypischer Arbeitskampfmittel von Bedeutung sein könne, ob dem Gegner effektive Verteidigungsmöglichkeiten zur Verfügung stünden.[1157] *Greiner* ist allerdings zuzustimmen, dass derartige Überlegungen, auf Verteidigungsmittel aufgrund der Paritätsverschiebung zu verzichten, beim BAG anklingen.[1158] Indem es ausführt, dem Gegner keine Verteidigungsmöglichkeiten zu lassen, gefährde typischerweise die Verhandlungsparität, vermischt es nämlich teilweise die Prüfungspunkte miteinander.[1159]

Nichtsdestotrotz ist die evt. gestörte Verhandlungsparität eher ein Grund dafür, dass das Arbeitskampfmittel „Flashmob“ zunächst überhaupt zugelassen wird. Aufgrund einer besonders gestörten Parität die Anforderungen an ein Arbeitskampfmittel zu senken, damit dieses *angemessen* ist, überzeugt angesichts des gerade erst vom BAG statuierten Prüfungsmerkmals für atypische Arbeitskampfmaßnahmen nicht. Bevor man vollständig auf Verteidigungsmaßnahmen des Arbeitgebers verzichtet, könnte man eher noch Abstriche bei deren Qualität zu machen. So könnten die für „Flashmob“-Aktionen angedachten Verteidigungsmittel, die mit nicht bestreitbaren Nachteilen für den Arbeitgeber einhergehen, ein Indiz dafür sein, dass das BAG bei einer besonders gestörten Paritätslage diesen Weg einschlagen möchte. Da es dazu allerdings keine Stellung bezieht, müssen weitere Entwicklungen diesbezüglich abgewartet werden.

d) Mögliche atypische Verteidigungsmittel

Neben den genannten Verteidigungsmitteln kommen allerdings auch weitere moderne Verteidigungsmöglichkeiten, speziell gegen „Flashmob“-Aktionen, in Betracht. Diese resultieren aus der Ungewöhnlichkeit deren Organisation und machen sich diese dabei zugleich zunutze.

1153 *Greiner*, Anm. EzA Nr. 143 zu Art. 9 GG Arbeitskampf, S. 27, 48; siehe auch *Decruppe*, jurisPR-ArbR 1/2009 Anm. 1, unter D.

1154 *Greiner*, Anm. EzA Nr. 143 zu Art. 9 GG Arbeitskampf, S. 27, 49.

1155 Näheres zur Parität soll unter 2. Teil B. III. S. 186 ff. dargestellt werden.

1156 Vgl. schon: 1. Teil C. V. 2. e) S. 78 ff.

1157 BAG v. 22.9.2009, NZA 2009, 1347, 1352, Rn. 46.

1158 *Greiner*, Anm. EzA Nr. 143 zu Art. 9 GG Arbeitskampf, S. 27, 49.

1159 BAG v. 22.9.2009, NZA 2009, 1347, 1352, Rn. 46.

Der Aufruf an interessierte Aktionsteilnehmer, sich für die in Rede stehende „Flashmob"-Aktion zu melden, wurde auf der Homepage der tarifzuständigen Gewerkschaft veröffentlicht. Interessenten wurde daraufhin der Zeitpunkt und der Ort der geplanten Aktion per SMS zugesendet. Andere mögliche Verbreitungsmethoden sind in der heutigen Zeit moderne Medien wie z. B. Facebook, Twitter, Snapchat, Internetforen[1160] oder – als Pendant zur SMS – die E-Mail.[1161] Ein Arbeitgeber, der sich im Arbeitskampf befindet und mit Arbeitskampfmaßnahmen der Gegenseite – speziell im Einzelhandel vielleicht sogar mit „Flashmob"-Aktionen – rechnen muss, kann sich auf der Homepage der Gewerkschaft informieren. Der „Flashmob" ist ein öffentliches Arbeitskampfmittel und setzt voraus, dass öffentlich für ihn geworben wird. Da diese Werbung zumeist über das Internet erfolgen wird, ist es dem Arbeitgeber daher möglich, rechtzeitig – nämlich gleichzeitig mit allen anderen Interessenten – von einer solchen überraschend angesetzten Aktion Kenntnis zu erlangen.[1162] Sollte für eine „Flashmob"-Aktion in der Art wie im vorliegenden Fall geworben werden, kann sich der Arbeitgeber selber massenhaft anonym in den (SMS-/E-Mail-)Verteiler aufnehmen lassen. Er wird auf diese Art und Weise über weitere Details informiert werden und kann entsprechend reagieren.[1163] Ansonsten wird vorgeschlagen, dass der Arbeitgeber auch einen weiteren „Schritt in die private Sicherheit" machen und verstärkt auf Videoüberwachung und die Präsenz privater Sicherheitsdienste setzen kann.[1164] Dies sind allerdings keine tauglichen Verteidigungsmittel, sondern lediglich unterstützende Maßnahmen, um entweder repressiv gegen einzelne Teilnehmer besser vorgehen zu können oder mit Hilfe des Sicherheitsdienstes einer Schwarmbildung entgegenzuwirken und Verteidigungsmittel wie das Hausrecht effektiv durchsetzen zu können.

4. Vorschlag zur zukünftigen Verhältnismäßigkeitsprüfung

Nach den vorstehenden Analysen ist zu fragen, wie die Verhältnismäßigkeitsprüfung von Arbeitskampfmaßnahmen im Allgemeinen und von atypischen Arbeitskampfmaßnahmen im Speziellen in Zukunft aussehen könnte. Die Tendenzen, die sich aus verschiedenen Urteilen des BAG erkennen lassen, sollen an dieser Stelle zusammengefasst und mit eigenen Bewertungen und Vorschlägen verbunden werden. Wie bereits dargestellt wurde, hat die Verhältnismäßigkeitsprüfung sich zum zentralen Bewertungsmaßstab einer Arbeitskampfmaßnahme entwickelt. Sie soll

---

1160 Bei einer Verbreitung über diese Kanäle müsste die „Beherrschbarkeit" der Aktion sichergestellt sein (vgl. schon 2. Teil B. I. 2. b) S. 152 ff.). Dies ließe sich etwa über eine geschlossene Gruppe bei Facebook oder einer verschlüsselten Nachricht unter einem geheimen #Code bei Twitter sicherstellen.

1161 Vgl. dazu auch *Callsen*, in: Rehder/Deinert/Callsen, S. 34.

1162 *Fischer*, RdA 2011, 50, 57.

1163 *Kersten*, in: Neues Arbeitskampfrecht?, S. 61, 84, der dies als „Gegenschwarm" bezeichnet.

1164 *Kersten*, in: Neues Arbeitskampfrecht?, S. 61, 84.

im konkreten Fall über die Rechtmäßigkeit eines ausgeführten Arbeitskampfmittels Aufschluss liefern. In den neueren Entscheidungen hatte das BAG auf eine Prüfung der Geeignetheit und Erforderlichkeit einer Arbeitskampfmaßnahme fast völlig verzichtet und lediglich eine Missbrauchskontrolle durchgeführt.[1165] Der Prüfungsschwerpunkt und damit auch die Prüfungslast lagen vollkommen auf der Ebene der Proportionalität. Dabei wurde zwar vereinzelt angerissen, wie eine stimmige Angemessenheitsprüfung aussehen könnte, klare Leitlinien und eine strukturierte Prüfung vermisste man allerdings.

In Zukunft müsste zunächst auf eine Einschätzungsprärogative der Gewerkschaften verzichtet werden und somit dem Gericht die Gelegenheit gegeben werden, die Geeignetheit und Erforderlichkeit einer Arbeitskampfmaßnahme im konkreten Fall wieder voll überprüfen zu können.[1166] Bezugspunkt der Verhältnismäßigkeit müsste die Durchsetzung der Tarifforderungen sein. Dafür sprechen gute Gründe und dies wird auch vom BAG bereits längere Zeit so vertreten.[1167] Zu fragen wäre daher zunächst: Ist die Arbeitskampfmaßnahme dazu geeignet, Druck auszuüben und so auf die Verhandlungsbereitschaft des Tarifgegners Einfluss zu nehmen, dass die erstrebten tariflichen Regelungen durchgesetzt werden können?[1168] Dabei werden sich im Regelfall allerdings nicht viele Maßnahmen der Gewerkschaft als „ungeeignet" herausstellen, da die Gewerkschaft ein Eigeninteresse daran hat, Druck auf den Arbeitgeber auszuüben. Reine politische oder Demonstrationsstreiks werden damit allerdings ungeeignet sein.

Im Zuge der Erforderlichkeit gilt es zunächst zu beachten, dass der Arbeitskampf *ultima ratio* zu sein hat, also das letzte Mittel sein muss, welches nur eingesetzt wird, wenn andere Möglichkeiten zur Zielerreichung nicht ausreichen.[1169] Es muss daher vorher zumindest ein Verhandlungsversuch unternommen worden sein. Diese verhaltene Einschränkung wird wahrscheinlich nur in den seltensten Fällen zu einer Verletzung des *ultima-ratio*-Prinzips führen.[1170] Ferner gebietet die Erforderlichkeit, dass das mildeste unter zur Zielerreichung gleich geeigneten Arbeitskampfmitteln ausgewählt wird. Gerade dies muss von den Arbeitsgerichten voll überprüfbar sein. Ansonsten würde den Gewerkschaften ein zu großer Anreiz geboten – bis zur Grenze des Rechtsmissbrauchs – immer das Kampfmittel zu wählen, welches den Arbeitgeber am stärksten belastet. Die Einschätzungsprärogative der Gewerkschaften ist lediglich vor dem Hintergrund sinnvoll, dass die Beurteilung, ob das gewählte Arbeitskampfmittel wirklich das mildeste gewesen ist, sowohl für die Gewerkschaften als auch für die Gerichte zugegebenermaßen nicht einfach zu treffen ist. Die Parteien und gerade die kampfführende Gewerkschaft stünden bei

1165 Vgl. nur BAG v. 22.9.2009, NZA 2009, 1347; BAG v. 19.6.2007, NZA 2007, 1055.
1166 Vgl. dazu schon eingehend: 2. Teil B. II. 1. b) S. 160 ff.
1167 Vgl. schon: 1. Teil C. V. 2. a) S. 61 ff.
1168 Vgl. auch *Kissel*, § 29 Rn. 21; *Preis*, S. 396.
1169 BAG v. 21.4.1971, NJW 1971, 1668, 1669.
1170 So auch *Däubler*, in Däubler, § 14 Rn. 9.

Verzicht auf die Einschätzungsprärogative fortan in der Argumentationspflicht, wieso die Umstände des Einzelfalls gerade dieses Arbeitskampfmittel erforderten. Es ist nicht ersichtlich, dass die Beurteilung für das Gericht unmöglich zu treffen wäre. Daher wäre es wünschenswert, wenn das BAG in Zukunft auf die eingeführte Einschätzungsprärogative der Gewerkschaften im Rahmen der Geeignetheit und Erforderlichkeit verzichten würde und das Vorliegen der Voraussetzungen wieder voll überprüfen würde.

Schließlich muss das Arbeitskampfmittel zur Durchsetzung der Tarifforderung auch proportional sein. Bei diesem Bezugspunkt der Proportionalitätsprüfung muss die Gefahr einer Tarifzensur durch das Gericht beachtet werden. Dieser lässt sich insofern begegnen, indem man nicht den Inhalt der Tarifforderungen einzelfallabhängig unterschiedlich bewertet, sondern das Interesse der Gewerkschaft, den angestrebten Tarifvertrag durchzusetzen, mit einer einzelfallunabhängigen konstanten Größe gewichtet.[1171] Der Inhalt des Tarifvertrags darf für die Bewertung der Arbeitskampfmaßnahme im konkreten Fall keine Rolle spielen. Die selbstregulierenden Kräfte im Verhältnis zum einen zwischen der Gewerkschaft und ihren Mitgliedern und zum anderen zwischen der Gewerkschaft und dem Arbeitgeber werden dafür sorgen, dass auf Dauer keine unverhältnismäßigen Tarifforderungen gestellt werden. Ein Arbeitskampfmittel ist laut dem BAG proportional, wenn es sich „unter hinreichender Würdigung der grundrechtlich gewährleisteten Betätigungsfreiheit zur Erreichung des angestrebten Kampfziels unter Berücksichtigung der Rechtspositionen der von der Kampfmaßnahme unmittelbar und mittelbar Betroffenen als angemessen darstellt."[1172] Bei der Bewertung der Angemessenheit werden auch in Zukunft verschiedene Faktoren eine Rolle spielen, die sich von Arbeitskampfmittel zu Arbeitskampfmittel unterscheiden können und eine unterschiedliche Gewichtung erfahren können.[1173]

Zunächst spielen bei der Bewertung die *einschlägigen Grundrechte* eine Rolle. Für die Gewerkschaftsseite streitet die Koalitionsfreiheit aus Art. 9 Abs. 3 GG, für die von der Arbeitskampfmaßnahme betroffene Arbeitgeberseite kommen insbesondere die Grundrechte aus Art. 12 Abs. 1 GG und Art. 14 Abs. 1 GG in Betracht. Auch die Grundrechte weiterer nur mittelbar Betroffener müssen bei der Bewertung der Angemessenheit eine Rolle spielen. Dabei ist dann auch das sog. *„Gemeinwohl"* ein zu berücksichtigender Faktor, der aber nur in Ausnahmefällen zur Rechtswidrigkeit einer Arbeitskampfmaßnahme führen wird, wenn das Gemeinwohl unverhältnismäßig stark beeinträchtigt ist.[1174] Eine Gegenüberstellung von einschlägigen Rechtspositionen und deren Bewertung nimmt das BAG im „Flashmob"-Urteil nicht vor, sondern konzentriert sich lediglich auf die sogleich aufgeführten Prüfungsmerkmale

---

1171 *Kreuz*, S. 159 („Interessenwertkonstante").

1172 BAG v. 22.9.2009, NZA 2009, 1347, 1352, Rn. 44; BAG v. 19.6.2007, NZA 2007, 1055, 1058, Rn. 28.

1173 Vgl. dazu schon BAG v. 19.6.2007, NZA 2007, 1055, 1060, Rn. 38.

1174 Siehe dazu schon: 1. Teil C. IV. S. 51 ff.; siehe auch *Otto*, § 8 Rn. 71.

der atypischen Arbeitskampfmittel. So wird zurecht angemerkt, dass dort faktisch „nur ein Torso der Verhältnismäßigkeitsprüfung erhalten" bleibt.[1175] Grundsätzlich muss sich im Sinne der praktischen Konkordanz um einen möglichst schonenden Ausgleich der verschiedenen Grundrechtspositionen bemüht werden. Bei der Bewertung der Rechtmäßigkeit einer Arbeitskampfmaßnahme geht es aber viel eher um die Frage, welcher Grundrechtsposition im Einzelfall der Vorrang einzuräumen ist und welche zurückstehen muss.[1176] Trotzdem sollten die zurückstehenden Grundrechte wenigstens insofern berücksichtigt werden, dass gerade neueren Arbeitskampfmitteln gewisse Einschränkungen auferlegt werden, um die unterschiedlichen Positionen zumindest teilweise in Einklang zu bringen.

Gerade neueren atypischen Arbeitskampfmaßnahmen, die weniger passiv die eigene Arbeitsleistung zurückhalten, sondern aktiv in die betrieblichen Arbeitsabläufe des Arbeitgebers eingreifen, hat das BAG zumindest teilweise Grenzen gesetzt, die im Rahmen der Angemessenheit in Zukunft beachtet werden müssen. So wird es in Zukunft eine große Rolle spielen, ob dem Arbeitgeber *effektive Verteidigungsmöglichkeiten* zur Verfügung stehen werden, welche das BAG im „Flashmob"-Fall im Hausrecht und der suspendierenden Betriebsstilllegung sah.[1177] Damit der Partei, welche der Arbeitskampfmaßnahme ausgesetzt ist, überhaupt eine Reaktionsmöglichkeit verbleibt, muss die *Erkennbarkeit* einer Arbeitskampfmaßnahme sichergestellt sein. Der Angegriffene muss wissen, dass er überhaupt angegriffen und von wem er angegriffen wird. Gerade diesem Merkmal wird in Zukunft im Rahmen der Angemessenheit eine entscheidende Rolle zukommen, da vor allem neuere Arbeitskampfmaßnahmen auf einen Überraschungseffekt setzen und ein Interesse daran haben, die Arbeitskampfmaßnahme möglichst lange zu verschleiern. Ebenfalls ein zu berücksichtigender Faktor wird sein, ob das Kampfmittel mit *eigenen Opfern* des Angreifers verbunden ist.[1178] Ein Arbeitskampfmittel, bei dem es an einer Selbstschädigung der das Mittel einsetzenden Partei mangelt, kann nämlich zu einer Veränderung des Einigungsmechanismus führen.[1179] Normalerweise nimmt je länger der Arbeitskampf dauert die Konzessionsbereitschaft des Arbeitgebers zu, während der Widerstand der Gewerkschaft aufgrund von Finanzierungsproblemen mit zunehmender Arbeitskampfdauer abnimmt. Fehlt es an einer Selbstschädigung der Gewerkschaft, wie es teilweise beim „Flashmob" der Fall ist, wird der Widerstand der Gewerkschaft jedoch nicht zwingend abnehmen, womit zumindest nicht wegen des Finanzierungsaspekts ein Einigungsdruck zwangsläufig entsteht.[1180] Dieser

---

1175 *Rosenau*, S. 262; so auch *Kersten*, in: Neues Arbeitskampfrecht?, S. 61, 92.

1176 So auch *Greiner*, Anm. EzA Nr. 143 zu Art. 9 GG Arbeitskampf, S. 27, 36.

1177 BAG v. 22.9.2009, NZA 2009, 1347, 1352 ff.

1178 Vgl. BAG v. 22.9.2009, NZA 2009, 1347, 1352, Rn. 46; a. A. *Rüthers/Höpfner*, JZ 2010, 261, 262.

1179 *Rosenau*, S. 278.

1180 Vgl. hierzu auch *Rosenau*, S. 278 m. w. N.

Umstand birgt die Gefahr, dass das jeweilige Arbeitskampfmittel verantwortungslos eingesetzt wird.[1181]

Nach hier vertretener Auffassung ist die *Beherrschbarkeit* des Arbeitskampfmittels ein weiterer Gesichtspunkt der Angemessenheitsprüfung.[1182] Arbeitskampfmittel, die nicht mehr von der Gewerkschaft steuerbar sind und somit einen unkalkulierbaren Verlauf nehmen können, der nicht mehr dem Willen der Gewerkschaft entspricht und damit den Arbeitgeber unverhältnismäßig stark treffen könnte, können unter Umständen unangemessen und damit rechtswidrig sein. Es muss von der angreifenden Partei verlangt werden, dass sie Vorkehrungen trifft, um die volle Kontrolle über die Maßnahme zu behalten und dass sie in der Lage ist, den Einsatz des Mittels jederzeit zu reduzieren oder zu beenden. Dieses Merkmal kann insbesondere bei „Flashmob"-Aktionen oder sonstigen modernen Arbeitskampfmitteln Bedeutung erlangen, bei denen externe Dritte zur Unterstützung herangezogen werden und somit die Gefahr der Unbeherrschbarkeit des Mittels droht.[1183] Generell müssen ebenfalls die *beim Arbeitgeber eintretenden Schäden* in der Angemessenheitsprüfung Berücksichtigung finden. Zwar ist die Zufügung von (wirtschaftlichen) Nachteilen (zumindest auch) gerade der Zweck von Arbeitskampfmaßnahmen, und diese sind vom Arbeitgeber in einem gewissen Maße daher auch hinzunehmen, jedoch können ungewöhnlich hohe Schäden und Nachteile eine Arbeitskampfmaßnahme im konkreten Fall auch unangemessen werden lassen. Damit einhergehend könnten nach hier vertretener Auffassung an dieser Stelle auch *Eigentumsverletzungen in Form von Nutzungsbeeinträchtigungen* Berücksichtigung finden.[1184] Bewertungsmaßstäbe dafür, ob sich die Nutzungsbeeinträchtigung des Eigentums noch in Grenzen hält oder diese die Arbeitskampfmaßnahme unverhältnismäßig werden lässt, könnten dabei dann insbesondere die Eigenart des Geschäfts des Arbeitgebers, damit verbunden die Wichtigkeit des Eigentums für den laufenden Geschäftsbetrieb, die Intensität und die Dauer der Nutzungsbeeinträchtigung sein. Dies würde eine flexible und einzelfallgerechte Bewertung erlauben und zugleich die Interessen des Arbeitgebers ausreichend wahren. Zu beachten ist, dass bei Eigentumsverletzungen, die in die Sachsubstanz des Arbeitgebereigentums eingreifen und dieses dauerhaft beschädigen, die Arbeitskampfmaßnahme nicht nur stets unverhältnismäßig wäre, sondern diese nach hier vertretener Auffassung bereits nicht vom Schutzbereich gedeckt wäre.[1185] Diese unterschiedlichen Faktoren sind folglich im Rahmen einer Abwägungsentscheidung zu gewichten, um zu dem Ergebnis gelangen zu können,

---

1181 Schon das BAG v. 18.2.2003, NZA 2003, 866, 869 stellt auf den Zusammenhang zwischen Selbstschädigung und verantwortlicher Nutzung des Arbeitskampfmittels ab; so auch BAG v. 22.9.2009, NZA 2009, 1347, 1353, Rn. 52.

1182 Vgl. dazu bereits oben: 2. Teil B. I. 2. b) S. 152 ff.

1183 Diese Gefahr auch sehend: BAG v. 22.9.2009, NZA 2009, 1347, 1353, Rn. 52.

1184 Vgl. hierzu schon ausführlich: 2. Teil B. I. 1. b) ee) (1) S. 128 ff.; so auch *Rosenau*, S. 279 f.

1185 In diese Richtung wohl auch BAG v. 22.9.2009, NZA 2009, 1347, 1351, Rn. 34, wenn es von „friedlichen Mitteln" spricht.

ob durch die Arbeitskampfmaßnahme die Grenze der Zumutbarkeit für den Betroffenen überschritten ist.[1186]

Eingestanden werden muss, dass sich der Schwerpunkt der Verhältnismäßigkeitsprüfung gravierend auf die Angemessenheitsprüfung verlagert hat und diese gerade für atypische Arbeitskampfmittel ein zentraler Bewertungsmaßstab sein wird.[1187] Man könnte an der Praktikabilität einer solchen Prüfung im Verfahren des einstweiligen Rechtsschutzes zweifeln. Die Arbeitsgerichte könnten mit einer umfassenden Angemessenheitsprüfung überfordert sein und letztlich wird oft nur dort über die Rechtmäßigkeit von Arbeitskampfmaßnahmen entschieden. Im Verfahren des einstweiligen Rechtsschutzes wird im summarischen Verfahren geprüft. Es genügt die Glaubhaftmachung von Tatsachen. Begehrt der Arbeitgeber die Unterlassung der laufenden oder kurz bevorstehenden Arbeitskampfmaßnahme, obliegt ihm die Darlegungs- und Beweislast. Daher könnte es zweifelhaft sein, ob es dem Arbeitgeber möglich ist, Tatsachen glaubhaft zu machen, die belegen, dass die Arbeitskampfmaßnahme der Gewerkschaft offensichtlich unverhältnismäßig ist und die Verfahren im einstweiligen Rechtsschutz folglich nahezu alle vom Arbeitgeber verloren werden würden.[1188]

Dagegen spricht allerdings, dass auch in anderen Rechtsbereichen, etwa dem Öffentlichen Recht, eine umfangreiche Angemessenheitsprüfung ein Teil der summarischen Prüfung im einstweiligen Rechtsschutz ist. Auch dort gelingt dem Gericht eine einzelfallgerechte Abwägung. Wieso soll dies einem Arbeitsgericht im Arbeitskampf nicht gelingen? Dem Arbeitgeber ist zuzumuten, jene Faktoren darzulegen, die für eine Angemessenheitsprüfung relevant sind. Bei schwer zu ermittelnden Faktoren, wie etwa einer Gemeinwohlschädigung, müssen die Anforderungen an die Darlegungs- und Beweislast des Arbeitgebers im einstweiligen Rechtsschutz dementsprechend gesenkt werden. Diese Schwierigkeiten machen eine summarische Prüfung jedoch nicht unmöglich. Ist der Arbeitskampf offensichtlich unverhältnismäßig wird eine einstweilige Verfügung erlassen werden können, bestehen Zweifel an der Rechtmäßigkeit muss der Arbeitgeber dann auf das Hauptverfahren verwiesen werden.[1189] Diese Schwierigkeiten und die Unsicherheit über die genaue Gewichtung der einzelnen Faktoren durch die Gerichte werden aber für eine geringere Vorhersehbarkeit sorgen, ob eine Arbeitskampfmaßnahme im konkreten Fall verhältnismäßig eingesetzt worden ist.

1186 *Rosenau*, S. 285.

1187 *Krause*, in: Entgrenzter Arbeitskampf?, ZAAR Schriftenreihe Band 37, S. 43, 66, sieht die einzelfallbezogene Beurteilung von Arbeitskampfmaßnahmen als Folge des Autonomiekonzepts.

1188 Vgl. *Bertzbach*, in: Däubler, § 24 Rn. 23 ff. zur Interessenabwägung im einstweiligen Rechtsschutz.

1189 *Bertzbach*, in: Däubler, § 24 Rn. 26.

Bei aller Kritik[1190] an der Konturlosigkeit und an der so entstehenden „Rechtsunsicherheit" der auf die Verhältnismäßigkeit verlagerten Prüfung muss dies jedoch nicht zwangsläufig negativ zu bewerten sein. Ein Bewertungsmaßstab, der eine passgenaue Überprüfung des Einzelfalls möglich macht, sorgt neben einer gewissen Unsicherheit auch für Einzelfallgerechtigkeit. Es kann beispielsweise möglich sein, dass ein kontrollierter „Flashmob" im Fall A, der im Idealfall noch nicht einmal das Eigentum des Arbeitsgebers beeinträchtigt, für rechtmäßig gehalten wird, jedoch ein „Flashmob" im Fall B, der außer Kontrolle gerät und bei dem das Eigentum des Arbeitgebers massiven Schaden nimmt, als rechtswidrig eingestuft wird. Auch *Otto* sieht den Verhältnismäßigkeitsgrundsatz als Hilfe bei der Frage, wie intensiv ein anerkanntes Mittel eingesetzt werden darf.[1191] Dies wird das BAG auch dazu bewogen haben, den generellen Unterlassungsantrag abzulehnen, da „Flashmob"-Aktionen „nicht generell unzulässig" und vor allem „nicht generell unangemessen" sind.[1192] Nach hier vorgeschlagener zukünftiger Verhältnismäßigkeitsprüfung wären zumindest auch wieder die Geeignetheit und die Erforderlichkeit der Maßnahme vom Gericht voll überprüfbar, sodass zwar immer noch der Schwerpunkt, aber nicht mehr die volle Prüfungslast auf der Angemessenheit liegen würde.

Auch eine „Entfesselung" des Arbeitskampfes muss durch die Akzentuierung der Angemessenheitsprüfung und die damit verbundene Einzelfallbewertung und Unvorhersehbarkeit nicht befürchtet werden.[1193] Zu Beginn wird es bei der Einführung neuer Arbeitskampfmittel noch Rechtsunsicherheiten geben, doch bei Vorliegen dazu ergehender Rechtsprechung, bei der Leitlinien und Bewertungsfaktoren mit praktischen Beispielen zu unterfüttern sind, werden diese schnell in geordnete Bahnen gelenkt werden können. Eine Bewertung im Einzelfall bietet für die tätig werdende Arbeitskampfpartei Chance und Risiko zugleich. Es kann erwartet werden, dass Rechtsgrenzen ausgetestet werden, aber es ist nicht zu befürchten, dass Gewerkschaften verantwortungslos und bedenkenlos neue Arbeitskampfmaßnahmen einsetzen werden. Dafür sind die neuen Leitlinien, trotz bestehender Unsicherheit, dann doch zu deutlich vorgegeben.[1194] So ist das neue Verständnis der Verhältnismäßigkeit in der Rechtsprechung des BAG auch nicht im Sinne einer

---

1190 *Bieder*, NZA 2008, 799, 801; *Franzen*, in: JbArbR, Bd. 47 (2010), S. 119, 122; *Giesen*, in: Neues Arbeitskampfrecht?, S. 98; *Greiner*, Anm. EzA Nr. 143 zu Art. 9 GG Arbeitskampf, S. 27, 40; *Kersten*, in: Neues Arbeitskampfrecht?, S. 61, 71; *Melot de Beauregard*, NZA-RR 2010, 453, 456; *Rieble*, NZA 2008, 796; *Schmitz-Scholemann*, NZA 2012, 1001, 1005; *Steinau-Steinrück/Brugger*, NZA-Beil. 2010, 127, 133.

1191 *Otto*, § 8 Rn. 5.

1192 BAG v. 22.9.2009, NZA 2009, 1347, 1348, 1350, Rn. 8 u. Rn. 31; so auch *Greiner*, Anm. EzA Nr. 143 zu Art. 9 GG Arbeitskampf, S. 27, 56 f.

1193 Anders *Franzen*, in: JbArbR, Bd. 47 (2010), S. 119, 127 f.

1194 So auch *Greiner*, Anm. EzA Nr. 143 zu Art. 9 GG Arbeitskampf, S. 27, 56 f., der manche Konturen und Grenzen des „neuen" Arbeitskampfrechts für erfreulich klar herausgearbeitet hält und der Auffassung ist, eine „Skandalisierung" erscheine unangebracht.

„ungewöhnlichen Prüfung“ zu bewerten[1195], sondern als „Berücksichtigung des Umstandes, dass die Rechtsprechung der Grundrechtsausübung auf beiden Seiten Rechnung tragen muss“.[1196]

Das Prüfungsgerüst für den Umgang mit neuen atypischen Arbeitskampfmaßnahmen hat das BAG teilweise bereits vorgegeben, teilweise nur angerissen und teilweise wurden gewisse Andeutungen hier weiterentwickelt und als Bewertungsfaktor vorgeschlagen. Entscheidend ist, dass die Arbeitsgerichte die Parameter für ihre rechtliche Bewertung im Einzelfall aus den konkreten Umständen einerseits, andererseits aber aus den anerkannten verfassungsrechtlichen Grundsätzen und vorgegebenen Prüfungsleitlinien ableiten können, aber auch müssen, und sich hierbei auch auf das Verhältnismäßigkeitsprinzip stützen können.[1197] Diese Parameter sind auch für das Verhältnismäßigkeitsprinzip für die Zukunft gegeben.

5. Verhältnismäßigkeit im „Flashmob“-Fall

Bei der Bewertung der Verhältnismäßigkeit (und speziell der Angemessenheit) der konkreten Kampfmaßnahme hält sich das BAG beim „Flashmob“-Urteil[1198] merklich zurück. Vielmehr legt es Wert auf die Feststellung, dass der Flashmob „nicht generell unangemessen“ sei.[1199] Es entzieht sich, mit Verweis auf das Klägerbegehren, „Flashmob“-Aktionen generell zu untersagen, somit ein wenig der Bewertung des konkreten Falls und versucht stattdessen allgemeine Bewertungsmaßstäbe aufzustellen, die bei atypischen Arbeitskampfmaßnahmen eine Rolle spielen könnten. Es bewertet die „Flashmob“-Aktion nicht individuell, sondern eher generell. Im Folgenden soll in der gebotenen Kürze illustriert werden, wie anhand der gerade entwickelten Leitlinien eine Verhältnismäßigkeitsprüfung der konkreten „Flashmob“-Aktion hätte aussehen können.

Zunächst müsste bei Nichtgestattung einer Einschätzungsprärogative der Gewerkschaften die Geeignetheit und die Erforderlichkeit der „Flashmob“-Maßnahme voll überprüft werden. Dass der „Flashmob“ dazu geeignet war, Druck auf die Arbeitgeberseite zur Durchsetzung der Tarifforderungen auszuüben, indem er nicht nur die Öffentlichkeit auf Missstände aufmerksam machte, sondern auch Umsatzeinbußen und dadurch einen wirtschaftlichen Schaden herbeiführte, ist auch aufgrund der heftigen Reaktion des Arbeitgeberverbandes, der den Weg bis zum BVerfG einschlug, deutlich geworden.[1200] Um die Erforderlichkeit zweifelsfrei zu klären, wäre eine noch genauere Sachverhaltskenntnis vonnöten. Das LAG Berlin-Brandenburg hatte dazu ausgeführt, dass die Gewerkschaft „erkennbar der Meinung [war], dass die Tarifverhandlungen festgefahren waren und die Streikmaßnahmen allein nicht

1195 So *Franzen,* in: JbArbR, Bd. 47 (2010), S. 119, 122.
1196 *Deinert,* in: Rehder/Deinert/Callsen, S. 59.
1197 So *Fischer,* RdA 2011, 50, 56.
1198 BAG v. 22.9.2009, NZA 2009, 1347.
1199 BAG v. 22.9.2009, NZA 2009, 1347, 1349, 1350, Rn. 8, Rn. 31.
1200 Vgl. auch *Däubler,* in: Däubler, § 31 Rn. 7.

ausreichten, um den [Arbeitgeber] wieder an den Verhandlungstisch zu bringen."[1201] Anscheinend waren in der Tat bereits Streikmaßnahmen versucht worden, die aber „durch den massiven Einsatz von Leiharbeitnehmern seitens der Mitgliedsfirmen des Kampfgegners [ihrer] Druckwirkung weitgehend beraubt" wurden.[1202] Schon aus diesem Grund wären weitere Streikmaßnahmen kein gleich geeignetes, milderes Mittel gewesen. Zudem darf auch bezweifelt werden, ob ein Streik wirklich als milderes Mittel zum „Flashmob" angesehen werden kann. Die wirtschaftlichen Folgen für den Betrieb sind bei einer „Flashmob"-Aktion jedenfalls wesentlich geringer als bei einem Streik. Im letzteren Fall würde das Ladengeschäft den ganzen Tag oder sogar mehrere Tage bestreikt werden und ein Verkauf somit (soweit keine Streikbrecher eingesetzt würden) unmöglich gemacht werden, während es beim „Flashmob" lediglich zu einer kurzfristigen Beeinträchtigung des Geschäftsbetriebs kommt. Daher ist ein Streik im Vergleich zum „Flashmob" eher ein schärferes als ein milderes Mittel.[1203] Dass in der konkreten Situation andere Kampfmaßnahmen milder und zugleich gleich geeignet gewesen sind, ist nicht ersichtlich.[1204]

Wendet man das entwickelte Schema[1205] zur Angemessenheit von (atypischen) Arbeitskampfmaßnahmen auf den konkreten „Flashmob" an, kommt man zu folgenden Erkenntnissen: Der Arbeitgeber war in der Lage, sich gegen die „Flashmob"-Aktion durch die Ausübung seines Hausrechts effektiv zu verteidigen. Zwar könnte eine sofortige Identifikation der Teilnehmer schwer gefallen sein, jedoch waren die meisten bereits durch äußere Kennzeichen und spätestens durch ihre Handlungen, die von einem normalen Kunden abweichen, zu erkennen. Durch den Verweis aus dem Geschäft hätten zumindest länger andauernde Störungen vermieden werden können. Es war auch möglich zu erkennen, dass es sich um eine von der Gewerkschaft getragene Arbeitskampfmaßnahme handelte. Einige Teilnehmer trugen Jacken mit der Aufschrift „ver.di", zahlreiche andere Sticker der Gewerkschaft. Zudem wurden Flugblätter verteilt und Arbeitnehmer im Betrieb gezielt zur Streikteilnahme aufgefordert und auf die Aktion aufmerksam gemacht. Mit eigenen Opfern war diese „Flashmob"-Aktion allem Anschein nach nicht verbunden, da mutmaßlich keine Arbeitnehmer des Betriebs ihren Lohnanspruch einbüßten und diesen „Streikgeld" aus der Gewerkschaftskasse gezahlt werden musste. An der Aktion nahmen 40–50

1201 LAG Berlin-Brandenburg v. 29.9.2008, AuR 2009, 47, 49.

1202 LAG Berlin-Brandenburg v. 29.9.2008, AuR 2009, 47, 49.

1203 So auch LAG Berlin-Brandenburg v. 29.9.2008, AuR 2009, 47, 48; *Däubler*, in Däubler, § 31 Rn. 7.

1204 Laut *Kersten*, in: Neues Arbeitskampfrecht?, S. 61, 79 f. fehlt es dagegen an der Erforderlichkeit, da der „Flashmob" Motivationsdefizite der Gewerkschaften im Hinblick auf die Arbeitnehmerschaft kompensieren soll. Dies ist m. E. allerdings eher der Problematik zuzuordnen, ob der „Flashmob" generell als Kampfmittel zugelassen werden soll (entlarvend hierzu auch der letzte Absatz auf S. 80) und weniger ein Argument dafür, dass es im konkreten Fall mildere, gleich geeignete Mittel gibt.

1205 Siehe: 2. Teil B. II. 4. S. 176 ff.

Teilnehmer teil, die einzeln per SMS über Ort und Zeitpunkt der Aktion informiert worden waren. Bereits aus diesem Grund war ein massenhafter Menschenauflauf nicht zu befürchten und auch sonst gibt es keine Anzeichen dafür, dass die Aktion von der Gewerkschaft nicht beherrschbar gewesen ist. Die Eigentumsverletzungen nach § 823 Abs. 1 BGB in Form von Nutzungsbeeinträchtigungen sind zwar durch die vorübergehende Unbenutzbarkeit einzelner Einkaufswagen und -waren sowie des Kassenbereichs gegeben. Jedoch sprechen gegen eine Einstufung der Nutzungsbeeinträchtigung als schwerwiegend sowohl die geringe Dauer der Aktion, die nur eingeschränkte Unbenutzbarkeit bzw. Belästigung sowie die Eigenart des betroffenen Geschäfts, in dem eine sehr große Menge jeder einzelnen Ware vorrätig ist und somit für den Kunden nur in den seltensten Fällen eine Unerreichbarkeit eines bestimmten Produkts eintreten wird.

Neben den besonderen Bewertungsfaktoren der atypischen Arbeitskampfmaßnahme müssen auch die allgemeinen Grundsätze der Angemessenheitsprüfung beachtet werden. So sind die widerstreitenden Interessen und Grundrechte der Gewerkschaft auf der einen Seite und des Arbeitgebers auf der anderen Seite abzuwägen und wenn möglich in Einklang zu bringen. Zudem müssen auch die Interessen der mittelbar betroffenen Dritten beachtet werden. Für die Gewerkschaft streitet das aus der Koalitionsfreiheit gemäß Art. 9 Abs. 3 GG folgende Recht zur freien Wahl von Arbeitskampfmaßnahmen, welches möglichst effektiv ausgeübt werden muss. Dies muss mit der Berufsfreiheit gemäß Art. 12 Abs. 1 GG des betroffenen Arbeitgebers in Einklang gebracht werden. Hier muss insbesondere der durch die „Flashmob"-Aktion entstehende wirtschaftliche Schaden berücksichtigt werden. Gerade bei einer „Flashmob"-Aktion dieser Art fällt der wirtschaftliche Schaden jedoch nicht besonders stark ins Gewicht. Die Aktion dauerte nicht besonders lange an und somit war der Zeitraum, in dem der Arbeitgeber keine (oder besser: störungsbedingt weniger) Einnahmen erzielen konnte, im Gegensatz zu einem länger andauernden Streik, begrenzt. Dass durch das Zurückräumen der Waren Mehrkosten entstehen könnten, muss zwar auch berücksichtigt werden, fällt jedoch ebenfalls nicht sonderlich stark ins Gewicht. Auch die Grundrechte mittelbar Betroffener sowie das Gemeinwohl sind in diesem Fall zu vernachlässigen. Für Kunden, die sich aufgrund der Störungen in ihrem Einkauf gestört fühlen, bestehen zahlreiche andere Einkaufsmöglichkeiten.

Somit spricht viel dafür, dass – auch im Sinne einer umfassenden Koalitionsfreiheit – die vorliegende „Flashmob"-Aktion unter Zugrundelegung dieser Bewertungsparameter nicht als unangemessen einzustufen war.[1206]

1206 A. A. u. a. *Rosenau*, S. 286, der insbesondere auf die Eigentumsverletzungen abstellt und darauf, dass der „Flashmob" kein zentrales Kampfmittel der Arbeitnehmerseite darstelle; *Kersten*, in: Neues Arbeitskampfrecht?, S. 61, 80 ff.

III. Parität

1. Umgang mit dem Paritätsprinzip im „Flashmob"-Urteil

Das Paritätsprinzip wird vom BAG in der „Flashmob"-Entscheidung lediglich am Rande angesprochen. Es betont die Abhängigkeit einer funktionierenden Tarifautonomie vom ungefähren Kräftegleichgewicht der Tarifparteien und die Schwierigkeiten, dieses konkret zu bestimmen.[1207] Im Rahmen der Verhältnismäßigkeitsprüfung tätigt das BAG die Aussage, ein Arbeitskampfmittel, das frei von eigenen Risiken eingesetzt werden könne und zugleich dem Gegner keine Verteidigungsmöglichkeiten lasse, gefährde typischerweise die Verhandlungsparität. Eine Chance auf Herbeiführung eines angemessenen Verhandlungsergebnisses werde ansonsten zerstört.[1208] Die Erwähnung des Paritätsprinzips bei der Prüfung des Verhältnismäßigkeitsprinzips ist zumindest ungewöhnlich. Die beiden Prinzipien sind eigentlich strikt voneinander zu trennen.[1209] Auch wenn die Verortung in der Proportionalitätsprüfung hier indiziert, dass möglicherweise bezüglich des „Flashmobs" auf den konkreten Fall geachtet wurde, könnte so jedoch zumindest angedeutet worden sein, dass Arbeitskampfmittel, welche generell dem Gegner keine Verteidigungsmöglichkeiten lassen und generell nicht mit eigenen Opfern einhergehen, als paritätsstörend einzustufen sind und daher nicht als Arbeitskampfmittel zugelassen werden können. Die Tatsache, dass das BAG an anderer Stelle die generelle Überprüfung von „Flashmob"-Aktionen betont,[1210] widerspricht dem jedoch ein wenig, sodass der Prüfungsaufbau an dieser Stelle zumindest als irritierend bezeichnet werden kann. Angesichts des Vorliegens eines atypischen und neuen Arbeitskampfmittels verwundert es, dass das BAG das Paritätsprinzip nicht eingehender untersucht, um festzustellen, ob „Flashmob"-Aktionen aus Waffengleichheits- bzw. Paritätserwägungen zuzulassen sind. Schließlich hatte es in der Vergangenheit bereits deutlich gemacht, dass das Paritätsprinzip die Bestimmung des Arsenals zulässiger Kampfmittel betreffe.[1211]

2. Rechtmäßigkeitsbewertung aufgrund von Paritätserwägungen?

Doch auch wenn eine ausführliche Auseinandersetzung mit dem Paritätsprinzip unterbleibt und dieses eher *„en passant"* angesprochen wird, könnte das Urteil, „Flashmob"-Aktionen seien nicht generell rechtswidrig, durch Paritätserwägungen zumindest beeinflusst worden sein.[1212]

1207 BAG v. 22.9.2009, NZA 2009, 1347, 1352, Rn. 39 u. 40.

1208 BAG v. 22.9.2009, NZA 2009, 1347, 1352, Rn. 46.

1209 Vgl. schon oben: 1. Teil C. V. 2. e) S. 78 ff.; kritisch auch *Rüthers/Höpfner*, JZ 2010, 261, 262 und *Thüsing/Waldhoff*, ZfA 2011, 329, 358; von einer „Inkomensurabilität" sprechend *Picker*, ZfA 2010, 499, 554.

1210 BAG v. 22.9.2009, NZA 2009, 1347, 1349, Rn. 19: „Nicht generell rechtswidrig".

1211 BAG v. 10.6.1980, NJW 1980, 1642.

1212 So auch *Franzen*, in: JbArbR, Bd. 47 (2010), S. 119, 135 f.; *Kersten*, in: Neues Arbeitskampfrecht?, S. 61, 79; *Konzen*, in: FS Reuter, S. 603, 604; *Rosenau*, S. 263.

Bereits das LAG Berlin-Brandenburg hatte in der Vorinstanz ausgeführt, dass das Gleichgewicht der vorhandenen Kräfte der Parteien erkennbar zu Lasten der Gewerkschaft gestört war, da die Mitgliedsunternehmen des Arbeitgeberverbandes offenbar in der Lage waren, der Wirkung des Streiks durch den verstärkten Einsatz von Leiharbeitnehmern, zumindest im Abverkauf, zum großen Teil auszuweichen und der Streik in der Öffentlichkeit deshalb kaum wahrgenommen wurde. Daher sei die Grenze des Kampfgewichts auch durch den Aufruf zur „Flashmob"-Aktion nicht erkennbar überschritten gewesen.[1213] Dieser Argumentation könnte entgegengehalten werden, dass der Gesetzgeber nicht verpflichtet ist, „Disparitäten auszugleichen, die nicht strukturell bedingt sind, sondern auf der inneren Schwäche einer Koalition beruhen".[1214] Der Organisationsgrad einer Koalition, ihre Fähigkeit zur Anwerbung und Mobilisierung von Mitgliedern und ähnliche Faktoren lägen außerhalb der Verantwortung des Staates.[1215] Die Arbeitskampfparität sei nicht bereits deshalb gestört, weil nur wenige Gewerkschaftsmitglieder dem ursprünglichen Streikaufruf folgen würden, da es keine garantierte „Sollstärke" für die jeweilige Kampfgleichheit gäbe, bei deren Unterschreitung andere Mittel zulässig sein müssten.[1216]

Eingeräumt wird hingegen, dass es etwas anderes sei, wenn der Streik an der Personalstruktur der Unternehmen, etwa dem Einsatz von geringfügig Beschäftigten oder von Leiharbeitnehmern scheitern würde.[1217] Es gibt Anzeichen, die dafür sprechen, dass die vergeblichen Streikbemühungen im in Rede stehenden Tarifstreit nämlich eben nicht auf eine innere Schwäche der Gewerkschaft, sondern auf eine durch strukturelle Änderungen bedingte Arbeitskampfschwäche zurückzuführen waren.[1218] So wird angeführt, der Arbeitskampf im Einzelhandel habe nicht ohne Grund 18 Monate gedauert bis es zu einem Tarifabschluss gekommen sei.[1219] Generell verfügen die Unternehmer über ein reichhaltiges Optionsreservoir. Sie können mit Standortverlagerungen, Betriebsschließungen oder dem Wegfall von Arbeitsplätzen drohen und können über Instrumentarien wie die Möglichkeit der Leiharbeit und der Befristung verfügen.[1220] Speziell im Einzelhandel seien Strukturen geschaffen worden, die effektive Arbeitskämpfe kaum mehr zulassen würden. Es handele sich um eine Krisenbranche in der Ausgliederungen von Betrieben in

1213 LAG Berlin-Brandenburg v. 29.9.2008, AuR 2009, 47, 48; auch *Linsenmaier*, in: ErfK, Art. 9 GG Rn. 277 sieht in einer solchen Entwicklung die Möglichkeit der Zulassung neuer Arbeitskampfmittel.

1214 So schon BVerfG v. 4.7.1995, NZA 1995, 754, 756; andeutungsweise auch *Kersten*, in: Neues Arbeitskampfrecht?, S. 61, 79 f.

1215 *Willemsen/Mehrens*, Anm. zu BAG v. 22.09.2009, AP Nr. 174 zu Art. 9 GG Arbeitskampf, unter II. 2. b. bb. (1) (a).

1216 *Krieger/Günther*, NZA 2010, 20, 22.

1217 *Otto*, RdA 2010, 135, 139.

1218 So auch *Decruppe*, jurisPR-ArbR 1/2009 Anm. 1, unter D.; *Hayen/Ebert*, AuR 2008, 19, 21; *Sunnus*, AuR 2008, 1, 12; a. A. *Rüthers/Höpfner*, JZ 2010, 261, 262.

1219 *Decruppe*, jurisPR-ArbR 1/2009 Anm. 1, unter D.

1220 *Hayen/Ebert*, AuR 2008, 19, 21; *Sunnus*, AuR 2008, 1, 12.

nicht tarifgebundene Konzerngesellschaften und gezielte Gründungen von nicht tarifgebundenen Konkurrenzunternehmen unter dem Dach von ansonsten tarifgebundenen Konzernen ein solches Arbeitsklima der Existenzangst geschaffen hätten, dass Arbeitnehmer kaum mehr aufbegehren könnten und sich sachgrundlos befristen bzw. nur in Teilzeit beschäftigen lassen würden. Zudem würden gerade in Arbeitskämpfen, jederzeit und zeitlich unbegrenzt, Leiharbeitskräfte sowie zahlreiche Aushilfskräfte zur Verfügung stehen.[1221]

Demnach liegt die Vermutung nahe, dass – zumindest in diesem Industriesektor – durch die vielfältigen Optionen des Arbeitgebers, welcher Streikfolgen ohne Probleme abfedern kann, klassisches und traditionelles gewerkschaftliches Handeln schwierig, wenn nicht gar unmöglich geworden ist. Die Erhaltung bzw. eher Schaffung einer Paritätslage muss dann die Möglichkeit der Weiterentwicklung des Waffenarsenals der Arbeitnehmerseite voraussetzen, da anderenfalls die „gesellschaftliche und ökonomisch bedingte faktische Verschiebung der Parität zugunsten der Unternehmerseite rechtlich perpetuiert“ werden würde.[1222] Somit ist die Argumentation des Deutschen Gewerkschaftsbundes verständlich, dass die Zulassung des „Flashmobs“ für die Funktionsfähigkeit der Tarifautonomie als notwendiges Korrelat zur Möglichkeit der Leiharbeit auf Arbeitgeberseite erforderlich sei.[1223] So ist es nicht überzeugend, wenn behauptet wird, durch die Hinzuziehung von Dritten auf Arbeitnehmerseite würde die Verhandlungsparität zu Lasten des Arbeitgebers gestört.[1224] Vielmehr ist – wie gerade aufgezeigt – die Verhandlungsparität eher zu Lasten der Arbeitnehmerseite gestört, sodass die Schaffung neuer Arbeitskampfformen (oder in begrenztem Maße auch die Hinzuziehung von Dritten) als paritätsausgleichende Reaktion angesehen werden kann.[1225]

Dies hat auch nur bedingt die Neugestaltung des Arbeitnehmerüberlassungsgesetzes, welche ab dem 01. April 2017 in Kraft getreten ist, geändert. § 11 Abs. 5 S. 1 AÜG sieht nunmehr zusätzlich vor, den Einsatz von Leiharbeitnehmern in vom Arbeitskampf unmittelbar betroffenen Betrieben zu verbieten und dem Leiharbeitnehmer nicht mehr nur ein Verweigerungsrecht einzuräumen.[1226] Durch die Neufassung wird dem Leiharbeitnehmer das Wahlrecht genommen, im bestreikten Betrieb weiterzuarbeiten oder von seinem Leistungsverweigerungsrecht Gebrauch

---

1221 Dieses dramatische Bild im Einzelhandel zeichnend *Decruppe*, jurisPR-ArbR 1/2009 Anm. 1, unter D.; zu einer ähnlichen Analyse gelangen *Hayen/Ebert*, AuR 2008, 19, 21, die zusätzlich auf eine fortschreitende Atypisierung und Prekarisierung von Erwerbsarbeit verweisen.

1222 *Sunnus*, AuR 2008, 1, 12; ähnlich *Hayen/Ebert*, AuR 2008, 19, 21.

1223 BVerfG v. 26.03.2014, BeckRS 2014, 49789, Rn. 13.

1224 So aber *Thüsing/Waldhoff*, ZfA 2011, 329, 359 f. und *Willemsen/Mehrens*, Anm. zu BAG v. 22.09.2009, AP Nr. 174 zu Art. 9 GG Arbeitskampf, unter III.

1225 Vgl. auch *Franzen*, in: JbArbR, Bd. 47 (2010), S. 119, 135 f.

1226 Kritisch schon zum damaligen Referentenentwurf insbesondere: *Franzen*, RdA 2015, 141; *Hamann*, AuR 2016, 136; *Henssler*, RdA 2016, 18; *Seel*, öAT 2016, 27; *Zimmermann*, BB 2016, 53.

zu machen, sodass der Gesetzgeber auf diese Weise, die Durchsetzungsmacht der Gewerkschaften stärkt.[1227] Die Änderung greift daher in die Kampfparität (nun zum Nachteil des Arbeitgebers) ein und verletzt die staatliche Neutralitätspflicht im Arbeitskampf.[1228] Sie ist verfassungsrechtlich bedenklich. Der Arbeitnehmer muss frei darüber entscheiden können, ob er sich an einem Streik beteiligt. Der Arbeitgeber seinerseits muss frei darüber entscheiden können, wie er seinen Betrieb organisiert. Immerhin wurde vom ursprünglichen Referentenentwurf abgesehen, der gewissermaßen eine ausnahmslose Streikpflicht für Leiharbeitnehmer vorsah und die Streikfolgen durch die Gewerkschaft ohne Belastung ihrer Kampfkassen zulasten des Arbeitgebers ausweiten wollte. Solch ein Verbot kann richtigerweise nicht jegliche Arbeitnehmerüberlassung während eines Arbeitskampfes betreffen, sodass der vor der Arbeitskampfmaßnahme zulässige Einsatz von Leiharbeitnehmern auch während der Arbeitskampfmaßnahme im selben Umfang erlaubt sein muss.[1229] Dies wurde durch den Ausnahmetatbestand in § 11 Abs. 5 S. 2 AÜG sichergestellt. Darüber hinaus gibt es für den Arbeitgeber auch andere Möglichkeiten, die Arbeitskampfmaßnahme abzufedern, als nur durch den Einsatz von Leiharbeitnehmern. So bleibt es dem Arbeitgeber etwa unbenommen, Arbeitnehmer zu Vertretungszwecken sogar sachgrundlos befristet einzustellen oder sonstige Aushilfskräfte zu beschäftigen, um Arbeitskampfmaßnahmen der Gewerkschaft ins Leere laufen zu lassen.[1230]

Es kann im Ergebnis angenommen werden, dass sich das BAG bei seiner Urteilsfindung von Paritätserwägungen hat leiten lassen.[1231] Wünschenswert wäre es jedoch gewesen, es hätte dies klar zum Ausdruck gebracht. Hätte es die Frage in den Vordergrund gerückt, ob im Einzelhandel die Arbeitgeber durch den Einsatz von Leiharbeitnehmern Streiks aushebeln können und daher die Arbeitnehmerseite ohne die Einbeziehung Dritter aus solchen strukturellen Gründen – und nicht wegen eigener Schwäche – nicht mehr hinreichend in der Lage ist, ihren Tarifforderungen Nachdruck zu verleihen, wäre das eine Argumentationslinie gewesen, die das Ergebnis des „Flashmob"-Urteils vielleicht hätte tragen können.[1232] Dies wäre stringent gewesen und hätte den von Unverständnis getriebenen, aufkommenden „Sturm der Entrüstung" in der Literatur vielleicht verhindern können.

1227 *Bauer/Haußmann*, NZA 2016, 803, 805.

1228 *Bauer/Haußmann*, NZA 2016, 803, 805; so schon zutreffend *Franzen*, RdA 2015, 141, 150 ff.; *Hamann*, AuR 2016, 136, 140 f.; *Henssler*, RdA 2016, 18, 24.

1229 *Franzen*, RdA 2015, 141, 151; *Henssler*, RdA 2016, 18, 24; *Seel*, öAT 2016, 27, 30; *Zimmermann*, BB 2016, 53, 56 f.

1230 Vgl. dazu schon *Greiner*, NJW 2010, 2977, 2980.

1231 So auch *Franzen*, in: JbArbR, Bd. 47 (2010), S. 119, 135 f.; *Kersten*, in: Neues Arbeitskampfrecht?, S. 61, 79; *Rosenau*, S. 263.

1232 So mutmaßend *Franzen*, in: JbArbR, Bd. 47 (2010), S. 119, 135 f.

3. *Zwischenergebnis*

Somit bleibt festzuhalten, dass die Bedeutung des Paritätsgrundsatzes auf den ersten Blick auch im „Flashmob"-Urteil weiterhin abzunehmen scheint.[1233] Jedoch ist zu konstatieren, dass dies zum einen auf die Erwähnung des Paritätsprinzips an ungewöhnlicher Stelle in der Proportionalitätsprüfung zurückzuführen ist und zum anderen auf die Scheu des BAG, sich mit der Paritätsentwicklung im Einzelhandel und der möglicherweise notwendigen Zulassung neuer Arbeitskampfmittel entsprechend ausführlich auseinanderzusetzen. Womöglich ist dies nämlich ein (entscheidender) Faktor bei der vermeintlichen Zulassung des Arbeitskampfmittels „Flashmob" gewesen. Das Paritätsprinzip dürfte daher weiterhin einen (wichtigen) Anwendungsbereich haben und sollte gerade bei der Prüfung neuer Arbeitskampfmittel eine angemessene Beachtung finden.[1234]

IV. Zusammenfassung und Bewertung

Die inhaltliche Auseinandersetzung mit der „Flashmob"-Entscheidung des BAG hat gezeigt, dass die Kritik am BAG insofern teilweise berechtigt ist, als es Problembereiche teilweise verkannt hat bzw. sich mit diesen nur oberflächlich auseinandergesetzt hat. Die ausführliche Auseinandersetzung mit jenen Problembereichen hat vorstehend jedoch deutlich gemacht, dass im Ergebnis dem BAG beizupflichten ist, dass „Flashmob"-Aktionen nicht als generell rechtswidrig eingestuft werden können.

Zur Erhaltung eines dynamischen und flexiblen Arbeitskampfrechts muss grundsätzlich von einer weiten Kampfmittelfreiheit sowie einer Kampfmittelerfindungsfreiheit ausgegangen werden. Um eine Ausuferung des den Arbeitskampfparteien durch Art. 9 Abs. 3 GG vermittelten Schutzes zu vermeiden, muss der Schutzbereich in sachlicher Hinsicht eingeschränkt werden können. Dies kann insbesondere durch die Kampfparität sichergestellt werden, da keiner Seite solche Arbeitskampfmittel zur Verfügung stehen sollen, welche die Kampfparität beeinträchtigen. Dies kann darüber hinaus jedoch auch dadurch sichergestellt werden, dass nur „friedliche" Verhaltensweisen vom Schutzbereich umfasst sind. Dies schließt solche Arbeitskampfmaßnahmen vom grundrechtlichen Schutz aus, welche etwa regelmäßig Straftatbestände verwirklichen oder wie es beim „Flashmob" zumindest problematisch war, regelmäßig in das Eigentumsrecht des Arbeitgebers eingreifen. Letztere Einschränkung muss nach hier vertretener Ansicht jedoch insofern präzisiert werden, dass diese nur für solche Eigentumsverletzungen gilt, welche in die Sachsubstanz eingreifen oder Nutzungseinschränkungen von erheblicher Intensität darstellen. Für weniger intensive Eigentumsbeeinträchtigungen sollte allerdings noch kein

---

1233 Aufgabe des Paritätsprinzips „bis zur Bedeutungslosigkeit" *Rüthers/Höpfner*, JZ 2010, 261, 262.

1234 Ähnlich *Rosenau*, S. 263 f.

Schutzbereichsausschluss gelten. Diese sollten vielmehr lediglich in der Verhältnismäßigkeit der Maßnahme berücksichtigt werden.

Auch in personeller Hinsicht muss der Schutzbereich im Hinblick auf „Flashmob"-Maßnahmen eingeschränkt werden. Das BAG hatte lediglich angedeutet, dass die Teilnahme „auch Dritter" die Maßnahme noch nicht rechtswidrig werden lassen würde. Dritte sind jedoch nicht vom Schutzbereich des Art. 9 Abs. 3 GG umfasst. Daher muss gefordert werden, dass die überwiegende Anzahl der Teilnehmer durch Art. 9 Abs. 3 GG geschützt ist und nur vereinzelt gewerkschafts- und betriebsfremde Personen, die keinen Bezug zum Arbeitskampf haben, an der Aktion teilnehmen dürfen, um die Rechtmäßigkeit der gesamten Maßnahme zu erhalten.

Den Kern der Prüfung hat das BAG zu Recht in die Verhältnismäßigkeit und insbesondere in die Proportionalität der Maßnahme verlegt, auch wenn die eigentliche konkrete Prüfung am Fall sehr kurz ausfällt. Allerdings ist die den Gewerkschaften zugestandene Einschätzungsprärogative ein Irrweg, den es zu korrigieren gilt. Im Rahmen der Proportionalitätsprüfung werden als Folge der Rechtsprechung des BAG in Zukunft, gerade bei aktiv betriebsstörenden Arbeitskampfmitteln, verschiedene Aspekte zu berücksichtigen sein. So muss die Arbeitskampfmaßnahme etwa erkennbar und beherrschbar sein und muss dem Arbeitgeber effektive Verteidigungsmittel belassen. Insbesondere bei letzterem Punkt kommt das BAG zu teils fragwürdigen Ergebnissen. Eine vorübergehende Betriebsschließung wurde zu Unrecht als taugliche Verteidigungsoption klassifiziert. Zudem muss die geringe Beachtung des Paritätsprinzips und die ausgebliebene Darstellung der momentan bestehenden Paritätsverhältnisse kritisiert werden. Mit Hinblick auf eine gestörte Paritätslage wäre die Argumentation für eine Zulässigkeit des Arbeitskampfmittels „Flashmob" deutlich überzeugender gewesen.

Im Ergebnis muss jedoch festgehalten werden, dass das BAG zu Recht eine generelle Rechtswidrigkeit des Arbeitskampfmittels „Flashmob" ausgeschlossen hat und die Maßnahme zu Recht auch im konkreten Fall für rechtmäßig hielt. Es darf jedoch nicht verschwiegen werden, dass die Möglichkeit besteht, dass der „Flashmob" je nach Ausführungsart im konkreten Fall auch rechtswidrig sein kann. Dies wird insbesondere dann der Fall sein, wenn die in diesem Teil der Untersuchung entwickelten Leitlinien zur Rechtmäßigkeit einer solchen Aktion größtenteils missachtet werden.

3. Teil Weitere atypische Arbeitskampfmittel

A. Allgemeines

Sich verändernde Rahmenbedingungen der industriellen Beziehungen sorgen auch für Veränderungen des Arbeitskampfes.[1235] Wie gerade detailliert aufgezeigt wurde, können Umstände eintreten, in denen klassische Arbeitskampfmittel wie der bloß auf die Zurückbehaltung der eigenen Arbeitsleistung abzielende Streik nicht mehr den gewünschten Effekt erzielen (können). Die Gewerkschaften müssen daher in der Lage sein, neue Formen gewerkschaftlichen Handelns ausüben und etablieren zu können, um einer ansonsten drohenden Verschiebung der Parität entgegenzuwirken. Wie im Folgenden dargestellt wird, stehen ihnen dazu reichhaltige Möglichkeiten gewerkschaftlichen Handelns in unterschiedlichen Ausführungsvarianten zur Verfügung. Diese erstrecken sich von einer modifizierten Art der Arbeitszurückbehaltung (z. B. beim „Bummelstreik", „Dienst nach Vorschrift" oder dem sog. „sick-out") über die Mobilisierung der Öffentlichkeit zur mittelbaren Druckausübung auf den Arbeitgeber (z. B. durch Aufruf zum Boykott, Kampagnen, Verruf) bis hin zu aktiven Betriebsstörungen, die auch unter Einbeziehung außenstehender Dritter vollzogen werden können (z. B. „Flashmob"-Aktionen, virtuelle Arbeitskampfmaßnahmen, Betriebsblockaden oder -besetzungen).

Man könnte sich jeder dieser Arbeitskampfmaßnahmen allein aus dem Grund umfassend widmen, dass es sich häufig „nicht um Arbeitskampfmaßnahmen im Rechtssinne, sondern um das Ausschöpfen von Spielräumen, die das Vertrags- und Deliktsrecht lassen"[1236], handelt. Es ist oftmals nicht auf den ersten Blick ersichtlich, ob es sich überhaupt um eine Arbeitskampfmaßnahme handelt. Im Folgenden wird ein Überblick über die wichtigsten atypischen Arbeitskampfmittel gegeben werden. Die für den „Flashmob" als Beispiel für aktive Betriebsstörungen entwickelten Grundsätze sollen dabei bezüglich ihrer Übertragbarkeit auf andere atypische Arbeitskampfmittel untersucht werden und es soll eine Bewertung stattfinden, unter welchen Voraussetzungen diese rechtmäßig sein können.

Durch die Anwendung atypischer Arbeitskampfmittel werden teilweise unterschiedliche rechtliche Probleme aufgeworfen, mit denen sich bei der Frage der Rechtmäßigkeit dieser Kampfmittel auseinandergesetzt werden muss. Für Rechtsfragen, die mit der Anwendung atypischer Arbeitskampfmittel, welche aktiv störend in die Betriebsabläufe einzugreifen versuchen, einhergehen, wurde dies bereits exemplarisch anhand der „Flashmob"-Aktion im Berliner Einzelhandel erläutert. Dort waren vor allem der aktive Eingriff in fremde Rechtsgüter, wie z. B. das Eigentumsrecht, die Existenz tauglicher Verteidigungsmöglichkeiten sowie die Frage nach der Zulässigkeit und Beherrschbarkeit in den Arbeitskampf einbezogener

1235 *Renneberg*, S. 236.
1236 *Däubler*, in: Däubler, § 27 Rn. 6.

Dritter problematisch. Dies sind Probleme, die teilweise auch bei anderen atypischen Kampfmaßnahmen eine Rolle spielen können. Der Frage, ob es einen festen *numerus clausus* an Kampfmitteln gibt oder eine freie Kampfmittelwahl besteht, wurde bereits nachgegangen. Jedoch schwebt nach hier vertretener Ansicht über allen neuen Kampfmitteln die Frage, ob diese aus Paritätsgründen zugelassen werden können.

Diese und eventuell weitere individuell auftretende rechtliche Probleme, wie z. B. die „Erkennbarkeit" der Maßnahme, müssen bei jedem neuen atypischen Arbeitskampfmittel beachtet werden. Außerdem könnte auch eine Neubewertung „älterer", bereits erprobter Kampfmittel angezeigt sein. So sind z. B. die Betriebsblockade bzw. -besetzung Arbeitskampfmittel, welche sich nicht primär über die passive Leistungszurückbehaltung definieren, sondern aktiv in die Betriebsabläufe eingreifen wollen. Da diese Rechtsmittel in der Vergangenheit für rechtswidrig befunden wurden und durch die aktive Behinderung eine Nähe zu „Flashmob"-Aktionen besteht, wurden letztere daher auch überwiegend für rechtswidrig erachtet.[1237] Das Urteil des BAG sowie der Beschluss des BVerfG hinsichtlich des „Flashmobs" sind jedoch bekannt. Vielmehr kann man einzelne Aussagen des BAG sogar so deuten, dass kurzfristige Betriebsblockaden in Zukunft als zulässig bewertet werden könnten.[1238] Von daher sollten auch diese auf ihre Rechtmäßigkeit hin überprüft werden.

B. Atypische Arbeitskampfmittel

Die Druckerzeugung auf den Arbeitgeber ist nicht nur Definitionselement einer Arbeitskampfmaßnahme, sondern auch Zwischenziel zur endgültigen Durchsetzung der Tarifforderungen. Klassischerweise wird diese Druckerzeugung durch die Zurückbehaltung der eigenen Arbeit, also durch den Streik, erreicht. Wie am Beispiel des „Flashmobs" bereits aufgezeigt wurde, können Gewerkschaften jedoch auch auf andere Weise versuchen, Druck auf den Arbeitgeber auszuüben. Dies kann etwa aus dem Grund geschehen, dass aufgrund struktureller Veränderungen der klassische Streik nicht mehr genügend Druckwirkung erzeugt oder aus anderen taktischen Erwägungen.[1239] Sollte das klassische Arbeitskampfmittel des Streiks nicht in Betracht kommen, werden daher vermehrt atypische Arbeitskampfmittel zum Einsatz gebracht werden. Diese können ihre „Atypik" dabei durch verschiedene prägende Faktoren erhalten: Sei es, dass „aktiv" von Seiten der gewerkschaftlich organisierten Arbeitnehmer in die betrieblichen Abläufe des Arbeitgebers eingegriffen wird (sogleich unter I.), dass verstärkt die Öffentlichkeit in den Arbeitskampf mit einbezogen wird und sich die Wirkung dieser auf verschiedene Art und Weise zunutze gemacht

---

1237 *Konzen*, in: FS Reuter, S. 606, 609; *Löwisch/Caspers/Klumpp*, § 25 Rn. 1143 f.; *Willemsen/Mehrens*, Anm. zu BAG v. 22.09.2009, AP Nr. 174 zu Art. 9 GG Arbeitskampf, unter II. 2. b) cc).

1238 Vgl. BAG v. 22.9.2009, NZA 2009, 1347, 1354, Rn. 62; so auch *Krause*, in: Entgrenzter Arbeitskampf?, ZAAR Schriftenreihe Band 37, S. 43, 82.

1239 Siehe hierzu schon: 1. Teil A. III. 1. S. 12 sowie 2. Teil B. III. 2. S. 186 ff.

wird (unter II.) oder sei es, dass Individualrechte kollektiv organisiert und mit Druckerzeugungsabsicht ausgeübt werden (unter III.). Zudem gibt es noch weitere mögliche Kampfmittel, die sich nicht in ein festes Schema einordnen lassen, ihre Atypik jedoch bereits dadurch erlangen, dass sie ungewöhnlich und anders sind als die ursprüngliche einfache Zurückbehaltung der Arbeitsleistung (unter IV.).

Die verschiedenen Kategorien sind dabei nicht als absolut zu verstehen. Manche ungewöhnliche Arbeitskampfmaßnahme könnte auch einer anderen Gruppe zugeordnet werden. Beim „Flashmob“ handelt es sich z. B. sowohl um eine „aktive Betriebsstörung“ als auch um eine Einbeziehung von Dritten. Die Ungewöhnlichkeit bezieht dieses Kampfmittel allerdings vor allem durch die Einbeziehung von unbeteiligten Dritten. Dies war auch ein Hauptkritikpunkt an der Entscheidung des BAG, dieses Kampfmittel sei „nicht grundsätzlich rechtswidrig“. Die Einordnung der unterschiedlichen Kampfmittel folgt demnach dem „Schwerpunkt der Atypik“ der Maßnahmen, hat jedoch keine Auswirkungen auf die an die Rechtmäßigkeit des Kampfmittels zu stellenden Anforderungen, auch wenn bestimmte Rechtmäßigkeitsvoraussetzungen bei manchen „Kampfmittelgruppen“ eine größere Rolle spielen können als bei anderen.[1240]

I. Aktive Betriebsstörung

1. Betriebsblockade

Zu den Mitteln der aktiven Betriebsstörung gehört die Betriebsblockade. Diese ist zwar kein neues, dem Puls der Zeit entspringendes, Arbeitskampfmittel, kann jedoch mit Recht als atypisch bezeichnet werden, da es auf die Störung der Betriebsabläufe abzielt und nicht, wie es immer noch für das typische Arbeitskampfmittel gefordert wird, die Leistungszurückbehaltung als Wesenskern hat.[1241] Sowohl mit der Zulässigkeit als auch mit zahlreichen anderen Facetten der Betriebsblockade und der Betriebsbesetzung[1242] wurde sich bereits umfassend befasst.[1243] An dieser Stelle liegt der Fokus jedoch auf einem Überblick sowie möglichen Auswirkungen der vorstehend zum „Flashmob“ angestellten Überlegungen und Auswirkungen der jüngeren Rechtsprechung auf die Zulässigkeit und Art und Weise der Kampfmittel.

1240 So ist z. B. bei der Einbeziehung von Dritten verstärkt das Merkmal der „Beherrschbarkeit“ zu problematisieren; bei aktiven Eingriffen in die Betriebsabläufe können jedoch verstärkt bestehende Verteidigungsmöglichkeiten oder generell die Verhältnismäßigkeit der Maßnahme für die Rechtmäßigkeit entscheidend sein.

1241 Sie wird ebenfalls so behandelt von *Otto*, § 11 Rn. 4; *Treber*, S. 114 sieht die aktive Produktionsstörung jedoch rein streikakzessorisch.

1242 Dazu sogleich unter: 3. Teil B. I. 2. S. 207 ff.

1243 Vgl. nur *Wesch*, „Neue Arbeitskampfmittel am Beispiel von Betriebsbesetzungen“ oder *Treber*, „Zur Zulässigkeit von Betriebsbesetzungen und Betriebsblockaden unter Berücksichtigung des Funktionszusammenhangs von Privatautonomie, Tarifautonomie und Arbeitskampfrecht“.

a) Allgemeines

Unter einer Betriebsblockade versteht man im Arbeitskampfrecht das Absperren der Zugänge und Zufahrten eines Betriebs.[1244] Sie wird oftmals streikbegleitend eingesetzt mit dem Ziel, arbeitswillige Arbeitnehmer von der Aufnahme der Arbeit abzuhalten.[1245] Jedoch kann eine Betriebsblockade darüber hinaus das Ziel haben, Kunden am Betreten des Betriebes zu hindern oder dafür zu sorgen, dass der Lieferverkehr zum und vom Betrieb weg ins Stocken gerät.[1246] Somit hat sie den Charakter einer „aktiven" Betriebsstörung und hat im Gegensatz zum Streik nicht die passive Leistungsverweigerung zum Gegenstand. Der Grund für den Einsatz der Betriebsblockade ist, wie häufig bei atypischen Kampfmitteln, die in bestimmten Branchen existierende Wirkungslosigkeit des klassischen Streiks, welche gerade durch den Einsatz von Aushilfskräften eintreten kann, zu kompensieren.[1247] Ein solcher Arbeitskampf sorgt aber auch für eine nicht unerhebliche öffentliche Aufmerksamkeit. Allgemein wird die Betriebsblockade im Schrifttum als rechtswidrig angesehen.[1248] Auch die Rechtsprechung hielt Betriebsblockaden bisher nicht für zulässige Kampfmaßnahmen, hatte aber auch oftmals Fälle zu entscheiden, in denen die Kampfmaßnahme bereits aus anderen Gründen eindeutig rechtswidrig war.[1249] Jedoch hatte das BAG bereits 1988 eine sich aus dem Grundsatz der freien Kampfmittelwahl ergebende mögliche Zulässigkeit des Arbeitskampfmittels „Betriebsblockade" explizit nicht ausgeschlossen[1250] und in jüngerer Zeit anlässlich des „Flashmob"-Falls die rechtliche Beurteilung von Betriebsblockaden offen gelassen und damit möglicherweise zur Disposition gestellt.[1251] Zuletzt hatte das LAG Hamburg entschieden, dass Betriebsblockaden zwar in der Regel rechtswidrig seien, es jedoch im Rahmen der Verhältnismäßigkeit rechtlich zulässig sein könne, den Betrieb lediglich vorübergehend (im konkreten Fall maximal 15 Minuten) zu blockieren.[1252]

1244 *Berg*, in: BKS, AKR, Rn. 225; *Kissel*, § 61 Rn. 101.

1245 *Kissel*, § 61 Rn. 101; *Treber*, S. 112 f. m. w. N.

1246 *Treber*, S. 113; *Brox/Rüthers/Henssler*, Arbeitsrecht, Rn. 752; *Kissel*, § 61 Rn. 101; *Linsenmaier*, in: ErfK, Art. 9 GG Rn. 275.

1247 *Linsenmaier*, in: ErfK, Art. 9 GG Rn. 277; *Treber*, S. 461 ff.

1248 *Brox/Rüthers/Henssler*, Arbeitsrecht, Rn. 789; *Kissel*, § 61 Rn. 102; *Löwisch/Caspers/Klumpp*, § 25 Rn. 1143; *Otto*, § 11 Rn. 5.

1249 BAG v. 21.6.1988, NZA 1988, 846 und 884; LAG Schleswig Holstein v. 25.6.1986, NZA 1987, 65; LAG Köln v. 2.7.1984, NZA 1984, 402.

1250 BAG v. 8.11.1988, NZA 1989, 475, 478: „Der Senat hatte ebensowenig wie in den Urteilen vom 21.6.1988 über die (...) Frage zu entscheiden, ob im Rahmen der freien Wahl der Kampfmittel die Absperrung eines Betriebs von der Außenwelt (sog. Betriebsblockade) ein zulässiges Arbeitskampfmittel sein kann, wenn aufgrund neuer technologischer Entwicklungen das Arbeitskampfmittel des Streiks leerläuft."

1251 BAG v. 22.9.2009, NZA 2009, 1347, 1354, Rn. 62: „Der vorliegende Fall verlangt daher nicht nach einer rechtlichen Beurteilung von ‚Betriebsblockaden'."

1252 LAG Hamburg v. 6.2.2013, BeckRS 2013, 67336; ablehnend jedoch jüngst LAG Berlin-Brandenburg v. 15.6.2016, 23 SaGa 968/16.

Angesichts dieser Rechtsprechungsentwicklung und den neuen Entwicklungen zur Zulässigkeit aktiver Betriebsstörungen als Arbeitskampfmittel muss daher auch die Rechtmäßigkeit der Betriebsblockade überdacht werden.

b) Mögliche Rechtmäßigkeit nach Rechtsprechungsentwicklung

Die Zurückhaltung des BAG bei der Beurteilung der Zulässigkeit einer Betriebsblockade in der Vergangenheit[1253] sowie die Tendenzen der Rechtsprechung in jüngster Zeit, die rechtliche Beurteilung dieses Arbeitskampfmittels zu überdenken und gerade aktiven Produktionsstörungen toleranter und flexibler zu begegnen[1254], sollten dazu führen, die überwiegend ablehnende Grundhaltung gegenüber dem Arbeitskampfmittel der Betriebsblockade zu hinterfragen und diese unter Berücksichtigung der entwickelten Maßstäbe erneut einer Überprüfung zu unterziehen.[1255]

aa) Zulässigkeit einer Betriebsblockade aufgrund sich ändernder Rahmenbedingungen

Zunächst ist zu fragen, ob eine Betriebsblockade allgemein als Arbeitskampfmittel zulässig sein kann. Dies bestimmt sich zuvorderst nach dem Paritätsprinzip, welches das „Arsenal" der zulässigen Arbeitskampfmaßnahmen regelt.[1256] Wie bereits das „Flashmob"-Urteil gezeigt hat, können Arbeitskampfmittel, die auf die aktive Betriebsstörung abzielen und nicht die passive Arbeitsleistungszurückbehaltung als Hauptmerkmal aufweisen, aus Paritätsgründen zugelassen werden. Dies kann vor allem darin begründet sein, dass sich die Gegebenheiten in bestimmten Branchen so verändert haben, dass die Parität sich erkennbar zum Nachteil der Arbeitnehmerseite verschoben hat und klassische Arbeitskampfmittel, wie der Streik, keine Wirkung mehr erzielen können, da sie leicht kompensiert werden können.[1257] Auch die Rechtsprechung vertritt die Ansicht, dass Disparitäten unter Umständen durch die Gewährung weiterer Arbeitskampfmittel ausgeglichen werden müssen.[1258] Vordergründig im Dienstleistungssektor ergeben sich Disparitäten durch den Einsatz von Leiharbeitnehmern und anderen Aushilfskräften.[1259] Des Weiteren führt *Treber*, als Nachweis sich verändernder Kräfteverhältnisse zwischen Arbeitnehmer- und

---

1253 BAG v. 8.11.1988, NZA 1989, 475, 478.

1254 BAG v. 22.9.2009, NZA 2009, 1347, 1354, Rn. 62; LAG Hamburg v. 6.2.2013, BeckRS 2013, 67336.

1255 Dem zustimmend *Donat/Kühling*, AuR 2009, 1, 5.

1256 Vgl. dazu schon oben: 1. Teil C. I. S. 39 ff.; mit diesem Verständnis des Paritätsgrundsatzes erkennbar auch *Treber*, S. 461 ff., 482, 499.

1257 Auch *Berg*, in: BKS, AKR, Rn. 225 f. sieht beim Vorliegen dieser Voraussetzung die Zulässigkeit der Betriebsblockade aus Paritätserwägungen als gegeben an; *Donat/Kühling*, AuR 2009, 1, 5; *Lübbe-Wolff*, DB 1988, Beilage Nr. 9, S. 1, 5.

1258 BVerfG v. 4.7.1995, NZA 1995, 754, 756; BAG v. 24.4.2007, NZA 2007, 987, 993 f.; BAG v. 19.6.2007, NZA 2007, 1055, 1058.

1259 Vgl. dazu schon: 2. Teil B. III. 2. S. 186 ff.

Arbeitgeberkoalition, ökonomische Rahmendaten, technologische Entwicklungen sowie Veränderungen in den Belegschaftsstrukturen an.[1260] Exemplarisch führt er aus, das zunehmende Verschwinden qualifizierter Arbeit erhöhe die Austauschbarkeit bei der Besetzung von Arbeitsplätzen.[1261] Eine ausreichende Druckentfaltung durch die bloße Arbeitsniederlegung kann dann aber nicht mehr angenommen werden. Kommt man daher bei „Flashmob"-Maßnahmen zu dem Schluss, dass diese aus Paritätsgründen in bestimmten Branchen zulässig sein können, kann zunächst einmal nichts anderes für Betriebsblockaden als andere Form aktiv betriebsstörender Maßnahmen gelten.[1262]

bb) Rechtmäßigkeitsvoraussetzung der „Friedlichkeit"

Die Rechtmäßigkeit von Betriebsblockaden bemisst sich jedoch noch an weiteren Faktoren. So muss eine Arbeitskampfmaßnahme nach neuerer Rechtsprechung „friedlich sein", um vom Schutzbereich des Art. 9 Abs. 3 GG erfasst zu werden.[1263] Der generellen Rechtmäßigkeit von Betriebsblockaden könnte daher entgegenstehen, wenn diese etwa regelmäßig Straftatbestände erfüllen würden und somit als „unfriedlich" charakterisiert werden müssten. Ergänzend hierzu halten auch die Gremien der ILO Streikpostentätigkeiten und Sitzstreiks (welche Kernelemente der Betriebsblockade sein können) grundsätzlich für zulässig, solange diese friedlich bleiben[1264], auch wenn diese Interpretation innerstaatlich nicht verbindlich ist.[1265] Betriebsblockaden sollen darüber hinaus auch dem Schutz nach Art. 6 Nr. 4 ESC unterfallen.[1266] Auch der EuGH sieht Blockadeaktionen vom Schutzbereich des Art. 28 GRC umfasst an.[1267] Es kann nicht davon ausgegangen werden, dass im Rahmen von

---

1260 *Treber*, S. 216 ff.; siehe auch *Wolter*, in: Däubler, 2. Auflage 1987, Rn. 280 ff.; *Lübbe-Wolff*, DB 1988, Beilage Nr. 9, S. 1, 5.

1261 *Treber*, S. 223.

1262 *Treber*, S. 425 ff., 474 f., 486 und explizit S. 493; *Bieback/Unterhinninghofen*, in: Däubler, § 17 Rn. 234 f.; *Berg*, in: BKS, AKR, Rn. 226; *Linsenmaier*, in: ErfK, Art. 9 GG Rn. 277; *Däubler*, Das Arbeitsrecht 1, Rn. 708 f.; *Lübbe-Wolff*, DB 1988, Beilage Nr. 9, S. 1, 5.; a. A. *Otto*, § 11 Rn. 5 m. w. N.

1263 Vgl. dazu schon: 2. Teil B. I. 1. b) ee) S. 127 ff.; BAG v. 22.9.2009, NZA 2009, 1347, 1351, Rn. 34; *Wolter*, in: Däubler, § 16 Rn. 43.

1264 Siehe nur ILO-Sachverständigenausschuss, General Survey 1994, Rn. 174 („The Committee considers in this respect that restrictions on strike pickets and workplace occupations should be limited to **cases where the action ceases to be peaceful**"); ILO Ausschuss für Vereinigungsfreiheit, Digest 2006, Rn. 545 m. w. N. ("Regarding various types of strike action denied to workers (wild-cat strikes, tools-down, go-slow, working to rule and **sit-down strikes**), the Committee considers that these **restrictions may be justified only if the strike ceases to be peaceful**"); vgl. auch *Professoren-Entwurf*, S. 27.

1265 *Otto*, § 4 Rn. 57; *Professoren-Entwurf*, S. 27 ff.

1266 *Evju*, AuR 2012, 276, 279; *Schubert*, in: Franzen/Gallner/Oetker, Art. 6 ESC Rn. 41.

1267 EuGH v. 18.12.2007, „Laval", NZA 2008, 159, 165, Rn. 90 ff.

Betriebsblockaden regelmäßig Sachbeschädigungen oder sogar Körperverletzungen vorkommen. Jedoch ist es denkbar, dass im bloßen Blockieren der Zugänge und Einfahrten zum Betrieb eine Nötigung gemäß § 240 StGB zu sehen ist.

(1) Regelmäßiges Vorliegen einer Nötigung gemäß § 240 StGB?

(a) Gewaltbegriff

Gerade der Gewaltbegriff im Rahmen der Nötigung ist dabei sehr umstritten.[1268] Dazu kommt die Problematik, dass Betriebsblockaden auf sehr unterschiedliche Art und Weise durchgeführt werden können.[1269] Für den Fall, dass Arbeitnehmer eine enge, aber durchlässige Streikpostenkette bilden, um arbeitswillige Arbeitnehmer (sog. Streikbrecher) von der Teilnahme an der Arbeitskampfmaßnahme zu überzeugen, und diese zwar behindern, aber ein Betreten des Betriebes möglich verbleibt, bedarf es keiner besonderen Rechtfertigung, da dies noch keine Gewalt i. S. d. § 240 StGB darstellt.[1270] Aus strafrechtlicher Sicht wird daher erst der Fall relevant, in dem die Zugänge zum Betrieb, in der Form versperrt sind, dass ein Durchdringen der Blockade nicht ohne weiteres möglich ist. So wird vertreten, arbeitswilligen Arbeitnehmern, Kunden, Besuchern, Lieferanten oder dem Arbeitgeber selber würden durch das Hindern des Zutritts zum Betrieb ein nicht gewolltes Verhalten aufgezwungen und damit lägen die äußeren Merkmale der Nötigung vor.[1271] Wenn zum Blockieren des Betriebes nicht unbedingt aktive, unmittelbar körperlich wirkende Gewalt eingesetzt wird, bereitet die Einordnung als strafbare Nötigungshandlung allerdings Probleme.[1272]

Da der Betrieb häufig durch eine undurchdringliche Menschenmenge blockiert werden dürfte (beim Zuschweißen der Tore oder ähnlichem wird bereits der Tatbestand der Sachbeschädigung erfüllt sein), läuft die Problematik und Diskussion weitgehend parallel zu den im Versammlungsrecht umstrittenen „Sitzblockaden“.[1273] Aufgrund der Zwangswirkung, die diese bei Dritten entfalten, waren diese damals nach dem „vergeistigten Gewaltbegriff“ als strafbare Nötigung eingestuft worden.[1274] Dies ist in der Folgezeit durch die Rechtsprechung des BVerfG jedoch korrigiert worden. Entgegen der früheren Rechtsprechung lässt das BVerfG nun nach der „Sitzblockaden“-Entscheidung, die durch das Sitzen auf einer Fahrbahn ausgeübte bloße körperliche Anwesenheit, die auf andere psychische Auswirkungen hat, nicht mehr als „Gewalt“ genügen, sondern fordert vielmehr eine physische Zwangseinwirkung.[1275] Dies wurde später in der Entscheidung des BVerfG zu einer Demonstration in Wackersdorf bestätigt, wobei dort das Erfordernis einer zusätzlichen physischen

1268 Vgl. nur *Fischer*, § 240 Rn. 8 ff. m. w. N.
1269 So auch *Wesch*, S. 62.
1270 *Wolter*, in: Däubler, § 16 Rn. 47 f., 88.
1271 *Kissel*, § 61 Rn. 107 f.
1272 *Ostendorf*, Rn. 36 ff., Rn. 50 ff. mit umfassender Darstellung des Gewaltbegriffs.
1273 So auch *Wesch*, S. 61.
1274 So z. B. die „Mutlangen“-Entscheidung des BVerfG v. 11.11.1986, NJW 1987, 43.
1275 BVerfG v. 10.1.1995, NJW 1995, 1141, 1142 f.

Barriere aufgestellt wurde.[1276] Diese zusätzliche Kraftentfaltung könne etwa durch Anketten oder durch abgestellte Fahrzeuge erfolgen und so eine Zwangswirkung auf Dritte entfalten.[1277]

Die sog. „Zweite-Reihe-Rechtsprechung" des BGH[1278], wonach eine Sitzblockade zwar auf das erste anhaltende Fahrzeug nur eine psychische Zwangswirkung ausübe und daher nicht strafbar sei, jedoch das erste Fahrzeug für die nachfolgenden Fahrzeuge zur physischen Barriere werde, welche die Blockierer in mittelbarer Täterschaft errichtet hätten und daher wegen einer Nötigung strafbar seien, wurde in der „Wackersdorf"-Entscheidung nur am Rande thematisiert, da der Sachverhalt keinen Anlass gab, auf die Entscheidung des BGH einzugehen.[1279] Streng genommen ist die Entscheidung des BVerfG jedoch nicht mit der Rechtsprechung des BGH vereinbar, da das BVerfG ausdrücklich allein auf das *von den Demonstranten verwendete* physische Mittel abstellt. Mittlerweile hat das BVerfG aber klargestellt, dass die „Zweite-Reihe-Rechtsprechung" des BGH nicht gegen das Analogieverbot des Art. 103 Abs. 2 GG verstoße und mit der eigenen Rechtsprechung zu vereinbaren sei, da unterschiedliche Sachverhalte eine „differenzierende einfach-rechtliche Betrachtung erlauben" würden.[1280]

Nach alledem kann festgehalten werden, dass Betriebsblockaden dem Gewaltbegriff der Nötigung nicht unterfallen, solange keine physische Gewalt angewendet wird, d. h. wenn die Behinderung etwa nur durch im Wege stehende oder sitzende Aktionsteilnehmer bewirkt wird.[1281] Nach *Wolter* ist somit auch eine „undurchdringlich scheinende Menschenmauer" keine Gewalt, solange der Widerstand rein passiv bleibt und die Aktion somit einen friedlichen Charakter hat.[1282] Eine Strafbarkeit muss jedoch angenommen werden, falls sich weiterer physischer Hilfsmittel bedient wird (z. B. wenn sich die Teilnehmer anketten oder eigene Fahrzeuge zur Blockade nutzen).[1283]

1276 BVerfG v. 24.10.2001 – Wackersdorf, NJW 2002, 1031.

1277 Dies wurde allerdings im Minderheitsvotum der Richter Jaeger und Bryde mit guten Gründen kritisiert. Die Ablehnung des „vergeistigten" Gewaltbegriffs in der Sitzblockaden-Entscheidung lasse nicht den Umkehrschluss zu, dass schon geringfügige, nicht-aggressive physische Hilfsmittel der körperlichen Anwesenheit als Gewalt gesehen werden könnten, da das strafrechtliche maßgebliche Gepräge einem solchen Verhalten erst durch die hinzutretenden Dritten aufgedrückt werde, wohingegen die Gefesselten schlicht anwesend seien. Die Grenze des Bestimmtheitsgebots des Art. 103 Abs. 2 GG werde nicht gewahrt (BVerfG v. 24.10.2001, NJW 2002, 1031, 1037).

1278 BGH v. 20.7.1995, NJW 1995, 2643; nachfolgend bestätigt durch BGH v. 27.7.1995, NJW 1995, 2862; BGH v. 23.4.2002, NStZ-RR 2002, 236.

1279 So das BVerfG v. 24.10.2001, NJW 2002, 1031, 1032.

1280 BVerfG v. 7.3.2011, NJW 2011, 3020, 3021.

1281 *Donat/Kühling*, AuR 2009, 1, 6.

1282 *Wolter*, in: Däubler, § 16 Rn. 89.

1283 *Donat/Kühling*, AuR 2009, 1, 6; dazu auch jüngst LAG Berlin-Brandenburg v. 15.6.2016, 23 SaGa 968/16: Untersagt wurde v. a. das Blockieren der Zufahrtswege mit „sperrigen Gegenständen".

(b) Verwerflichkeit der möglichen Nötigungshandlung

Doch selbst, wenn man nach diesem eingeschränkten Gewaltbegriff oder der Alternative des Drohens mit einem empfindlichen Übel zu einer grundsätzlichen Tatbestandserfüllung des § 240 Abs. 1 StGB käme, wäre immer noch die Verwerflichkeit des Verhaltens gemäß § 240 Abs. 2 StGB zu prüfen. Eine Tat ist dabei dann rechtswidrig, wenn die Anwendung der Gewalt zu dem angestrebten Zweck als verwerflich anzusehen ist.[1284] Dabei soll der Prüfung eine „grundrechtssichernde Funktion" zukommen.[1285] Den Entscheidungen des BVerfG zu Blockademaßnahmen zufolge, soll der durch die Grundrechte vermittelte Schutz zu berücksichtigen sein. Auch seien alle Umstände des Einzelfalls in einer umfassenden Abwägung zu berücksichtigen.[1286] Dort wurde konstatiert, dass der Schutz des Art. 8 Abs. 1 GG selbst dann erhalten bleibe, wenn die Grenze zu einer strafbaren Nötigung überschritten werde und nur entfalle, wenn gewaltsame Blockaden keinem kommunikativen Zweck mehr dienen, sondern das von den Teilnehmern angestrebte Ziel unmittelbar erreichen sollten.[1287] Betriebsblockaden während eines Arbeitskampfes verfolgen allerdings das Ziel, Druck auf den Arbeitgeber auszuüben, um ihre Tarifforderungen durchsetzen zu können, sodass die Gefahr des Verlustes des Grundrechtsschutzes in diesem Zusammenhang nicht besteht.[1288]

Darüber hinaus wurde klargestellt, dass auch sog. „Fernziele", also nicht der unmittelbar mit der Blockade verfolgte Zweck der Blockadewirkung, sondern z. B. das Erregen öffentlicher Aufmerksamkeit oder die Druckwirkung auf den Arbeitgeber, innerhalb der Prüfung der Verwerflichkeit zu berücksichtigen sind.[1289] Die Aussagen des Gerichts galten zwar in erster Linie für das Kommunikationsrecht des Art. 8 GG, nichtsdestotrotz dürfte gleiches auch für Blockaden, die im Rahmen eines Arbeitskampfes stattfinden, um den Fortgang der Arbeit zu behindern, gelten, genießen diese doch gleichzeitig noch den Schutz des Art. 9 Abs. 3 GG. Dabei ist zu berücksichtigen, dass die zu Art. 8 GG ergangene Rechtsprechung des BVerfG vor allem insofern für Art. 9 Abs. 3 GG relevant ist, da Arbeitskampfmaßnahmen aufgrund der Uneingeschränktheit des Grundrechts keinen stärkeren Einschränkungen unterliegen können als Versammlungen und somit der dort vermittelte Schutz mindestens gleich umfangreich für Art. 9 Abs. 3 GG zu gelten hat.[1290] Daher fällt bei

---

1284 *Eser/Eisele*, in: Schönke/Schröder, § 240 Rn. 15.

1285 BVerfG v. 26.7.1990, NJW 1991, 971; BVerfG v. 23.3.1992, NJW 1992, 2689; vgl. jetzt auch zur Bedeutung der Grundrechte bei der Beurteilung der Verwerflichkeit BVerfG v. 7.3.2011, NJW 2011, 3020, 3022.

1286 BVerfG v. 11.11.1986 – Mutlangen, NJW 1987, 43, 49.

1287 BVerfG v. 24.10.2001 – Wackersdorf, NJW 2002, 1031.

1288 *Donat/Kühling*, AuR 2009, 1, 6.

1289 BVerfG v. 24.10.2001 – Wackersdorf, NJW 2002, 1031, 1034 f.; zustimmend *Eser/Eisele*, in: Schönke/Schröder, § 240 Rn. 1c; a. A. *Fischer*, § 240 Rn. 43 ff.

1290 *Wolter*, in: Däubler, § 16 Rn. 51; a. A. *Kissel*, § 61 Rn. 109, der aufgrund der geringeren Wertigkeit der Betriebsblockade ggü. einem Streik Art. 9 Abs. 3 GG im konkreten Fall geringer bewertet als das Kommunikationsgrundrecht Art. 8 GG.

Beurteilung der Verwerflichkeit zusätzlich zum Kommunikationszweck das mit der Blockade verfolgte Kampfziel zugunsten der Teilnehmer ins Gewicht.[1291]

(c) Zwischenergebnis

Nach alledem ist es zumindest sehr fragwürdig, dass Betriebsblockaden regelmäßig Straftaten gemäß § 240 StGB sind und aus diesem Grund bereits generell nicht vom Schutzbereich des Art. 9 Abs. 3 GG umfasst sein sollen.[1292] Dass „Gewalt" durch einfache passive Blockaden verübt wird, ist nach der Rechtsprechung des BVerfG bereits zweifelhaft. Hinzu tritt der Fakt, dass selbst beim Vorliegen von „Gewalt" die Strafbarkeit, aufgrund der noch ausstehenden Prüfung der Verwerflichkeit gemäß § 240 Abs. 2 StGB, den dabei zu berücksichtigenden Gesamtumständen sowie insbesondere den zu berücksichtigen Grundrechten aus Art. 8 und Art. 9 Abs. 3 GG, noch lange nicht feststehen muss. Insbesondere kann bei der Beurteilung der Verwerflichkeit nun auch das Fernziel der Förderung der eigenen Arbeitsbedingungen als Bewertungsfaktor einzubeziehen sein, was eine Strafbarkeit aufgrund von § 240 StGB noch ein wenig unwahrscheinlicher werden lassen kann. Nachdem die Verfassungsmäßigkeit der sog. „Zweite-Reihe-Rechtsprechung" des BGH nun nach neuester Rechtsprechung des BVerfG[1293] bestätigt worden ist, könnte jedoch auch – sollte z. B. der Lieferverkehr behindert werden – bei geringem körperlichem Einsatz der Blockierenden (etwa durch eine Sitzblockade) eine Nötigung gegenüber den durch das blockierte Fahrzeug gestoppten folgenden Fahrern in Betracht kommen.[1294] Dies richtet sich dann nach den örtlichen Gegebenheiten des Eingangstores oder der Zugangswege.

(2) Eigentumsbeeinträchtigung als möglicher Rechtswidrigkeitsgrund

Dies ändert jedoch nichts daran, dass sich die Betriebsblockade darüber hinaus an den allgemeinen zivilrechtlichen Geboten messen lassen muss.[1295] Auch eine planmäßige Beschädigung des Eigentums des Arbeitgebers führt zum Schutzbereichsausschluss der Betriebsblockade, wohingegen Beeinträchtigungen des Eigentums und Nutzungsbeschränkungen im Rahmen der Verhältnismäßigkeit bewerten werden müssen.[1296] Dass regelmäßig im Rahmen von Betriebsblockaden das Eigentum des Arbeitgebers substanziell und dauerhaft verletzt wird, ist nicht zu erwarten. Im Verhältnis zum Arbeitgeber liegt jedoch ein Eingriff in sein Eigentumsrecht

1291 *Donat/Kühling*, AuR 2009, 1, 6; BVerfG v. 7.3.2011, NJW 2011, 3020, 3022 f.

1292 So auch das LAG Hamburg v. 6.2.2013, BeckRS 2013, 67336: „Eine Behinderung des Zutritts zum Betrieb durch Arbeitswillige, Lieferanten usw. kann dabei auch zur Straftat werden, § 240 StGB, muss es allerdings (...) nicht."

1293 BVerfG v. 7.3.2011, NJW 2011, 3020.

1294 BGH v. 20.7.1995, NJW, 2653 f.

1295 *Löwisch*, DB 1995, 1330.

1296 Siehe dazu schon: 2. Teil B. I. 1. b) ee) (1) S. 128 ff.; auch *Treber*, S. 484 ff. behandelt Eigentumsverletzungen im Rahmen des Verhältnismäßigkeitsprinzips.

dahingehend vor, dass die Blockade seines Betriebs ihn am bestimmungsgemäßen Gebrauch seiner Betriebsstätte hindert und er dadurch in seinem Besitz- und Eigentumsrecht verletzt ist.[1297]

Wie diese Verletzung des Eigentumsrechts zu gewichten ist, wird unterschiedlich bewertet. Teilweise wird behauptet, die grundgesetzgeberische Werteentscheidung des Art. 9 Abs. 3 GG sei dahingehend zu verstehen, dass der Tarifautonomie grundsätzlich der Vorrang vor dem Unternehmereigentum einzuräumen sei.[1298] Teilweise wird behauptet, jede Verletzung des Eigentums mache die Arbeitskampfmaßnahme rechtswidrig.[1299] Beides ist allerdings zu weitreichend und wirkt wenig differenziert.

Zunächst ist zu beachten, dass eine Betriebsunterbrechung und weitere wirtschaftliche Nachteile, die durch die Nutzungsbeschränkung des Eigentums des Betriebs entstehen, auch bei einem „normalen" Streik möglich sind und dort gebilligt werden.[1300] Für den speziellen Fall der Betriebsblockade ist vor allem zu beachten, dass es für den Arbeitgeber lediglich um die vorübergehende Unterbrechung einer wirtschaftlichen Tätigkeit, nur um die vorübergehende Einschränkung seiner tatsächlichen Verfügungsgewalt und darüber hinaus nicht um Eingriffe in die Eigentumssubstanz geht.[1301] Eine dauerhafte Zweckentfremdung, die eine Grenze der Eigentumsbeschränkung ist, findet demnach nicht statt.[1302] Vorübergehende, sich aus der Situation des Eigentumsobjekts ergebende, Beschränkungen sollen darüber hinaus als Ausfluss der Sozialbindung hinzunehmen sein.[1303] Auch wird durch den Einsatz von Betriebsblockaden, solange sie in Art und Dauer angemessen bleiben, der Betrieb nicht derart betroffen, dass der Unternehmenswert erheblich gemindert wird.[1304] Jedoch besteht insofern ein erschwerender Unterschied zum Streik, dass im Gegensatz zum Streik, bei welchem dem Arbeitgeber die Möglichkeit verbleibt, durch Umorganisation oder Zuhilfenahme externer Arbeitskräfte den Betrieb fortzusetzen, diese Möglichkeit bei dem Einsatz einer Betriebsblockade gerade nicht besteht.[1305]

Treber schlägt daher vor, Betriebsblockaden aus Gründen der Paritätssicherung zwar zuzulassen, sie jedoch auf die Art der Ausübung zu beschränken, dass – ähnlich

---

1297 *Kissel*, § 61 Rn. 103; *Löwisch*, RdA 1987, 221; *Löwisch*, DB 1995, 1330; *Wesch*, S. 118, 170 ff.; grundlegend *Schwitanski*, S. 328 ff.

1298 *Gegenwart*, S. 155; ebenso *Scholz*, SAE 1984, 351, 352 jedoch nur beim Einsatz verfassungsrechtlich geschützter Kampfmittel, wozu er die Betriebsblockade nicht zählt.

1299 Siehe dazu schon: 2. Teil B. I. 1. b) ee) (1) S. 128 ff.; *Berghaus*, S. 102 f. will die Grundrechtskollision ebenfalls zugunsten des Eigentumsrechts des Arbeitgebers lösen.

1300 Siehe nur *Bieback/Unterhinninghofen*, in: Däubler, § 17 Rn. 236; *Lübbe-Wolff*, DB 1988, Beilage Nr. 9, S. 1, 6 f.; ähnlich *Berghaus*, S. 96, 142 f. jedoch mit einer teilweisen anderen Folgerung.

1301 *Bieback/Unterhinninghofen*, in: Däubler, § 17 Rn. 236; *Steinbrück*, S. 180 ff.

1302 *Papier*, in: Maunz/Dürig, Art. 14 GG Rn. 375 f.

1303 *Papier*, in: Maunz/Dürig, Art. 14 GG Rn. 118.

1304 Darin sieht *Papier*, in: Maunz/Dürig, Art. 14 GG Rn. 114 ff. die Voraussetzung einer unverhältnismäßigen Beschränkung des „Kontakts nach außen".

1305 *Treber*, S. 486.

wie bei der Passierscheinvergabe – der Zugang zum Betrieb nur für externe herbei beorderte, streikbrechende Leiharbeitnehmer versperrt werden solle. Sich nicht am Streik beteiligende Arbeitnehmer seien jedoch durchzulassen. Auch Kunden und Zulieferer seien von der Blockade zu verschonen. Dies sei zur Paritätswahrung ausreichend.[1306] Allerdings greift diese Lösung in dem Moment nicht mehr, in dem eine Betriebsblockade losgelöst von einem Streik ausgeführt wird und eventuell sogar schwerwiegendere Störungen aus kampftaktischen Gründen erzeugen möchte.[1307] Auch wird eine derart ausgeführte Blockade in dem Moment nicht effektiv genug sein, wenn wenige Streikbrecher ausreichen, um die Betriebsablaufstörungen aufzufangen.[1308] Von daher muss zumindest in Betracht gezogen werden, dass der Betrieb – auch losgelöst vom Streik als eigenständige Kampfmaßnahme – umfassend blockiert werden darf.

Auch das LAG Hamburg wertet Betriebsblockaden als Eigentumsverletzung, führt aber aus, dass es im Rahmen der Verhältnismäßigkeit rechtlich zulässig sein könne, den Zugang zu einem Betrieb für Arbeitswillige und Dritte für einen angemessenen Zeitraum „etwa durch die Bildung von Menschenketten" zu behindern.[1309] Im konkreten Fall wurde eine Blockade von 15 Minuten für angemessen gehalten. Dies geht nicht nur mit der hier vertretenen Auffassung konform, dass gewisse Eigentumsverletzungen keinen Schutzbereichsausschluss rechtfertigen und im Zuge der Verhältnismäßigkeit proportional sein können, sondern deckt sich auch mit Vorschlägen aus der Literatur, die ebenfalls den Grundsatz der Verhältnismäßigkeit für entscheidend und kurzzeitige Zugangsbehinderungen für rechtmäßig halten.[1310] Auch *Rieble* und *Säcker* erkennen trotz gegenteiliger eigener Auffassung an, dass nach der neuesten BAG Rechtsprechung kurze Blockaden zulässig sein könnten.[1311] Das LAG Berlin-Brandenburg entschied jüngst, dass es rechtswidrig sei, die Zufahrtswege zum Betrieb für Lieferanten mit „sperrigen Gegenständen" sowie einer Vielzahl von Streikenden zu blockieren. Dies muss nicht im Widerspruch zur Entscheidung des LAG Hamburg stehen, unterstreicht aber die Rechtswidrigkeit unbegrenzter Blockaden.[1312]

1306 *Treber*, S. 466 f., 494.

1307 Dagegen sieht *Treber*, S. 114 ff. Betriebsblockaden als „streikakzessorische Arbeitskampfmaßnahmen" an.

1308 Dies erkennt auch *Treber*, S. 466 f. Er befürchtet dann allerdings eine „Erfolgsgarantie" der Blockade.

1309 LAG Hamburg v. 6.2.2013, BeckRS 2013, 67336; anders bei wohl längerfristigen Blockaden LAG Berlin-Brandenburg v. 15.6.2016, 23 SaGa 968/16.

1310 So etwa *Berg*, in: BKS, AKR, Rn. 227, der Zugangsbehinderungen von 30 Minuten als verhältnismäßig erachtet; *Linsenmaier*, in: ErfK, Art. 9 GG Rn. 277 rückt den Grundsatz der Verhältnismäßigkeit in den Bewertungsfokus.

1311 *Rieble*, NZA 2008, 796, 797; *Säcker*, NJW 2010, 1115, 1116.

1312 LAG Berlin-Brandenburg v. 15.6.2016, 23 SaGa 968/16. Bisher wurde lediglich eine Pressemitteilung veröffentlicht, sodass noch offen bleibt, ob das LAG die Rechtmäßigkeiten von kurzen, zeitlich begrenzten Betriebsblockaden thematisiert hat.

cc) Weitere Rechtmäßigkeitsvoraussetzungen

Zusätzlich müssen im Rahmen der Proportionalität noch weitere Faktoren beachtet werden. So entspricht es zwar dem Wesen von Arbeitskampfmaßnahmen, dass sie wirtschaftlichen Druck auf den Arbeitgeber ausüben wollen, jedoch müssen besonders große mögliche Ausfallschäden durch eine Komplettblockade in die Bewertung mit einfließen können.[1313] Auch ist zu beachten, dass die Verteidigungsmöglichkeiten des Arbeitgebers, auf eine Betriebsblockade zu reagieren, gering sind. Da solche Aktionen bisher hauptsächlich von Gewerkschaftsmitgliedern durchgeführt worden sind und externe Hilfe nicht unbedingt vonnöten war und wohl auch nicht sein wird, kann er sich wie auch beim Streik zumindest durch eine Aussperrung wehren.[1314] Dies ändert jedoch nichts daran, dass eine Betriebsfortsetzung etwa durch Leiharbeitnehmer oder der An- und Abtransport von Waren, der je nach Betriebsart auch sehr wichtig sein kann, nicht möglich ist. Nun könnte man argumentieren, dass eine Betriebsblockade gerade den Ausgleich der Ungewichtslage herbeiführen soll, die in gewissen Branchen dadurch entstanden ist, dass Arbeitgeber vermehrt (zum Streikausgleich) auf externe Arbeitskräfte zurückgreifen. Dies nun als Argument gegen die Zulässigkeit von Betriebsblockaden anzuführen, wäre daher inkonsequent. Anderseits geht es hier aber nicht um die abstrakte Zulässigkeit aus Paritätsgründen, sondern um eine Abwägungsentscheidung, in der taugliche Verteidigungsmöglichkeiten ein zu beachtender Faktor sind. Dass Betriebsblockaden aus Paritätsgründen zulässig sein können, wurde ja bereits an anderer Stelle ausgeführt. Die Möglichkeit der Ausübung des Hausrechts wird in diesem Fall ebenfalls wenig nutzen, da die Blockaden zumeist *vor* den Zugängen/Zufahrtswegen zum Betrieb stattfinden dürften und damit nicht *auf* dem Betriebsgelände. Auch weitere vom BAG entwickelte Faktoren wie die Erkennbarkeit oder Beherrschbarkeit der Arbeitskampfmaßnahme müssen beachtet werden, werden aufgrund der Eigenart des Arbeitskampfmittels jedoch meist vorliegen.

Letztendlich müssen auch entgegenstehende und betroffene Grundrechtspositionen in eine Bewertung einfließen.[1315] Arbeitswillige Arbeitnehmer werden sowohl in ihrer Berufsfreiheit als auch in ihrer körperlichen Bewegungsfreiheit verletzt (Art. 2 Abs. 2 S. 2 GG). Letztere wie auch die durch § 823 Abs. 1 BGB geschützte Freiheit der Willensentschließung und der Willensbetätigung ist darüber hinaus auch bei

1313 Dazu jüngst LAG Berlin-Brandenburg v. 15.6.2016, 23 SaGa 968/16. Durch die Blockade der Zugangswege eines Sägewerks wurden in diesem Fall hohe Ausfallschäden befürchtet.

1314 Je nachdem, ob die Blockade streikakzessorisch durchgeführt wird (was der Regefall sein dürfte) oder von einem Streik losgelöst, dann als Abwehr- oder Angriffsaussperrung.

1315 BAG v. 22.9.2009, NZA 2009, 1347, 1352, Rn. 44: „(...) unter Berücksichtigung der Rechtspositionen der von der Kampfmaßnahme unmittelbar oder mittelbar Betroffenen".

Kunden und weiteren Passierwilligen wie z. B. Lieferanten betroffen.[1316] Daneben ist auch das Recht am eingerichteten und ausgeübten Gewerbebetrieb verletzt.[1317]

c) *Keine generelle Rechtswidrigkeit einer Betriebsblockade*

Alle diese Faktoren und Beeinträchtigungen sind wichtig und zu beachten.

Jedoch zeigt die Entwicklung der Rechtsprechung, dass aktive Eingriffe in die Betriebsabläufe unter gewissen Voraussetzungen zuzulassen sind. Das LAG Hamburg, welches im konkreten Fall eine 15-minütige „Behinderung" für angemessen hielt, hat die Ansicht vertreten, dass eine zeitlich unbeschränkte (Voll-)Blockade stets unangemessen sei.[1318] Dem ist aufgrund der zahlreichen und verschiedenen Grundrechtsbeeinträchtigungen und der nur beschränkten Verteidigungsmöglichkeiten des Arbeitsgebers zuzustimmen. Allerdings kann eine nur vorübergehende Blockade (das LAG Hamburg spricht von „Behinderung") des gesamten Betriebs als Arbeitskampfmittel der Arbeitnehmer zulässig und auch angemessen sein. Die Länge kann sich dabei nach verschiedenen Faktoren richten und muss so bemessen sein, dass sie auf der einen Seite eine ausreichende Druckausübung auf den Arbeitgeber bewirken kann, auf der anderen Seite aber entgegenstehende Grundrechte und Interessen berücksichtigt und deren (zeitlich verzögerte) Verwirklichung sicherstellt.[1319]

Die für angemessen befundene Dauer der Blockade muss sich dann im konkreten Fall nach den Eigenheiten des Betriebs richten. Zu berücksichtigen könnte dann etwa sein, ob der Betrieb so beschaffen und organisiert ist, dass bereits kurzzeitige Blockaden die Betriebsabläufe empfindlich stören oder diese erst bei Blockaden von mehreren Stunden zu erwarten sind. Zudem kann maßgeblich sein, ob der Betrieb in besonderem Maße auf den Kunden- und Lieferverkehr angewiesen ist. Dieser Vorgehensweise haftet der Makel der Unvorhersehbarkeit an. Für eine Gewerkschaft ist es schwer zu kalkulieren, ob im konkreten Fall eine nur 15-minütige Blockade angemessen ist oder nicht evt. auch eine einstündige. Auch hier gilt das Gleiche wie bei anderen neuen Kampfmitteln. Bedient sich die Gewerkschaft dieser im Detail noch nicht vollends geklärten Kampfmittel, tut sie dies unter der Inkaufnahme des Rechtswidrigkeitsrisikos.[1320]

Auch das LAG Hamburg führte (wenn auch in leicht anderem Zusammenhang) aus, dass „eine handhabbare, praxisgerechte Regelung gefunden werden [muss], die

---

1316 *Löwisch*, DB 1995, 1330.

1317 *Kissel*, § 61 Rn. 104.

1318 Vgl. auch jüngst LAG Berlin-Brandenburg v. 15.6.2016, 23 SaGa 968/16.

1319 So auch argumentierend: LAG Hamburg v. 6.2.2013, BeckRS 2013, 67336.

1320 BAG v. 28.1.1955, NJW 1955, 882 (allerdings ist dort das Zitat gekürzt):„Wer sich zum Kampf entschließt, muss auch das Risiko des Kampfes tragen" unter II. 3; BAG v. 31.10.1958, NJW 1959, 356, 357: „Wer einen Arbeitskampf entfesselt, muß damit rechnen, dass die von ihm vertretene Rechtsauffassung nicht zutrifft. Wird er gleichwohl aktiv, so muß er das Risiko tragen."

insgesamt verhältnismäßig ist, dann allerdings auch pauschal sein mag".[1321] Es ist daher im Bereich des Möglichen, dass auch das BAG sich in Zukunft dazu genötigt sehen wird, eine pauschale zeitliche Grenze festzusetzen, wenn es eine kurzfristige Betriebsblockade zulassen möchte, die zwar zulasten der Einzelfallgerechtigkeit geht, jedoch klare Leitlinien vorgibt. Stimmiger und auch wahrscheinlicher ist es aber, wenn als Leitlinie vorgegeben wird, dass kurzzeitige vorübergehende Betriebsblockaden angemessen sein können und sich die Beurteilung der Angemessenheit der Dauer und Art der Ausübung dann nach den Umständen des Einzelfalls richtet.

d) Zusammenfassung

Unter Berücksichtigung der neueren Rechtsprechung kann man davon ausgehen, dass Betriebsblockaden nicht stets unzulässig und unangemessen sind und dass zumindest kurzzeitige Blockaden im Einzelfall rechtmäßig sein können.[1322] Dafür spricht auch, dass in der Rechtssache *Laval* der EuGH Betriebsblockaden, als „kollektive Maßnahme", als von Art. 28 der EU-Grundrechtscharta gedeckt angesehen hat.[1323] Vor allem kann keine generelle Rechtswidrigkeit aus dem Grund angenommen werden, dass regelmäßig Straftaten durch eine Betriebsblockade ausgeübt oder schwerwiegende Rechtsverletzungen am Arbeitgebereigentum begangen werden.[1324] Für die abstrakte Einordnung der aktiv produktionsbehindernden Betriebsblockade als unverhältnismäßig und damit rechtswidrig, müsste aber jede Ausübungsform generell das Übermaßverbot verletzen.[1325]

2. Betriebsbesetzung

Eine weitere Möglichkeit der aktiven Produktionsbehinderung ist die Betriebsbesetzung. Dabei stellen sich zumeist ähnliche Rechtsfragen wie bereits bei der Betriebsblockade.

1321 LAG Hamburg v. 6.2.2013, BeckRS 2013, 67336.

1322 So auch *Bieback/Unterhinninghofen*, in: Däubler, § 17 Rn. 238; *Berg*, in: BKS, AKR, Rn. 226; *Däubler*, in: Däubler, § 31 Rn. 12; *Krause*, in: Entgrenzter Arbeitskampf?, ZAAR Schriftenreihe Band 37, S. 43, 82; auch *Treber*, S. 466 f., 482 f., 494 bejaht eine evt. Angemessenheit der Betriebsblockade, jedoch keine vollständige Blockade, sondern nur für den Fall, wenn arbeitswilligen Arbeitnehmern der Zutritt gestattet wird und lediglich externe (Leih-) Arbeitnehmer am Zutritt gehindert werden.

1323 EuGH v. 18.12.2007, NZA 2008, 159, 165; *Deinert*, in: Rehder/Deinert/Callsen, S. 71 schränken jedoch ein, dass daraus keineswegs folge, dass die bisherige Rspr. des BAG zu Betriebsblockaden damit erledigt sei.

1324 Zu letzterem auch *Treber*, S. 486 ff.: Nutzungseinschränkungen des Eigentums seien hinzunehmen, da das Eigentum nicht rechtsschutzlos überlassen werde.

1325 *Treber*, S. 482.

a) *Definition einer Betriebsbesetzung*

Eine Betriebsbesetzung liegt vor, wenn sich ein größerer Teil der Belegschaft gegen den Willen des Arbeitgebers und ohne Rechtfertigung im Betrieb bzw. am Arbeitsplatz aufhält.[1326] Dabei stellen die sich im Arbeitskampf befindlichen Arbeitnehmer die Arbeit ein und verhindern darüber hinaus durch das Verbleiben am Arbeitsplatz oder anderen neuralgischen Stellen des Betriebs den ungestörten weiteren Arbeitsablauf im Betrieb, welcher ansonsten ersatzweise etwa durch andere (Leih-)Arbeitnehmer aufrechterhalten werden könnte.[1327] Neben anderen Ausführungsmöglichkeiten der Betriebsbesetzung hält *Richter* diese Form für die „aus arbeitskampfrechtlicher Warte einzig interessante Variante".[1328]

b) *Rechtliche Zulässigkeit einer Besetzung*

Wie auch bei der Betriebsblockade könnte die Betriebsbesetzung aus Paritätsgründen zulässig sein, wenn andere Kampfmittel keinen Erfolg mehr versprechen würden.[1329] Bedeutung könnte diese Art der Betriebsbesetzung daher vor allem in Branchen erlangen, in denen die bloße Arbeitsniederlegung keine ausreichende Druckwirkung entfaltet, da es aufgrund der Eigenart der Betriebe oder moderner technischer Entwicklungen möglich ist, den Betrieb mit wenigen Arbeitnehmern fortzuführen oder die streikende Belegschaft durch andere (Leih-)Arbeitnehmer zu ersetzen.[1330] Bislang sind Betriebsbesetzungen in Deutschland zumeist nicht im Rahmen eines Tarifkonflikts vorgekommen, sondern vor allem im Zusammenhang mit Massenentlassungen und Betriebsschließungen als Protestaktionen.[1331] Dementsprechend ungeklärt ist die Beurteilung durch höchstrichterliche Rechtsprechung. Die wohl bislang bekannteste Betriebsbesetzung stellt der Fall Erwitte dar. In dem dort zu beurteilenden Fall hielten Arbeitnehmer ein Zementwerk zwei Monate lang besetzt. Das BAG führte hierzu aus, dass „eine Fabrikbesetzung, die dem Arbeitgeber die Verfügungsmöglichkeiten über den Betrieb als sächliche Einrichtung entzieht, mit unserer Rechtsordnung unvereinbar ist".[1332] Jedoch muss beachtet werden, dass es sich nicht um eine gewerkschaftlich getragene Aktion handelte und die Besetzung

1326 *Berg*, in: BKS, AKR, Rn. 228.

1327 *Brox/Rüthers/Henssler*, Arbeitsrecht, Rn. 751; *Gamillscheg*, KollArbR I, S. 1057; *Ricken*, in: MüArbR, § 193 Rn. 8.

1328 *Richter*, S. 38.

1329 *Berg*, in: BKS, AKR, Rn. 229 m. w. N.; *Bieback/Unterhinninghofen*, in: Däubler, § 17 Rn. 232 ff.; *Lübbe-Wolf*, DB 1988, Beilage 9, S. 1, 4 f.; *Treber*, S. 420 ff.; a. A. *Otto*, § 11 Rn. 9; *Preis*, S. 416.

1330 *Richter*, S. 38.

1331 *Berg*, in: BKS, AKR, Rn. 228; *Bieback/Unterhinninghofen*, in: Däubler, § 17 Rn. 214; *Richter*, S. 52.

1332 BAG v. 14.2.1978, NJW 1979, 239, 240.

daher bereits aus diesem Grund rechtswidrig war. Aber auch davon unabhängig hält die herrschende Meinung Besetzungen mit der Rechtsordnung für unvereinbar.[1333]

aa) Betriebsbesetzungen nicht generell „unfriedlich"

Wie bereits erwähnt, halten demgegenüber die Überwachungsausschüsse der ILO Betriebsbesetzungen für rechtmäßig, solange sie „friedlich" sind.[1334] Allerdings dürfte die dort gemeinte Friedlichkeit die bloße Abwesenheit von Gewalt bereits genügen lassen, während nach hier vertretener Auffassung die Friedlichkeit darüber hinaus das generelle Vorliegen von Straftaten ausschließen muss. Aus diesem Grund begegnet die Betriebsbesetzung ähnlichen Bedenken wie bereits die Betriebsblockade, sodass sie womöglich nicht vom Schutzbereich des Art. 9 Abs. 3 GG umfasst ist.

(1) Kein generelles Vorliegen einer Nötigung gemäß § 240 StGB

In dem Verweilen im Betrieb und der damit bezweckten Produktionsstörung könnte eine Nötigung gemäß § 240 StGB sowohl gegenüber dem Arbeitgeber als auch gegenüber arbeitswilligen Arbeitnehmern zu sehen sein. Auch hier haben die bereits zur Betriebsblockade gemachten Schlussfolgerungen Bestand. Dass durch das bloße Verweilen im Betrieb bereits die Ausübung von „Gewalt" angenommen werden kann, darf stark bezweifelt werden.[1335] Selbst, wenn man dies bejahen sollte oder durch das „Drohen", den Zustand der Betriebsbesetzung aufrecht zu erhalten, die 2. Alternative des § 240 StGB für einschlägig halten sollte, müsste das Verhalten immer noch als verwerflich angesehen werden. Dies begegnet ebenfalls Bedenken und dürfte weitestgehend parallel zur Betriebsblockade beurteilt werden, auch wenn es die evt. gesteigerte Beeinträchtigung der Grundrechte des Arbeitgebers zu berücksichtigen gilt.

(2) Problematische Ausübung des Hausrechts

Zumindest ist im Rahmen der Betriebsbesetzung die Verletzung des Hausrechts des Arbeitgebers problematisch. Da Betriebsbesetzungen nahezu ausschließlich streikakzessorisch durch gewerkschaftlich organisierte Arbeitnehmer durchgeführt werden dürften[1336], geht es vor allem um die Problematik des Aufenthaltsrechts der Arbeitnehmer in den Betriebsräumen. Haben diese nämlich eine Befugnis, im Betrieb zu verbleiben, machen sie sich nicht gemäß § 123 StGB strafbar, wenn sie der Aufforderung des Arbeitgebers, den Betrieb zu verlassen, nicht nachkommen. So wird zum überwiegenden Teil vertreten, dass der Arbeitnehmer nur zur Erbringung

1333 *Berg*, in: BKS, AKR, Rn. 229 m. w. N.

1334 Vgl. dazu schon Fn. 1264.

1335 Dagegen sieht *Richter*, S. 72 f. den Gewaltbegriff durch Betriebsbesetzungen als erfüllt an.

1336 Externen Dritten dürfte zumeist schon der Zutritt zum Betriebsgelände bzw. zu den Produktionsstätten verwehrt sein, womit schon in dem bloßen Betreten ein Hausfriedensbruch vorliegen würde; so auch *Otto*, § 11 Rn. 7; *Wesch*, S. 52 ff.

der Arbeitsleistung zum Aufenthalt im Betrieb berechtigt ist. Der Streik suspendiere damit auch das Aufenthaltsrecht und solche Arbeitnehmer, die gegen den Willen des Arbeitgebers im Betrieb verbleiben würden, würden den Besitz und das Eigentum i. S. v. §§ 858, 903, 1004 BGB stören und Hausfriedensbruch gemäß § 123 StGB begehen.[1337] Ein Betreten oder Verweilen ohne den Zusammenhang mit der arbeitsvertraglichen Arbeitsleistung sei nicht zulässig.[1338] *Bieback* und *Unterhinninghofen* sind dagegen der Ansicht, der Aufenthalt im Betrieb müsse auch neben der regulären Ausführung der Arbeit erlaubt sein, etwa zu Gesprächen mit Kollegen oder zur Betriebsratsarbeit. Ein Indiz für das Aufenthaltsrecht bei Arbeitsniederlegung sei auch, dass Warn- oder Wellenstreiks oft im Betrieb stattfinden würden, um eine schnelle Wiederaufnahme der Arbeit zu ermöglichen, was auch im Interesse des Arbeitgebers sei. Wenn überhaupt sei daher eine Widerrechtlichkeit zumindest erst in dem Moment gegeben, wenn der Arbeitgeber die streikenden Arbeitnehmer ausdrücklich zum Verlassen des Betriebs auffordere.[1339]

Abzulehnen ist dagegen die Ansicht, die Arbeitnehmer könnten auch nach Ausübung des Hausrechts des Arbeitgebers berechtigterweise im Betrieb verbleiben.[1340] Weder steht ihnen ein eigenes Hausrecht zu[1341] noch bestehen sonstige Aufenthaltsrechte, die sich aus dem Miet- oder Betriebsverfassungsrecht herleiten.[1342] Künstlich ein Aufenthaltsrecht der Arbeitnehmer zu schaffen oder die Ausübung des Hausrechts des Arbeitgebers für unwirksam zu erklären, um die Effektivität des Arbeitskampfes zu wahren, ist nicht zielführend.[1343] Die Strafrechtsnormen sollen zwar im Lichte der Grundrechte ausgelegt werden bzw. nur graduell angewendet werden[1344], sodass kein zu harter Maßstab angelegt werden sollte, dies bedeutet aber nicht, die Rechte des Arbeitgebers vollständig zu hemmen.

Letztendlich kann es dann aber dahinstehen, ab wann das Aufenthaltsrechts des streikenden Arbeitnehmers genau entfällt, da mangels eines „widerrechtlichen Eindringens“ (geht man von einem fließenden Übergang der Einstellung der Arbeit und

---

1337 *Kalb*, in: Kasseler Handbuch, 8.2 Rn. 139; *Kissel*, § 61 Rn., 62 ff., 65; *Loritz*, DB 1987, 223, 230; *Otto*, § 11 Rn. 6 ff.; *Sternberg-Lieben*, in: Schönke/Schröder, § 123 Rn. 33; sie schränken aber ein „jedenfalls, wenn der Arbeitgeber die Arbeitnehmer zum Verlassen des Betriebs auffordert“; so auch LAG Düsseldorf v. 24.2.1994, DB 1994, 887.

1338 *Otto*, in: MüArbR, 2. Aufl., § 286 Rn. 62; *Seiter*, Streikrecht, S. 522.

1339 *Bieback/Unterhinninghofen*, in: Däubler, § 17 Rn. 216.

1340 So aber *Wolter*, in: Däubler, 2. Aufl. 1987, Rn. 300; *Ostendorf*, Rn. 76 ff.; ebenfalls ablehnend mit guter Argumentation *Richter*, S. 85 ff.; *Otto*, § 11 Rn. 8.

1341 So aber *Däubler*, in: Studien zum Wirtschaftsstrafrecht, S. 116; *Däubler*, Arbeitsrecht 1, Rn. 717; *Bieback*, in: Däubler, 2. Aufl. 1987, Rn. 426; *Wendt*, S. 129, 135.

1342 So aber *Bieback*, in: Däubler, 2. Aufl. 1987, Rn. 421 ff.; *Wendt*, S. 125; *Wolter*, in: Däubler, 2. Aufl. 1987, Rn. 300; *Zechlin*, S. 73 ff.

1343 Vgl. dazu auch *Gamillscheg*, KollArbR I, S. 1058.

1344 *Dütz/Thüsing*, § 13 Rn. 733; *Gamillscheg*, KollArbR I, S. 1058; *Kissel*, § 61 Rn. 69; *Krause*, in: Entgrenzter Arbeitskampf?, ZAAR Schriftenreihe Band 37, S. 43, 71.

des Verweilens im Betrieb aus) die Strafbarkeit gemäß § 123 StGB ohnehin erst nach der Aufforderung des Arbeitgebers, den Betrieb zu verlassen, eintreten kann. Dieser hat zudem ein Interesse daran, die streikenden Arbeitnehmer möglichst schnell aus dem Betrieb zu entfernen, sodass die Aufforderung zeitnah erfolgen wird. Ein Aufenthaltsrecht der Arbeitnehmer gegen den eindeutig zum Ausdruck gebrachten Willen des über die räumliche Sphäre herrschenden Arbeitgebers anzunehmen, erscheint fernliegend und nicht praxisgerecht.[1345] Dann ist aber eine Situation geschaffen, wie sie auch beim „Flashmob" bezüglich der externen Dritten vorliegt. Der Arbeitgeber kann die Arbeitskampfmaßnahme durch die Aufforderung, den Betrieb zu verlassen, *ex nunc* rechtswidrig und das Verhalten der Arbeitnehmer strafbar werden lassen. Mithin lässt aus diesem Grund die Ausübung des Hausrechts die Betriebsbesetzung noch nicht stets unfriedlich werden. Allerdings ist die Wirkungskraft des Kampfmittels durch die zu vermutende, lediglich kurzzeitig bestehende Rechtmäßigkeit stark in Frage gestellt. Im Gegensatz zum „Flashmob" entfaltet eine sehr kurze Zeitspanne kaum eine ausreichende Druckwirkung durch wirtschaftliche Schäden und zudem würde die Arbeitskampfmaßnahme so in der Öffentlichkeit kaum wahrgenommen.

(3) Zwischenergebnis

Somit kann festgehalten werden, dass eine Betriebsbesetzung nicht generell von vornherein als unfriedlich einzustufen ist, auch wenn sich die Teilnehmer teilweise an der Grenze zur Strafbarkeit bewegen. Spätestens mit der Aufforderung des Arbeitgebers, den Betrieb zu verlassen, würden sich die Arbeitnehmer, die trotzdem im Betrieb verweilen, jedoch gemäß § 123 StGB strafbar machen. Ein mögliches entgegenstehendes Aufenthaltsrecht der Arbeitnehmer, welches diese trotz Streikmaßnahmen und der Einstellung der Arbeit haben könnten, entfällt ebenfalls spätestens mit der Aufforderung des Arbeitgebers, die Betriebsstätte zu verlassen.

bb) Verhältnismäßigkeit als entscheidendes Kriterium

In Übereinstimmung mit der Rechtsprechungsentwicklung ist daher auch bei der Betriebsbesetzung die Prüfung der Verhältnismäßigkeit das entscheidende Kriterium für deren Rechtmäßigkeit. Dazu sind die entwickelten und vom BAG im „Flashmob"-Urteil für aktive Produktionsstörungen teilweise hervorgehobenen Bewertungsmaßstäbe auch hier heranzuziehen. Dabei ist die Betriebsbesetzung weitgehend parallel zur Betriebsblockade zu beurteilen. Bei einer Betriebsbesetzung wird aber u. U. noch stärker in die Grundrechte des Arbeitgebers eingegriffen, da die Nutzungsrechte und -möglichkeiten des Eigentums noch stärker beeinträchtigt werden. Auch wird in Rechte Dritter eingegriffen, indem etwa betriebsexterne Ersatzarbeitskräfte und betriebsangehörige Arbeitswillige daran gehindert werden, die Arbeitsstätte aufzusuchen und sie damit in ihrer Berufsfreiheit und negativen

1345 Vgl. insbesondere *Richter*, S. 85 ff.

Koalitionsfreiheit betroffen sind.[1346] Daher werden ebenfalls – wenn überhaupt – nur kurzfristige Betriebsbesetzungen noch verhältnismäßig sein.[1347] Berücksichtigt man darüber hinaus, dass der Arbeitgeber durch die Ausübung seines Hausrechts die (im Regelfall streikakzessorische)[1348] Arbeitskampfmaßnahme der Betriebsbesetzung zumindest beenden kann, verbleibt in der Praxis für die Betriebsbesetzung kaum ein nutzender Anwendungsbereich. Besetzungen ist ein Protest- und Demonstrationsgedanke immanent.[1349] Neben der Druckausübung auf den Arbeitgeber durch wirtschaftliche Zwänge ist ihr Zweck ebenfalls, die Öffentlichkeit auf ihre Ziele und mögliche Missstände aufmerksam zu machen und somit einen zusätzlichen Druckfaktor zu schaffen. Sind jedoch nur noch extrem kurzzeitige Besetzungen rechtmäßig oder wird der Arbeitgeber in die Lage versetzt, diese schnell zu beenden, bleiben diese unspektakulär, werden dadurch öffentlich nicht wahrgenommen und können somit einen Teilzweck der Anwendung dieses Arbeitskampfmittels nicht erfüllen. Um „ein Zeichen zu setzen“ und die reibungslose Übernahme ihrer Arbeit durch externe Arbeitnehmer zumindest zu erschweren, könnten kurze Betriebsbesetzungen geeignet sein. Somit ist *Linsenmaier* Recht zu geben, der kurzfristige symbolische Aktionen für nicht generell verboten hält.[1350]

c) Zusammenfassung

Die dahingehende Entwicklung, aktive Produktionsbehinderungen unter gewissen Umständen zuzulassen, hat auch Auswirkungen auf die rechtliche Beurteilung einer Betriebsbesetzung. Ganz kurzfristige demonstrative Besetzungen können daher im Einzelfall verhältnismäßig und damit rechtmäßig sein. Allerdings ist zu beachten, dass der Arbeitgeber die Maßnahme durch die Ausübung seines ihm zustehenden Hausrechts rechtswidrig werden lassen kann. Im Endeffekt wird daher in der Praxis nur eine extrem kurze Zeitspanne für eine rechtmäßige Betriebsbesetzung verbleiben, sodass die Frage nach der Sinnhaftigkeit dieses Arbeitskampfmittels gestellt werden darf. Bei Betriebsbesetzungen handelt es sich daher um rein symbolische Aktionen, die jedoch nicht in der Lage sind, eine größere Druckwirkung auf den Arbeitgeber auszuüben.

1346 Vgl. hierzu nur *Richter*, S. 252.

1347 Von einem „Übermaß“ sprechend *Gamillscheg*, KollArbR I, S. 1059; auch *Richter*, S. 250 sieht eine deutlich gesteigerte Qualität der Eigentumsbeeinträchtigung im Vergleich zu anderen Kampfmitteln.

1348 Anders als bei der Betriebsblockade ist bei einer Betriebsbesetzung die von der Arbeitsniederlegung losgelöste Ausübung durch die Arbeitnehmer rechtlich und praktisch kaum denkbar. Dies indiziert auch *Treber*, S. 109 f.; *Gegenwart*, S. 79.

1349 *Gamillscheg*, KollArbR I, S. 1057.

1350 *Linsenmaier*, in: ErfK, Art. 9 GG Rn. 277; so auch *Berg*, in: BKS, AKR, Rn. 229; ähnlich *Gaede*, in: Entgrenzter Arbeitskampf?, ZAAR Schriftenreihe Band 37, S. 129, 146.

3. Virtuelle Arbeitskampfmaßnahmen

Eine neuartige Möglichkeit, aktiv in betriebliche Abläufe einzugreifen, bilden sog. virtuelle Arbeitskampfmaßnahmen. Darunter wird die Einflussnahme auf arbeitsmäßig genutzte elektronische Netzwerke, wie das Internet oder Intranet, verstanden.[1351] Diese werden zum einen mit der Zielrichtung eingesetzt, Druck auf den Arbeitgeber auszuüben, jedoch auch – wie es typisch für atypische Kampfmaßnahmen ist – um die Öffentlichkeit auf den Arbeitskampf aufmerksam zu machen.[1352] Dabei kann die Öffentlichkeit entweder mittelbar zur Druckausübung herangezogen werden (etwa wenn der Arbeitgeber um seine Außendarstellung fürchtet) oder unmittelbar, indem sich Dritte aktiv an der Arbeitskampfmaßnahme beteiligen. Die sog. „neuen Medien" werden immer häufiger und intensiver sowohl von Unternehmen als auch von Arbeitnehmern genutzt, sodass eine Vielzahl von Arbeitskampfmaßnahmen möglich erscheint, die sich diese Akkumulation zunutze machen. Im Folgenden sollen einige Beispiele gewerkschaftlichen Ideenreichtums hinsichtlich der Schaffung und Nutzung virtueller Arbeitskampfformen vorgestellt und bewertet werden.

a) Blockade elektronischer Unternehmensressourcen

aa) Massen-E-Mails

Gewerkschaften könnten u. a. auf das sog. „Mail Bombing"[1353] zurückgreifen. Dabei organisiert die Gewerkschaft, dass massenhaft E-Mails an offizielle E-Mail-Adressen des Arbeitgebers versandt werden, um die Postfächer zu verstopfen oder sogar den E-Mail-Server zum Erliegen zu bringen und somit eine vorübergehende Betriebsstörung herbeizuführen.[1354] Eine solche Aktion kann auf unterschiedliche Art und Weise organisiert werden. So kann die Gewerkschaft entweder selber ein Computerprogramm erstellen und zum Einsatz bringen, welches das massenhafte Abschicken der E-Mails übernimmt oder sie kann eine solche Aktion mit Hilfe von gewerkschaftlich organisierten Arbeitnehmern oder unter Hinzuziehung der breiten Öffentlichkeit und damit externer Dritter durchführen.[1355] Eine größere öffentliche Aufmerksamkeit würde letztere Variante mit sich bringen. Eine Ausführung „von Menschenhand" würde zudem den Eventcharakter betonen sowie das Zusammengehörigkeitsgefühl der Gewerkschaftsmitglieder stärken und könnte auch positive Auswirkungen auf die Anwerbung neuer Mitglieder haben. Die Aktion müsste dann allerdings auch sorgfältig geplant werden, damit eine gewisse Beherrschbarkeit sichergestellt wäre.

1351 *Renneberg*, S. 232; auf diese Möglichkeit hinweisend: *Rieble*, NZA 2008, 796.

1352 Vgl. auch *Renneberg*, S. 232.

1353 Diese Begrifflichkeit verwendet u. a. *Renneberg*, S. 232.

1354 Vgl. dazu *Callsen*, in: Rehder/Deinert/Callsen, S. 37 f.

1355 So auch *Rehder/Deinert/Callsen*, S. 111.

Bislang ist nur eine gewerkschaftliche getragene „E-Mail-Bombing“-Aktion bekannt. Im Februar 2001 wurde zu einer „virtuellen Protestdemonstration“ durch den Betriebsrat der Foxboro Eckardt GmbH und der IG Metall Stuttgart aufgerufen. Allerdings sollte nicht Druck auf den Arbeitgeber ausgeübt werden, um einen neuen Tarifvertrag abzuschließen, sondern der Protest richtete sich gegen die geplante Schließung des Standortes Stuttgart durch den Invensys-Konzern. Teilnehmer trugen sich in eine Mailingliste ein und wurden dann später über den genauen Ablauf (sprich: E-Mail-Adressen der Geschäftsführung, den zu verschickenden Text und den Zeitpunkt der Verbreitung) informiert.[1356] Gemäß einer Presseerklärung des Betriebsrats nahmen an der Aktion über 1000 externe Dritte und zusätzlich noch viele konzerninterne Protestierende teil. Es sei davon auszugehen, dass über 100.000 E-Mails verschickt worden seien. Dies hatte zu einem rund achtstündigen Ausfall der Mailserver des Invensys-Konzerns geführt. Jedoch wurde angemerkt, dass dies nicht beabsichtigt gewesen sei. Man habe lediglich protestieren wollen und habe die Aktion zudem drei Wochen im Voraus angekündigt.[1357] Entgegen der offiziellen Verlautbarung kann jedoch angenommen werden, dass es zumindest ein Teilzweck der Protestaktion gewesen ist, die Betriebsabläufe durch eine Serverüberlastung zu stören. Auch wenn dies der bisher einzig bekannte Fall im Arbeitskampf ist, kommen Aktionen dieser Art auch fernab vom Arbeitskampfgeschehen weiterhin im Alltag von Zeit zu Zeit vor[1358], sodass in Zukunft weitere gewerkschaftlich getragene Aktionen dieser Art nicht ausgeschlossen werden können.

bb) Massenhafter Zugriff auf den Internetauftritt

Ähnlich könnte die Gewerkschaft beim sog. „Flooding“ vorgehen. Damit ist ein Überfluten eines Rechners oder Netzwerks mit Daten gemeint, um diese zu blockieren.[1359] Dies kann etwa durch den massenhaften Aufruf der Unternehmenswebsite geschehen. Durch die zahlreichen zeitgleichen Zugriffe kann der Seitenaufbau signifikant verlangsamt werden und der Zugang, ohne dass irgendwelche Daten zerstört werden, blockiert werden.[1360] Beispielhaft kann hier eine Aktion vom 20. Juni 2001 genannt werden, die sich im Rahmen der „Lufthansa goes offline“

1356 *Renneberg*, S. 235 f.; Aufruf zur Protestaktion unter: http://labournet.de/branchen/sonstige/ezuliefer/foxboro.html (zuletzt geprüft am: 20.06.2016).

1357 Http://labournet.de/branchen/sonstige/ezuliefer/invensys.html (zuletzt geprüft am: 20.06.2016).

1358 Siehe etwa eine „Mail-Bombing“-Aktion im Jahr 2012 von über 235.000 Menschen, die sich demonstrativ gegen eine Gratisausgabe der Bild-Zeitung richtete und vorübergehend die anvisierten Postfächer überfüllte: http://de.wikipedia.org/wiki/Mailbombe m. w. N.; http://www.golem.de/news/onlineaktion-axel-springer-konzern-beschuldigt-gegner-des-e-mail-bombings-1207-93154.html (zuletzt geprüft am: 20.06.2016).

1359 *Renneberg*, S. 232.

1360 *Renneberg*, S. 232 m. w. N.

Kampagne[1361] gegen die Beteiligung der Lufthansa an Abschiebungsflügen richtete. Hier wurde durch die Initiatoren eine spezielle Software bereitgestellt, welche die Teilnehmer installieren konnten. Diese sandte innerhalb kürzester Zeitabstände Anfragen an die Lufthansa-Website, sodass innerhalb des Demonstrationszeitraums von zwei Stunden von 13.614 IP-Adressen aus ca. 1.262.000 Zugriffe auf die Unternehmenswebsite erzeugt wurden. Da der Lufthansa diese Aktion vorher angekündigt worden war und diese Vorkehrungen treffen konnte, kam es nicht zum kompletten Ausfall der Seite. Jedoch verzögerte sich die Ladezeit der Seite erheblich auf drei bis zehn Minuten. Der Lufthansa entstand durch diese Aktion ein Schaden von knapp 50.000 €.[1362] Die öffentliche Aufmerksamkeit war groß.[1363] Dieses Beispiel verdeutlicht, dass ähnliche Aktionen auch in einem Arbeitskampf für Betriebsstörungen sorgen können und geeignet sind, Druck auf den Arbeitgeber aufzubauen. Die aufgezeigten Störungen könnte man bei kleineren Unternehmen auch ohne die Zuhilfenahme einer Software erzeugen, allerdings nur, wenn sich überdurchschnittlich viele Menschen beteiligen würden. Bei Weltunternehmen wie der Lufthansa kommt man aufgrund der großen Serverkapazitäten wohl nicht um eine technische Hilfe herum.

cc) Massenhafte Anrufe

Eine weitere Möglichkeit gewerkschaftlichen Handelns ist es, die Telefonleitungen dadurch zu blockieren, dass man in zu bekämpfenden Betrieben massenhaft anruft. Auf diese Weise wird nicht nur die Erreichbarkeit des Betriebes erschwert und Kunden unter Umständen verärgert, sondern es wird auch die anzurufende Zielgruppe durch zahlreiche Anrufe von ihrer Arbeit abgehalten. Gerade letzteres Ziel wurde von der Gewerkschaft ver.di durch eine Aktion im Juni 2008 auch angestrebt. Im Rahmen einer Blockadeaktion einer Filiale der Supermarktkette Reichelt in Berlin sollten Sympathisanten des Arbeitskampfes bei dem Filialleiter des bestreikten und blockierten Supermarktes anrufen, um diesen „auf Trab zu halten“. Dessen Telefonnummer wurde zusammen mit dem Vorschlag auf einer Internetseite veröffentlicht, sich nach dem Bestand aktueller, außergewöhnlicher Angebote zu erkundigen und in einem zweiten Satz die Solidarität mit den Streikenden zu signalisieren.[1364] Letztendlich können gerade solche Aktionen für sich allein genommen noch keinen ausreichenden Druck auf den Arbeitgeber erzeugen, können aber im Zusammenspiel mit weiteren Arbeitskampfmaßnahmen zumindest ein zusätzliches Ärgernis sein.

1361 Siehe dazu näher *Däubler*, in: Däubler, § 31 Rn. 17.

1362 Sachverhalt nach OLG Frankfurt/M., Beschluss v. 22.5.2006, MMR 2006, 547.

1363 *Däubler*, in: Däubler, § 31 Rn. 17.

1364 Sachverhalt nach ArbG Berlin v. 23.6.2008 – 2 Ga 9993/08, online verfügbar unter: http://www.gerichtsentscheidungen.berlin-brandenburg.de (zuletzt geprüft am: 20.06.2016).

dd) Rechtliche Bewertung

Dass solche neuartigen Arbeitskampfaktionen unter Ausnutzung der Anfälligkeit der Technik in der Lage sind, Druck auf die Gegenseite auszuüben, wurde gerade aufgezeigt. Fraglich ist jedoch, wie solche Aktionen rechtlich zu bewerten sind. Für sich allein genommen ist jeder Seitenaufruf, jede E-Mail oder jeder Anruf rechtlich nicht zu beanstanden. Jedoch werden diese Aktionen von der Gewerkschaft zentral organisiert und ein exorbitanter Summierungseffekt durch das bewusste Zusammenwirken ist von dieser letztendlich beabsichtigt. Die dadurch entstehende Wirkung (z. B. Serverüberlastung) kann dann eine Rechtsverletzung sein.[1365] Eine Rechtfertigung als Arbeitskampfmaßnahme ist zu prüfen, da den betroffenen Unternehmen Beseitigungs- und Unterlassungsansprüche oder sogar Schadensersatzansprüche aus §§ 823 Abs. 1, 1004 BGB zustehen können.[1366]

Der Schutzbereich des Art. 9 Abs. 3 GG ist für solche virtuellen Kampfmaßnahmen eröffnet. Insbesondere sind diese modernen Formen des Arbeitskampfes von der Kampfmittelerfindungsfreiheit gedeckt.[1367] Ein Schutzbereichsausschluss könnte evt. aus der Unfriedlichkeit des Kampfmittels gefolgert werden, nämlich dann, wenn solche Maßnahmen Straftatbestände erfüllen würden. Zumindest bezüglich des massenhaften Aufrufs der Homepage der Lufthansa entschied das OLG Frankfurt, dass das Verhalten keine „Gewalt" im Sinne des § 240 StGB gewesen sei. Auch eine Datenunterdrückung nach § 303a StGB habe nicht vorgelegen, da es sich nur um einen vorübergehenden Vorgang gehandelt habe.[1368] Auch bei ähnlichen Aktionen, bei denen die Kontaktaufnahme mit dem Unternehmen jedenfalls nur vorübergehend unterbrochen ist, wie z. B. beim Überfüllen des E-Mail Postfachs oder massenhaftem Anrufen bei der Hotline, dürfte es sich daher nicht um strafbare Handlungen handeln.[1369] In jedem Fall muss ausgeschlossen werden, dass in Datenbestände eingegriffen wird und diese dauerhaft unbrauchbar gemacht werden oder die Software durch einen Computervirus oder auf sonstige Art und Weise beschädigt wird.[1370] Dies wäre ein Eingriff in das Eigentumsrecht des Arbeitgebers, würde die Kampfmaßnahme „unfriedlich" werden lassen und zu einem Schutzbereichsausschluss führen.

1365 So auch *Rehder/Deinert/Callsen*, S. 111.

1366 Vgl. BAG v. 20.1.2009, NZA 2009, 615, wo die mögliche Rechtfertigung der Gewerkschaftswerbung per E-Mail durch Art. 9 Abs. 3 GG thematisiert wurde.

1367 Siehe dazu schon: 1. Teil D. S. 85 ff.; siehe auch *Däubler*, in: Däubler, § 31 Rn. 19; vgl. auch *Krieger/Günther*, NZA 2010, 20, 23, die „befürchten", dass in Einklang mit der „Flashmob"-Rechtsprechung auch die vorübergehende Blockierung des Online Bankings oder der Telefonleitungen eines Call-Centers erst einmal von der Arbeitskampffreiheit gedeckt sein dürfte.

1368 OLG Frankfurt/M, Beschluss v. 22.5.2006, MMR 2006, 547; a. A. zumindest zu § 303a StGB: *Gercke*, MMR 2006, 552 und *Hilgendorf*, jurisPR-ITR 10/2006, Anm. 5.

1369 Ebenso *Däubler*, in: Däubler, § 31 Rn. 18.

1370 So auch *Berg*, in: BKS, AKR, Rn. 223; *Däubler*, in: Däubler, § 31 Rn. 19.

Neben den weiteren zu beachtenden arbeitskampfrechtlichen Grundsätzen ist vor allem der Grundsatz der Verhältnismäßigkeit bei der rechtlichen Beurteilung solcher Arbeitskampfmaßnahmen von entscheidender Bedeutung. Hierbei kann und sollte man sich an den vom BAG im „Flashmob“-Urteil[1371] aufgestellten Leitlinien für die Bewertung aktiv betriebsstörender Kampfmittel sowie an den aus diesem Urteil gezogenen Rückschlüssen orientieren. Für den gewerkschaftlichen Aufruf zur massenhaften Absendung von E-Mails, zum Aufrufen einer Homepage oder Anrufen in Betrieben, um die Kommunikation des Unternehmens zu stören, kann daher auf die bereits herausgearbeiteten Faktoren der Verhältnismäßigkeitsprüfung[1372] zurückgegriffen werden.

Solche Aktionen sind zur Druckausübung regelmäßig geeignet. Die Erforderlichkeit muss im Einzelfall geprüft werden, ist jedoch ebenfalls im Normalfall zu bejahen. Dies gilt insbesondere, wenn man sich vor Augen hält, dass die Dauer der Aktionen, im Gegensatz zu anderen Arbeitskampfmitteln, häufig stark begrenzt ist. Hinsichtlich der Proportionalität der Kampfmaßnahme könnten sich bezüglich mehrerer Faktoren Besonderheiten ergeben. So müssten zunächst die einschlägigen Grundrechte Dritter sowie das Gemeinwohl beachtet werden. Dies könnte eine Arbeitskampfmaßnahme, die sich z. B. gegen das Kommunikationsnetz eines Krankenhauses oder sonstiger wichtiger Sicherheits- oder Notrufsysteme wendet, im Einzelfall unverhältnismäßig werden lassen.[1373]

Die Erkennbarkeit einer solchen Arbeitskampfmaßnahme dürfte regelmäßig gegeben sein. Dies liegt im Interesse der Gewerkschaft, die sich die Druckausübung zurechnen lassen möchte, um die eigene Verhandlungsposition zu stärken oder die Öffentlichkeit auf den Arbeitskampf aufmerksam zu machen und vermutlich daher sowohl kundtun wird, dass es sich um eine Arbeitskampfmaßnahme handelt, als auch, dass sie dafür verantwortlich ist.[1374] Der Meinung, dass alle auf Nutzung des Internets basierenden Arbeitskampfmaßnahmen aufgrund der Anonymität am Merkmal der Erkennbarkeit scheitern würden, kann daher nicht gefolgt werden.[1375] Die Arbeitskampfmaßnahme müsste jedoch zumindest so zeitig für den Arbeitgeber zu erkennen sein, dass er entsprechende Verteidigungsmaßnahmen einleiten kann. Dies muss aber nicht zwangsläufig dazu führen, dass die Arbeitskampfmaßnahme bereits im Vorfeld angekündigt werden muss, auch wenn dies bei vergleichbaren Aktionen in der Vergangenheit so gehandhabt wurde.[1376] Eine solche Vorankündigung würde nämlich der Maßnahme den Überraschungseffekt rauben und in

1371 BAG v. 22.9.2009, NZA 2009, 1347.

1372 Vgl. oben: 2. Teil B. II. 4. S. 176 ff.

1373 *Berg*, in: BKS, AKR, Rn. 223.

1374 Ebenso *Rehder/Deinert/Callsen*, S. 112.

1375 So aber *Rosenau*, S. 265; siehe dazu schon oben: 2. Teil B. II. 2. S. 165 ff.

1376 So wurden die Arbeitskampfmaßnahmen sowohl bei Foxboro Eckhard als auch bei der Lufthansa im Vorhinein angekündigt. Es wird jedoch gemutmaßt, dass diese Ankündigungen nicht ernst genug genommen worden seien, da es trotzdem zu Systemüberlastungen gekommen sei.

einigen Fällen damit auch die Effektivität, wenn die Arbeitgeberseite wirkungsvolle Vorkehrungen treffen könnte.

Das Vorliegen solcher effektiver Verteidigungsmöglichkeiten ist dabei ein weiterer Proportionalitätsfaktor. Teilweise wird vorgebracht, der Arbeitgeber sei Aktionen, die darauf abzielen würden, Systeme zu überlasten, nicht schutzlos ausgeliefert, da er zum einen die Systeme vorübergehend stilllegen könnte (z. B. Schließung des Call-Centers oder Sperrung des Internet-Portals) und zum anderen sich mit technischen Mittel wehren könne (z. B. das Ausweichen auf einen anderen Server[1377]).[1378] Andererseits vertieft der Arbeitgeber ähnlich wie beim „Flashmob" im Supermarkt mit einer vorübergehenden Sperrung des Internetportals die Störung sogar noch und entspricht somit gerade dem Anliegen der Gewerkschaft.[1379] Vor allem bei größeren Unternehmen mit enormen Serverkapazitäten sind Aktionen wie die massenhaft versendeten E-Mails zwar ein Ärgernis für den Empfänger, rufen jedoch so gut wie keine Störungen hervor und sind somit eher symbolischer Natur.[1380] Die Einrichtung eines Filters, der bestimmte Betreffzeilen aussondert, würde zwar das Arbeiten ohne einen überfüllten Posteingang erleichtern[1381], jedoch keine effektive Verteidigungsmöglichkeit für kleinere Unternehmen mit weniger Serverkapazität sein, da die E-Mails trotzdem zunächst auf den Server gelangen. Zudem ist fraglich, ob der einzelne Empfänger so gedankenschnell reagieren würde und könnte, um einen entsprechenden Filter einzurichten. Weitere andere technische Verteidigungsmöglichkeiten bestehen zwar, jedoch ist fraglich inwieweit diese wirkungsvoll ergriffen werden können, wenn man auf eine Vorankündigung der Arbeitskampfmaßnahme verzichtet.

Daher und weil solche Aktionen, ähnlich wie beim „Flashmob"-Fall", keine eigenen Opfer für die Teilnehmer der Aktion mit sich bringen, dürften Arbeitskampfmaßnahmen dieser Art nur verhältnismäßig sein, wenn sie lediglich in einem eng begrenzten zeitlichen Rahmen ausgeführt werden und nur zu kurzzeitigen Störungen führen.[1382] Ein abschließender, in die Proportionalitätsbewertung einfließender Faktor, ist die Beherrschbarkeit der Arbeitskampfmaßnahme. Hier ist vor allem von Bedeutung, ob die Aktionen nur von Gewerkschaftsmitgliedern (evt. mit Hilfe eines Computerprogramms) ausgeführt werden oder ob auf die Unterstützung externer Dritter zurückgegriffen wird. Gerade letzteres rügte das ArbG Berlin in dem Fall, als bei der Supermarktkette Reichelt massenhaft angerufen wurde. Der Aufruf zu dieser Aktion sei bereits deswegen unzulässig, weil die Gewerkschaft eine nicht

1377 Dies hatte zumindest bei der „Internetdemonstration" gegen die Lufthansa einen abmildernden Effekt, *Däubler*, in: Däubler, § 31 Rn. 17.

1378 So argumentierend *Berg*, in: BKS, AKR, Rn. 223.

1379 Ebenso *Rehder/Deinert/Callsen*, S. 112.

1380 *Callsen, in:* Rehder/Deinert/Callsen, S. 38.

1381 Mit diesem Vorschlag *Callsen*, in: Rehder/Deinert/Callsen, S. 38.

1382 Ebenso *Rehder/Deinert/Callsen*, S. 112; *Agbalaka*, S. 95 spricht sich für eine Unverhältnismäßigkeit bei langer (7 Stunden) Aktionsdauer aus.

vorher definierbare Anzahl von Personen in den Arbeitskampf einbeziehe, die keine auf Art. 9 Abs. 3 GG gestützte Rechtsposition habe.[1383]

Allerdings muss das entscheidende Kriterium die Beherrschbarkeit der Aktion bleiben. Diese muss von der Gewerkschaft sichergestellt werden, dann kann sie in begrenztem Umfang auch externe Dritte mit einbeziehen. Die Beherrschbarkeit kann etwa dadurch sichergestellt werden, dass man sich zuvor in eine Mailingliste eintragen muss, um über die genauen Details der Aktion (wie z. B. Beginn, Telefonnummer, E-Mail-Adresse) informiert zu werden und man nicht die Öffentlichkeit unbeschränkt informiert. Ähnlich wie im „Flashmob"-Fall könnte man auch einen Verhaltenskodex festlegen. Auch sollte die Gewerkschaft tätig werden, wenn sie mitbekommt, dass ein Dominoeffekt entsteht und der adressierte Teilnehmerkreis seinerseits über öffentliche Aufrufe weitere Teilnehmer anzuwerben versucht, damit die Aktion weiterhin beherrschbar bleibt.[1384] Sollte eine Software eingesetzt werden, die wie z. B. bei der Aktion gegen die Lufthansa innerhalb von kurzer Zeit Anfragen an die Website richtet, könnte diese etwa so programmiert sein, dass sie nur in dem Aktionsraum einsetzbar ist und das Tätigwerden zu einem festgesetzten Zeitpunkt beendet, um auch hier die Beherrschbarkeit zu gewährleisten.

Dies klärt nicht die Problematik, dass aktiv einbezogenen Dritten die Legitimationswirkung durch Art. 9 Abs. 3 GG fehlt. Nach bereits oben vertretener Ansicht ist zu fordern, dass zumindest ein Großteil der sich Beteiligenden aus den Kreisen der Gewerkschaft kommt. Zugegebenermaßen ist dies gerade bei solchen Aktionen, welche die Öffentlichkeit mit einbeziehen wollen und zudem gerade auf eine Einbeziehung auch angewiesen sind, um das Ziel einer Betriebsstörung zu erreichen, eine einschneidende Einschränkung. Vor allem wäre die Gewerkschaftszugehörigkeit bei der Vielzahl der Anrufe, E-Mails oder Seitenaufrufe auch kaum überprüfbar. Es bleibt die Aufgabe der Rechtsprechung, klare Leitlinien zur Einbeziehung Dritter aufzustellen und damit den durch das „Flashmob"-Urteil ausgelösten Unwägbarkeiten zu begegnen. Prinzipiell können virtuelle Kampfmaßnahmen dieser Art durchaus verhältnismäßig sein, wobei es auf die konkrete Ausführung im Einzelfall ankommt. So müssten auch ein besonders unverhältnismäßig hoher Schaden und eine besondere Betroffenheit des angegriffenen Unternehmens im konkreten Fall berücksichtigt werden.

b) Virtuelle Protestaktion

Eine ungewöhnliche Aktion fand im Jahr 2007 in Italien statt. Diese hatte zwar rein demonstrativen Charakter und aktive Eingriffe in die Betriebsabläufe standen nicht im Fokus, jedoch bietet sich eine Verortung in den „virtuellen" Arbeitskampfmaßnahmen aufgrund der Art der Durchführung an.

1383 ArbG Berlin v. 23.6.2008 – 2 Ga 9993/08, Rn. 67, online verfügbar unter www.gerichtsentscheidungen.berlin-brandenburg.de (zuletzt geprüft am: 20.06.2016).

1384 Mit diesen Überlegungen zur Beherrschbarkeit *Rehder/Deinert/Callsen*, S. 111 f.

Die Gewerkschaften Union Network International (UNI)[1385] und Rappresentanza Sindicale Unitaria (RSU) riefen dort zu einer virtuellen Protestaktion auf der Internetplattform „Second life“ auf. Es sollte gegen die Streichung der Gewinnbeteiligung bei IBM Italien und für die Erneuerung des ergänzenden betrieblichen Abkommens protestiert werden. „Second life“ ist eine Online 3D Infrastruktur für von Benutzern gesteuerte virtuelle Welten, in der Menschen durch Avatare interagieren können. Derzeit gibt es ca. 36 Millionen registrierte Benutzerkonten.[1386] Diese Plattform wird auch von Unternehmen und Institutionen zu Werbezwecken genutzt.[1387] Am 27.9.2007 folgten aufgrund des Tarifkonflikts bei IBM Italien rund 2000 reale Personen aus mehr als 30 Ländern in Form ihrer Avatare dem Aufruf der Gewerkschaften, veranstalteten (virtuelle) Streikpostenketten, demonstrierten „lautstark“ ausgestattet mit Spruchbändern und Plakaten und unterbrachen eine Vorstandssitzung von Managern des IBM-Konzerns, der in „Second life“ selbst Kundencenter betreibt.[1388] Die Aktion ist ebenso bizarr wie sie aufgrund des großen Engagements IBMs in „Second life“[1389] anscheinend auch effektiv war. So führte u. a. diese Protestaktion nämlich zur Rücknahme der Entgeltkürzung und zum Abschluss eines entsprechenden Tarifvertrags.[1390]

Die für die übrigen „virtuellen Arbeitskampfformen“ angewendeten Arbeitskampfgrundsätze gehen bei einer solchen Aktion fehl. Schließlich handelt es sich weniger um eine Betriebsstörung, sondern eher um eine Arbeitskampfmaßnahme, die demonstrativen Charakter hat und öffentlichen Druck auf das Unternehmen ausüben möchte. Daher sind v. a. die Grundsätze zu beachten, die für solche Arbeitskampfmaßnahmen gelten.[1391] Bei solchen demonstrationsähnlichen Maßnahmen kommen aber vor allem die Einschränkungen in Frage, denen auch die Meinungsfreiheit nach Art. 5 GG unterliegt. Einmal mehr wird durch diese Aktion gezeigt, dass neue Arbeitskampfformen großen Wert auf die Einbeziehung der Öffentlichkeit

---

1385 Auch ver.di beteiligte sich über diese an der Aktion: https://www.verdi.de/ueber-uns/idee-tradition/zeitstrahl (zuletzt geprüft am: 20.06.2016).

1386 Http://de.wikipedia.org/wiki/Second_Life (zuletzt geprüft am: 20.06.2016).

1387 So eröffnete Daimler Chrysler eine virtuelle Mercedes Benz-Niederlassung und betreibt dort eine Teststrecke, auf der Autos im Computer ausprobiert werden können; Adidas verkauft dort etwa 23.000 virtuelle Schuhe. „ Deutsche Firmen entdecken Second Life“ http://www.focus.de/digital/games/second_life/internet_aid_125626.html (zuletzt geprüft am: 20.06.2016).

1388 Sachverhalt nach *Berg*, in: BKS, AKR, Rn. 224; http://www.stern.de/digital/online/virtuelle-massenkundgebung-arbeitskampf-im-zweiten-leben-599008.html; ein kurzer Ausschnitt findet sich auf: https://www.youtube.com/watch?v=-lYDzz4UP-GA (zuletzt geprüft am: 20.06.2016).

1389 Von einer Investition in Höhe von 10 Millionen Dollar ist die Rede in: http://www.stern.de/digital/online/virtuelle-massenkundgebung-arbeitskampf-im-zweiten-leben-599008.html (zuletzt geprüft am: 20.06.2016).

1390 *Berg*, in: BKS, AKR, Rn. 224.

1391 Siehe dazu im Folgenden: 3. Teil B. II. S. 221 ff.

legen. Aufgrund der Ungewöhnlichkeit der Aktion und der großen Medienpräsenz konnte sogar auf diese Art und Weise im Tarifkonflikt ausreichend Druck auf den Arbeitgeber ausgeübt werden.

c) Zusammenfassung

Sog. „virtuelle Arbeitskampfformen" bieten für Gewerkschaften die Möglichkeit, auf neue Art und Weise einen Arbeitskampf zu führen. Aufgrund ihrer teilweise nur geringen Druckwirkung werden diese aber jeweils nur ergänzend zu anderen Kampfmaßnahmen angewendet werden. Die Rechtsprechung steht vor der Herausforderung, diese neuartigen zeitgenössischen Arbeitskampfmittel rechtlich adäquat zu bewerten. Da die gerade aufgezeigten Mittel überwiegend aktiv in den Betriebsablauf eingreifen (wollen), kann bei der Bewertung überwiegend auf die im Rahmen der Auseinandersetzung mit der „Flashmob"-Entscheidung entwickelten Grundsätze zurückgegriffen werden. Letztendlich sind allgemeine Rechtmäßigkeitsbewertungen vorab jedoch nur schwer abzugeben, da durch die enorme Bedeutung des Verhältnismäßigkeitsgrundsatzes eine Arbeitskampfmaßnahme der Bewertung im Einzelfall standhalten muss. Es können somit nur Leitlinien aufgezeigt werden.

II. Einbeziehung der „Öffentlichkeit"

Neben aktiven Betriebsstörungen gibt es auch weitere Maßnahmen, die Gewerkschaften ergreifen können, um Druck auf den Arbeitgeber auszuüben. Es ist denkbar, die Öffentlichkeit stärker in den Arbeitskampf einzubeziehen.[1392] Gerade den Unternehmen, die Konsumartikel herstellen oder vertreiben aber auch Dienstleistungsunternehmen, ist das Ansehen in der Öffentlichkeit sehr wichtig, denn deren wirtschaftlicher Erfolg ist eng mit einem positiven Image ihrer Marken oder ihres Unternehmens an sich verknüpft.[1393] Grundsätzlich lässt sich zwischen zwei unterschiedlichen Formen der Öffentlichkeitsbeteiligung unterscheiden. Zum einen ist die rein passive Öffentlichkeitsarbeit eine Möglichkeit, Kunden und Geschäftspartner sowie die breite Öffentlichkeit über den Arbeitskampf und die Arbeitszustände bei einem Arbeitgeber durch Kampagnen oder ähnliche Aktionen zu informieren und so Druck auf den Arbeitgeber auszuüben, der einen Imageverlust befürchtet. Zum anderen kann die Öffentlichkeit auch gezielt informiert und einbezogen werden (wie etwa beim „Flashmob" geschehen). Hier steht vor allem der Event- und Erlebniseffekt im Vordergrund, der dafür sorgen soll, dass das Anliegen der Gewerkschaft öffentlich noch stärker wahrgenommen wird.

1392 Von einem „nicht zu unterschätzenden Mittel" spricht *Callsen*, in: Rehder/Deinert/Callsen, S. 26.

1393 *Berg*, in: BKS, AKR, Rn. 211a.

1. „Passive" Öffentlichkeitsarbeit

Die rein „passive" Öffentlichkeitsarbeit zielt darauf ab, auf verschiedene Art und Weise die Öffentlichkeit über den Tarifkonflikt zu informieren, um auf eine Reaktion dieser zu hoffen oder den Arbeitgeber somit zu korrigierenden Maßnahmen zu bewegen, da dieser die im Regelfall schlechte Berichterstattung und Darstellung verhindern oder ins Gegenteil verkehren möchte. Der Gewerkschaft stehen dabei verschiedene Wege zur Verfügung, wobei ihrer Kreativität nur wenig Grenzen gesetzt sind. Im Folgenden soll die Vielfalt der den Arbeitnehmerkoalitionen zur Verfügung stehenden Maßnahmen durch einen kurzen Überblick ohne Anspruch auf Vollständigkeit dargestellt werden, um im Anschluss auf die rechtlichen Besonderheiten, die solche Aktionen mit sich bringen können, eingehen zu können.

a) Kampagnen

Durch Öffentlichkeitsarbeit mit eigenen initiierten Kampagnen kann die Gewerkschaft sich an Bürger, Kunden des Arbeitgebers oder allgemein an die Medien richten, um auf den Arbeitskampf aufmerksam zu machen. Im Gegensatz zum Boykottaufruf, bei dem z. B. Kunden gezielt aufgefordert werden, keine Waren mehr beim Arbeitgeber zu kaufen,[1394] haben Kampagnen zunächst nur das Ziel, die Öffentlichkeit über die Arbeitsbedingungen und den Arbeitskampf zu informieren.[1395] Sie können zusätzlich mit einem Aufruf zur Solidarität und Unterstützung durchgeführt werden, sodass durch den beim Adressaten einsetzenden Denkprozess möglicherweise doch eine „indirekte Boykottwirkung"[1396] erwünscht und auch erzielt werden kann.

aa) Hintergrund und Ziele von Kampagnen

Insbesondere bei ver.di haben in den letzten Jahren – inspiriert durch amerikanische Gewerkschaften – die Techniken „Organizing" und „Campaigning" größere Bedeutung erlangt.[1397] Das „Organizing", welches zum einen auf die Gewinnung neuer und die Aktivierung bestehender Mitglieder und zum anderen auf eine Sammlung von Strategien und Taktiken gewerkschaftlicher Politik und Kampagnenführung abzielt,[1398] wird dabei sogar teilweise durch das „Campaigning", bei dem es darum geht, anhand von ausgewählten Beispielen der Öffentlichkeit die Relevanz

1394 Siehe dazu später unter: 3. Teil B. II. 2. b) S. 234 ff.
1395 *Berg*, in: BKS, AKR, Rn. 211a.
1396 *Callsen*, in: Rehder/Deinert/Callsen, S. 29.
1397 *Greven/Schwetz*, WSI-Mitt. 1/2008, 25; siehe dazu auch schon: 1. Teil A. III. S. 11 ff.; *Schreieder*, in: Never work alone, S. 153: „(...) maßgeblich dazu beigetragen, eine breite Organizing Debatte in Deutschland zu starten."; *Dribbusch*, in: Never work alone, S. 24, 44.
1398 *Dribbusch*, WSI-Mitt. 1/2008, 18, 19.

gewerkschaftlicher Themen aufzuzeigen,[1399] umgesetzt. So lässt sich grundsätzlich zwischen Organisierungs- und Druckkampagnen unterscheiden.[1400] Die Kampagne, die zunächst auf die Mobilisierung und Aktivierung der Beschäftigten abzielt, kann dabei zugleich ein Einstieg in die Druckkampagne sein.[1401] Bei letzterer liegt der Schwerpunkt darauf, aktuelle Auseinandersetzungen und Problemfelder aufzuzeigen und den Arbeitgeber durch negative Berichterstattung und daraus folgenden Sympathie- und Solidaritätsbekundungen der Öffentlichkeit unter Druck zu setzen.[1402] Nach *Renneberg* sind Merkmale einer Druckkampagne u. a. die Zentrierung auf einen Konflikt, eine Serie von aufeinander bezogenen Aktionen, ein eskalierender Aufbau der Aktionen und die Emotionalisierung des Kampagnenthemas.[1403] Da Unternehmen in eine Vielzahl von Beziehungen eingebunden sind, kann eine gewerkschaftliche Politik und Kampagnenführung bei allen diesen Beziehungen und nicht lediglich bei den Arbeitsbeziehungen ansetzen.[1404]

bb) Ver.di-Kampagne gegen Lidl

Ein Beispiel für eine erfolgreich verlaufene Kampagne einer Gewerkschaft ist die „Lidl-Kampagne". Diese plante ver.di und setze sie von 2004 bis 2010 als längerfristige Doppelkampagne (Druck- und Organisierungskampagne) ein.[1405] Die Kampagne gegen Lidl hatte zum Ziel, die Arbeitsbedingungen beim Discounter dauerhaft zu verbessern, da sich aufgrund des Fehlens von Betriebsräten und gewerkschaftlicher Strukturen ein unerwünschtes System etabliert hatte. Insbesondere wurden unbezahlte Mehrarbeit, Druck auf die Beschäftigten, Arbeitshetze, vielfältige intensive Kontrollen und Überwachung der Beschäftigten sowie die gezielte Verhinderung von Betriebsratswahlen angeprangert.[1406] Während der Kampagne bediente sich ver.di verschiedener Medien, um auf die Missstände aufmerksam zu machen. So wurde zunächst am 10. Dezember 2004, dem internationalen Tag der Menschenrechte, das „Schwarz-Buch Lidl" veröffentlicht, welches Rechercheergebnisse zu den Arbeitsbedingungen sowie Berichte der Arbeitnehmer enthielt.[1407] Des Weiteren berichteten Lidl-Beschäftigte anonym im

1399 *Matrai/Wohland*, WSI-Mitt. 1/2008, 51.
1400 *Renneberg*, S. 216.
1401 *Renneberg*, S. 216.
1402 *Matrai/Wohland*, WSI-Mitt. 1/2008, 51; *Callsen*, in: Rehder/Deinert/Callsen, S. 29; *Renneberg*, S. 216.
1403 *Renneberg*, S. 217.
1404 *Renneberg*, S. 219 m. w. N.
1405 *Matrai/Wohland*, WSI-Mitt. 1/2008, 51, 52; *Callsen*, in: Rehder/Deinert/Callsen, S. 30.
1406 *Matrai/Wohland*, WSI-Mitt. 1/2008, S. 52.
1407 Laut *Schreieder*, in: Never work alone, S. 153, 161 hat dieses Schwarz-Buch ganz wesentlich dazu beigetragen, dass der Konzern und „seine menschenverachtenden Praktiken massiv unter Druck" gerieten.

Internet auf dem „Lidl-Weblog“,[1408] eine Internetseite mit Informationen wurde eingerichtet,[1409] die Kampagnenzeitung „Schwarzmarkt“ wurde herausgegeben und Plakatwettbewerbe sowie verschiedene Kundenaktionen wurden durchgeführt. Lidl reagierte zwar, indem es zur Imagepflege ganzseitige Zeitungsanzeigen schaltete und erstmalig einen Pressesprecher einstellte, doch im Endeffekt wurde der Vorstoß der Gewerkschaft, die Arbeitsbedingungen der Arbeitnehmer in Discountern zu verbessern, in der Öffentlichkeit befürwortet. Durch die Kampagne inspiriert, stellten die Medien eigene Nachforschungen an und deckten Fälle der systematischen Bespitzelung und das Führen geheimer Krankenakten auf, was zu einer öffentlichen Debatte führte.[1410] Auch die gewerkschaftliche Innenwirkung und damit das „Organizing“ wurde als Erfolg empfunden.[1411]

cc) Druckkampagnen gegen „Schlecker“

Auch die Drogeriekette Schlecker war öfter Gegenstand von Kampagnen. Im Jahr 2010 startete ver.di – im Gegensatz zur Lidl-Kampagne im Rahmen eines Tarifstreits – eine Kampagne, um gegen Betriebsschließungen und den vermehrten Einsatz von Leiharbeitnehmern vorzugehen. Auch hier wurde, wiederum durch die Dokumentation im Internet und durch Kampagnenzeitschriften, eine öffentliche Debatte ausgelöst. Infolge des entstandenen Drucks lenkte Schlecker ein und schloss Tarifverträge ab.[1412] Schlecker war bereits vorher „Opfer“ einer gewerkschaftlich getragenen Kampagne geworden.[1413] Auslöser war auch hier der nicht zu tolerierende zwischenmenschliche Umgang sowie die schlechten Arbeitsbedingungen. Zusätzlich zur Aktivierung von unterstützenden Sozialkontakten, wie z. B. politischer Prominenz und Industriepfarrern, wurde u. a. auch eine Postkartenaktion entwickelt, bei der gleichlautende Protesterklärungen durch Kunden oder sonstige Dritte an den Unternehmensvorstand geschickt wurden.[1414] Schlussendlich wurde durch das Ansprechen verschiedener Brennpunkte (z. B. Forderung nach einem Telefon in der Filiale und Zeit für Toilettengänge) und die auch dadurch bedingte breit gefächerte Berichterstattung ein Tarifabschluss erreicht.[1415]

1408 Http://www.verdi-blog.de/lidl (mittlerweile nicht mehr online verfügbar).

1409 Http://www.lidl.verdi.de (mittlerweile nicht mehr online verfügbar).

1410 *Callsen*, in: Rehder/Deinert/Callsen, S. 30 m. w. N.

1411 Bericht nach *Matrai/Wohland*, WSI-Mitt. 1/2008, 51 ff.

1412 *Callsen*, in: Rehder/Deinert/Callsen, S. 31; ver.di Bundesvorstand, Pressemitteilung vom 1.6.2010, online verfügbar unter: http://www.verdi.de/presse/pressemitteilungen/++co++ecafdbce-6d85-11df-618e-0019b9e321e1 (zuletzt geprüft am: 20.06.2016).

1413 Vgl. hierzu ausführlich *Renneberg*, S. 222.

1414 *Däubler*, in: Däubler, § 30 Rn. 4; *Renneberg*, S. 222 f.

1415 *Renneberg*, S. 223.

dd) „Fairnesskampagne Leiharbeit"

Ähnlich verläuft auch die „Fairnesskampagne Leiharbeit", die seit 2008 von der IG Metall durchgeführt wird.[1416] Auch wenn diese Kampagne eher auf eine öffentliche Debatte als auf einen Tarifabschluss abzielt, ist die Vorgehensweise mit den anderen erwähnten Kampagnen vergleichbar. Insbesondere wird mit einer eigenen Kampagnenhomepage[1417] operiert sowie das soziale Netzwerk und zahlreiche Prominente zur Unterstützung herangezogen.

ee) Zwischenergebnis

Es ist festzuhalten, dass die Gewerkschaften das Mittel der Kampagne, um die Öffentlichkeit als Druckmittel zu nutzen, für sich entdecken und ihnen im modernen Medienzeitalter vielfache Wege offen stehen, um auf ihr Anliegen aufmerksam zu machen. Es wird oftmals versucht, ein gewerkschaftliches Thema über dieses Umfeld hinaus zu einem gesellschaftlichen Thema zu machen.[1418] Die Effektivität einer Kampagnenstrategie basiert dabei zumeist auf intensiven Recherchen und der „Enthüllung" unternehmensspezifischer Konfliktherde. Zwar ist es richtig, dass Kampagnen sich daher oft in ihrer Vorgehensweise ähneln, jedoch ist daher nicht zu erwarten, dass Unternehmen sich systematisch auf Kampagnenstrategien einstellen könnten.[1419] Das in der Öffentlichkeit vermittelte Unternehmensbild ist auch durch eine Gegendarstellung oft nur schwer wieder zu korrigieren. Neben der Zielerreichung im Außenverhältnis geht es Gewerkschaften vor allem auch darum, im Innenverhältnis Stärke und Kreativität zu demonstrieren, somit die Organisation zu stärken und sich für weitere Mitglieder interessant zu machen.[1420]

b) Unterschriftenaktionen

Ein weiteres „einfaches und rechtlich unproblematisches Mittel"[1421], um auf ihr Anliegen aufmerksam zu machen und um Unterstützung zu werben, ist es für die Gewerkschaft, Unterschriftensammlungen durchzuführen. Als Beispiel dient hier etwa eine Aktion aus dem Jahr 1981 als über 40.000 Bürger in Kassel Protesterklärungen unterschrieben, dass ein Betrieb mit ca. 800 Beschäftigten nicht geschlossen werden solle.[1422] Aktueller ist eine Unterschriftenaktion einer Polizeigewerkschaft in Nordrhein-Westfalen aus dem Jahr 2005, mit welcher sie um Unterstützung warb,

1416 Siehe ausführlich *Callsen*, in: Rehder/Deinert/Callsen, S. 32 f.

1417 Https://www.gleichearbeit-gleichesgeld.de (zuletzt geprüft am: 20.06.2016).

1418 *Matrai/Wohland*, WSI-Mitt. 1/2008, 51, 53.

1419 So aber *Greven*, WSI-Mitt. 1/2006, 10, 14.

1420 *Matrai/Wohland*, WSI-Mitt. 1/2008, 51, 53 beschreiben z. B. die Lidl-Kampagne hinsichtlich der gewerkschaftlichen Innenwirkung als Erfolg; *Dribbusch*, WSI-Mitt. 1/2008, S. 18, 21.

1421 *Däubler*, in: Däubler, § 30 Rn. 4.

1422 Spiegel Nr. 39/1981 v. 21.9.1981, online abrufbar unter: http://www.spiegel.de/spiegel/print/d-14346520.html (zuletzt geprüft am: 20.06.2016).

5.000 neue Planstellen für Polizeibeamte einzurichten.[1423] Das BAG stellte klar, dass auch Aktionen, die nicht direkt auf den Abschluss von Tarifverträgen oder Mitgliederwerbung gerichtet sind, von der Koalitionsbetätigungsfreiheit gemäß Art. 9 Abs. 3 GG grundsätzlich umfasst sind.[1424] Zwar musste diese im konkreten Fall – zumindest innerhalb der Polizeidienststellen – hinter dem durch Art. 20 Abs. 3 GG garantierten Grundsatz der Verwaltung zurückstehen, da die Gefahr bestand, dass bei um Hilfe suchenden Bürgern der Eindruck entsteht, wenn sie nicht unterschreiben, wird ihr Anliegen langsamer oder weniger sorgfältig bearbeitet,[1425] doch lässt sich diese Entscheidung nicht auf die Privatwirtschaft übertragen.[1426] Daher ist eine gewerkschaftliche Unterschriftenaktion zulässig, wenn der Arbeitgeber keine unzumutbaren betrieblichen Störungen geltend machen kann.[1427]

c) *Weitere kreative Informationsformen*

Darüber hinaus haben sich Gewerkschaften in der Vergangenheit auch um weitere kreative Aktionsformen bemüht, um die Öffentlichkeit über ihr Anliegen zu informieren. Dabei wurde sich verschiedener Medien bedient. Beispielhaft können folgende Aktionen aufgezählt werden:[1428]

Die Einrichtung von Internetseiten und -foren gehört mittlerweile zum Standard gewerkschaftlicher Informationsstrategie.[1429] Dazu zählt auch die streikbegleitende Verbreitung von Informationen via klassischer Medien wie z. B. Flugblättern.[1430] In einem Fall im Jahr 1992 verteilte die Gewerkschaft NGG in Zugrestaurants an Gäste Flugblätter, in denen neben der Beschreibung der unzumutbaren Arbeitsbedingungen und Einsparungen folgender Satz zu lesen war: „Leider hat unser Arbeitgeber die Arbeitsbedingungen so verschlechtert, dass uns zur Zeit ein Lächeln fehlt".[1431] Streikende Arbeitnehmer der IT-Firma EDS kreierten 2009 ihre eigene „Tagesschau", in der sie satirisch rund um das Streikgeschehen berichteten, und stellten sie auf der Videoplattform „Youtube" der Öffentlichkeit zur Verfügung.[1432]

1423 BAG v. 25.1.2005, NZA 2005, 592.

1424 BAG v. 25.1.2005, NZA 2005, 592, 593; bestätigt durch BVerfG v. 6.2.2007, NZA 2007, 394.

1425 BAG v. 25.1.2005, NZA 2005, 592, 594.

1426 So auch *Berg*, in: BKS, AKR, Rn. 212a.

1427 *Berg*, in: BKS, AKR, Rn. 212a; mit dieser Erwägung auch BAG v. 25.1.2005, NZA 2005, 592.

1428 Darstellungen und Informationen von und noch ausführlicher bei *Callsen*, in: Rehder/Deinert/Callsen, S. 26 ff.

1429 *Däubler*, in: Däubler, § 30 Rn. 5.

1430 Gebäudereiniger in Flensburg wurden insofern kreativ, als dass sie ihre Flugblätter in Elektrotechnik- und Lebensmittelmärkten zwischen die Waren steckten; *Callsen*, in: Rehder/Deinert/Callsen, S. 26 m. w. N.

1431 Sachverhalt nach ArbG Hamburg v. 30.6.1992, AuR 1993, 189.

1432 *Däubler*, in: Däubler, § 30 Rn. 5; Folge 1 online abrufbar unter: https://www.youtube.com/watch?v=_gsXBT8nJA8 (zuletzt geprüft am: 20.06.2016).

Auch weitere ungewöhnliche Aktionen, die auf einen „Event-Effekt" ausgelegt sind und zumeist streikbegleitend ausgeführt werden, können für (vor allem mediale) Aufmerksamkeit sorgen. Ähnliches war bereits beim „Flashmob" im Supermarkt der Fall. Ein weiteres Mal zeigten sich die Streikenden der Firma EDS im Jahr 2009 kreativ und veranstalten ein sog. „Die-in". Aus Protest gegen die Streichung von 25 % der Stellen, trotz hoher Gewinne im Rahmen der Übernahme des Unternehmens Hewlett-Packard, legten sich Demonstranten, die in ihrer Anzahl den geplanten abgebauten Arbeitsstellen entsprachen, leblos auf den Frankfurter Börsenplatz und unterstrichen ihre Motivationsgründe mit Plakaten.[1433]

In Duisburg demonstrierten streikbegleitend im Jahr 2009 rund 200 Gebäudereiniger und zogen als „Putzgeister" kostümiert und mit Schrubber, Besen und Wischmopp ausgestattet unter dem Titel „Halloween der Unsichtbaren" vor das Rathaus und in ein großes Einkaufszentrum. Dabei sollten die „Geister der Gebäudereinigung" beschworen werden, damit die Arbeitgeber bereit seien, saubere Arbeit sauber zu bezahlen.[1434] In Dortmund organisierte die IG BAU in der Innenstadt eine „Putz-Olympiade" mit verschiedenen Disziplinen wie „Wischmob-Auswringen" oder „Klobürsten-Zielwurf".[1435] In Berlin kritisierte die IG Metall mit einer Lichtprojektion auf das Bundeskanzleramt den Missbrauch von Leiharbeit mit dem projizierten Spruch: „Gestern waren wir das Jobwunder. Jetzt werden wir arbeitslos."[1436]

d) *Schutz und Grenzen passiver Öffentlichkeitsarbeit*

Es gilt zu hinterfragen, ob sich für informative und demonstrierende Aktionen dieser Art, welche sich gegen den Arbeitgeber richten und darauf abzielen, die Öffentlichkeit auf das Anliegen der Gewerkschaft aufmerksam zu machen und diese somit im besten Fall für sich zu gewinnen, rechtliche Besonderheiten ergeben.

Zunächst ist fraglich, von welchem Grundrecht solche Arbeitskampfmaßnahmen geschützt sind. Fallen diese unter den Schutzbereich des Art. 9 Abs. 3 GG oder sind für solche Aktionen eher die Grenzen anderer Grundrechte zu beachten, wie etwa die des Art. 5 Abs. 1 GG? Unter der Prämisse eines relativ weiten Schutzbereichs und einer Definition der Arbeitskampfmaßnahme, die auch die kollektive Druckausübung anerkennt, welche nicht ausschließlich durch die kollektive Störung der

---

1433 *Callsen*, in: Rehder/Deinert/Callsen, S. 26 f.

1434 „Unsichtbar aber unüberhörbar", derwesten.de, 27.10.2009, online abrufbar unter: http://www.derwesten.de/staedte/duisburg/unsichtbar-aber-unueberhoerbar-id52408.html (zuletzt geprüft am: 20.06.2016).

1435 „Gebäudereiniger demonstrieren mit Putz-Olympiade", RuhrNachrichten.de, 27.10.2009, online abrufbar unter: http://www.ruhrnachrichten.de/nachrichten/wirtschaft/aktuelles_berichte/Gebaeudereiniger-demonstrieren-mit-Putz-Olympi ade;art318,712850 (zuletzt geprüft am: 20.06.2016).

1436 Video der Aktion online abrufbar unter: https://www.youtube.com/watch?v=NDEAZxziQRE (zuletzt geprüft am: 20.06.2016).

Arbeitsbeziehung erreicht wird,[1437] fallen solche gewerkschaftlich organisierten und getragenen Aktionen unter den Schutzbereich der Koalitionsfreiheit.[1438] Dass generell auch öffentlichkeitswirksame Aktionen wie das Verteilen von Flugblättern oder das Durchführen von Unterschriftensammlungen von Art. 9 Abs. 3 GG gedeckt sein können, bestätigt auch die Rechtsprechung der Gerichte.[1439] So soll der Grundrechtsschutz bereits dann eingreifen, wenn die Aktion noch nicht einmal einen konkreten Tarifkonflikt betrifft,[1440] wobei das Vorliegen eines solchen der Regelfall sein dürfte.

Hinzu kommt, dass gerade in Fällen von Kampagnen oder Demonstrationen schutzverstärkend neben die Koalitionsfreiheit auch das Grundrecht der freien Meinungsäußerung nach Art. 5 Abs. 1 GG hinzutritt.[1441] Dies entspreche auch einem völkerrechtsfreundlichen Verständnis mit Rücksicht auf das ILO-Übereinkommen Nr. 87, welches die klassischen bürgerlichen Rechte einschließlich der Meinungsfreiheit garantiere.[1442] Ob man nun ein Grundrecht als das speziellere einschlägige Grundrecht ansieht und das andere schutzbereichsverstärkend hinzuzieht oder die für Art. 5 Abs. 1 GG entwickelten Grundsätze in die Proportionalitätsprüfung des Art. 9 Abs. 3 GG transferiert, kann letztlich dahingestellt bleiben. In jedem Fall müssen neben den Grenzen, die durch Art. 9 Abs. 3 GG gesetzt werden, auch diejenigen des Art. 5 GG beachtet werden. Kampagnen oder sonstige öffentliche Kundgebungen dürfen daher keine „Formalbeleidigungen“ oder „Schmähkritik“ beinhalten, bei denen das sachliche Anliegen hinter der Diffamierung der Person (z. B. des „Chefs“) zurücktritt und keine bewusst unwahren Tatsachen beinhalten und verbreiten.[1443] Werden diese Grenzen jedoch eingehalten und beachten Gewerkschaften bei der Recherche und Veröffentlichung unternehmensbezogener Informationen über Zahlen, Strukturen und zwischenmenschliche Verhaltensweisen gewisse Sorgfaltspflichten, sind zumindest nach den Vorgaben des Art. 5 Abs. 1 GG gewerkschaftliche Arbeitskampfmaßnahmen unter passiver Einbeziehung der Öffentlichkeit, wie z. B. in erster Linie Kampagnen, zulässig.[1444]

1437 Siehe dazu bereits oben unter: 2. Teil B. I. 1. a) S. 119 ff. und 1. Teil A. I. S. 7 ff.

1438 So auch *Berg*, in: BKS, AKR, Rn. 212; *Däubler*, in: Däubler, § 30 Rn. 7; *Rehder/Deinert/Callsen*, S. 95.

1439 Jüngst: ArbG Berlin v. 11.11.2015, 54 Ga 15058/15, juris; BAG v. 25.1.2005, NZA 2005, 592 zur Durchführung von Unterschriftenaktionen; LAG Köln v. 3.2.1995, NZA-RR 1996, 100 zur Zeitungsbeilage von Informationsblättern; ArbG Hamburg v. 30.6.1992, AuR 1993, 189 zur Verteilung von Flugblättern.

1440 BAG v. 25.1.2005, NZA 2005, 592, 593.

1441 *Berg*, in: BKS, AKR, Rn. 212; *Rehder/Deinert/Callsen*, S. 95; *Schmidt*, in: ErfK, Art. 5 Rn. 15; siehe dazu auch LG Düsseldorf v. 14.6.2000, AuR 2001, 194.

1442 So *Rehder/Deinert/Callsen*, S. 95.

1443 *Däubler*, in Däubler, § 30 Rn. 6 ff.; ausführlich dazu auch *Schmidt*, in: ErfK, Art. 5 Rn. 5 ff.

1444 *Berg*, in: BKS, AKR, Rn. 212; *Däubler*, in: Däubler, § 30 Rn. 8, 10.

Dies bestätigt auch die jüngste Rechtsprechung des ArbG Berlin, welches den Einsatz von Flugblättern als grundsätzlich zulässiges Arbeitskampfmittel einstuft.[1445] Die Gewerkschaft hatte während des Tarifstreits Flugblätter verteilt, um die Öffentlichkeit über den Tarifstreit und die genauen Streitpunkte zu informieren und auf diese Weise Druck auf den Arbeitgeber auszuüben.[1446] Dieser hielt bestimmte Inhalte des Flugblattes für unwahre Tatsachenbehauptungen. Das Gericht führte dazu aus, dass die im streitigen Flugblatt enthaltenen Aussagen und Forderungen nicht aus dem Kontext des zwischen den Parteien geführten Arbeitskampfes herausgelöst werden könnten. Es sei üblich, dass innerhalb eines Arbeitskampfes Stellungnahmen zum Tarifgeschehen und zur Charakterisierung des Gegenspielers schlagwortartig und in überspitzter Form abgegeben würden. Auch andere Gerichte haben in diesem Zusammenhang selbst grenzwertige Meinungsäußerungen, die den Arbeitgeber als „Betrüger" oder „Dieb" bezeichnen, als („gerade noch") zulässige Äußerungen angesehen, da diese zwar im Einzelfall polemische Kritik aber noch keine Schmähungen gewesen wären.[1447] Auch dort wurde nochmals klargestellt, dass die Grenzen der freien Meinungsäußerung innerhalb eines Arbeitskampfgeschehens verschoben würden, da Stellungnahmen zum Tarifgeschehen und zur Charakterisierung des sozialen Gegenspielers verkehrsüblich schlagwortartig und in überspitzter Form abgegeben würden. Es sei erkennbar das Ziel der Maßnahme, die öffentliche Meinung im Sinne der Streikenden zu beeinflussen und den medialen Druck zu erhöhen.[1448]

Das ArbG Berlin befand, eine Tatsachenbehauptung, deren Wahrheitsgehalt ungeklärt sei und die eine die Öffentlichkeit wesentlich berührende Angelegenheit betreffe, dürfe demjenigen, der sie aufstellt oder verbreitet, solange nicht untersagt werden, wie er sie zur Wahrnehmung berechtigter Interessen (vgl. Art. 5 GG, § 193 StGB) für erforderlich halten dürfe. Der auf Unterlassung in Anspruch Genommene habe allerdings vor Aufstellung oder Verbreitung der Behauptung hinreichend sorgfältige Recherchen über den Wahrheitsgehalt anzustellen. Je schwerwiegender die Äußerung das Persönlichkeitsrecht beeinträchtige, umso höhere Anforderungen seien an die Erfüllung der Sorgfaltspflichten zu stellen.

Im Ergebnis kann auch bei solchen Aktionen die Proportionalität ein entscheidendes Rechtmäßigkeitskriterium sein.[1449] Zwar wird es teilweise abgelehnt, unterschiedliche Maßstäbe bei der Beurteilung von Meinungsäußerungen und Meinungsäußerungen im Arbeitskampf anzulegen,[1450] jedoch berücksichtigte neben

---

1445 ArbG Berlin v. 11.11.2015, 54 Ga 15058/15, juris.

1446 Explizit auf den Zweck der medialen Druckerhöhung hinweisend: ArbG Berlin v. 11.11.2015, 54 Ga 15058/15, juris, Rn. 63.

1447 LAG Düsseldorf v. 17.08.2012, BeckRS 2012, 72513, welches die Äußerungen aber gerade nicht als Tatsachenbehauptung einstuft.

1448 LAG Düsseldorf v. 17.08.2012, BeckRS 2012, 72513.

1449 Ebenfalls von einer „Abwägung" sprechend: LAG Düsseldorf v. 17.08.2012, BeckRS 2012, 72513.

1450 *Kissel*, § 61 Rn. 144.

dem LAG Düsseldorf[1451] auch das LAG Hessen, welches über eine während einer Arbeitskampfmaßnahme ausgesprochene Beleidigung (bildlich unterstütztes Transparent mit der Aufschrift „Arschkriecher“) zu entscheiden hatte, die „Ausnahmesituation“ des Arbeitskampfes bei der Interessenabwägung und indizierte somit ebenfalls, dass eine Berücksichtigung der Besonderheiten möglich ist.[1452] Es muss grundsätzlich eine Abwägung zwischen den Interessen des Arbeitgebers und denen der Gewerkschaft erfolgen. Dabei ist zu beachten, dass solche öffentlichen Kampagnen und sonstige Meinungskundgebungen gerade für Unternehmen, die von einem positiven Image abhängig sind, zu spürbaren wirtschaftlichen Einbußen führen können.[1453] Andererseits ist gerade die Zufügung wirtschaftlicher Nachteile ein Ziel von Arbeitskampfmaßnahmen und ein Streik, der wesentlich größere Einbußen mit sich bringt, wird grundsätzlich als zulässig angesehen, sodass dies kein ausschlaggebendes Kriterium sein kann.[1454] Wie bereits das ArbG Hamburg ausführte, existiert kein „Recht auf gutes Image“ beim Kunden.[1455] Vor allen Dingen stehen dem Arbeitgeber effektive Verteidigungsmöglichkeiten zur Verfügung. Er hat vermutlich teilweise sogar bessere Kontakte zur Presse und sonstigen Medien und kann beispielsweise durch Pressemitteilungen oder das Starten eigener Kampagnen eine Gegendarstellung lancieren und auf diese Art und Weise versuchen, Imagepflege zu betreiben.[1456]

Teilweise werden an Aktionen als Teil einer Arbeitskampfmaßnahme aufgrund ihrer Eigenart spezielle Rechtmäßigkeitsanforderungen zu stellen sein, welche in den Abwägungsprozess mit einzubeziehen sind. Speziell bei der im Betrieb durchgeführten Unterschriftenaktion stand das Merkmal der „betrieblichen Störung“ im Bewertungsfokus. Analysiert man das Urteil des BAG, kommt man zu dem Schluss, dass, wenn ein (privater) Arbeitgeber keine unzumutbare betriebliche Störung geltend machen kann, solche Aktionen auch auf dem Betriebsgelände zulässig sind.[1457] Gleiches gilt auch für Unterschriftensammlungen außerhalb des Betriebs, wobei dort nur in den seltensten Fällen mit betrieblichen Störungen zu rechnen sein wird.

Des Weiteren könnte fraglich sein, ob etwa das Beilegen von Informationsblättern zu einer Zeitung eine unzulässige Nutzung der Vertriebsorganisation des Arbeitgebers darstellt[1458] oder ob die detaillierte Berichterstattung im Rahmen einer Kampagne über betriebliche Abläufe und Kennzahlen zur Verletzung von Betriebsgeheimnissen führen kann.

1451 LAG Düsseldorf v. 17.08.2012, a. a. O.

1452 LAG Hessen v. 24.10.2000, NZA-RR 2001, 300, 302.

1453 *Berg*, in: BKS, AKR, Rn. 212; *Rehder/Deinert/Callsen*, S. 96.

1454 BAG v. 22.9.2009, NZA 2009, 1347, 1352, Rn. 44; *Berg*, in: BKS, AKR, Rn. 212; *Däubler*, in: Däubler, § 30 Rn. 7 ff.

1455 ArbG Hamburg v. 30.6.1992, AuR 1993, 189.

1456 *Berg*, in: BKS, AKR, Rn. 212a; *Linsenmaier*, in: ErfK, Art. 9 GG Rn. 279.

1457 BAG v. 25.1.2005, NZA 2005, 592, 595.

1458 Dies verneint *Berg*, in: BKS, AKR, Rn. 212a.

Die rechtliche Bewertung läuft allerdings darauf hinaus, dass Gewerkschaften das Mittel der „passiven" Einbeziehung der Öffentlichkeit weitgehend gefahrlos nutzen werden können. Solange sie sich an allgemeine rechtliche Vorgaben halten, welche sich aus Art. 9 Abs. 3 GG ergeben (wie etwa die Friedenspflicht), und vor allem die Vorgaben, die Art. 5 Abs. 1 GG immanent sind, sowie das auch dadurch geschützte allgemeine Persönlichkeitsrecht beachten, wird eine Abwägung nur in den wenigsten Fällen zu dem Ergebnis kommen, dass die Arbeitskampfmaßnahme im konkreten Fall unproportional ist.[1459] Dies gilt nicht zuletzt wegen der bestehenden effektiven Verteidigungsmöglichkeit des Arbeitgebers, selber die Öffentlichkeit durch eigens initiierte Berichterstattung beeinflussen zu können.

2. „Aktive" Einbeziehung der Öffentlichkeit

Auch die „aktive" Einbeziehung der Öffentlichkeit hat in erster Linie zum Ziel, eine möglichst breite Masse auf den Tarifkonflikt mit dem Arbeitgeber aufmerksam zu machen. Im Unterschied zur „passiven" Einbeziehung wird hier allerdings nicht nur über umstrittene Arbeitslöhne oder -bedingungen informiert, sondern es wird erwartet und dazu aufgefordert, sich aktiv an der Druckausübung auf den Arbeitgeber zu beteiligen. Dieser Druck soll nicht nur als Folge der Aufforderung entstehen (z. B. Umsatzeinbußen nach einem Boykottaufruf), sondern es soll auch durch die aktive Einbeziehung Dritter die öffentliche Wahrnehmung gesteigert werden, sodass auf resultierende Effekte der „passiven" Einbeziehung zurückgegriffen werden kann.

a) „Flashmobs"

Von Gewerkschaften initiierte „Flashmobs" sind ein verhältnismäßig neues Phänomen im Arbeitskampf. Diese können in unterschiedlichen Varianten ausgeführt werden und auf verschiedene Ziele angelegt sein. Je nach Ausführungsform sind zudem verschiedene rechtliche Bewertungsfaktoren zu beachten. Welche Arten von „Flashmobs" Gewerkschaften in der Vergangenheit bereits exerziert haben, soll im Folgenden dargestellt werden, wobei in dieser Aufzählung der bekannteste Fall eines „Flashmobs" im Berliner Discounter, der auf eine Betriebsstörung abzielte, aufgrund der schon ausführlich ergangenen Analyse ausgelassen wird.

aa) „Flashmob" im Hotelgewerbe

Vor allem in verschiedenen Hotels wurden diverse „Flashmobs" von den Gewerkschaften durchgeführt. Diese wurden v. a. durch eine in den USA praktizierte Aktion inspiriert. In San Francisco wurde im Mai 2010 im „The Western St. Francis" Hotel von einer Aktivistengruppe ein „Flashmob" durchgeführt, um die Hotelmitarbeiter

1459 Dies steht auch im Einklang mit schon frührichterlichen Tendenzen auf diesem Gebiet des Arbeitskampfs. Das ArbG Hamburg v. 30.6.1992, AuR 1993, 189, 190 legte bei der Beurteilung der Aktion, insb. in Bezug auf Art. 5 GG, ähnliche Maßstäbe an.

zu unterstützen, die für faire Vertragsbedingungen und eine finanziell tragbare Gesundheitspflege kämpften und zum Boykott ihres eigenen Hotels aufgerufen hatten. Neben diesem Hotel sollten auch noch viele weitere Hotels boykottiert werden. Während ein junges Pärchen sich nach verfügbaren Zimmern erkundigte, verweigerte es unvermittelt das Einchecken mit dem lauten Ausruf, dies sei ein sehr schlechtes Hotel. Daraufhin wurde der durch die Künstlerin Lady Gaga bekannte Song „Bad Romance“ textlich verändert in der Hotelhalle von ca. 40 Aktivisten vorgetragen. Unter anderem hieß es:

> *„Oh-No!-Oh-Oh. Don't get caught in a bad hotel!*
> *Boycott, Boycott! Workers rights are hot.*
> *Boycott, Boycott! Boycott this hotel!*
> *These workers need healthcare and a fair contract.*
> *This is a bad, bad hotel.“*

Unterbrochen wurde die Gesangseinlage, die von einer Big Band musikalisch untermalt wurde, von dem kurzen Statement, dass dieses Hotel boykottiert werde und sich alle aufgefordert fühlen sollten, dieses Hotel nicht zu besuchen.[1460]

In Frankfurt a. M. organisierte die Junge NGG im Jahr 2010 daraufhin eine ähnliche Aktion. Gewerkschaftsmitglieder versammelten sich in der Hotel-Lobby eines NH Hotels und sangen auf die Melodie des Liedes „Oh Jonny“ von Jan Delay u. a. die Refrainzeile:

> „Hey Bossi, warum hast du kein Gewissen?
> Hey Bossi, ja jetzt hast du hier verschi****.
> Hey Bossi, deine Leute haben nie Pause.
> Hey Bossi, ja nur du gehst früh nach Hause.“[1461]

Sie teilten mit, dass sie mit dieser Aktion den Kollegen in diesen Branchen Mut machen wollten, für ihre Rechte gemeinsam mit der Gewerkschaft zu kämpfen. Zudem sei es das Ziel der Aktionen gewesen, auf die schlechten Bedingungen von Auszubildenden im Hotel- und Gaststättengewerbe aufmerksam zu machen.

Ähnlich war eine Aktion der NGG am 14.3.2011 in Bremen aufgebaut. Auch hier ging es darum, auf die schlechten Arbeitsbedingungen aufmerksam zu machen und Druck auf den Arbeitgeber „zur Unterstützung der Tarifverhandlungen“ aufzubauen. Ähnlich wie bei der Aktion in den USA wurde hier die Öffentlichkeit zusätzlich aktiv dazu aufgefordert, das Hotel zu boykottieren. Auf die Melodie des durch die Fußball WM bekannten Song „Wavin' flag“ von K'naan wurde in der Hotel Lobby eines Bremer Hotels lautstark gesungen und der Text von einer Tanzeinlage untermalt:

1460 Ein Video der Aktion ist online abrufbar unter: https://www.youtube.com/watch?v=-79pX1IOqPU (zuletzt geprüft am: 20.06.2016).

1461 Ein Video der Aktion ist online abrufbar unter: https://www.youtube.com/watch?v=Gdf5YhstZLo (zuletzt geprüft am: 20.06.2016).

„Willst du gut schlafen, pass auf, wo du eincheckst.
Dieses Hotel gehört auf den Index.
Schlechte Bezahlung, fiese Verträge.
Vorne rum freundlich, hinten rum schräge.
Nein, check hier nicht ein, check hier nicht ein!“[1462]

Die Gesangseinlage wurde dabei mehrfach unterbrochen, um per Megaphon-Ansage über die Beweggründe und den genauen Stand der Tarifverhandlungen zu informieren. Die Aktion könnte insofern Erfolg gehabt haben, da in der dritten Tarifrunde es schließlich zu einem Tarifabschluss kam, in dem auf die wesentlichen Forderungen, wie z. B. „höherer Lohn“ und „Schriftliche Fixierung der Ausbildungsrahmenbedingungen“ eingegangen wurde. Beide Aktionen zeichneten sich dadurch aus, dass eine Betriebsstörung quasi nicht eintrat, da die Aktionen nur wenige Minuten dauerten und nach der Aufführung der Lieder die Teilnehmer unaufgefordert und schnell die Gebäude wieder verließen.

bb) „Flashmob“ in Bremer Supermarkt

Dass ein „Flashmob“ in einem Supermarkt nicht unbedingt auf eine Betriebsstörung abzielen muss, zeigte eine Aktion 2009 in einer Bremer Schlecker XL Filiale. Diese wurde zwar nicht von einer Gewerkschaft, sondern vom Bremer „Mayday Bündnis“ organisiert, jedoch waren ver.di Offizielle vor Ort und eine solche Aktion könnte eben so gut von einer tariffähigen Partei getragen werden. Dieses Bündnis, das gegen „miese Entlohnungen und miese Arbeitsbedingungen“ vorgehen wollte, hatte dazu aufgerufen, zur Neueröffnung der Filiale eine „Flashmob“-Aktion zu starten. In der Filiale versammelte sich dann eine Menschentraube und nacheinander wurde das Mikrofon von Organisatoren, aber auch einigen Kunden und anderen Teilnehmern ergriffen und die meist negative Meinung über die Arbeitsbedingungen unter lauten Beifallsstürmen kundgetan. Es wurde darauf hingewiesen, dass der reguläre Einkauf nicht behindert werde und nicht behindert werden solle. Als die Polizei hinzutrat, wurde die Aktion mit Transparenten vor der Filiale fortgesetzt und schließlich mit einem Straßenumzug beendet.[1463]

cc) Aktion „Dreckiger Schuh“

In der Gebäudereinigungsbranche wurde 2009 eine Aktion der etwas anderen Art durchgeführt, um auf die Missstände aufmerksam zu machen. Besucher und andere Aktivisten wurden dazu aufgefordert, mit schmutzigen Schuhen eine Kaufhausfläche

1462 Ein Video der Aktion ist online abrufbar unter: https://www.youtube.com/watch?v=yxRESGi1DAo#t=199 (zuletzt geprüft am: 20.06.2016).

1463 Ein Videobericht über die Aktion ist online abrufbar unter: https://www.youtube.com/watch?v=VQnBijbvzgU (zuletzt geprüft am: 20.06.2016).

zu verunreinigen und dadurch einen erneuten Reinigungseinsatz erforderlich zu machen. So sollte die Wichtigkeit dieser Aufgabe betont werden.[1464]

b) Boykott und Verruf

Ein schon länger existierendes Kampfmittel, welches darauf angelegt ist, Dritte in den Arbeitskonflikt mit einzubeziehen, ist der Boykott. Er ist vom Schutzbereich des Art. 9 Abs. 3 GG aufgrund der weiten Kampfmittelfreiheit umfasst. Dafür spricht auch, dass Boykottmaßnahmen den Gewährleistungen des Art. 28 GRC, des Art. 11 EMRK sowie des Art. 6 Nr. 4 ESC unterfallen und bereits vom EuGH als kollektive Maßnahme qualifiziert wurden.[1465]

Unter einem Boykott versteht man die planmäßige durchgeführte Absperrung des Gegners vom geschäftlichen Verkehr.[1466] Dies kann etwa dergestalt geschehen, dass „Dritte" von der Gewerkschaft dazu aufgefordert werden, keine Verträge mit dem Arbeitgeber zu schließen (sog. Verruf)[1467] oder, dass die Allgemeinheit dem betreffenden Arbeitgeber keine Waren mehr abnimmt bzw. liefert.[1468] Hauptziel eines Boykotts ist es somit nicht, wie etwa bei einem Streik die Arbeitsbeziehungen zu stören, sondern dem Arbeitgeber (wirtschaftliche) Nachteile zuzufügen.[1469] Die Arbeitsbeziehungen werden wenn überhaupt lediglich mittelbar gestört. Charakteristisch für den Boykott ist mithin ein Dreiecksverhältnis.[1470] Eine Partei (Initiator) fordert eine andere Partei (Boykottierende) zum Boykott einer dritten Partei (Boykottierter) auf.[1471] Der Initiator wirkt dabei lediglich „argumentativ-psychologisch" mit dem Ziel auf die boykottierenden Dritten ein, diese zu einem freiwilligen Handeln zu veranlassen.[1472]

Den Boykott als Arbeitskampfmaßname macht es dabei aus, dass er zum einen von der Gewerkschaft ausgeht und nicht aus Verbraucher- oder Konkurrentenkreisen

---

1464 Bericht über die Aktion online abrufbar unter: http://www.boeckler.de/40333_40354.htm (zuletzt geprüft am: 20.06.2016); *Callsen*, in: Rehder/Deinert/Callsen, S. 35 u. S. 109.

1465 EuGH v. 18.12.2007 „ Laval", NZA 2008, 159, 165 ff., Rn. 91 ff.; EuGH v. 11.12.2007 "Viking", NZA 2008, 124, 127, Rn. 44 ff. *Holoubek*, in: Schwarze, EU-Kommentar, Art. 28 GRC Rn. 19; *Dorssemont*, in: Dorssemont/Lörcher/Schömann, S. 333, 342 mit Verweis auf das *Laval*-Urteil des EuGH; *Schubert*, in: Franzen/Gallner/Oetker, Art. 28 GRC Rn. 46; in Bezug auf Art. 6 Nr. 4 ESC: *Evju*, AuR 2012, 276, 279; *Schubert*, in Franzen/Gallner/Oetker, Art. 6 ESC Rn. 41.

1466 *Kalb*, in: Kasseler Handbuch, 8.2 Rn. 27; *Zöllner/Loritz/Hergenröder*, § 43 Rn. 47.

1467 *Däubler*, in: Däubler, § 28 Rn. 73; *Kalb*, in: Kasseler Handbuch, 8.2 Rn. 27; *Linsenmaier*, in: ErfK, Art. 9 GG Rn. 278; oder nach *Otto*, § 11 Rn. 26 „Arbeitsrechtlicher Boykott".

1468 *Däubler*, in: Däubler, § 30 Rn. 28; *Kalb*, in: Kasseler Handbuch, 8.2 Rn. 27.

1469 *Otto*, § 11 Rn. 26.

1470 *Berg*, in: BKS, AKR, Rn. 204; *Kalb*, in: Kasseler Handbuch, 8.2 Rn. 27.

1471 Vgl. die Darstellung bei *Renneberg*, S. 227 f.

1472 *Kissel*, § 61 Rn. 123.

stammt und dass zum anderen durch den Boykott erstrebt wird, die Kampfforderungen zu erreichen, die sich auf eine Änderung der Arbeitsbeziehungen beziehen.[1473] *Kissel* ist der Ansicht, dass der Boykott keine Arbeitskampfmaßnahme sei. Die dem Arbeitskampfmittel innewohnende unmittelbare Druckerzeugung sei nicht gegeben, da der Verrufer nur mittelbaren Druck auf den Verrufenen ausüben könne.[1474] Dies ist aber abzulehnen, da abgesehen davon, dass diese Differenzierung inhaltlich nicht überzeugend ist,[1475] auch die mittelbare Druckausübung genügen muss, solange sie der Gewerkschaft als Urheber zuzurechnen ist.

Als Beispiel für einen Boykott dient eine Aktion aus dem Jahr 1999. Im Zusammenhang mit Neustrukturierungen der Citibank-Callcenter, in deren Folge ca. 1.000 Beschäftigte ihren Job zu verlieren drohten, rief ein Netzwerk namens *Citi-Critic* (u. a. bestehend aus der Gewerkschaft HBV, dem Kirchlichen Dienst der Arbeitswelt und der Katholischen Arbeitnehmervertretung) mit Flugblättern Kunden dazu auf, bei der Citibank keine neuen Girokonten zu eröffnen. Dies war nötig geworden, da ein allein auf dem Arbeitskampfmittel „Streik" basierender Arbeitskampf aufgrund der einfachen Austauschbarkeit der Arbeitnehmer keine ausreichende Druckwirkung auf den Arbeitgeber ausgeübt hatte.[1476] Auch wenn der Rechtsstreit mit der Citibank über die Zulässigkeit solcher Maßnahmen gewonnen wurde[1477], konnten die mit dem Boykott erstrebten Ziele dennoch nur zum Teil realisiert werden.[1478]

Vor allem im Gewerbe der Seeschifffahrt ist die Arbeitskampfform des Boykotts häufig anzutreffen.[1479] Bekannt ist vor allem der sog. Hafenarbeiterboykott aus dem Jahr 1973.[1480] Im Tarifstreit zwischen der deutschen Transportgewerkschaft ÖTV und einer Reederei folgten Hafenarbeiter in einem dänischen Hafen dem Boykottaufruf einer dänischen Gewerkschaft, die der deutschen Gewerkschaft zu Hilfe gekommen war, und unterließen es, das Schiff der Reederei zu beladen. Allerdings wird zu Recht angemerkt, dass die Schlüsselrolle der Arbeiter nicht auf alle Berufe übertragbar ist.[1481]

Ein ähnlicher Fall beschäftigte 1999 das Arbeitsgericht Bremen.[1482] Auch hier hatten sich Hafenarbeiter auf Aufruf einer unterstützenden Gewerkschaft geweigert, das Schiff weiter zu löschen bzw. zu beladen. Auch wenn das Ergebnis im Endeffekt mit dem eines Streiks vergleichbar ist, wird jedoch Wert auf die Tatsache gelegt, dass die boykottierenden Arbeitnehmer, die zum Teil sogar gewerkschaftsfremd sind und von den Tarifverträgen nicht profitieren, lediglich eine bestimmte Tätigkeit

1473 *Kalb*, in: Kasseler Handbuch, 8.2 Rn. 28; *Ricken*, in: MüArbR, § 193 Rn. 9.
1474 *Kissel*, § 61 Rn. 126.
1475 So *Otto*, § 11 Rn. 25.
1476 Ausführliche Darstellung bei *Renneberg*, S. 230 ff.
1477 LG Düsseldorf v. 14.6.2000, AuR 2001, 194.
1478 *Renneberg*, S. 231 f.
1479 *Berg*, in: BKS, AKR, Rn. 204.
1480 BAG v. 19.10.1976, NJW 1977, 318.
1481 *Callsen*, in: Rehder/Deinert/Callsen, S. 29.
1482 ArbG Bremen v. 7.10.1999, NZA-RR 2000, 35.

verweigern und ihre Arbeit nicht vollständig niederlegen.[1483] Es ist angebracht, in beiden Fällen von sog. „Sympathieboykotts" zu sprechen.[1484]

c) Rechtliche Anforderungen bei „aktiver" Einbeziehung Dritter

Wie die Rechtmäßigkeit solcher Aktionen mit der Einbeziehung Dritter im Arbeitskampfgeschehen einschätzen ist und welche Bewertungsfaktoren dabei eine Rolle spielen, hängt von der Art der Arbeitskampfmaßnahme ab.

aa) „Flashmobs"

Es wurde dargestellt, dass „Flashmobs" auf verschiedene Art und Weise durchgeführt werden können. Je nach Ausführungsmodalität sind dabei verschiedene Faktoren von Relevanz. Die Fälle, in denen Gewerkschaften ihre Mitglieder in Hotellobbys „Flashmobs" durchführen ließen, um etwa zum Boykott dieser Hotelkette aufzurufen oder bloß über schlechte Arbeitsbedingungen zu informieren, liegen an der Schnittstelle zu den „Kategorien" des klassischen Boykottaufrufs oder der passiven Einbeziehung Dritter durch Öffentlichkeitsarbeit. Wie bereits betont wurde, sind diese Grenzen nicht als absolut zu sehen, sondern dienen lediglich der besseren Einordnung. Von daher sind die dortigen rechtlichen Ausführungen auch für solche Arbeitskampfmaßnahmen relevant. Dies heißt insbesondere, dass die für Art. 5 Abs. 1 GG entwickelten Grundsätze auch hier zu beachten sind. Welche Besonderheiten beim Aufruf zum Boykott hinzukommen, wird gleich anschließend noch erörtert.

Es ist grundsätzlich nicht zu erwarten, dass sich an solchen Aktionen einer Gewerkschaft besonders viele „Dritte" beteiligen, da zumeist eine Tanzchoreographie und Textkenntnis vorausgesetzt werden. Die „Dritten" sind vielmehr die Adressaten der Aktion. Von daher ist das für den „klassischen Flashmob" besonders wichtige Merkmal der „Beherrschbarkeit" der Aktion zu vernachlässigen. Die Beeinträchtigung des geregelten Geschäftsbetriebs sowie des Eigentums muss zwar in die Verhältnismäßigkeitsprüfung eingehen, fällt aber aufgrund der zumeist sehr kurzen Dauer ebenfalls nicht besonders ins Gewicht. Der eigentliche auf den Arbeitgeber wirkende Druck entsteht aus der Botschaft, die durch eine Aktion dieser Art ausgesendet wird. Sein Image wird – auch durch die solchen öffentlichkeitswirksamen Aktionen folgende Berichterstattung in der Presse – in Mitleidenschaft gezogen. Wenn den Aufrufen zum Boykott gefolgt wird, kann darüber hinaus spürbarer wirtschaftlicher Druck erzeugt werden. Von daher sind für die Beurteilung solcher Aktionen in erster Linie solche Leitlinien der passiven Einbeziehung der Öffentlichkeit und solche des Boykotts zu beachten. Die Bewertungsfaktoren des klassischen „Flashmobs" spielen eine nur untergeordnete Rolle.

1483 *Callsen*, in: Rehder/Deinert/Callsen, S. 29.

1484 *Kalb*, in: Kasseler Handbuch, 8.2 Rn. 226; *Otto*, § 11 Rn. 26 sieht im Verhältnis zum Hafenarbeitgeber einen Sympathiestreik, im Verhältnis zu den betroffenen Reedern einen Boykott; ebenso *Konzen*, in: FS Molitor, S. 181, 183; *Richter*, S. 35 f.

Ähnliches gilt für solche Aktionen wie die des „Flashmobs“ in Bremen, der in der neu eröffneten Schlecker-Filiale auf die Missstände aufmerksam machen wollte. Durch die Beteiligung „Dritter“ muss hier allerdings die Beherrschbarkeit der Aktion sichergestellt sein. Die Betriebsstörungen sind gerade im Vergleich zum bekannten „Flashmob“ Fall aus dem Berliner Supermarkt bei einer reinen Informationsveranstaltung zu vernachlässigen.

Zu beachten ist allerdings bei beiden Aktionsformen, dass der Arbeitgeber jederzeit von seinem Hausrecht als Verteidigungsmittel Gebrauch machen kann.

Von diesen Aktionsformen hebt sich die „Flashmob“-Aktion „Dreckiger Schuh“ geringfügig ab. Diese und ähnliche Aktionen können mangels genügender Teilnahme von Gewerkschaftsmitgliedern auf die aktive Einbeziehung Dritter zur Erreichung öffentlicher Aufmerksamkeit angewiesen sein. Eine solche Maßnahme greift nicht nur in das Recht des eingerichteten und ausgeübten Gewerbebetriebs ein, sondern durch die verursachte Verschmutzung auch in das Eigentumsrecht des Gebäudeinhabers.[1485] Wie bei allen Arbeitskampfmaßnahmen der Gewerkschaft, bei denen externe Dritte hinzugezogen werden, ist die „Beherrschbarkeit“ der Aktion ein Hauptaspekt. Die Ausführungen zum „Flashmob“ gelten ebenso hier. Die Gewerkschaft muss daher in solchen Fällen im Vorfeld alles dafür tun, dass sie jederzeit „Herr der Lage“ bleibt und im Stande ist, die Aktion jederzeit zu begrenzen oder zu beenden.[1486] Grundsätzlich gilt, dass die Aktionen gerade aufgrund ihres teils form- und zwanglosen Charakters für den Arbeitgeber als von der Gewerkschaft getragene Arbeitskampfmaßnahmen erkennbar sein müssen. Dies liegt bereits im Interesse der Gewerkschaften, da zum einen die Öffentlichkeit auf den Tarifkonflikt aufmerksam gemacht werden soll und zum anderen sich die Verhandlungsdruckwirkung beim Arbeitgeber erst in dem Augenblick vollends entfalten kann, in dem dieser weiß, zu welchen Maßnahmen sein Kampfgegner in der Lage ist.[1487]

Zudem muss gerade für solche Kampfmaßnahmen gelten, dass die Aktionen nicht vorhersehbar sein müssen und von einem Überraschungsmoment zehren können. Eine Vorankündigung der Maßnahme ist daher nicht verpflichtend[1488] und zur Erkennbarkeit der Maßnahme auch nicht notwendig, da diese auch auf anderem Wege sichergestellt werden kann. Um fruchtbare Bedingungen für den Arbeitskampf zu schaffen, muss sichergestellt sein, dass die Gegenseite die Wirkung des Kampfmittels nicht sofort im Keim ersticken kann. Insbesondere stehen dem Arbeitgeber auch nach der Erkenntnis, einer Arbeitskampfmaßnahme ausgesetzt zu sein, geeignete Verteidigungsmittel zur Verfügung, die keine lange Vorbereitungszeit benötigen.

1485 *Rehder/Deinert/Callsen*, S. 109.

1486 Siehe bereits oben: 2. Teil B. I. 2. b) cc) S. 155 f.; vgl. hierzu auch die Ausführungen bei *Rehder/Deinert/Callsen*, S. 110, die insbesondere auch auf die Gefahr von Trittbrettfahrern hinweisen, diese aber zumindest bei dieser Aktion zu Recht als nicht existent erachten.

1487 Siehe dazu schon: 2. Teil B. II. 2. S. 165 ff.

1488 Vgl. *Kocher*, in: BKS, AKR, Rn. 154; *Schumann*, in: BKS, AKR, Rn. 254.

bb) Boykott

(1) Einordnung als Arbeitskampfmaßnahme

Rechtliche Relevanz im behandelten Kontext erlangt der Boykott zunächst nur, wenn er als Arbeitskampfmaßnahme einzuordnen ist. Dies wird teilweise verneint.[1489] Während laut *Richter* der Boykott durch außenstehende potentielle Arbeitnehmer vom Schutzbereich der Koalitionsfreiheit umfasst ist, soll der „güterrechtliche" Boykott, also die Aufforderung an Dritte, keine güterrechtlichen Verträge mit dem Arbeitgeber abzuschließen, keine Arbeitskampfmaßnahme sein, da es sich um kein kollektives Verhalten handele.[1490] Es werde nicht der Marktwert der Arbeitsleistung betont, sondern einziges Ziel sei die Erzeugung wirtschaftlichen Drucks auf die Arbeitgeberseite.[1491]

Größtenteils geht man allerdings richtigerweise davon aus, dass es sich bei dem Aufruf zum Boykott um eine von der Kampfmittelfreiheit gedeckte Arbeitskampfmaßnahme handelt.[1492] *Otto* betont zu Recht, dass der weite Arbeitskampfbegriff es ermöglicht, auch ein solches gewerkschaftliches Verhalten als Arbeitskampfmittel einzustufen.[1493] In der Tat wurde im Rahmen der Untersuchung der Definition einer Arbeitskampfmaßnahme bereits dargelegt, dass eine Verengung der Arbeitskampfmaßnahme auf die kollektive Störung der Arbeitsbeziehungen verfehlt ist. Die zielgerichtete Druckausübung auf die Gegenseite ist daher auch kein Qualitätsmakel, sondern Voraussetzung einer Arbeitskampfmaßnahme.[1494] Die Aufforderung an Dritte ist vergleichbar mit der Modalität bei der bereits ausführlich diskutierten „Flashmob"-Aktion und ist daher gleich zu beurteilen, sodass auch in dem Aufruf zum Boykott eine Arbeitskampfmaßnahme zu sehen ist.

(2) Rechtliche Bewertung von Boykottmaßnahmen im Arbeitskampf

Zur Rechtmäßigkeit von Boykottmaßnahmen hatte das BAG 1976 ausgeführt, dass der Boykott als „geschichtlich überkommene Arbeitskampfmaßnahme" als von Art. 9 Abs. 3 GG grundsätzlich geschützt angesehen werden dürfe.[1495] Da das Gericht aber nicht über spezielle Kampfgrenzen für den Boykott entscheiden musste, hielt das BAG es in der Entscheidung nicht für angebracht, „weitere abstrakte Rechtsausführungen über Rechtmäßigkeit oder Rechtswidrigkeit von Boykottmaßnahmen und deren Rechtsfolgen" zu machen.[1496] Daher wird zu Recht konstatiert,

---

1489 Siehe dazu bereits *Kissel*, § 61 Rn. 126.

1490 *Richter*, S. 181 f.

1491 *Richter*, S. 182; ähnlich auch *Rieble*, Arbeitsmarkt und Wettbewerb, Rn. 598 u. 1400 ff.

1492 *Berg*, in: BKS, AKR, Rn. 207; *Linsenmaier*, in: ErfK, Art. 9 GG Rn. 278; *Otto*, § 11 Rn. 30; a. A. *Rieble*, NZA 2005, 1, 5.

1493 *Otto*, § 11 Rn. 26.

1494 Siehe dazu bereits oben: 1. Teil A. I. S. 7 ff.

1495 BAG v. 19.10.1976, NJW 1977, 318, 319.

1496 BAG v. 19.10.1976, NJW 1977, 318, 319.

dass „fast alles offen" ist und auch für den Boykott die allgemeinen Kampfschranken zu gelten haben.[1497]

In der Literatur werden teilweise unterschiedliche Bewertungsmaßstäbe angelegt, um die Zulässigkeit des Verrufs und den Aufruf zum Verbraucherboykott zu überprüfen.[1498] Die auftretenden Probleme sind jedoch meist die gleichen und nur die Gewichtung im Abwägungsprozess kann variieren.

Auch wenn die Abgrenzung und das Verhältnis von Art. 5 GG zu Art. 9 GG nicht immer klar herausgearbeitet und zum Teil auch unterschiedlich bewertet werden,[1499] besteht dennoch weitgehend Einigkeit, dass der Verruf, also der Aufruf zum Nichtabschluss neuer (Arbeits-)Verträge, jedenfalls ein zulässiges Kampfmittel ist.[1500] Wird der Verruf im Rahmen eines Arbeitskampfes durch die Gewerkschaft durchgeführt, um Druck auf den Arbeitgeber zu entfalten, unterfällt er als Arbeitskampfmaßnahme dem Schutz des Art. 9 Abs. 3 GG.[1501] Liegt in dem Boykottaufruf zusätzlich eine Meinungsbekundung über den Arbeitgeber (etwa: „Schließt keine Arbeitsverträge mit Firma X ab, da die dortigen Arbeitsbedingungen unterdurchschnittlich sind!"), ist zusätzlich der Schutzbereich des Art. 5 GG betroffen.[1502] Teilweise wird behauptet, auch im Arbeitskampf müsse die Aufforderung zu einem an sich rechtmäßigen Verhalten nicht legitimiert werden.[1503] Richtigerweise geht es dann aber um zusätzliche wirtschaftliche Druckentfaltung und einen Eingriff in verschiedene unternehmensbezogene Rechte, sodass das Verhalten rechtfertigungsbedürftig ist.[1504] Auch wenn die durch den bloßen Verruf verursachten Nachteile noch nicht zwangsläufig gravierend sein müssen, muss dies aber erst recht gelten, wenn zu einem „Verbraucherboykott" Dritter aufgerufen wird und ein Unternehmen daraufhin weniger Produkte verkaufen kann, was zu einen immensen wirtschaftlichen Druck führen kann.[1505]

1497 *Kalb*, in: Kasseler Handbuch, 8.2 Rn. 227.

1498 Vgl. etwa *Rehder/Deinert/Callsen*, S. 113.

1499 Vgl. nur *Däubler*, in: Däubler, § 30 Rn. 30 f.; *Otto*, § 11 Rn. 28 f.; *Rehder/Deinert/Callsen*, S. 113 f.

1500 *Berg*, in: BKS, AKR, Rn. 207; *Däubler*, in: Däubler, § 28 Rn. 73; *Kalb*, in: Kasseler Handbuch, 8.2, Rn. 224; *Otto*, § 11 Rn. 28; so auch das BAG zum Aufruf keine Streikbrucharbeit zu leisten: BAG v. 20.12.1963, NJW 1964, 1291.

1501 *Däubler*, in: Däubler, § 30 Rn. 31; wohl auch *Otto*, § 11 Rn. 30; *Professoren-Entwurf*, S. 35 f.; a. A. *Gamillscheg*, KollArbR I, S. 1056, der solchen Maßnahmen nur den Schutz durch Art. 5 GG zukommen lassen will.

1502 *Berg*, in: BKS, AKR, Rn. 208; *Däubler*, in: Däubler, § 30 Rn. 30; *Professoren-Entwurf*, S. 36.

1503 *Binkert*, Anm. zu LG Düsseldorf v. 14.6.2000, AuR 2001, 195.

1504 So auch *Däubler*, in: Däubler, § 30 Rn. 31.

1505 *Richter*, S. 182 dagegen sieht in einem solchen Boykottaufruf kein „kollektives Verhalten" und lehnt die Schutzbereichseröffnung des Art. 9 Abs. 3 GG daher ab, verweist allerdings auf die Rechtfertigung nach Art. 5 GG.

Hauptbewertungskriterium für die Rechtmäßigkeit von solchen Boykottaufrufen ist dann gerade nach neuerer Rechtsprechung eine Interessenabwägung im Rahmen der Angemessenheitsprüfung.[1506] Dabei ist insbesondere auch zu prüfen, ob die Grenzen der Meinungsfreiheit eingehalten wurden.[1507] Es ist eine Abwägung mit den Rechten des Arbeitgebers vorzunehmen. Sind die zu erwartenden wirtschaftlichen Nachteile übermäßig groß? Ist es anzunehmen, dass sie die Nachteile eines einfachen Streiks übersteigen?[1508] Weiterhin ist zu beachten, ob das Unternehmen die von der Gewerkschaft aufgestellten Forderungen erfüllen kann, ob es bereits vor dem Boykottaufruf mit den Forderungen konfrontiert worden war und ob sich der Boykott auf eine wahrheitsgemäße Berichterstattung stützt und nicht zu rechtswidrigem Verhalten aufruft.[1509]

Darüber hinaus ist der Faktor der „Beherrschbarkeit" bei der Einbeziehung Dritter zum „Verbraucherboykott" hervorzuheben. Es besteht die Gefahr, dass dem Boykottaufruf weiter gefolgt wird, auch lange nachdem es zu einer Tarifeinigung gekommen ist. Die Gewerkschaft kann ja schlecht glaubhaft nach dem Ende des Arbeitskampfes verkünden, die mit dem Unternehmen assoziierten schlechten Eigenschaften wären nun komplett hinfällig und man könne bedenkenlos wieder Arbeitsverträge abschließen oder Waren kaufen bzw. liefern.[1510] Auch dies kann den Boykottaufruf daher leicht unangemessen werden lassen.[1511] Um eine Rechtmäßigkeit der Maßnahme zu gewährleisten, ist es daher gleichzeitig die Pflicht der Gewerkschaft als auch im Interesse dieser, dass mit dem Boykottaufruf das gewünschte Verhalten klar abgesteckt wird. Dies kann etwa auf die Art und Weise geschehen, dass von vornherein ein bestimmter vorläufiger „Boykottzeitraum" festgesetzt wird oder kommuniziert wird, dass der Boykott lediglich dem Abschluss eines Tarifvertrages zu besseren Arbeitsbedingungen dienen solle und mit der Zielerreichung und deren Verkündung durch die Gewerkschaft jegliche Boykottmaßnahmen eingestellt werden sollen.

1506 So auch *Däubler*, in: Däubler, § 30 Rn. 31; *Gamillscheg*, KollArbR I, S. 1054 der als Beispiel eines „Übermaßes" die Boykottaufforderung per Fernsehwerbung anstatt per Handzettel anführt; *Otto*, § 11 Rn. 30; *Professoren-Entwurf*, S. 35 f.

1507 *Berg*, in: BKS, AKR, Rn. 208; vgl. dazu schon oben: 3. Teil B. II. 1. d) S. 227 ff.

1508 *Däubler*, in: Däubler, § 30 Rn. 31 hält Boykottaufrufe für deutlich milder als den Streik.

1509 *Berg*, in: BKS, AKR, Rn. 208; so schon *Berg*, in: Das Streikrecht von A-Z, Stichworte zum Arbeitskampfrecht (ver.di), S. 39 (online abrufbar unter: https://verlage-druck-papier.verdi.de/++file++5210dbfd890e9b1143000037/download/broschuere_das_streikrecht_von_a_bis_z.pdf (zuletzt geprüft am: 20.06.2016).

1510 So auch *Rehder/Deinert/Callsen*, S. 114, die obendrein auf wettbewerbsrechtliche Probleme aufmerksam machen.

1511 *Löwisch/Caspers/Klumpp*, § 25 Rn. 1145: „(...) scheidet wegen seiner Nichtbeherrschbarkeit als Kampfmaßnahme generell aus."; *Otto*, § 11 Rn. 29 hält ihn daher für unverhältnismäßig; so auch *Rieble*, NZA 2008, 796, 798.

Dem weiteren Argument der Kritiker, dem Arbeitgeber fehle es an tauglichen Verteidigungsmöglichkeiten, um sich gegen eine solche Arbeitskampfmaßnahme wehren zu können,[1512] ist zu widersprechen. So führte bereits das BAG aus, dass diese Auffassung in ihrer Allgemeinheit nicht haltbar sei, da der Boykottierte grundsätzlich wenigstens die Möglichkeit habe, den Boykott durchzustehen.[1513] Nun gilt bloßes Ausharren nicht unbedingt als geeignetes Verteidigungsmittel, doch ist es darüber hinaus für den Arbeitgeber möglich, selber aktiv Öffentlichkeitsarbeit zu betreiben und mit Gegendarstellungen über vermeintlich schlechte Arbeitsbedingungen oder mit besonderen (Rabatt-)Aktionen den Boykottaufrufen der Gewerkschaft entgegenzuwirken.[1514]

Mithin ist dem Ergebnis zuzustimmen, dass die verschiedenen „Boykottarten" grundsätzlich als zulässige atypische Arbeitskampfmittel angesehen werden können, jedoch im Einzelfall die Rechtmäßigkeit stets zu prüfen ist.[1515]

III. Kollektive Ausübung der Individualrechte

Als Mittel zur Druckausübung kommt darüber hinaus auch die kollektive Ausübung von Individualrechten der Arbeitnehmer in Betracht. Die Einordnung als Arbeitskampfmaßnahme ist dabei jedoch umstritten.

1. Gemeinsame Ausübung verschiedener Individualrechte

a) Massenhafte Änderungskündigung

Eine Möglichkeit für die Arbeitnehmer, Druck auf den Arbeitgeber auszuüben, ist es, massenhaft Änderungskündigungen auszusprechen, mit dem Ziel, einen neuen Arbeitsvertrag zu besseren Arbeitsbedingungen abzuschließen.[1516] Eine Änderungskündigung ist eine individualrechtlich zulässige Verhaltensweise. Ob eine solche Maßnahme dadurch unwirksam wird, dass sie gebündelt vorgenommen wird, ist zwar umstritten, wird aber überwiegend verneint.[1517]

Das BAG hatte in einer Entscheidung, in der es um die Kündigung eines Arbeitnehmers ging, der eine größere Arbeitnehmergruppe zur gemeinsamen Kündigung aufgefordert und unterstützt hatte, ein solches Vorgehen der Arbeitnehmer aufgrund der Druckentfaltung auf den Arbeitgeber als kollektiven Arbeitskampf angesehen, sodass die für den Streik geltenden Arbeitskampfregeln anwendbar

---

1512 *Professoren-Entwurf*, S. 36; *Rieble*, NZA 2008, 796, 798.

1513 BAG v. 19.10.1976, NJW 1977, 318, 319.

1514 Vgl. auch *Linsenmaier*, in: ErfK, Art. 9 Rn. 279; *Rehder/Deinert/Callsen*, S. 114.

1515 *Otto*, § 11 Rn. 30; *Rehder/Deinert/Callsen*, S. 113 f.

1516 *Brox/Rüthers/Henssler*, Arbeitsrecht, Rn. 750; *Däubler*, in: Däubler, § 28 Rn. 7; *Gamillscheg*, S. 988 f.; *Lieb/Jacobs*, Rn. 709.

1517 Ablehnend etwa *Gamillscheg*, S. 989; *Zöllner/Loritz/Hergenröder*, § 44 Rn. 27; differenzierend *Otto*, in: MüArbR, 2. Aufl., § 286 Rn. 125 ff.; a. A. *Hueck/Nipperdey*, Bd. II/2 S. 888 ff.

sein sollen.[1518] Dies ist mittlerweile jedoch durch die vom BAG erklärte Zulässigkeit des kollektiven Widerspruchs relativiert worden.[1519] Zudem wird zu Recht darauf hingewiesen, dass auch eine Einordnung als Arbeitskampfmaßnahme[1520] nichts an der Beendigung der von den Arbeitnehmern gekündigten Arbeitsverhältnisse ändern würde.[1521] Inwieweit eine solche Maßnahme aufgrund der unterschiedlichen Kündigungsfristen sowie den praxisrelevanten Nachteilen für die Arbeitnehmer, wie z. B. die Gefahr, den Arbeitsplatz auf diese Weise zu verlieren, wirklich in Zukunft verstärkt eingesetzt werden wird, ist allerdings zu bezweifeln.[1522] Vor allem ist zu fragen, wieso sich Arbeitnehmer einem solchen Risiko aussetzen sollen, wenn ihnen gleichzeitig die Möglichkeit eines Streiks, welcher die Arbeitsverhältnisse nur suspendiert, zur Verfügung steht.[1523]

b) Ausübung des Widerspruchsrechts nach § 613a Abs. 6 BGB

Zudem könnte das Widerspruchsrecht gemäß § 613a Abs. 6 BGB bei einem Betriebsübergang gemeinsam ausgeübt werden. Doch auch dies geht mit dem Risiko für die Arbeitnehmer einher, im Anschluss eine betriebsbedingte Kündigung zu erhalten, gerade wenn die Wichtigkeit der eigenen Stellung im Betrieb überschätzt wird.[1524]

Das BAG bewertete die gemeinsame Ausübung des Widerspruchsrechts in einem Urteil aus dem Jahr 2004.[1525] Nach einer vermutlich mit ver.di auf einer Informationsveranstaltung getroffenen Absprache hatten dort 19 von 21 Arbeitnehmern kollektiv Widerspruch gegen einen Betriebsteilübergang eingelegt. Das Widerspruchsrecht könne auch von mehreren gemeinsam ausgeübt werden. Seine Existenz werde dadurch nicht bedroht.[1526] Das BAG hat dem Kollektivwiderspruch jedoch die Grenze des Rechtmissbrauchs i. S. d. § 242 BGB gesetzt.[1527] Wird in erster Linie der von § 613a Abs. 6 BGB intendierte Zweck verfolgt, den Übergang des Arbeitsverhältnisses zu verhindern, soll auch die Ausübung in der Gruppe der Zulässigkeit des Widerspruchs nicht hinderlich sein.[1528] Soll jedoch auf diese Weise gemeinsam mit anderen ein bestimmtes Verhalten des Arbeitgebers erzwungen werden, soll dem Arbeitnehmer ein berechtigtes Eigeninteresse fehlen, sodass der Widerspruch rechtsmissbräuchlich sei.[1529] Rechtsmissbräuchlich sei es daher etwa, mit dem

1518 BAG v. 28.4.1966, AP Nr. 37 zu Art. 9 GG Arbeitskampf.
1519 BAG v. 30.9.2004, NZA 2005, 43; mit dieser Einschätzung: *Däubler*, in: Däubler, § 28 Rn. 19.
1520 Dazu sogleich unter: 3. Teil B. III. 2. S. 244 ff.
1521 *Kissel*, § 61 Rn. 48.
1522 So auch *Däubler*, in: Däubler, § 28 Rn. 7; *Callsen*, in: Rehder/Deinert/Callsen, S. 40.
1523 *Kissel*, § 61 Rn. 47.
1524 *Callsen*, in: Rehder/Deinert/Callsen, S. 40; *Rieble*, NZA 2005, 1.
1525 BAG v. 30.9.2004, NZA 2005, 43.
1526 BAG v. 30.9. 2004, NZA 2005, 43, 47 f.
1527 BAG v. 30.9.2004, NZA 2005, 43; kritisch *Däubler*, in: Däubler, § 28 Rn. 65.
1528 *Otto*, § 11 Rn. 44.
1529 *Otto*, § 11 Rn. 44.

kollektiven Widerspruch Vergünstigungen erreichen zu wollen, wie etwa bessere Arbeitsbedingungen, auf welche die Arbeitnehmer keinen Rechtsanspruch haben würden.[1530] In einer neueren Entscheidung wurde dies jedoch vom BAG insofern relativiert, als dass dort festgehalten wurde, dass kein Rechtsmissbrauch vorliege, wenn der Widersprechende das weiter gehende Ziel verfolge, mit dem Erwerber ggf. über einen besseren Arbeitsvertrag zu verhandeln.[1531] Dies steht im eindeutigen Widerspruch zur früheren Aussage. Es bleibt unklar, ob dieser damit zu begründen ist, dass es sich in dieser Entscheidung lediglich um den Widerspruch eines einzelnen Arbeitnehmers handelte.[1532]

c) Ausübung von Zurückbehaltungsrechten

Eine weitere Möglichkeit für die Arbeitnehmer ist es, ihnen zustehende Zurückbehaltungsrechte gemeinsam auszuüben. Diese Rechte können nur dann geltend gemacht werden, wenn sie tatsächlich bestehen.[1533] Der geschuldeten Leistung steht dann eine Einrede entgegen, welche die Nichterbringung individualrechtlich trägt.[1534]

Nach allgemeiner Ansicht können Zurückbehaltungsrechte nach § 320 Abs. 1 BGB oder § 273 Abs. 1 BGB, etwa wegen einer Haupt- oder Nebenpflichtverletzung des Arbeitgebers, auch gemeinsam ausgeübt werden.[1535] Es soll damit jedoch keine Neuregelung erstrebt werden können, wie dies etwa mit einem Streik bezweckt wird, sondern nur die Wiederherstellung eines rechtmäßigen Zustands forciert werden.[1536]

Das BAG ging in einem älteren Urteil davon aus, dass die kollektive Ausübung von Zurückbehaltungsrechten zwar möglich sei, die Arbeitnehmer den Arbeitgeber jedoch davon in Kenntnis setzen müssten, dass sie Zurückbehaltungsrechte ausüben und nicht streiken würden. Die Unterscheidung sei ansonsten nämlich schwer vorzunehmen.[1537] Dies wurde in der Literatur jedoch mit Recht kritisiert, da der gemeine Arbeitnehmer, als juristischer Laie, mit einer solchen Qualifikationspflicht seiner Rechtsausübung überfordert wäre.[1538] Zumindest relativierend hatte das BAG daher später auch angemerkt, „jedenfalls nach der bisherigen Rechtsprechung des Senats“ müsse das Zurückbehaltungsrecht ausdrücklich von den Arbeitnehmern als ein solches bezeichnet werden und seine Ausübung müsse „zumindest stets

---

1530 BAG v. 30.9.2004, NZA 2005, 43, 48.
1531 BAG v. 19.2.2009, NZA 2009, 1095, 1097, Rn. 27.
1532 Dies nicht als Begründung ansehend *Däubler*, in: Däubler, § 28 Rn. 66.
1533 *Lieb/Jacobs*, Rn. 704; *Löwisch/Caspers/Klumpp*, Rn. 1139.
1534 *Zöllner/Loritz/Hergenröder*, § 43 Rn. 25.
1535 *Berg*, in: BKS, AKR, Rn. 230; *Däubler*, in: Däubler, § 28 Rn. 39; *Kissel*, § 61 Rn. 17; *Otto*, § 11 Rn. 51 f.; *Seiter*, Streikrecht, S. 430.
1536 *Däubler*, in: Däubler, § 28 Rn. 39; *Lieb/Jacobs*, § 7 Rn. 702.
1537 BAG v. 20.12.1963, NJW 1964, 883, 884.
1538 *Däubler*, in: Däubler, § 28 Rn. 48 m. w. N; *Lieb/Jacobs*, § 7 Rn. 703.

deutlich erkennbar sein."[1539] Das BAG hat diese kollektive Geltendmachung aber stets deutlich von Arbeitskampfmaßnahmen unterschieden.[1540]

Die gemeinsame Ausübung von Zurückbehaltungsrechten kommt zwar, wie zahlreiche hierzu ergangene Gerichtsentscheidungen indizieren, in der Praxis vor,[1541] ist jedoch aufgrund „struktureller Schwächen" und der immer noch bestehenden Rechtsunsicherheit bei Auseinandersetzungen mit dem Arbeitgeber als Arbeitskampfmaßnahme, nach aktuellem Stand, kein primäres Mittel der Arbeitnehmer und Gewerkschaften.

2. *Mögliches Erwachsen zur Arbeitskampfmaßnahme*

Grundsätzlich soll das Vorliegen einer Arbeitskampfmaßnahme zusätzlichen Schutz durch Art. 9 GG vermitteln. Oftmals kann erst der grundrechtlich vermittelte Schutz das Verhalten der Arbeitnehmer legitimieren und das Verhalten rechtmäßig werden lassen. Klassisches Beispiel ist dabei die Arbeitsleistungsverweigerung beim Streik. Man könnte daher die Frage aufwerfen, ob die kollektiv geltend gemachten Individualgrundrechte überhaupt eine weitere Rechtfertigung benötigen, wo sie doch überwiegend als rechtmäßig angesehen werden.[1542]

Die Frage nach der Einordnung als Arbeitskampfmaßnahme ist jedoch ein elementarer Punkt. Gerade die kollektive Ausübung der individuell zulässigen Verhaltensweise kann eine Arbeitskampfmaßnahme begründen.[1543] Nichts anderes gilt etwa für den „Flashmob", bei dem die überwiegende Ansicht in der Literatur bei gebündelter Ausübung eine Arbeitskampfmaßnahme bejaht.[1544] Das einzelne Befüllen des Einkaufswagens oder der Versuch, durch das vorgetäuschte Vergessen des Portemonnaies die Kasse zu blockieren, wird nämlich alleine noch keine größeren Betriebsstörungen nach sich ziehen und kaum rechtswidrig sein. Noch deutlicher wird dies bei einem einzelnen Anruf bei einer Hotline oder dem einzelnen Aufruf einer Internetseite. Auch hier entsteht die Rechtswidrigkeit erst durch die Verabredung, die Kollektivität auszunutzen, um Betriebsstörungen hervorzurufen.

Demnach ist es möglich, dass auch die gebündelte Ausübung von zulässigen Individualrechten zu einer Arbeitskampfmaßnahme erwachsen kann.[1545] Eine

---

1539 BAG v. 14.2.1978, NJW 1979, 236, 237.

1540 BAG v. 20.12.1963, NJW 1964, 883; BAG v. 14.2.1978, NJW 1979, 236, 237 f.; zustimmend *Linsenmaier*, in: ErfK, Art. 9 Rn. 280.

1541 So *Däubler*, in: Däubler, § 28 Rn. 61.

1542 Siehe etwa *Lieb/Jacobs*, § 7 Rn. 702 ff.; *Krause*, Anm. zu BAG v. 30.9.2004, RdA 2006, 228, 230, 234; *Rieble*, NZA 2005, 1, 3, 7 f.

1543 *Ricken*, in: MüArbR, § 193 Rn. 10 führt an, dass die zentrale Steuerung und die Zweckbezogenheit aus einem einzelnen alltäglichen Ärgernis eine Arbeitskampfmaßnahme machen könne. Entscheidend sei die kollektive Zielrichtung.

1544 Vgl. dazu oben: 2. Teil S. 101 ff.

1545 Siehe dazu auch *Rehder/Deinert/Callsen*, S. 105.

Rechtswidrigkeit der Verhaltensweise wird für eine Arbeitskampfmaßnahme nach hier vertretener Auffassung gerade nicht verlangt.[1546]

Selbst wenn man die individuelle Zulässigkeit des ausgeübten Rechts auch bei Vorliegen einer Arbeitskampfmaßnahme unberührt ließe und für dieses die Rechtfertigung durch Art. 9 Abs. 3 GG nicht notwendig wäre, gehen mit einer Arbeitskampfmaßnahme jedoch auch gewisse Pflichten einher.[1547] Dies gilt gerade für eine Gewerkschaft, die etwa zur kollektiven Geltendmachung der Individualrechte aufruft und sich anschließend evt. Schadensersatzforderungen des Arbeitgebers gegenübersieht. So spielen dann v. a. allgemeine Rechtmäßigkeitsschranken wie die Einhaltung der Friedenspflicht oder die Verhältnismäßigkeit der Arbeitskampfmaßnahme eine Rolle.

Die Einordnung der gerade einzeln vorgestellten möglichen, kollektiv ausgeübten Rechte als Arbeitskampfmaßnahme, wird dabei unterschiedlich bewertet. Bezüglich der gemeinsamen Ausübung des Widerspruchsrechts nach § 613a Abs. 6 BGB hat das BAG im Jahr 2004 mit Verweis auf die Rechtsprechung zum Zurückbehaltungsrecht konstatiert, dass die Anwendung der Grundsätze des Arbeitskampfrechts nicht in Betracht käme, soweit es sich – wie im Regelfall – nicht um eine Arbeitskampfmaßnahme handele. Unter Arbeitskampf im weitesten Sinn könne zwar jede kollektive Maßnahme der Arbeitnehmer- oder Arbeitgeberseite verstanden werden, welche die Gegenseite zielgerichtet unter Druck setzen solle, jedoch falle die gemeinsame Wahrnehmung arbeitsvertraglicher Rechte hierunter grundsätzlich nicht. Der Widerspruch erhielte trotz der gegebenenfalls entstehenden Drucksituation auf Seiten des Betriebsveräußerers noch keinen Arbeitskampfcharakter dadurch, dass mehrere oder alle Arbeitnehmer hiervon Gebrauch machen würden, denn er sei nicht auf die Veränderung von Arbeitsbedingungen oder die Abwehr einer arbeitgeberseitigen Maßnahme ausgerichtet, sondern bezwecke lediglich die Verhinderung der Auswechslung des Arbeitgebers und die Erhaltung des Status quo.[1548]

Aufgrund der ähnlichen Wirkungen der Mittel[1549] dürfte mit dieser Entscheidung auch die ältere Rechtsprechung des BAG hinsichtlich der kollektiven Kündigung durch Arbeitnehmer überholt sein.[1550] Dort hatte das BAG noch „gleichzeitige und gleichartige Änderungskündigungen einer Gruppe von Arbeitnehmern, um den Arbeitgeber dadurch zu höheren Löhnen zu zwingen“, als kollektiven Arbeitskampf angesehen.[1551]

1546 Vgl. dazu schon oben: 1. Teil A. I. S. 7 ff.
1547 Ebenfalls die Trennung anmerkend: *Krause*, Anm. zu BAG v. 30.9.2004, RdA 2006, 228, 230, 234; *Rieble*, NZA 2005, 1, 3, 7 f.
1548 BAG v. 30.9.2004, NZA 2005, 43, 47; so auch *Simon*, ZfA 1987, 311, 334 f.
1549 Vgl. auch *Melot de Beauregard*, BB 2005, 826, 827.
1550 *Däubler*, in: Däubler, § 28 Rn. 10; *Krause*, Anm. zu BAG v. 30.9.2004, RdA 2006, 228, 234.
1551 BAG v. 28.4.1966, AP Nr. 37 zu Art. 9 GG Arbeitskampf.

Jedoch ist die Argumentation des BAG im Urteil zur arbeitskampfrechtlichen Einordnung des kollektiven Widerspruchs nicht stringent.[1552] Das Gericht übergeht die Möglichkeit, dass eine kollektive Geltendmachung der Individualrechte zur arbeitskampfrechtlichen Druckentfaltung auf den Arbeitgeber zweckentfremdet wird (so etwa geschehen im Sachverhalt, der dem früheren Urteil bezüglich der Änderungskündigung zugrunde lag). Zielt ein solches Verhalten letztendlich auf die Änderung der Arbeitsbedingungen ab, dann müsste nämlich auch nach der neueren Argumentation des BAG eine Arbeitskampfmaßnahme vorliegen. Zu konstatieren, diese Zielsetzung sei bei einem solchen Vorgehen stets nicht gegeben, ist daher zu kurz gedacht. Nimmt man das BAG beim Wort, müsste auch nach dessen Argumentation der konzentrierte Einsatz des Widerspruchs als Instrument zur Druckausübung eigentlich zur Anwendung arbeitskampfrechtlicher Grundsätze führen.[1553] Hier wird dann jedoch lediglich eine individualrechtliche Grenze durch das Rechtsmissbrauchsverbot nach § 242 BGB gezogen. *Krause* merkt allerdings zu Recht an, dass man konsequenter Weise dann auch eine parallele Wertung von individualrechtlichen und kollektivrechtlichen Folgen annehmen könne.[1554] Individualrechtlich könne ein solch ausgeübter Widerspruch nach § 242 BGB rechtsmissbräuchlich und danach unwirksam sein. Organisiert eine Gewerkschaft eine solche Aktion zur arbeitskampfrechtlichen Druckausübung, kann darin kollektivrechtlich etwa ein Verstoß gegen die Friedenspflicht zu sehen sein.[1555] *Rieble* merkt aber an, dass kein Widerspruch zwischen individualrechtlicher Wirksamkeit und arbeitskampfrechtlicher Rechtswidrigkeit bestehe.[1556] „Anstößig“ und missbräuchlich sei erst die kollektive Druckausübung, welche nichts zwangsläufig zur Unwirksamkeit der Individualmaßnahme führen würde.[1557] Ob jetzt aber das kollektive Handeln seinen Charakter als Bündel von Individualrechten verliert, das Individualrecht hinter die kollektive Rechtsausübung zurücktritt oder es parallel zum kollektiven Recht existiert,[1558] kann letztlich für die Frage, ob ein solches Verhalten überhaupt eine Arbeitskampfmaßnahme sein kann, dahinstehen, auch wenn im Ergebnis die Mehrheit in der Literatur davon ausgeht, dass eine strikte Trennung der beiden Ebenen vorgenommen werden sollte, da sich an der individualrechtlichen Rechtfertigung der Rechtsausübung zunächst einmal nichts ändern würde.[1559]

Festzuhalten bleibt, dass aufgrund der Parallelität zu den bereits aufgezeigten verschiedenen atypischen Arbeitskampfmaßnahmen, die oftmals auf eine massenhafte

---

1552 Mit dieser Wortwahl auch *Krause*, Anm. zu BAG v. 30.9.2004, RdA 2006, 228, 234.

1553 *Krause*, Anm. zu BAG v. 30.9.2004, RdA 2006, 228, 234.

1554 *Krause*, Anm. zu BAG v. 30.9.2004, RdA 2006, 228, 234.

1555 *Krause*, Anm. zu BAG v. 30.9.2004, RdA 2006, 228, 234.

1556 *Rieble*, NZA 2005, 1, 8; a. A. *Kissel*, § 61 Rn. 18, 26.

1557 *Rieble*, NZA 2005, 1, 7 f.

1558 Diese Möglichkeiten aufzählend *Melot de Beauregard*, BB 2005, 826, 827; *Kissel*, § 61 Rn. 39 f. plädiert etwa für eine strikte Trennung der Ebenen.

1559 *Däubler*, in: Däubler, § 28 Rn. 11; *Lieb/Jacobs*, Rn. 703, 705; *Linsenmaier*, in: ErfK, Art. 9 GG Rn. 282.

Ausübung abzielen, auch die kollektive Ausübung von Individualrechten, gerade wenn sie durch eine Gewerkschaft gesteuert wird, als Arbeitskampfmaßnahme eingeordnet werden kann.[1560] Demzufolge sieht auch *Rieble* eine strengeren rechtlichen Maßstäben unterliegende Arbeitskampfmaßnahme als gegeben an, sobald das individuelle Widerspruchsverhalten mit dem erklärten oder erkennbaren Zweck zentral gesteuert wird, den Arbeitgeber zu einem bestimmten konkreten Verhalten zu bewegen.[1561]

So müssen, wenn die Gewerkschaft die Aktion koordiniert und die Arbeitnehmer zur gleichzeitigen und massenhaften Ausübung ihrer Rechte auffordert, arbeitsrechtliche Zulässigkeitsgrenzen wie die Wahrung der Friedenspflicht oder auch die Verhältnismäßigkeit der Maßnahme gelten, sodass bei einer Überschreitung der Grenzen neben der Rechtswidrigkeit der Arbeitskampfmaßnahme dann auch Schadensersatzforderungen geltend gemacht werden könnten.[1562]

Diese allgemeingültigen Aussagen zur kollektiven Ausübung von Individualrechten dürften so auch für die gemeinsame Ausübung von Zurückbehaltungsrechten zu Arbeitskampfzwecken gelten. Sie werden angewendet, auch wenn das BAG deutlich herausgestellt hatte, dass zwischen der Ausübung des Zurückbehaltungsrechts und einer Arbeitskampfmaßnahme insofern ein wesentlicher Unterschied bestehe, dass die Ausübung des Zurückbehaltungsrechts ein Individualakt auf dem Boden des Einzelvertrages sei, der Streik dagegen eine Arbeitskampfmaßnahme. Selbst wenn eine bewusst gleichzeitige Ausübung vorliege, handele es sich immer noch um verschiedene, voneinander unabhängige bestehende und zu bewertende Ausübungen des den Arbeitnehmern zustehenden Zurückbehaltungsrechts.[1563] Dem kann aber in der Form nicht gefolgt werden, da gerade die kollektive Ausübung, mit der Zielrichtung Druck auf den Arbeitgeber aufzubauen, um bessere Arbeitsbedingungen zu erstreiten, eine Arbeitskampfmaßnahme sein kann.

Somit muss immer geprüft werden, ob die Individualität durch die Kollektivität in den Hintergrund gedrängt wird und dadurch dem Gesamtgefüge ein neues identitätsveränderndes Gesicht verliehen wird. Dann kann auch in der kollektiven Ausübung von Individualrechten eine Arbeitskampfmaßnahme zu sehen sein, welche in der Folge arbeitskampfrechtliche Leitlinien zu beachten hat. Das Schicksal des Individualaktes ist davon grds. unabhängig zu bewerten, wobei nicht auszuschließen

---

1560 So auch *Brox/Rüthers/Henssler*, Arbeitsrecht, Rn. 750; *Otto*, § 11 Rn. 47; *Seiter*, Betriebsinhaberwechsel, S. 75; *Seiter*, Streikrecht, S. 433 ff.; a. A. wohl *Berg*, in: BKS, AKR, Rn. 230.

1561 *Rieble*, NZA 2005, 1, 3.

1562 *Däubler*, in: Däubler, § 28 Rn. 17; *Lieb/Jacobs*, Rn. 710 die sogar davon ausgehen, dass die Friedenspflicht per Rechtsfortbildung auch die Arbeitnehmer binden soll; *Otto*, § 11 Rn. 49; *Seiter*, Betriebsinhaberwechsel, S. 75; a. A. wohl *Kissel*, § 28 Rn. 17.

1563 BAG v. 20.12.1963, NJW 1964, 883.

ist, dass die Rechtswidrigkeit des Kollektivaktes auch auf den Individualakt durchschlagen kann.[1564]

IV. Weitere potentielle Kampfmittel

Des Weiteren gibt es eine Vielzahl von ungewöhnlichen anderen Kampfmitteln, die in der Vergangenheit von der Arbeitnehmerseite genutzt wurden oder in Zukunft verstärkt genutzt werden könnten. Diese sollen im Folgenden in aller Kürze vorgestellt werden. Die generelle Rechtmäßigkeit dieser Mittel ist aber größtenteils fraglich. Teilweise wurde die Rechtswidrigkeit dieser Mittel auch schon durch die Gerichte festgestellt.

1. „Sick-Out"

Ein potentielles Kampfmittel ist das sog. „sick-out"[1565] oder „go sick"[1566]. Dabei kommt es zu einer gleichzeitigen Krankmeldung einer größeren Anzahl von Arbeitnehmern. Auf diese Weise wird versucht, den Arbeitgeber durch so geschaffene Betriebsablaufstörungen unter Druck zu setzen.

Bekannt wurde diese Arbeitskampfform vor allem durch eine kurzfristige, massenhafte Krankmeldung von verbeamteten Fluglotsen Anfang der 70er-Jahre. Der BGH hatte die Aktion für sittenwidrig erklärt[1567], woraufhin dieses Kampfmittel lange nicht mehr in Erscheinung getreten ist und keine größere Rolle mehr gespielt hat.[1568] Der BGH hatte vor allem die Tatsache kritisiert, dass die Regeln eines fairen Arbeitskampfes nicht beachtet worden seien. Dem Arbeitgeber werde kaum die Möglichkeit zu Verteidigungsmaßnahmen gegeben, da sich nicht zu Kampfmaßnahmen eines Kollektivs offen bekannt werde, sondern Druck „unter dem Deckmantel der Individualbeziehungen" ausgeübt werde. Dem Arbeitgeber fehle so der direkte Verhandlungspartner und er könne die Situation bezüglich der Kräfteverhältnisse und Forderungen nicht angemessen überblicken. Zudem führte es aus, dass das Gemeinwohl übermäßig und gezielt verletzt worden sei.[1569]

1564 So hat das BAG höchstpersönlich für das Widerspruchsrecht ja die Grenze des „Rechtsmissbrauchs" nach § 242 eingeführt; darauf verweisend und Parallelfolgen zumindest für möglich erachtend *Krause*, Anm. zu BAG v. 30.9.2004, RdA 2006, 228, 234.

1565 So etwa *Däubler*, in: Däubler, § 28 Rn. 72; *Callsen*, in: Rehder/Deinert/Callsen, S. 39.

1566 So etwa *Däubler*, in: Däubler, § 28 Rn. 72; *Kissel*, § 61 Rn. 11.

1567 BGH v. 31.1.1978, NJW 1978, 816.

1568 Mutmaßungen, dass das vermehrte Aufkommen von Krankmeldungen von Fahrern der Berliner S-Bahn im Dezember 2011 eine Arbeitskampfmaßnahme darstellte, wurden vom Unternehmen und der GDL dementiert: http://www.tagesspiegel.de/berlin/krankmeldungen-s-bahn-wir-werden-nicht-sabotiert/5976828.html (zuletzt geprüft am: 20.06.2016).

1569 BGH v. 31.1.1978, NJW 1978, 816, 817.

Dass der „sick-out“ als „illegales Kampfmittel“ bezeichnet wird, hielt in einem aktuellen Fall Ende 2016 zahlreiche Beschäftigte von TUIfly nicht davon ab, sich kollektiv krank zu melden. Aufgrund der bestehenden Friedenspflicht war ein „legaler Streik“ nicht möglich. Die Folge der massenhaften Krankmeldungen waren zahlreiche ausgefallene Flüge. Von offizieller Gewerkschaftsseite wurde zwar eine Arbeitskampfmaßnahme bestritten und man distanzierte sich von einem möglichen Missbrauch der Krankmeldungen der Gewerkschaftsmitglieder, jedoch lässt der Gesamtkontext eine Arbeitskampfmaßnahme wahrscheinlich erscheinen.[1570]

In der Literatur wird größtenteils differenziert. Sind die Arbeitnehmer tatsächlich erkrankt, soll das massenhafte Fernbleiben von der Arbeit selbst bei kollektiver Verabredung rechtmäßig und ohne arbeitskampfrechtliche Relevanz sein.[1571] Werden dagegen nach Absprache gleichzeitig eine Vielzahl von unrichtigen Krankmeldungen abgegeben, soll eine kollektive Pflichtverletzung aus dem Arbeitsvertrag vorliegen.[1572] Zu Recht wird an dieser Stelle jedoch die Problematik der Beweisbarkeit von sog. Gefälligkeitsattesten oder nicht bestehendem „Unwohlsein“ angemerkt, die das „sick-out“ zu einem sehr attraktiven Arbeitskampfmittel für die Gewerkschaften machen.[1573] Dies gilt insbesondere dann, wenn die Krankmeldungen unterhalb von drei Tagen liegen sollten und ein Attest daher unter Umständen gar nicht erforderlich ist. Einem Arbeitgeber wäre aber bei auftretenden Verdachtsfällen als „Verteidigungsmittel“ zu raten, für die Zukunft eine Arbeitsunfähigkeitsbescheinigung schon ab dem ersten „Krankheitstag“ zu verlangen.[1574] Dazu ist er nach § 5 Abs. 1 S. 3 EFZG berechtigt. Das Vortäuschen einer Erkrankung gegenüber einem Arzt könnte die Hemmschwelle, ein solches Arbeitskampfmittel zu wählen, deutlich erhöhen und einige Arbeitnehmer von der Teilnahme an einer solchen Aktion abhalten.[1575]

Darüber hinaus hatte das OLG Celle im Zusammenhang mit der Aktion der Fluglotsen in seinem Urteil ausgeführt, dass selbst wenn sich der einzelne Arbeitnehmer individuell gegenüber dem Arbeitgeber rechtfertigen könne, könne davon unabhängig das kollektive gleichzeitig eingesetzte Krankmelden zur Erzeugung von Betriebsstörungen rechtswidrig sein.[1576]

1570 Http://www.zeit.de/karriere/2016-10/tuifly-krankmeldungen-arbeitskampf-illegal; http://www.spiegel.de/karriere/tuifly-mitarbeiter-melden-sich-krank-ist-das-ein-wilder-streik-a-1115393.html (zuletzt geprüft am: 04.07.2017); *v. Steinau-Steinrück*, NJW-Spezial 2016, 754.

1571 *Däubler*, in: Däubler, § 28 Rn. 69; *Kissel*, § 61 Rn. 11.

1572 *Däubler*, in: Däubler, § 28 Rn. 70; *Kissel*, § 61 Rn. 12.

1573 *Däubler*, in: Däubler, § 28 Rn. 71; *Däubler*, Arbeitsrecht 1, Rn. 684; *v. Steinau-Steinrück*, NJW-Spezial 2016, 754, 755.

1574 *Beckerle/Stolzenberg*, NZA 2016, 1313, 1315; *v. Steinau-Steinrück*, NJW-Spezial 2016, 754, 755.

1575 *Beckerle/Stolzenberg*, NZA 2016, 1313, 1315.

1576 OLG Celle v. 16.11.1973, abgedruckt bei *Karl Hernekamp*, Arbeitskampf – Aktuelle Dokumente 1975, S. 178, 180.

Auch wenn diese Ausführung bisweilen für „Heiterkeit" sorgt[1577], ist nicht von der Hand zu weisen, dass eine gewisse Parallele zu der kollektiven Ausübung der gerade erörterten Individualrechte nahe liegt. Das krankheitsbedingte Fernbleiben von der Arbeit hat dabei eine andere Rechtfertigungsqualität als die eher steuerbare Ausübung von Zurückbehaltungsrechten. Jedoch kann die Maßnahme in dem Moment eine arbeitskampfrechtliche Qualität erlangen, in dem der Arbeitnehmer ohne die kollektive Absprache trotz Krankheit bei der Arbeit erschienen wäre oder er einen Arzt- oder Operationstermin absichtlich auf diesen Termin gelegt hatte und er somit die Betriebsstörung bewusst in Kauf genommen oder sogar intendiert hat. Zumindest eine von der Gewerkschaft gesteuerte Aktion mit der Absicht, Druck in Tarifverhandlungen auszuüben, muss daher nach arbeitskampfrechtlichen Grundsätzen bewertet werden können. Ob man eine solche Aktion, gerade aufgrund der eigentlich individualrechtlichen Legitimität des Fernbleibens von der Arbeit, jedoch gleich getreu dem BGH als „sittenwidrig" bezeichnen muss, ist fraglich, auch wenn das vom BGH angesprochene Argument der fehlenden Verteidigungsmöglichkeiten des Arbeitgebers beachtet werden muss. Andererseits behilft sich der Arbeitgeber teilweise auch in Zeiten des Streiks externer Arbeitskräfte, sodass dies auch in einem solch gelagerten Fall möglich ist. Mit Blick auf das ILO Übereinkommen Nr. 87, wonach die Arbeitskampfmaßnahme des „sick-out" nach Ansicht der Überwachungsorgane der ILO besteht,[1578] ist die Rechtsprechung der generellen Sittenwidrigkeit des BHG zumindest bedenklich. Die Einhaltung der Friedenspflicht sowie die Verhältnismäßigkeit der Maßnahme sind daher in jedem Fall zu beachten.

Eine solche gewerkschaftlich gesteuerte Maßnahme ist jedoch nur eingeschränkt praxistauglich. Der Umstand, dass zahlreiche (wichtige) Arbeitnehmer sich zur selben Zeit berechtigt krankschreiben lassen können, ist sehr unwahrscheinlich und nur in bestimmten Branchen (etwa in der Flugbranche) möglich. Ferner ist fraglich, ob Arbeitnehmer sich zugunsten einer Arbeitskampfmaßnahme wegen eines Betruges strafbar machen wollen würden. Ein Vortäuschen einer nicht existenten Krankheit und das damit verbundene kollektive Fernbleiben von der Arbeit, wäre individualrechtlich rechtfertigungsbedürftig und käme letztendlich den Auswirkungen eines Streiks gleich. Jedoch macht es dann einen Unterschied, ob der Arbeitskampf mit offenem Visier und eindeutiger Arbeitsniederlegung aufgrund des Tarifkonflikts geführt wird oder ob eine scheinbare Arbeitsunfähigkeit aufgrund einer Erkrankung vorgeschoben wird. Eine solche (gerade auch gewerkschaftlich organisierte) Aktion wäre mit großer Wahrscheinlichkeit als rechtswidrig zu bewerten und würde – den Erwägungen des BGH entsprechend – aufgrund der täuschungsbedingten Verschleierung des Kerns der Maßnahme sogar „sittenwidrig" sein.

1577 So zumindest *Däubler*, in: Däubler, § 28 Rn. 72.

1578 Freedom of Association Committee, Digest of decisions and principles of the Freedom of Association Committee of the Governing Body of the ILO, Genf 2006, Rn. 586.

2. Bummelstreik

Als weiteres mögliches Kampfmittel kommt der sog. „Bummelstreik", auch „go-slow"[1579] genannt, in Betracht. Der Bummelstreik wird als Arbeitskampfform vom ILO-Übereinkommen Nr. 87 nach der Spruchpraxis der Auslegungsausschüsse anerkannt und geschützt, solange er friedlich ist.[1580] Auch soll er unter den Schutz des Art. 6 Nr. 4 ESC fallen.[1581] Bei diesem wird, ähnlich wie beim normalen Streik, die eigene Arbeitsleistung zurückgehalten. Im Gegensatz zum Streik wird die Leistung jedoch nicht in Gänze verweigert, sondern es wird lediglich (bedeutend) langsamer als normal gearbeitet. Aufgrund der so bewirkten „Störung des Arbeitsverhältnisses" könnte man auf die Idee kommen, dieses Arbeitskampfmittel den „typischen" Kampfmitteln der Arbeitnehmerseite zuzuordnen. Dabei wird jedoch verkannt, dass die verabredete Kollektivität der verdeckten Langsamarbeit, die eben keine offene Arbeitsleistungsverweigerung ist, die Maßnahme ungewöhnlich werden lässt. Diese Verschleierung der Herabsenkung der Arbeitsleistung soll nach herrschender Meinung den Bummelstreik rechtswidrig[1582] bzw. nach der Rechtsprechung sogar sittenwidrig werden lassen.[1583] Zentraler Gegenstand der Maßnahme sei eine koordinierte Schädigung, die eine Entgeltkürzung und die Verhältnismäßigkeitskontrolle umgehen solle.[1584] Aufgrund der schwer nachprüfbaren Leistungsreduzierung und der Schwierigkeit für den Arbeitgeber, das Entgelt entsprechend zu reduzieren, würden nicht nur praktische Schwierigkeiten entstehen, sondern ein solcher Arbeitskampf könnte auch leicht eskalieren.[1585] So soll der Bummelstreik von vornherein nicht von Art. 9 Abs. 3 GG umfasst sein.[1586] Teilweise wird die Rechtmäßigkeit dieser Kampfmaßnahme – gerade in der älteren Literatur – jedoch auch bejaht.[1587] Eine Rechtswidrigkeit wird nur für die Fälle angenommen, in denen der Arbeitnehmer bewusst seine Dispositionsspielräume überschreitet und durch die Langsamarbeit arbeitsvertragliche Pflichten verletzt.[1588] Allerdings ist es kaum vorstellbar, dass ein bewusstes und koordiniertes Arbeiten (weit) unterhalb der eigenen

---

1579 Von einem „dümmlichen Modewort" redend: *Gamillscheg*, KollArbR I, S. 1063.

1580 Freedom of Association Committee, Freedom of Association, Digest of decisions and principles of the Freedom of Association Committee of the Governing Body of the ILO, Genf 2006, Rn. 545 ("go-slow").

1581 *Evju*, AuR 2012, 276, 279.

1582 *Gamillscheg*, KollArbR I, S. 1063; „unlauter" *Linsenmaier*, in: ErfK, Art. 9 GG Rn. 273; *Kissel*, § 61 Rn. 7, 9; *Otto*, § 10 Rn. 48; auch der *Professoren-Entwurf* spricht sich gegen die Zulässigkeit des Bummelstreiks aus, S. 68.

1583 BGH v. 31.1.1978, NJW 1978, 816; vgl. schon RG v. 9.6.1925, RGZ 111, 105, 112.

1584 *Linsenmaier*, in: ErfK, Art. 9 GG Rn. 273.

1585 So der *Professoren-Entwurf* in seiner Begründung, S. 68; *Kissel*, § 61 Rn. 7.

1586 So der *Professoren-Entwurf* in seiner Begründung, S. 68.

1587 Es als „milderes Mittel" ansehend *Seiter*, Streikrecht, S. 268; *Hueck/Nipperdey*, Bd. II /2 S. 892, 893; *Zöllner/Loritz/Hergenröder*, § 44 Rn. 77; wohl auch *Däubler*, in: Däubler, § 29 Rn. 13.

1588 So einschränkend *Berg*, in: BKS, AKR, Rn. 231; *Däubler*, in: Däubler, § 29 Rn. 13.

Leistungsfähigkeit keine arbeitsvertragliche Pflichtverletzung ist, womit der zulässige Regelfall einer Nichtverletzung arbeitsvertraglicher Pflichten de facto kaum einen Anwendungsbereich hat. Zudem wird aber einschränkend angeführt, dass ein solcher „Streik“ von der Gewerkschaft ausgerufen werden müsse und die sich beteiligenden Arbeitnehmer dies dem Arbeitgeber deutlich anzeigen müssten.[1589] Eine solche Einschränkung ist sinnvoll. Vor dem Hintergrund der (neuen) Rechtsprechung des BAG, dass eine Arbeitskampfmaßnahme für den Arbeitgeber deutlich erkennbar sein muss,[1590] ist eine verschleiernde, sich tarnende Arbeitskampfmaßnahme, wenn nicht schon sittenwidrig, dann jedoch zumindest rechtswidrig.

In engen Grenzen kann aber auch ein Bummelstreik rechtmäßig sein. Daher kommt eine generelle Unzulässigkeit oder gar Sittenwidrigkeit nicht in Betracht. Eine Rechtmäßigkeit des „Bummelstreiks“ kann sich etwa dann ergeben, wenn die von der Gewerkschaft koordinierte Leistungsverringerung dem Arbeitgeber deutlich angezeigt wird und die teilnehmenden Arbeitnehmer sowie der Zeitraum der Maßnahme klar umrissen sind. In einem solchen Fall, kann der Arbeitgeber Vorkehrungen treffen und Gegenmaßnahmen einleiten. Dass somit nur „teilweise gestreikt“ wird, ist gegenüber dem Arbeitgeber im Vergleich zum Vollstreik ein milderes Mittel. Freilich ergeben sich trotz allem praktische Schwierigkeiten. Problematisch ist beispielsweise die Festlegung der Höhe der Entgeltkürzung durch den Arbeitgeber. Zudem könnten die Arbeitnehmer versucht sein, die Arbeitsleistung auf ein Minimum zu reduzieren und damit in die Nähe eines Streiks zu kommen, wenn sie merken, dass die nur teilweise Leistungsreduzierung nicht den gewünschten Erfolg herbeiführt.

Die Tatsache, dass die Gerichte sich seit längerem mit dieser Arbeitskampfproblematik nicht mehr auseinandersetzen mussten, indiziert, dass es aufgrund der bestehenden Rechtsunsicherheit und praktischen Schwierigkeiten für die Gewerkschaften deutlich effektivere und rechtssichere Kampfmittel als den „Bummelstreik“ zu geben scheint und dieser daher kaum mehr Anwendung findet.

3. *Dienst nach Vorschrift*

Eine andere Form der Leistungsreduzierung und damit eine Variante des Bummelstreiks ist der „Dienst nach Vorschrift“. Dabei werden Dienstvorschriften genauestens beachtet oder die Vorschriften (bewusst falsch) wortwörtlich interpretiert und dadurch eine Verlangsamung der Arbeitsleistung hingenommen. Der Schwerpunkt dieser Arbeitskampfmaßnahme liegt dabei im öffentlichen Dienst,[1591] wobei sie auch in der freien Wirtschaft anzutreffen ist.[1592] Der Dienst nach Vorschrift wird als Arbeitskampfform vom ILO-Übereinkommen Nr. 87 nach der Spruchpraxis der

1589 *Zöllner/Loritz/Hergenröder*, § 44 Rn. 77.

1590 Vgl. dazu BAG v. 22.9.2009, NZA 2009, 1347, 1353, Rn. 54.

1591 *Däubler*, in: Däubler, § 29 Rn. 19; *Gamillscheg*, KollArbR I, S. 1063; *Linsenmaier*, in: ErfK, Art. 9 GG Rn. 274.

1592 Siehe etwa das Beispiel beim EDV-Dienstleister Transmedia bei: *Dribbusch*, WSI-Mitt. 7/2006, 382, 387.

Auslegungsausschüsse anerkannt und geschützt, solange er friedlich ist.[1593] Auch soll er unter den Schutz des Art. 6 Nr. 4 ESC fallen.[1594]

Hinsichtlich der Rechtmäßigkeit einer solchen Maßnahme ist richtigerweise zu differenzieren.[1595] Zu Recht wird darauf hingewiesen, dass der Arbeitgeber selbst Leistungsmaßstäbe gesetzt hat, die er gegen sich gelten lassen muss.[1596] Als Beispiel: Arbeitnehmer befolgen penibel der Verfahrensvorschrift, beim Entkoppeln und Rangieren von Loks und Eisenbahnwaggons nicht zwischen den Waggons oder unter den Waggons die Schienenseite zu wechseln. Diese Vorschrift dient letztendlich ihrer eigenen Sicherheit, wird aus Effektivitätsgründen jedoch gewöhnlich nicht beachtet, da man ansonsten einmal um die komplette Bahn herumlaufen müsste. Man kann ihnen die strikte wortgetreue Einhaltung dieser Regelung, die ihrer eigenen Sicherheit dienen soll, aber dann nicht zum Vorwurf machen, nur weil diese ansonsten – einer (zumeist konkludenten) Erwartung des Arbeitgebers im Hinblick auf einen reibungslosen Betriebsablauf entsprechend – immer missachtet wurde.[1597] Man wird dem Arbeitnehmer kaum eine Pflicht auferlegen können, gültige und sinnvolle Vorschriften zu missachten, nur um den Arbeitsfluss zu erhalten.[1598] Wie gerade aufgezeigt, würde der Arbeitnehmer so evt. sogar gezwungen werden, Sicherheitsvorschriften zu missachten und sich zu gefährden. Ein solcher „Dienst nach Vorschrift" kann nicht rechtswidrig sein, noch nicht einmal, wenn er kollektiv ausgeübt wird.

Etwas anderes gilt jedoch, wenn „generelle und abstrakte Regelungen [...] ein gewisses Mitdenken der Anwender"[1599] verlangen und diese Vorschriften dann bewusst sinnwidrig praktiziert werden.[1600] Beim EDV-Dienstleister Transmedia etwa studierten die Arbeitnehmer vor jeder Eingabe in eine Datenbank die unzähligen Vorschriften, die es für diese Datenbank gab, und erledigten so jede Aufgabe

---

1593 Freedom of Association Committee, Freedom of Association, Digest of decisions and principles of the Freedom of Association Committee of the Governing Body of the ILO, Genf 2006, Rn. 545 ("working to rule").

1594 *Evju*, AuR 2012, 276, 279.

1595 So auch *Däubler*, in: Däubler, § 29 Rn. 20; keinen Unterschied zum Bummelstreik sehen jedoch etwa *Kissel*, § 61 Rn. 10 und *Otto*, § 10 Rn. 48.

1596 *Linsenmaier*, in: ErfK, Art. 9 GG Rn. 274.

1597 Dieses Beispiel unter Hinweis auf die Aktion „Adler" bei der Bahn im Jahr 1962 anführend: *Däubler*, in: Däubler, § 29 Rn. 21; siehe auch *Berg*, in: BKS, AKR, Rn. 232.

1598 So auch *Däubler*, in: Däubler, § 29 Rn. 24; anders wohl *Hueck/Nipperdey*, Bd. II/2, S. 982 f.; *Isensee*, JZ 1971, 73, 76.

1599 So etwa *Linsenmaier*, in: ErfK, Art. 9 GG Rn. 274.

1600 *Berg*, in: BKS, AKR, Rn. 231; man denke etwa an die Regelung: „Stellen Sie sicher, dass geschäftliche E-Mails nicht von Dritten oder unbefugten Mitarbeitern gelesen werden." Damit wird kaum gemeint sein, sein Büro vor jedem Verfassen oder Lesen einer E-Mail abzuschließen und den PC von Computerfachmännern vor jeder geschäftlichen E-Mail auf Viren und Spyware untersuchen zu lassen, sondern vielmehr das E-Mail Programm nicht unbeaufsichtigt geöffnet oder Ausdrucke achtlos liegen zu lassen; *Däubler*, in: Däubler, § 29 Rn. 20 mit dem Beispiel bei „Stichproben in ausreichender Zahl" eine Überprüfung bei über 50 % der Fälle vorzunehmen.

übersorgfältig.[1601] Ein solches Verhalten entspricht nicht dem Sinn einer solchen Vorschrift, die davon ausgeht, dass Arbeitnehmer die Vorschriften zu den Datenbanken zu kennen und die Kenntnisse gelegentlich aufzufrischen haben, jedoch gewiss nicht vor jeder Eingabe. Bei einem solchen gezielten kollektiven „dumm stellen" kann dann eine bewusste pflichtwidrige Leistungsverringerung unterstellt werden, sodass eine Untervariante des Bummelstreiks vorliegt,[1602] eine Rechtfertigung durch das Arbeitskampfrecht gegeben sein muss und die geltenden arbeitskampfrechtlichen Regeln beachtet werden müssen.[1603] Dies muss auch dann gelten, wenn Arbeitnehmer klare Anweisungen wortwörtlich nehmen,[1604] selbst wenn der Arbeitgeber nach dem Erkennen des „Missbrauchs" der Vorschrift die Möglichkeit hat, seine Anweisung zu präzisieren.[1605]

Dies bedeutet, dass allgemeine Grundsätze wie die Friedenspflicht oder die Verhältnismäßigkeit der Maßnahme beachtet werden müssen. Insbesondere muss aufgrund der Kollektivität und der zu Anfang bestehenden Verschleierung der betriebsablaufstörenden Aktion die Arbeitskampfmaßnahme für den Arbeitgeber erkennbar sein. Insofern gilt gleiches wie bei der kollektiven Geltendmachung der Individualrechte.

4. Monetarstreik

Ein weiteres potentielles atypisches Arbeitskampfmittel der Arbeitnehmer ist der sog. „Monetarstreik". Der Vorschlag zu diesem revolutionären Arbeitskampfmittel ist noch recht neu und stammt von *Ziebarth*.[1606] Er ist noch theoretischer Natur und in der Praxis bislang nicht vorgekommen.

a) Ausgangslage

Die Problematik nach *Ziebarth* ist, dass es zum einen nicht im Interesse der Arbeitnehmer sei, dem Arbeitgeber unnötig großen finanziellen Schaden zuzufügen, da sie sich mittelfristig dadurch selbst schaden würden und zum anderen, es gerade im

---

1601 Zum Konflikt mit Transmedia: *Dribbusch*, WSI-Mitt. 7/2006, 382, 387; *Callsen*, in: Rehder/Deinert/Callsen, S. 41 m. w. N.

1602 So auch *Linsenmaier*, in: ErfK, Art. 9 GG Rn. 274.

1603 Nach *Däubler*, in: Däubler, § 29 Rn. 20 liegt in solchen Fällen gar kein „Dienst nach Vorschrift" im eigentlichen Sinne vor, sondern vielmehr eine streikähnliche bewusste Leistungsminderung und eine Arbeitsvertragspflichtverletzung.

1604 Etwa: „Die Mittagspause der Schicht A ist von 13.00 – 14.00 Uhr. In dieser Zeit hat die Arbeit zu ruhen." Dies bedeutet nicht, dass nach Punkt 13.00 Uhr der Schalter zur Betätigung des Fließbandes bei Daimler nicht mehr umgelegt werden darf und die Fahrzeuge somit weiter von Station zu Station fahren oder das wichtige Kundentelefonat nicht mehr zu Ende geführt werden darf, sondern kommentarlos aufgelegt wird.

1605 A. A. *Linsenmaier*, in: ErfK, Art. 9 GG Rn. 274.

1606 Vgl. dazu *Ziebarth*, ArbRAktuell, 2015, 122.

Bereich der Daseinsvorsorge zu einer hohen Drittbetroffenheit des Arbeitskampfes komme. Dies sei nicht nur volkswirtschaftlich, sondern auch gesamtgesellschaftlich kontraproduktiv. Um dies zu verhindern, schlägt er vor, dem Arbeitgeber zwar finanziell zu schaden, ohne dabei aber die Arbeit niederzulegen. Den Gewerkschaften müsse hierfür solch ein Mittel an die Hand gegeben werden, dass unter den Voraussetzungen, unter denen ein Streik möglich wäre, nicht die Arbeit niederzulegen sei, sondern der Arbeitgeber finanziell so gestellt werde, wie er im Falle der Arbeitsniederlegung stehen würde.[1607]

b) Lösungsvorschlag Ziebarths

Er schlägt vor, dies dergestalt zu realisieren, dass der Betrieb aufrechterhalten werden solle und stattdessen die Arbeitnehmer bzw. die Gewerkschaft dem Arbeitgeber per einseitiger Willenserklärung eine Zahlungspflicht in Höhe der Tageseinnahmen auferlegen können sollen. Das Geld könnte dann gemeinnützigen Zwecken zugeführt werden. Durch Tarifvertrag oder Gesetz sollen dann das Gestaltungsrecht, die Betriebspflicht (den Betrieb offen zu halten bzw. die Arbeitsleistung zu erbringen) sowie die Einzelheiten der Zahlungsverpflichtung, wie z. B. die Voraussetzungen, Empfänger der Zahlung oder die Definition der Tageseinnahme geregelt werden.[1608] Auf diese Weise soll der Arbeitgeber durch den finanziellen Schaden unter Druck gesetzt werden, ohne dass die Folgen der Arbeitskampfmaßnahme die Allgemeinheit tangieren.

c) Kritik am Lösungsvorschlag

Der Vorschlag Ziebarths ist sehr konstruiert und nicht zielführend. Dem Arbeitgeber per einseitiger Willenserklärung eine Zahlungspflicht aufzwingen zu wollen, verlässt die Grenzen des paritätisch aufgebauten Arbeitskampfrechts. Es zeichnet dieses zwar aus, dass durch eigene Handlungen der Arbeitnehmer ein gewisser (wirtschaftlicher) Druck auf den Arbeitgeber ausgeübt wird, doch verbleibt diesem immer ein Verteidigungsmittel und somit ein Handlungsspielraum, wie er mit der ihm auferlegten Druckwirkung umgehen kann. Beispielsweise steht es ihm frei, ob er im Fall von streikenden Arbeitnehmern Aushilfskräfte engagiert, ob er auf eine medial verursachte Druckwirkung, selber durch massive Öffentlichkeitsarbeit reagiert oder ob er gar eine „Flashmob"-Aktion in einem Supermarkt aussitzt, den Betrieb vorübergehend schließt oder auf andere Art und Weise kreativ tätig wird. Bei einer rechtlich bindenden auferlegten Zwangszahlung würde eine irreversible Druckwirkung entstehen, die sich nicht verteidigen lassen würde und zwangsweise zu einem Nachgeben im Tarifstreit führen muss. Daran ändert auch die Tatsache nichts, dass *Ziebarth* die Parität insofern nicht als gefährdet ansieht, als auch die

1607 *Ziebarth,* ArbRAktuell, 2015, 122, 125.
1608 *Ziebarth,* ArbRAktuell, 2015, 122, 125.

Arbeitnehmer „monetär ausgesperrt" werden können sollen.[1609] Dabei soll dann die Arbeitspflicht der Arbeitnehmer bestehen bleiben, diese jedoch ihren Vergütungsanspruch verlieren. Auch dies ändert jedoch nichts daran, dass ein Verteidigungsmittel gegen die dem Arbeitgeber auferlegte Zwangszahlung nicht besteht. Diese „Aussperrung" stellt nur insofern den halbwegs akzeptablen Zustand wieder her, dass dem Arbeitgeber nicht neben dem Verlust der Tageseinnahmen auch noch die komplette Lohnfortzahlungspflicht aufgebürdet wird. Ansonsten würde er nämlich erheblich schlechter gestellt werden als beim „typischen" Streik, bei dem letztlich – leitet der Arbeitgeber keine Gegenmaßnahmen ein – nur der Verlust der Tageseinnahmen droht, er aber von der Zahlung des Arbeitsentgelts der streikenden Arbeitnehmer freigestellt ist.

Abgesehen von diesen Überlegungen ist die rechtliche Zulässigkeit eines solchen „Zwangsgeldes" fragwürdig. Dieses greift massiv in die durch Art. 12 GG und Art. 14 GG geschützten Grundrechte des Arbeitgebers ein. Auch wenn grundsätzlich im Rahmen dieser Untersuchung ein weiter Kampfmittelbegriff vertreten und nicht nur die kollektive Störung der Arbeitsbeziehungen als Arbeitskampf eingeordnet wird, ist die Zulassung eines solchen Kampfmittels vom eigentlichen Kern der Leistungszurückbehaltung der Arbeitnehmer weiter entfernt als viele andere Kampfmittel. Dieser Eindruck wird dadurch verstärkt, dass wirkungsvolle Verteidigungsmittel für den Arbeitgeber nicht ersichtlich sind und er somit schutzlos gestellt wird. Eine Aussperrung dergestalt, dass Arbeitnehmer bei gleichzeitiger Leistungspflicht ihren Vergütungsanspruch verlieren, ist lebensfremd und löst die Zwangslage, in der sich der Arbeitgeber befindet, nur bedingt auf. Das Arbeitskampfmittel des „Monetarstreiks" ist ein konstruierter Versuch, negative Auswirkungen eines Arbeitskampfes auf die Allgemeinheit zu verhindern. Dieses Ziel ist erstrebenswert, muss aber hinter den durch Art. 9 Abs. 3 GG sowie Art. 12 und Art. 14 GG vermittelten Schutz zurücktreten. Ein funktionierendes und ausgewogenes Tarif- und Arbeitskampfsystem hat Vorrang vor Einschränkungen des Wohlbefindens der Allgemeinheit, welches im Zuge der Verhältnismäßigkeitsprüfung einer Arbeitskampfmaßnahme und durch andere Vorkehrungen, wie die Einrichtung von Notdiensten, ausreichende Berücksichtigung findet. Die vollständige Freistellung der Allgemeinheit von negativen Auswirkungen eines Arbeitskampfes darf nicht auf Kosten der „Handlungsfreiheit" der Tarifvertragsparteien gehen. Eine Zwangszahlung würde jedoch die vollständige Aufgabe genau dieser Freiheit bedeuten, da dem Arbeitgeber keine Möglichkeit eingeräumt wird, Schaden von seinem Unternehmen abzuwenden.

Das Arbeitskampfmittel des „Monetarstreiks" ist damit nach hier vertretener Ansicht unzulässig, da es generell die Parität zwischen den Arbeitskampfparteien stört und dem Arbeitgeber keine ausreichenden Verteidigungsmöglichkeiten gewährt, jedenfalls aber im konkreten Fall unverhältnismäßig ist. Dies spricht dagegen, dass dieser Vorschlag in Zukunft Anwendung finden wird. Dies gilt vor allem, da die erforderliche gesetzliche und tarifvertragliche Grundlage wohl niemals ergehen

1609 *Ziebarth*, ArbRAktuell 2015, 122, 125.

wird, betrachtet man den Unwillen oder die Unfähigkeit des Gesetzgebers, das Arbeitskampfrecht zu kodifizieren. Dabei sind noch gar nicht die praktischen Unwägbarkeiten dieses Kampfmittels berücksichtigt, welche sich bei der Bestimmung der Zahlungsvoraussetzungen und insbesondere der Festlegung der Zahlungshöhe ergeben würden.

5. *Flexible Arbeitszeitgestaltung*

Ähnlich der kollektiven Geltendmachung der Individualrechte kann auch die „flexible Arbeitszeitgestaltung" durch Arbeitnehmer arbeitskampfrechtliche Bedeutung erlangen. In den Fokus der Bewertung rücken dabei solche Maßnahmen wie „wer später kommt, geht früher" oder die „aktive Mittagspause".[1610]

Erstere Variante bezeichnet das bewusste Ausnutzen der vertraglichen Spielräume hinsichtlich der Arbeitszeit. Man kommt erst zum Ende der Gleitzeit und geht zum frühesten möglichen Zeitpunkt. Macht man dies im Kollektiv, kann spürbarer Druck entfaltet werden. Eine andere Möglichkeit, die Flexibilität auszunutzen, ist der gemeinsame und gleichzeitige Abbau angesammelter Zeitguthaben.[1611] Die aktive Mittagspause bezeichnet den Sachverhalt, dass Arbeitnehmer während ihrer Mittagszeit aktiv die Gewerkschaft unterstützen, z. B. durch Standarbeit oder Protestaktionen. Problematisch an diesem Ausnutzen der Pausenzeiten ist, dass die Arbeitnehmer die ihnen eigentlich als Pause zustehenden Zeiträume dabei teilweise überschreiten.[1612] Die rechtliche Bewertung einer derartigen flexiblen Arbeitszeitgestaltung ist unterschiedlich. Es kann jedoch zu einem Großteil auf das bereits Gesagte verwiesen werden.

Das flexible Ausnutzen der Gleitzeiten bei Arbeitsbeginn und -ende ist prinzipiell zulässig. Richtigerweise ist jedoch auch hier als zentrales Problem anzusehen, ob die kollektive Zwecksetzung und gleichzeitige Ausübung der individuellen vertraglichen Spielräume deren Inanspruchnahme rechtswidrig erscheinen lassen kann.[1613] Insofern gilt Gleiches wie bei anderen kollektiv ausgeübten Individualrechten. Wird ein solches Verhalten gewerkschaftlich organisiert und wird durch diese mögliche Zurückbehaltung der Arbeitsleistung spürbarer Druck auf den Arbeitgeber ausgeübt (etwa weil durch die extensive Nutzung von Gleitzeitregelungen der enge Zeitrahmen eines Projekts in Frage gestellt wird[1614]), um tarifliche Regelungen durchzusetzen, liegt eine Arbeitskampfmaßnahme vor, bei der arbeitskampfrechtliche Grundsätze beachtet werden müssen. Dass individuelle Rechte im Arbeitskampf dem kollektiven Geschehen untergeordnet werden, wäre dabei keine Neuerung.[1615] Auch hatte das BAG es nicht ausgeschlossen, dass der kollektive Abbau von Zeitguthaben

1610 Siehe dazu ausführlich *Rehder/Deinert/Callsen*, S. 105 ff.
1611 Siehe hierzu BAG v. 26.7.2005, NZA 2005, 1402.
1612 *Callsen*, in: Rehder/Deinert/Callsen, S. 42.
1613 Diese Frage richtigerweise aufwerfend: *Rehder/Deinert/Callsen*, S. 105.
1614 *Callsen*, in: Rehder/Deinert/Callsen, S. 41.
1615 So nämlich schon zum Arbeitskampfrisiko: BAG v. 22.12.1980, NJW 1981, 937.

am arbeitskampfrechtlichen Paritätsprinzip scheitern könne,[1616] was ebenfalls eine arbeitskampfrechtliche Relevanz solcher kollektivierten Individualrechte indiziert.[1617]

Somit sind auch bei diesem kollektiven Abbau von Zeitguthaben – auch wenn eine prinzipielle Unzulässigkeit aus Paritätsgesichtspunkten fernliegt – arbeitskampfrechtliche Regeln einzuhalten. Durch bestimmte unternehmensinterne Regelungen scheidet eine rechtmäßige gleichzeitige Ausübung, die Druck entfalten könnte, jedoch häufig aus, sodass sich die Problematik beim gemeinsamen Abbau von Zeitguthaben nur selten stellen wird.[1618]

Anderes gilt für die sog. „aktive Mittagspause". Ob der Arbeitnehmer in seiner Arbeitspause an Gewerkschaftsständen aushilft oder anderweitig protestiert, bleibt – vorbehaltlich anders lautender arbeitsvertraglicher Vereinbarungen – ihm selber überlassen. Überschreitet er seine Pause jedoch (geringfügig), um zu protestieren, liegt ein sog. „Mini-Streik"[1619] vor. Es besteht eine Vertragspflichtverletzung, die durch eine rechtmäßige Arbeitskampfmaßnahme gerechtfertigt sein muss, sodass sich hier letztendlich kein Unterschied zum normalen Streik ergibt. Richtigerweise wird aber angemerkt, dass dieses Kampfmittel insofern Beweisprobleme hervorrufen kann, da oftmals nicht ohne weiteres nachgewiesen werden könne, welche Arbeitnehmer die Mittagspause überzogen hätten und sich damit an der Maßnahme beteiligt hätten.[1620] Dem kann der Arbeitgeber jedoch durch eine effektive Arbeitszeitkontrolle begegnen. Zudem bleibt nach dem Urteil des BGH zum „sick-out", der eine Arbeitskampfmaßnahme „unter dem Deckmantel der Individualbeziehungen" als sittenwidrig bewertete,[1621] fraglich, inwiefern eine solche Arbeitskampfmaßnahme rechtmäßig sein könnte bzw. – sollte für den Arbeitgeber erkennbar gemacht werden, welche Arbeitnehmer zu welchen Zeiten ihrer Arbeit fernbleiben – überhaupt effektiv sein könnte.

6. *Sabotage*

Teilweise wird auch von Sabotageaktionen im Rahmen von Arbeitsverhältnissen berichtet. Es ist die Rede von der Beschädigung eines Fließbandes mit dem Presslufthammer,[1622] der Unterbrechung der Stromzufuhr[1623] oder der Installation eines

1616 BAG v. 26.7.2005, NZA 2005, 1402.

1617 Im Ergebnis diese wohl ebenfalls bejahend, wenn auch für rechtmäßig haltend: *Rehder/Deinert/Callsen*, S. 107.

1618 So berichtet *Däubler,* in: Däubler, § 29 Rn. 9 davon, dass ein Zeitguthaben z. B. nur unter der Voraussetzung abgebaut werden dürfte, dass eine Mindestbesetzung sichergestellt sei oder der Vorgesetzte bei einer Abwesenheit von mehreren Tagen zustimmen müsste.

1619 So etwa *Callsen*, in: Rehder/Deinert/Callsen, S. 42.

1620 *Rehder/Deinert/Callsen*, S. 108.

1621 BGH v. 31.1.1978, NJW 1978, 816.

1622 *Hoffmann*, S. 60.

1623 *Hoffmann*, S. 53, anlässlich eines Lohnkonflikts des Pariser Telegrafenpersonals im Jahr 1881.

Computervirus im EDV-System, den nur die installierende Person unschädlich machen konnte.[1624] Ein Arbeitnehmer änderte eigenmächtig die Hauptpasswörter der Firmencomputer und machte auf diese Weise dem Arbeitgeber für einige Zeit den Zugang zu wichtigen Geschäftsdaten unmöglich.[1625]

Abgesehen davon, dass solche Aktionen zumeist heimlich geschehen und sich somit nicht für das kollektive Eintreten für die eigenen Rechte im Rahmen eines Arbeitskampfes eignen,[1626] wären solche Maßnahmen zumeist schon als „unfriedlich" zu charakterisieren, da sie regelmäßig Straftatbestände erfüllen (etwa den Tatbestand der Sachbeschädigung gemäß § 303 StGB, der Datenunterdrückung gemäß § 303a StGB oder der Computersabotage gemäß § 303b StGB)[1627] und somit schon von vornherein nicht vom Schutzbereich des Art. 9 Abs. 3 GG umfasst sind. In Fällen, in denen solche Maßnahmen ausnahmsweise nicht den Tatbestand der Sachbeschädigung erfüllen würden, wären sie aufgrund der massiven Eigentumsverletzungen und Verletzungen des Arbeitsvertrags allerdings zumindest als unverhältnismäßig und damit rechtswidrig zu klassifizieren. Ähnliches gilt auch für den aus Frankreich übermittelten Fall, in dem Arbeitnehmer damit drohten, notfalls die Fabrik in die Luft zu sprengen, sollte ihren Forderungen nicht nachgekommen werden.[1628]

7. *„Bossnapping"*

Ebenfalls aus Frankreich übermittelt wird das dort populäre „Bossnapping" bei großen Unternehmen wie Sony oder Michelin.[1629] Dabei werden Manager bzw. Arbeitgeber in den Büroräumen gegen ihren Willen festgehalten und eingesperrt und erst dann wieder freigelassen, wenn die Forderungen der Arbeitnehmer erfüllt wurden. Diese Forderungen reichen von Schadensersatzforderungen über die Rücknahme von Betriebsschließungsentscheidungen bis hin zu Abfindungszahlungen. Nicht ausgeschlossen werden kann aber, dass solche Maßnahmen bereits zur Durchsetzung eines neuen Tarifvertrages durchgeführt wurden oder in Zukunft durchgeführt werden.

1624 LAG Saarland v. 1.12.1993, BeckRS 1993, 30747035.

1625 LAG Hessen v. 13.5.2002, BeckRS 2002, 30449823.

1626 *Däubler,* in: Däubler, § 31 Rn. 20; LAG Berlin Brandenburg v. 29.9.2008, AuR 2009, 47.

1627 *Däubler,* in: Däubler, § 31 Rn. 21.

1628 Vgl. den Fall „Moulinex": http://www.stern.de/wirtschaft/news/arbeiteraufstand-in-frankreich-alles-ist-bereit-die-zuendschnur-anzuzuenden-706148.html (zuletzt geprüft am: 20.06.2016).

1629 *Däubler,* in: Däubler, § 30 Rn. 23; vgl. auch http://www.sueddeutsche.de/wirtschaft/frankreich-volkssport-bossnapping-1.396213 (zuletzt geprüft am: 20.06.2016); http://www.spiegel.de/wirtschaft/unternehmen/protest-franzoesische-siemens-arbeiter-halten-manager-fest-a-681128.html (zuletzt geprüft am: 20.06.2016).

Ähnlich wie schon bei Sabotageaktionen verstoßen solche (gewerkschaftlich unterstützten) Arbeitskampfmaßnahmen allerdings gegen das, vom BAG im „Flashmob“-Urteil aufgestellte, Friedlichkeitspostulat.[1630] Aktionen wie das „Bossnapping“, die zur Erreichung gewisser Ziele eingesetzt werden, verstoßen nämlich regelmäßig zumindest gegen den Straftatbestand der Freiheitsberaubung nach § 239 StGB, wenn nicht sogar gegen den des erpresserischen Menschenraubes oder der Geiselnahme nach § 239a und § 239b StGB und sind somit – zumindest nach dem hierzulande vorherrschenden Arbeitskampfrechtsverständnis – nicht mehr als „friedlich“ einzustufen.[1631] Damit sind sie schon nicht vom Schutzbereich des Art. 9 Abs. 3 GG umfasst. Aus diesem Grund ist auch *Greiner* „erfreut“, dass solchen aus Frankreich bekannten „exzessiven Kampfformen“ durch die vom BAG in Parenthese hervorgehobene Grundrechtsschutzbegrenzung „eine erfreulich klare Absage erteilt“ wurde.[1632] Abgesehen von der offensichtlichen Rechtswidrigkeit und Strafbarkeit solcher Maßnahmen, ist bei den deutschen Gewerkschaften jedoch darüber hinaus auch keine Tendenz erkennbar, solche gewalttätigen Aktionen gutzuheißen oder gar in ihr Arbeitskampfarsenal aufzunehmen.

1630 Vgl. hierzu BAG v. 22.9.2009, NZA 2009, 1347, 1351, Rn. 34.
1631 *Krieger/Günther*, NZA 2010, 20, 22.
1632 *Greiner*, Anm. EzA Nr. 143 zu Art. 9 GG Arbeitskampf, S. 27, 52.

4. Teil Zusammenfassung der Untersuchungsergebnisse

A. Veranschaulichung der Ergebnisse anhand von Beispielen

Nachdem nun ausführlich der „Flashmob“ sowie weitere atypische Arbeitskampfmaßnahmen vorgestellt und bezüglich ihrer potentiellen Rechtmäßigkeit untersucht wurden, sollen die Ergebnisse und Rechtmäßigkeitsvoraussetzungen anhand von kurzen Beispielfällen veranschaulicht werden.

I. Beispiel für einen rechtswidrigen „Flashmob“

Die Gewerkschaft mo.zart befindet sich in einem Tarifkonflikt und ruft nach erfolglos gebliebenen Verhandlungen und Streikmaßnahmen per Internetaufruf und mittels Flugblättern dazu auf, dass „alle, die uns unterstützen wollen“ am Freitag, den 4.9.2015, um 11.00 Uhr zu dem Supermarkt an der Blitzstraße 1 kommen sollen, um „den Betrieb lahmzulegen“. Dabei sei es ausdrücklich gewünscht, dass auch Frischwaren umgeräumt werden und „um ein Zeichen zu setzen“ auch wenige Waren, ohne diese zu bezahlen, mit nach Hause genommen werden dürften. Sie erhofft sich durch den Aufruf, eine ausreichende Teilnehmerzahl zu rekrutieren, da viele Gewerkschaftsmitglieder ihre Nichtbereitschaft zu einer Teilnahme an einer solchen Maßnahme signalisiert haben.

An der Aktion beteiligen sich hunderte, zum großen Teil gewerkschaftsfremde, Teilnehmer. Im Nachhinein ist der Supermarkt verwüstet, Frischfleisch aufgrund der unterbrochenen Kühlkette unbrauchbar geworden und es wurden zudem mehrere Waren gestohlen. Leitende Gewerkschaftsmitglieder waren überfordert, die Menschenmenge zu kontrollieren.

Eine solche „Flashmob“-Arbeitskampfmaßnahme wäre nach hier vertretener Ansicht schon nicht vom Schutzbereich des Art. 9 Abs. 3 GG umfasst, da sie „unfriedlich“ wäre. Es wurde aktiv zu Straftaten (Diebstahl gemäß § 242 StGB und Sachbeschädigung gemäß § 303 StGB) aufgerufen, die letztlich auch tatsächlich begangen wurden. Zudem haben sich an der Aktion überwiegend „Dritte“ beteiligt, die keinen Bezug zu dem Tarifkonflikt hatten und daher nicht vom Schutzbereich des Art. 9 Abs. 3 GG umfasst waren. Sie waren nicht lediglich „Beiwerk“, sondern prägten die Aktion. Die Maßnahme war damit nicht durch die Gewerkschaftsmitglieder legitimiert, die sich sogar ausdrücklich gegen das Vorhaben der Gewerkschaft ausgesprochen hatten. In einem solchen Fall muss eine Arbeitskampfmaßnahme schon aus diesem Grund rechtswidrig sein.

Abgesehen davon wäre eine solche Maßnahme auch unverhältnismäßig. Die begangenen Eigentumsverletzungen gehen über bloße Nutzungsbeeinträchtigungen hinaus und sind schon daher ebenfalls nicht vom Schutzbereich umfasst und einer Angemessenheitskontrolle nicht zugänglich. Zudem hatte die Gewerkschaft einem unbestimmten und offenen Teilnehmerkreis den konkreten Termin und Ort der Aktion mitgeteilt. Aufgrund dessen war die Aktion für die Gewerkschaft nicht beherrschbar, was die Verwüstungen im Laden belegen. Dies ist gerade bei aktiv betriebsstörenden Arbeitskampfmaßnahmen ein starkes Indiz für deren Unverhältnismäßigkeit ist. Auch hat die Gewerkschaft nicht alles ihr Mögliche getan, um die Arbeitskampfmaßnahme in beherrschbarer Art und Weise auszugestalten. Bei einem Aufruf an einen unbestimmten Personenkreis musste sie damit rechnen, dass eine große, unkontrollierbare Menschenmenge zur örtlich und zeitlich festgelegten Aktion erscheinen wird. Ein in solcher Art und Weise veranstalteter „Flashmob" wäre demnach eindeutig rechtswidrig.

II. Beispiele für eine Betriebsblockade

Dieses Mal ruft die Gewerkschaft mo.zart ihre Mitglieder dazu auf, begleitend zum Streik den Betrieb des einzigen Druckverlages der regionalen Tageszeitung X „dichtzumachen". Dazu soll(en)

- *a) das Werkstor zugeschweißt werden.*
- *b) die Zufahrtstore und Zufahrtswege für Arbeitnehmer und Lieferanten durch mehrere größere Pkw der Gewerkschaftsmitglieder versperrt werden.*
- *c) sich die Gewerkschaftsmitglieder vor den Betriebseingängen versammeln und den ganzen Tag über den Arbeitswilligen sowie den vom Arbeitgeber organisierten Ersatzarbeitskräften den Zugang versperren.*
- *d) sich die Gewerkschaftsmitglieder um 9.00 Uhr vor den Betriebseingängen versammeln und den Arbeitswilligen sowie den vom Arbeitgeber organisierten Ersatzarbeitskräften für 30 Minuten den Zugang versperren.*

Nach den hier aufgestellten Grundsätzen käme eine Rechtmäßigkeit der Betriebsblockade nur in Variante **d)** in Betracht. Die Varianten **a)** und **b)** wären beide schon nicht vom Schutzbereich umfasst, da sie „unfriedlich" wären. In Variante **a)** wäre das Zuschweißen des Werkstores schon eine Sachbeschädigung i. S. v. § 303 StGB. In Variante **b)** läge auch nach dem engsten Gewaltbegriff der Rechtsprechung eine Nötigung der Arbeitswilligen und der Lieferanten i. S. v. § 240 StGB vor (die Prüfung der Verwerflichkeit im konkreten Fall sei an dieser Stelle dahingestellt), da sich „physischer Hilfsmittel" bedient würde. Variante **c)** wäre als unverhältnismäßiger Eingriff in die Rechte des Arbeitgebers anzusehen. Es bestünden keine Mittel, mit denen sich der Arbeitgeber verteidigen könnte. Die den ganzen Tag andauernde Blockade seines Betriebs(-geländes) würde massiv in die Nutzungsmöglichkeit seines Eigentums eingreifen. Zudem würde ihm ein signifikanter finanzieller Schaden drohen. Einzig Variante **d)** könnte eine noch verhältnismäßige und damit rechtmäßige Arbeitskampfmaßnahme sein. Dies würde sich dann nach den Umständen im konkreten Fall richten. Im vorliegenden Fall könnte angeführt werden, dass aufgrund der Eigenart des Betriebs der Betriebsablauf noch nicht derart empfindlich gestört ist, dass die Aktion als unverhältnismäßig bewertet werden müsste. Eine Tageszeitung geht erst am späten Abend in den Druck und der Betrieb ist auch nicht auf die punktgenaue Lieferung von Druckmaterial angewiesen, wie dies etwa bei Automobilherstellern der Fall ist. Zudem wurden Arbeitnehmer und Lieferanten lediglich für eine sehr kurze Zeit „blockiert".

III. Beispiele weiterer atypischer Arbeitskampfmaßnahmen

Die Gewerkschaft mo.zart befindet sich in einem Tarifkonflikt...

a) ...und ruft nach erfolglos gebliebenen Verhandlungen per Internetaufruf dazu auf, dass „alle, die uns unterstützen wollen" sich auf der Gewerkschaftshomepage ein unbeschränktes Computerprogramm herunterladen können, welches innerhalb von kürzester Zeit Anfragen an die ausgewählte Homepage des Reiseveranstalters X sendet, sodass ein massenhafter Zugriff auf diese erzeugt wird. Das Programm soll vom 4. – 6. September 2015 ganztägig benutzt werden. Das Unternehmen X wickelt einen Großteil seiner Buchungsgeschäfte über die Unternehmenswebsite ab. Wie beabsichtigt, ist an den bestimmten Tagen die Homepage der X überlastet und nicht für Kunden erreichbar.

b) ...und startet eine breit angelegte Medienkampagne gegen das Unternehmen X. Hierbei werden die im Unternehmen herrschenden Arbeitsbedingungen jedoch bewusst übertrieben und wahrheitswidrig dargestellt.

c) ... und ruft sämtliche Verbraucher zu einem Kaufboykott bei einer bestimmten Supermarkt-Filiale der X auf. Es wird ausdrücklich kundgetan, dass dieser Boykott zunächst nur vom 5.-8. August 2015 durchgeführt werden soll.

d) ... und ruft nach Ausschöpfen sämtlicher Verhandlungs- und Arbeitskampfmöglichkeiten ihre Mitglieder dazu auf, die Produktionsanlagen der X zu beschädigen, sodass ein Weiterbetrieb durch Streikbrecher nicht möglich ist. Zudem wird zur Erzwingung eines Tarifabschlusses der Geschäftsführer der X bis zur Unterschrift unter den neuen Tarifvertrag gegen seinen Willen im Unternehmen festgehalten.

Wie bereits dargestellt wurde, sind solche atypischen Maßnahmen in ihrer rechtlichen Bewertung überwiegend höchst einzelfallabhängig. Die elektronische Blockadeaktion in Beispiel **a)** kann unter bestimmten Umständen rechtmäßig sein. In diesem Beispiel stellt das massenhafte Aufrufen der Unternehmenswebsite, welche von der Gewerkschaft durch ihren Aufruf verursacht wurde, eine Arbeitskampfmaßnahme dar. Allerdings ist die konkrete Aktion aufgrund ihrer Unbeherrschbarkeit unproportional und damit rechtswidrig. Es wird zum einen ein unbestimmter Kreis Dritter in die Arbeitskampfmaßnahme einbezogen, die somit einen Großteil der Teilnehmer darstellen dürften. Zum anderen wird ihnen ein Computerprogramm zur Verfügung gestellt, welches keinerlei technische Beschränkungen enthält (etwa, dass es nur innerhalb eines bestimmten Zeitraumes funktioniert) und somit das massenhafte Aufrufen der Unternehmenswebsite auch nach Aktionsende ermöglicht. Die Beendigung der Arbeitskampfmaßnahme liegt somit nicht in den Händen der Gewerkschaft. Im Einzelfall könnte man auch darüber nachdenken, ob die massiven wirtschaftlichen Einbußen, die das Unternehmen erleiden könnte, noch verhältnismäßig sind und ob Verteidigungsmaßnahmen, wie das Ausweichen auf einen anderen Server, bei einer solchen massenhaft ausgeübten Aktion wirklich den gewünschten Effekt bringen würden.

Die Beispiele **b)** und **c)** beschäftigen sich mit Arbeitskampfmaßnahmen unter Einbeziehung der Öffentlichkeit. Während in Beispiel **b)** die durchgeführte Kampagne und damit die Arbeitskampfmaßnahme aufgrund der Missachtung der von Art. 5 GG vorgeschriebenen Grundsätze der Meinungsfreiheit rechtswidrig ist, indem bewusst unwahre Tatsachen verbreitet wurden, stellt Beispiel **c)** eine rechtmäßige Boykottaktion dar. Der Aktionszeitraum ist klar umrissen und selbst wenn wenige Personen es auch nach dem Ende der Arbeitskampfmaßnahme unterlassen würden, bei dem betreffenden Supermarkt einzukaufen, hätte dies keine großen Auswirkungen auf die Wirtschaftlichkeit dieses Betriebs.

Die zulässige Grenze von Arbeitskampfmaßnahmen ist jedoch dort überschritten, wo regelmäßig Straftaten begangen werden. Diese machen den Arbeitskampf „unfriedlich". Solche Maßnahmen sind im Rahmen eines Arbeitskampfes daher schon nicht vom Schutzbereich des Art. 9 Abs. 3 GG umfasst. Dies gilt für die Sabotage sowie das „Bossnapping" in Beispiel **d)**. Die Beschädigung der Produktionsanlagen stellt eine Sachbeschädigung dar, während das „Bossnapping" zumindest den Straftatbestand der Freiheitsberaubung gemäß § 239 StGB erfüllt. Beide Kampfmittel sind daher vom hiesigen Arbeitskampfrecht nicht geschützt.

B. Kernthesen der Untersuchung

Abschließend sollen nun die im Rahmen dieser Untersuchung erzielten Ergebnisse und Kernthesen in der vorgegebenen Reihenfolge zusammengefasst werden, um dann ein Schlussfazit zu ziehen.

1. Teil: Grundsätze des Arbeitskampfrechts

1. Von der Definition einer Arbeitskampfmaßnahme sind nicht nur kollektive Störungen der Arbeitsbeziehungen umfasst. Dies folgt aus der umfassend garantierten Kampfmittelfreiheit. Zudem muss es sich bei einer Arbeitskampfmaßnahme nicht zwangsläufig um Verhaltensweisen handeln, die nicht von vornherein erlaubt sind (1. Teil A. I. S. 7 ff.).
2. „Atypisch" sind Arbeitskampfmaßnahmen, wenn sie von gewöhnlichen Arbeitskampfmaßnahmen abweichen. Dies ist der Fall, wenn sie sich nicht auf das typische Mittel der Leistungszurückbehaltung beschränken. Vielfach zeichnen sie sich dadurch aus, die Öffentlichkeit auf unterschiedliche Art und Weise in den Arbeitskampf einzubeziehen. Anlass neuer, atypischer Arbeitskampfmittel ist zum einen, dass in manchen Branchen der Streik keine ausreichende Druckwirkung mehr entfalten kann. Zudem soll durch auffallende Arbeitskampfmaßnahmen auf die Gewerkschaftsarbeit aufmerksam gemacht werden, diese zugleich als „Organizing"-Maßnahme genutzt und neue Mitglieder auf diese Weise angeworben werden (1. Teil A. II. u. III. S. 10 ff.).

3. Rechtsgrundlage des Arbeitskampfrechts ist Art. 9 Abs. 3 S. 1 GG.
Der Arbeitskampf findet dort seine verfassungsrechtliche Gewährleistung. Dem Wortlaut lässt sich jedoch bezüglich der weiteren Voraussetzungen des Arbeitskampfrechts kaum etwas entnehmen. Bundesgesetzlich ist das Arbeitskampfrecht darüber hinaus nicht und landesgesetzlich lediglich fragmentarisch geregelt. Das Arbeitskampfrecht ist daher ausgestaltungs- und auslegungsbedürftig. Dieser Aufgabe kommen das BVerfG sowie das BAG nach, sodass das Arbeitskampfrecht auch als Richterrecht verstanden werden kann. Dabei sind internationale Vorgaben, wie Art. 11 EMRK, Art. 28 GSC, Art. 6 Nr. 4 ESC oder das ILO-Übereinkommen Nr. 87 sowie die dazu ergangene Rechtsprechung und Auslegung der dazu berufenen Organe zu beachten. Auch wenn diese zwar zumeist nicht bindend sind, sind sie als Auslegungshilfe dennoch völkerrechtsfreundlich zu berücksichtigen (vgl. 1. Teil B. S. 16 ff.).
4. Der Grundsatz der Arbeitskampfparität ist ein wichtiges Prinzip des Arbeitskampfrechts. Die Parität muss nach einem abstrakt-materiellen Paritätsbegriff bestimmt werden. Da aber sowohl die Faktoren an sich, die zur Bestimmung der Parität herangezogen werden sollen, als auch deren Gewichtung unklar und unbestimmt sind, bereitet die Prüfung einer Paritätslage zwangsläufig Schwierigkeiten.
Der Grundsatz der Arbeitskampfparität ist streng vom Grundsatz der Verhältnismäßigkeit zu trennen. Ersterer bezieht sich auf das Arsenal zulässiger Kampfmittel. Es ist vorab zu prüfen, ob ein Arbeitskampfmittel das Kräftegleichgewicht zwischen den Parteien gefährdet. Daher muss dem Paritätsgrundsatz entgegen der Entwicklung in der Rechtsprechung, welche ihn bei der Prüfung der Rechtmäßigkeit von Arbeitskampfmaßnahmen immer weniger beachtet, weiterhin eine gewichtige Bedeutung zukommen. Gerade bei der Prüfung neuer, atypischer Arbeitskampfmittel muss der Paritätsgrundsatz daher in Zukunft entscheidendes Gewicht erlangen. Die Arbeitskampfmittel müssen vorab auf ihre Zulässigkeit hin überprüft werden. Zulässig sind diese lediglich, wenn sie die Parität zwischen den Arbeitskampfparteien und somit das Funktionieren der Tarifautonomie nicht gefährden (1. Teil C. I. S. 39 ff.).
5. Der Einsatz von Arbeitskampfmitteln ist grundsätzlich nur erlaubt, wenn dieser mit dem Ziel erfolgt, einen Tarifabschluss zu erreichen. Dieser Grundsatz besteht weiterhin und hat auch seine Berechtigung. Andeutungen in der Rechtsprechung des BAG, international normierte Vorgaben sowie die Rechtsprechung des EGMR könnten allerdings in Zukunft dazu führen, dass eine Abkehr vom Grundsatz der Tarifbezogenheit eines Arbeitskampfes vollzogen wird (1. Teil C. II. S. 46 ff.).
6. Die Wahrung des Gemeinwohls bildet eine Grenze des Arbeitskampfrechts. Jedoch können selbst nicht unerhebliche Beeinträchtigungen für die Allgemeinheit hinzunehmen sein. Die Berücksichtigung des Gemeinwohls als Rechtmäßigkeitsschranke verbleibt nur in Ausnahmefällen. Vielmehr ist das Gemeinwohlinteresse als Faktor in der Verhältnismäßigkeitsprüfung zu berücksichtigen. Eine

zu starke Betroffenheit der Allgemeinheit kann die Arbeitskampfmaßnahme im Einzelfall unverhältnismäßig werden lassen (1. Teil C. IV. S. 51 ff.).

7. Das Verhältnismäßigkeitsprinzip ist von der Rechtsprechung bei der Bewertung von Arbeitskampfmaßnahmen immer mehr in den Mittelpunkt gerückt worden und ist nun der zentrale Bewertungsmaßstab. Im Gegensatz zum Paritätsprinzip, das die generelle Zulässigkeit eines Arbeitskampfmittels betrifft, ist die Rechtmäßigkeit des konkreten Einsatzes des Arbeitskampfmittels am Grundsatz der Verhältnismäßigkeit zu überprüfen. Der Zweck des Arbeitskampfmitteleinsatzes (zumindest der Arbeitnehmerseite) und damit Bezugspunkt der Verhältnismäßigkeitsprüfung ist die Durchsetzung der Tarifforderung. Dieser ist zu unterscheiden vom Zweck des Arbeitskampfes an sich, die Funktionsmäßigkeit der Tarifautonomie zu gewährleisten und Verhandlungsparität herzustellen. Das Arbeitskampfmittel muss zur Erreichung des Zwecks geeignet, erforderlich und proportional sein. Um bei der Prüfung der Proportionalität eine Tarifzensur zu vermeiden, sollte die durchzusetzende Tarifforderung als konstante Interessenswertgröße berücksichtigt werden und nicht konkret auf ihre inhaltliche Angemessenheit überprüft werden (1. Teil C. V. S. 57 ff.).
8. Es besteht eine freie Kampfmittelwahl. Laut dem BVerfG sollen alle koalitionsspezifischen Verhaltensweisen geschützt sein. Dies indiziert eine weite Interpretation des Schutzbereichs und eine umfassende Kampfmittelfreiheit. Dem Schutz des Art. 9 Abs. 3 GG unterfällt nicht nur ein historisch gewachsener, abschließender *numerus clausus* an Arbeitskampfmitteln. Es gehört vielmehr zur verfassungsrechtlich geschützten Freiheit der Koalitionen, ihre Kampfmittel an die sich wandelnden Umstände anzupassen. Geschützt ist daher nicht nur die freie Auswahl zwischen bereits existierenden Kampfmitteln, sondern auch eine Kampfmittelerfindungsfreiheit. Dafür spricht auch ein Vergleich zu dem völkerrechtlichen Verständnis, was unter den Schutz der „Kollektivmaßnahmen" fällt (1. Teil D. S. 85 ff.).
9. Der weit zu fassende Grundsatz der Kampfmittelfreiheit muss durch den Paritätsgrundsatz eingeschränkt werden. Arbeitskampfmittel sind generell erlaubt, stehen allerdings unter dem Verbotsvorbehalt, dass das jeweilige Arbeitskampfmittel zu einem zu großen Verhandlungsungleichgewicht führt. Der Paritätsgrundsatz begrenzt somit die Zulässigkeit eines Arbeitskampfmittels. Aufgrund sich ändernder Rahmenbedingungen und die Parität beeinflussender Faktoren ist es daher denkbar, dass die Beurteilung der Zulässigkeit eines Arbeitskampfmittels zu unterschiedlichen Zeitpunkten unterschiedlich ausfällt (1. Teil D. V. S. 98 ff.).

2. Teil: „Flashmob" als atypisches Arbeitskampfmittel

10. Der „Flashmob" als atypisches Arbeitskampfmittel ist nicht generell rechtswidrig. Er kann in verschiedenen Varianten ausgeübt werden. Werden bestimmte Voraussetzungen beachtet und Grenzen eingehalten, kann der „Flashmob" im Einzelfall rechtmäßig sein. Er gefährdet nicht *per se* die Verhandlungsparität zwischen den Tarifvertragsparteien, da er in gewissen Branchen möglicherweise

eingesetzt werden muss, um ein strukturelles Ungleichgewicht auszugleichen. Es ist daher verfehlt, ihn wegen des Paritätsprinzips generell für unzulässig zu erklären (2. Teil B. S. 118 ff.).

11. Der weite Schutzbereich des Art. 9 Abs. 3 GG, der nach Aussage des BVerfG „jede koalitionsspezifische Verhaltensweise“ umfasst, muss eingeschränkt werden. Dies kann durch den verfolgten Zweck, den Paritätsgrundsatz und die Art des gewählten Mittels erfolgen (2. Teil B. I. 1. b) S. 120 ff.).
12. Hinsichtlich der Art des gewählten Mittels kommen im Rahmen des Art. 9 Abs. 3 GG nur solche Arbeitskampfmittel in Betracht, welche „friedlich“ sind. Ein Arbeitskampfmittel darf daher, in Anlehnung an den Friedlichkeitsbegriff des Art. 8 GG, nicht die Begehung oder den Versuch von Straftaten gegen Leib, Leben, Freiheit oder sonstige erhebliche Rechtsgüter Dritter oder der Allgemeinheit mit sich bringen. Der „Flashmob“ ist nicht regelmäßig „unfriedlich“. Es ist jedoch nicht auszuschließen, dass „Flashmob“-Aktionen in bestimmten Varianten als unfriedlich eingestuft werden. Eine generelle Wertung, die zu einem generellen Schutzbereichsausschluss des Arbeitskampfmittels führt, kommt allerdings nicht in Betracht (2. Teil B. I. 1. b) ee) S. 127 ff.).
13. Verletzungen des Eigentumsrechts können eine Arbeitskampfmaßnahme unfriedlich werden lassen. Der konkrete „Flashmob“ war jedoch nicht aus diesem Grund unfriedlich, da lediglich unerhebliche Nutzungsbeeinträchtigungen am Eigentum des Arbeitgebers vorlagen und das Eigentum nicht in seiner Sachsubstanz verletzt wurde.
    Nach Deutung der Rechtsprechung des BAG und hier vertretener Ansicht sind solche Maßnahmen, welche die Sachsubstanz des Eigentums des Arbeitskampfgegners verletzen, „unfriedlich“ und nicht vom Schutzbereich des Art. 9 Abs. 3 GG umfasst. Wird lediglich die Nutzungsmöglichkeit des Eigentums beeinträchtigt, kommt es im Rahmen der Verhältnismäßigkeitsprüfung auf eine Abwägung an, bei der die Beeinträchtigung nach Intensität und Dauer gewichtet werden muss. Nutzungsbeeinträchtigungen, welche die Erheblichkeitsschwelle deutlich überschreiten und zu einer fast vollständigen Unbrauchbarkeit der Sache führen, können Substanzverletzungen jedoch gleichzustellen sein und zu einem Schutzbereichsausschluss führen (2. Teil B. I. 1. b) ee) (1) S. 128 ff.).
14. Mit „Flashmob“-Aktionen geht nicht typischerweise die Erfüllung von Straftatbeständen einher. Weder kommt es generell zu Sachbeschädigungen gemäß § 303 StGB noch zu einem Hausfriedensbruch gemäß § 123 Abs. 1 StGB oder Nötigungen gemäß § 240 StGB (2. Teil B. I. 1. b) ee) (2) S. 136 ff.).
15. Außenstehende Personen, die weder Mitglieder der streikenden Gewerkschaft noch Arbeitnehmer eines der Mitgliedsunternehmen des bekämpften Arbeitgeberverbandes sind (= Dritte) und die sich aktiv an der Arbeitskampfmaßnahme beteiligen, sind nicht vom personalen Schutzbereich der individuellen Koalitionsfreiheit nach Art. 9 Abs. 3 GG umfasst. Für sie verbleibt bei Vorliegen der Voraussetzungen lediglich der Schutz durch andere Grundrechte wie z. B. Art. 5 Abs. 1 GG oder Art. 8 Abs. 1 GG (2. Teil B. I. 2. S. 143 ff.).

16. Trotz der Teilnahme Dritter kann die Arbeitskampfmaßnahme der Gewerkschaft von der kollektiven Koalitionsfreiheit nach Art. 9 Abs. 3 GG umfasst und rechtmäßig sein. Zu fordern ist, dass bei Arbeitskampfmaßnahmen, die wie „Flashmob“-Aktionen aktiv Dritte einbinden, der überwiegende Teil der Teilnehmer aus Mitgliedern der Gewerkschaft oder Arbeitnehmern eines der Mitgliedsunternehmen des bekämpften Arbeitgeberverbandes besteht. Solange die Arbeitskampfmaßnahme nicht von „Dritten“ geprägt und dominiert wird und die Maßnahme somit von den Mitgliedern legitimiert ist, ist sie trotz der Beteiligung „Dritter“ nicht allein aus diesem Grund rechtswidrig (2. Teil B. I. 2. a) ee) S. 149 ff.).
17. Die Einbeziehung von „Dritten“ wird zudem auf der Ebene der Proportionalität der Arbeitskampfmaßnahme relevant. Durch deren Teilnahme besteht das Risiko, dass die Arbeitskampfmaßnahme der Gewerkschaft außer Kontrolle gerät. Bei gefahrgeneigten Aktionen muss daher von der organisierenden Gewerkschaft verlangt werden, dass sie alles ihr Mögliche tut, um die Arbeitskampfmaßnahme zu beherrschen und zu verhindern, dass die Arbeitskampfmaßnahme durch das Verhalten der in diese einbezogenen Dritten außer Kontrolle gerät. Das Merkmal der „Beherrschbarkeit“ ist somit ein zu beachtender Faktor in der Prüfung der Proportionalität einer Arbeitskampfmaßnahme (2. Teil B. I. 2. b) S. 152 ff.).
18. Die den Gewerkschaften eingeräumte Einschätzungsprärogative, ob die Arbeitskampfmaßnahme geeignet und erforderlich zur Zielerreichung sei, ist keine Neuschöpfung des BAG, sondern geht auf eine missverständliche Formulierung des BVerfG zurück und hat sich im Laufe der Jahre durch einen Zitatkreislauf zwischen BAG und BVerfG entwickelt. Die Gewährung einer Einschätzungsprärogative ist abzulehnen und sollte vom BAG zurückgenommen werden. Die Prüfung der Geeignetheit und Erforderlichkeit einer Arbeitskampfmaßnahme darf nicht nur auf eine bloße Missbrauchskontrolle begrenzt werden, sondern muss vollständig überprüfbar sein. Entscheidend ist dabei vor allem, dass die arbeitskampfführende Partei nicht zum Richter in eigener Sache gemacht werden soll. Zudem sprechen europarechtliche Gründe dagegen. Eine Einschätzungsprärogative könnte der arbeitskampfführenden Partei allein bei solchen Kampfmitteln zukommen, die ein Selbstschädigungselement innehaben (2. Teil B. II. 1. S. 158 ff.).
19. Eine Arbeitskampfmaßnahme muss für den angegriffenen Gegner als solche „erkennbar“ sein. Dieser muss erkennen können, dass er Opfer einer Arbeitskampfmaßnahme wird und wer Träger dieser Maßnahme ist. Dieses Merkmal ist ein Bestandteil der Proportionalitätsprüfung und kann insbesondere bei atypischen Arbeitskampfmaßnahmen relevant werden. Auch bei der Prüfung der „Geeignetheit“ kann es von Bedeutung sein, da nur als solche „erkennbare“ Arbeitskampfmittel zur Druckausübung auf den Adressaten geeignet sein können. Bei der Art und Weise sowie dem Zeitpunkt, zu dem die Arbeitskampfmaßnahme als solche kenntlich zu machen ist, lässt das BAG den Koalitionen weitgehend freie Hand (2. Teil B. II. 2. S. 165 ff.).

20. Das Hausrecht des Arbeitgebers stellt bei „Flashmob"-Aktionen ein taugliches Verteidigungsmittel dar. „Flashmob"-Teilnehmer sind als solche gut identifizierbar, sodass es möglich ist, sie des Betriebes zu verweisen. Auch wenn der „Flashmob" durch die Ausübung des Hausrechts *ex nunc* rechtswidrig wird und somit von Beginn an schwebend unwirksam ist, ist er dennoch als Arbeitskampfmittel sinnvoll und effektiv. Auch in kurzer Zeit kann ein „Flashmob" Betriebsablaufstörungen herbeiführen und öffentliche Aufmerksamkeit erlangen (2. Teil B. II. 3. a) S. 167 ff.).
21. Die vorübergehende Betriebsschließung ist aus unterschiedlichen Gründen kein geeignetes Verteidigungsmittel, um sich gegen einen „Flashmob" zu wehren. Neben der Tatsache, dass bereits die rechtliche Grundlage stark umstritten ist, wird mit der Schließung des Betriebs der Effekt der „Flashmob"-Aktion eher noch intensiviert, als dass sich wirksam gegen diese verteidigt wird (2. Teil B. II. 3. b) S. 171 ff.).
22. Zentraler Bewertungsmaßstab von Arbeitskampfmaßnahmen ist der Grundsatz der Verhältnismäßigkeit. Insbesondere die Proportionalität von Arbeitskampfmaßnahmen erlangt im Einzelfall entscheidende Bedeutung. Bei der Frage welche Faktoren mit welcher Gewichtung in die Proportionalitätsprüfung einzubeziehen sind, kommt es insbesondere auf die Art des Arbeitskampfmittels an. Zukünftige zu berücksichtigende Faktoren können dabei sein: Die Grundrechtsbeeinträchtigung der betroffenen Partei, das Gemeinwohl, das Bestehen effektiver Verteidigungsmittel, die Erkennbarkeit der Arbeitskampfmaßnahme, ein Selbstschädigungseffekt der Maßnahme, die Beherrschbarkeit der Aktion, ein beim Arbeitskampfgegner eintretender (übermäßig großer) Schaden, die Intensität und Dauer von Eigentumsverletzungen in Form von Nutzungsbeeinträchtigungen. Im konkreten „Flashmob"-Fall, den das BAG zu beurteilen hatte, war der Einsatz des Kampfmittels verhältnismäßig und nicht unproportional (2. Teil B. II. 4. S. 176 ff.).
23. Der Bedeutungsverlust des Paritätsprinzips im „Flashmob"-Urteil des BAG erfolgt nur scheinbar. Eine solche Annahme ist auch auf die Erwähnung des Paritätsprinzips an ungewöhnlicher Stelle im Urteil zurückzuführen. Vielmehr könnte das Urteil durch Paritätserwägungen stärker beeinflusst worden sein, als dies den allgemeinen Anschein hat. Das Paritätsprinzip hat auch in Zukunft einen wichtigen Anwendungsbereich und sollte gerade bei der Zulassung neuer Arbeitskampfmittel eine angemessene Beachtung finden (2. Teil B. III. S. 186 ff.).

3. Teil: Weitere atypische Arbeitskampfmaßnahmen

24. Betriebsblockaden sind nicht stets unzulässig oder unangemessen. Zumindest kurzfristige Betriebsblockaden können im Einzelfall rechtmäßig sein. Die Angemessenheit und Dauer der Blockade muss sich im konkreten Fall nach den Eigenheiten des Betriebs richten. Im Rahmen von Betriebsblockaden werden insbesondere nicht regelmäßig Straftaten oder schwerwiegende Rechtsverletzungen

am Arbeitgebereigentum begangen, welche die Betriebsblockade als regelmäßig „unfriedlich" erscheinen lassen würden (3. Teil B. I. 1. S. 195 ff.).

25. Betriebsbesetzungen sind nicht generell als unfriedlich einzustufen. Spätestens mit der Aufforderung, den Betrieb zu verlassen, würden sich trotzdem im Betrieb verweilende Arbeitnehmer gemäß § 123 StGB strafbar machen. Ganz kurzfristige demonstrative Betriebsbesetzungen können im Einzelfall verhältnismäßig und rechtmäßig sein. Eine allzu große Druckwirkung werden sie allerdings nicht entfalten können, da der Arbeitgeber durch Ausübung seines Hausrechts die Maßnahme jederzeit rechtswidrig werden lassen kann (3. Teil B. I. 2. S. 207 ff.).
26. Virtuelle Arbeitskampfmaßnahmen sind eine neue Möglichkeit, aktiv in betriebliche Arbeitsabläufe einzugreifen. Der von der Gewerkschaft durch die zentrale Steuerung erwünschte und organisierte Summierungseffekt verschiedener einzelner rechtmäßiger Verhaltensweisen, kann im Zusammenwirken eine Rechtsverletzung sein. Bei der rechtlichen Beurteilung solcher Arbeitskampfmaßnahmen ist vor allem der Grundsatz der Verhältnismäßigkeit entscheidend. Die für den „Flashmob" aufgestellten Grundsätze können insofern übernommen werden. Solche Aktionen müssen demnach vor allem beherrschbar und für den Arbeitskampfgegner erkennbar sein. Zudem müssen effektive Verteidigungsmöglichkeiten zur Verfügung stehen (3. Teil B. I. 3. S. 213 ff.).
27. Arbeitskampfmaßnahmen, die das Ziel haben, die Öffentlichkeit durch direkte Ansprache (z. B. durch Kampagnen) über den Arbeitskampf zu informieren und diese „passiv" als Druckmittel im Arbeitskampf nutzen möchten, müssen vor allem die Grenzen der Meinungsfreiheit gemäß Art. 5 Abs. 1 GG beachten. Art. 5 Abs. 1 GG tritt schutzverstärkend neben Art. 9 Abs. 3 GG. Auch die Proportionalität der Maßnahmen ist wiederum ein entscheidendes Rechtmäßigkeitskriterium. Durch das Starten von Gegenkampagnen oder das Verbreiten von Gegendarstellungen stehen dem Arbeitgeber regelmäßig effektive Verteidigungsmittel zur Verfügung (3. Teil B. II. S. 221 ff.).
28. Der Boykott, ein Beispiel für die „aktive" Einbeziehung der Öffentlichkeit, ist eine Arbeitskampfmaßnahme. Je nach Inhalt des Boykottaufrufs kann auch der Schutzbereich des Art. 5 GG betroffen sein. Auch in diesem Fall kommt der Verhältnismäßigkeitsprüfung entscheidende Bedeutung zu. Insbesondere muss der „Boykott" von der initiierenden Gewerkschaft „beherrschbar" sein (3. Teil B. II. 2. c) bb) (2) S. 238 ff.).
29. Die kollektive Ausübung individuell zulässiger Verhaltensweisen kann eine Arbeitskampfmaßnahme begründen. Individualrechte wie z. B. das Widerspruchsrecht nach § 613a Abs. 6 BGB oder Zurückbehaltungsrechte können durch eine kollektive Geltendmachung zur arbeitskampfrechtlichen Druckentfaltung auf den Arbeitgeber zweckentfremdet werden. Es muss stets geprüft werden, ob die Individualität durch die Kollektivität in den Hintergrund gedrängt und dadurch dem Gesamtgefüge ein neues, identitätsveränderndes Gesicht verliehen wird. Dann kann auch in der kollektiven Ausübung von Individualrechten eine Arbeitskampfmaßnahme zu sehen sein, welche in der

Folge arbeitskampfrechtliche Leitlinien zu beachten hat. Das rechtliche Schicksal des Individualaktes ist davon grundsätzlich unabhängig zu bewerten (3. Teil B. III. S. 241 ff.).

30. Ein „Bummelstreik" ist nicht generell rechtswidrig oder gar sittenwidrig. Dieser kann rechtmäßig sein, wenn die koordinierte Leistungsverringerung dem Arbeitgeber angezeigt wird und damit „erkennbar" ist. In einem solchen Fall wird dem Arbeitgeber ermöglicht, Gegenmaßnahmen zu treffen (3. Teil B. IV. 2. S. 251 ff.).
31. Der „Dienst nach Vorschrift" meint vor allem das bewusst sinnwidrige Praktizieren genereller und abstrakter Regelungen, die „wörtlich" genommen werden und meint nicht das Befolgen gültiger und sinnvoller Vorschriften, selbst wenn dadurch der Arbeitsfluss verlangsamt wird. Bei einem gezielten kollektiven „dumm stellen" liegt eine Untervariante des „Bummelstreiks" vor. Rechtmäßigkeitsgrundsätze von Arbeitskampfmaßnahmen müssen beachtet werden (3. Teil B. IV. 3. S. 252 ff.).
32. Der „Monetarstreik" ist ein potentielles atypisches Arbeitskampfmittel, welches bislang rein theoretischer Natur und in der Praxis noch nicht vorgekommen ist. Er ist als Arbeitskampfmaßnahme abzulehnen, da er die Verhandlungsparität gefährdet, dem Arbeitgeber keine ausreichenden Verteidigungsmöglichkeiten gewährt und ein zu konstruierter Versuch ist, negative Auswirkungen eines Arbeitskampfes auf die Allgemeinheit zu verhindern (3. Teil B. IV. 4. S. 254 ff.).
33. Sabotageaktionen, die gezielt schädigend in die Sachsubstanz des Unternehmereigentums eingreifen, sowie das aus Frankreich bekannte „Bossnapping" sind unfriedliche Arbeitskampfmaßnahmen. Sie sind bereits aus diesem Grund nicht vom Schutzbereich des Art. 9 Abs. 3 GG umfasst (3. Teil B. IV. 6. und 7. S. 258 ff.).

C. Fazit und Ausblick

Die vorstehende Untersuchung hat gezeigt, dass die Aussage des BAG, „Flashmob"-Aktionen seien nicht generell rechtswidrig, in dieser Allgemeinheit vertretbar ist und die Wortwahl mit Bedacht erfolgte. Es gibt nicht einen bestimmten „Flashmob" als Arbeitskampfmaßnahme. Dieser kann vielmehr auf verschiedene Art und Weise ausgeübt werden und dabei – je nach Schwerpunktsetzung – unterschiedliche rechtliche Problembereiche tangieren. In der Art und Weise wie der „Flashmob" im Berliner Einzelhandel ausgeübt wurde, der dem Urteil des BAG vom 22.9.2009 zugrunde lag, kann dieser – trotz teilweiser verständlicher Kritik – nach umfassender rechtlicher Bewertung und Abwägung als rechtmäßig eingestuft werden.

Die Kritik an der Reaktion des BAG auf aktive Betriebsstörungen basiert auf verschiedenen Aspekten: Neben dem generellen Unverständnis kommt vor allem die Unzufriedenheit bezüglich der größtenteils unstrukturierten, undifferenzierten und sehr knappen Begründung des BAG zum Ausdruck. Darüber hinaus wird die nicht überzeugende neue Dogmatik des Gerichts bemängelt. Zusätzlich besteht die Sorge, dass dieses Urteil weiteren, wesentlich schwerwiegenderen, aktiven Betriebsstörungen und gewalttätigen Arbeitskampfmaßnahmen den Weg ebnet.

Diese Untersuchung hat diese verschiedenen Punkte aufgegriffen. Es wurde aufgezeigt, welche rechtlichen Grenzen neue Arbeitskampfmittel allgemein und solche, die – wie der „Flashmob" – auf aktive Betriebsstörungen ausgerichtet sind, im Besonderen zu beachten haben. Zusätzlich wurde verdeutlicht, welche Bedeutung dabei den grundsätzlichen Prinzipien des Arbeitskampfrechts zukommt und wie diese bei einer Rechtmäßigkeitsbewertung nebeneinander funktionieren können. Insbesondere ist klar geworden, dass dem Paritätsprinzip, welches in den Urteilen des BAG scheinbar zunehmend an Bedeutung verliert, bei der Bewertung der generellen Zulässigkeit neuer Arbeitskampfmittel eine herausragende Stellung zukommen sollte. Der Grundsatz der Verhältnismäßigkeit wird für die Bewertung von Arbeitskampfmaßnahmen immer wichtiger. Generell zulässige Arbeitskampfmittel können in Ausmaß und Intensität so unterschiedlich angewendet werden, dass erst eine Prüfung im konkreten Einzelfall imstande ist, die Rechtmäßigkeit der Arbeitskampfmaßnahme zu klären. Dabei wird der Schwerpunkt der Bewertung in Zukunft vor allem auf der Proportionalität der Maßnahme liegen. Unterschiedliche Faktoren können je nach Arbeitskampfmittel eine unterschiedliche Bedeutung und Gewichtung erfahren. So sind gerade bei aktiven Betriebsstörungen, die unter Umständen auch „Dritte" in die Maßnahme einbinden, der Faktor der „Beherrschbarkeit" und die Bewertung der Nutzungsbeeinträchtigungen des Eigentums von besonderer Wichtigkeit.

Die Faktoren, die das BAG u. a. im „Flashmob"-Urteil für die Bewertung betriebsstörender Arbeitskampfmaßnahmen erwähnt hat, können auf weitere neuere, atypische Arbeitskampfmaßnahmen übertragen werden. Die Frage, ob es sich bei den von den Gewerkschaften kollektiv organisierten Verhaltensweisen, welche individuell ausgeübt ohne jede Einschränkung rechtmäßig wären, überhaupt um Arbeitskampfmaßnahmen handelt, ist oftmals zu bejahen. Dem Ideenreichtum der Gewerkschaften sind dank einer umfassenden Kampfmittelfreiheit zunächst wenig Grenzen gesetzt. Um diese Kampfmittel zu kontrollieren und in geordnete Bahnen zu lenken, muss die Rechtsprechung Lösungen und Leitlinien weiter- bzw. neu entwickeln.

Die in dieser Untersuchung herausgearbeiteten Strukturen des Arbeitskampfrechts, die damit einhergehenden Leitlinien der rechtlichen Bewertung von Arbeitskampfmaßnahmen sowie der dadurch vorgegebene Prüfungsmaßstab neuer, atypischer (gerade auch aktiv betriebsstörender) Arbeitskampfmittel beruhen auf einer umfassenden Analyse der Rechtsprechung. Besonders im „Flashmob"-Urteil lässt das BAG allerdings eine klare Struktur vermissen und arbeitet verschiedene Faktoren lediglich knapp und undeutlich heraus. So werden für die Zukunft eminent wichtige Faktoren, wie die „Friedlichkeit" eines Arbeitskampfmittels, die Einbeziehung „Dritter" in eine Arbeitskampfmaßnahme oder der Umgang mit einer Arbeitskampfmaßnahme, die Eigentumsverletzungen beinhaltet, in aller Kürze und nur am Rande thematisiert. Daher war es notwendig, die neue Dogmatik des BAG teilweise zu interpretieren und weiterzuentwickeln.

Die Ausführungen beruhen daher zum einen auf einer Deutung, was das BAG in seiner knappen Darstellung dieser Punkte womöglich ausdrücken wollte. Zum anderen liegen den Ausführungen Vorschläge und Lösungsansätze zugrunde, wie mit diesen rechtlichen Problemen in der Zukunft umzugehen ist, wobei ein in sich stimmiges Arbeitskampfrecht erhalten bleiben soll. Neue Entwicklungen in der Arbeitslandschaft sorgen für neue Reaktionen und damit neue Arbeitskampfmittel der Arbeitnehmer. Diese neuen Arbeitskampfmittel erfordern eine Weiterentwicklung des Arbeitskampfrechts und die Erkenntnis, dass auch festgefahrene Denkmuster, wie z. B. der Umgang mit Eigentumsverletzungen innerhalb eines Arbeitskampfes, einer erneuten Überprüfung bedürfen. Dies darf nicht dazu führen, dass das bisherige Arbeitskampfrecht „auf den Kopf gestellt“ wird und in Zukunft gewalttätige und mit dem Strafrecht unvereinbare Arbeitskampfmaßnahmen, wie sie u. a. in Frankreich häufiger vorkommen, akzeptiert werden. Einer solchen Entwicklung hat auch das BAG durch die Erwähnung im „Flashmob“-Urteil, dass Arbeitskampfmaßnahmen „friedlich“ sein müssen, entgegengewirkt.

Für die Zukunft ist allerdings zu wünschen, dass das BAG sich mit solch elementaren Punkten deutlich ausführlicher beschäftigt und deren Bedeutung und Wichtigkeit betont, seiner Rechtsprechung und seinem Arbeitskampfrechtsverständnis mehr Struktur verleiht und in seinen Urteilen wieder mehr Wert auf eine einheitliche und in sich stimmige Systematik legt. Gerade die aktuelle Entwicklung, in der neue, atypische Arbeitskampfmittel entwickelt und erprobt werden, erfordert klare Leitlinien und vorhersehbare Bewertungskriterien, möchte man einer zügellosen und Grenzen austestenden Gewerkschaftspraxis entgegenwirken.

Diese Untersuchung hat die bestehenden Unklarheiten und Probleme aufgezeigt, die Struktur und die Prinzipien des Arbeitskampfrechts dargestellt und Lösungsansätze für Probleme, die neue Arbeitskampfmittel mit sich bringen, entwickelt. Letztlich obliegt es aber dem BAG, die Bedenken und Lösungsvorschläge der Literatur aufzugreifen, neuen, atypischen Arbeitskampfmaßnahmen durch eine Weiterentwicklung des Arbeitskampfrechts unter gleichzeitiger Beachtung bestehender Prinzipien zu begegnen und diese Weiterentwicklung aus Gründen der Rechtsklarheit anzuzeigen und ausführlich zu begründen. Ein Rechtsgebiet, das im Wesentlichen durch die Rechtsprechung geprägt wird, benötigt diese klaren Vorgaben.

Literaturverzeichnis

Agbalaka, Lino: Flashmob-Aktionen im Arbeitskampf: Betrachtung eines Arbeitskampfmittels zwischen Tarifkonflikt und gewerkschaftlicher Interessenaggregation, Berlin 2014 [zitiert: *Agbalaka*].

Auktor, Christian: Der Wellenstreik im System des Arbeitskampfrechts, München 2002 [zitiert: *Auktor*].

Baeck, Ulrich/*Winzer,* Thomas/*Hies,* Dominic: Zweiter Referentenentwurf zur Änderung des Arbeitnehmerüberlassungsgesetzes und anderer Gesetze, Neue Zeitschrift für Gesellschaftsrecht (NZG) 2016, S. 415–419.

Bauer, Jobst-Hubertus/*Haußmann,* Katrin: Der Notdienst im Arbeitskampf, Der Betrieb (DB) 1996, S. 881–886.

Bauer, Jobst-Hubertus/*Haußmann,* Katrin: Arbeiten verboten! – Das neue Streikbrecherverbot für Leiharbeitnehmer, Neue Zeitschrift für Arbeitsrecht (NZA) 2016, S. 803–808.

Bayreuther, Frank: Tarif- und Arbeitskampfrecht in der Neuorientierung, Neue Zeitschrift für Arbeitsrecht (NZA) 2008, S. 12–18.

Beckerle, Sebastian/*Stolzenberg,* Hendric: Kollektive Krankmeldungen – Rückkehr eines atypischen Kampfmittels?, Neue Zeitschrift für Arbeitsrecht (NZA) 2016, S. 1313–1317.

Berg, Peter: Die Auswirkungen der Leiharbeit auf die gewerkschaftliche Interessenvertretung, in: Schmidt (Hrsg.), Jahrbuch des Arbeitsrechts Band 46 (2009), Berlin 2009, S. 69–89.

Berg, Peter/*Kocher,* Eva/*Schumann,* Dirk (Hrsg.): Tarifvertragsgesetz und Arbeitskampfrecht – Kompaktkommentar, 5., vollständig überarbeitete Auflage, Frankfurt am Main 2015 [zitiert: *Bearbeiter,* in: BKS].

Berghaus, Michael: Rechtsprobleme der Betriebsbesetzung und der Betriebsblockade, Konstanz 1989 [zitiert: *Berghaus*].

Bieder, Marcus: Paradigmenwechsel im Arbeitskampfrecht: Neue Bezugspunkte für die Verhältnismäßigkeitskontrolle von Sympathiestreiks, Neue Zeitschrift für Arbeitsrecht (NZA) 2008, S. 799–803.

Binkert, Gerhard: Anmerkung zum Urteil des LG Düsseldorf v. 14.6.2000 – 12 O 556/99, Arbeit und Recht (AuR) 2001, S. 195–196.

Birk, Rolf/*Konzen,* Horst/*Löwisch,* Manfred/*Raiser,* Thomas/*Seiter,* Hugo: Gesetz zur Regelung kollektiver Arbeitskonflikte – Entwurf und Begründung, Tübingen 1988 [zitiert: *Professoren-Entwurf*].

Boecken, Winfried: Deliktsrechtlicher Eigentumsschutz gegen reine Nutzungsbeeinträchtigungen, Berlin 1995 [zitiert: *Boecken*].

Brox, Hans/*Rüthers*, Bernd/*Henssler*, Martin (Hrsg.): Arbeitsrecht, 18. neu bearbeitete Auflage, Stuttgart 2011 [zitiert: *Brox/Rüthers/Henssler*, Arbeitsrecht].

Brox, Hans/*Rüthers*, Bernd (Hrsg.): Arbeitskampfrecht – Ein Handbuch für die Praxis, 2. Auflage, Mainz [u. a.] 1982 [zitiert: *Bearbeiter*, in: Brox/Rüthers, Arbeitskampfrecht].

Brötzmann, Ulrich: Anmerkung zum Urteil des BAG v. 22.9.2009 – 1 AZR 972/08, Neue Juristische Woche (NJW) 2010, S. 638–639.

Buchholtz, Gabriele: Streiken im europäischen Grundrechtsgefüge, Tübingen 2014 [zitiert: *Buchholtz*].

Buchner, Herbert: Das Arbeitskampfrecht unter den Anforderungen der Verhandlungsparität und der Staatsneutralität, Recht der Arbeit (RdA) 1986, S. 7–23.

Buchner, Herbert: Übermaßverbot als Grenze tarifbezogener Arbeitskämpfe, in: Lieb, Manfred/von Stebut, Dietrich/Zöllner, Wolfgang (Hrsg.), Arbeitskampfrecht – Symposion Hugo Seiter zum Gedächtnis, Berlin 1990, S. 21–48.

Buchner, Herbert: Turbulenzen im Arbeitskampfrecht, zugleich Besprechung des Urteils des LAG Chemnitz vom 2.11.2007 – 7 Sa Ga 19/07, Betriebs-Berater (BB) 2008, S. 106–109.

Coester, Michael: Verfassungsrechtliche Gewährleistung der Aussperrung, Entscheidungsbesprechung Beschl. BVerfG v. 26.6.1991 – 1 BvR 779/85, Juristische Ausbildung (Jura) 1992, S. 84–90.

Cornils, Matthias: Die Ausgestaltung der Grundrechte – Untersuchungen zur Grundrechtsbindung des Ausgestaltungsgesetzgebers, Tübingen 2005 [zitiert: *Cornils*].

Czerweny von Arland, Katharina: Die Arbeitskampfmittel der Gewerkschaften und der Verhältnismäßigkeitsgrundsatz, Frankfurt am Main 1993 [zitiert: *Czerweny v. Arland*].

Czycholl, Roland: Rechtmäßigkeit von Arbeitskämpfen in kirchlichen Einrichtungen, Aachen 2013 [zitiert: *Czycholl*].

Czycholl, Roland/ *Frieling*, Tino: Auswirkungen der Europäischen Sozialcharta auf das Arbeitskampfrecht – Das Streikrecht aus Art. 6 Abs. 4 ESC als vorrangige gesetzgeberische Entscheidung, Zeitschrift für europäisches Sozial- und Arbeitsrecht (ZESAR) 2011, S. 322–327.

Däubler, Wolfgang: Strafbarkeit von Arbeitskämpfen?, in: *Baumann*, Jürgen/*Dähn*, Gerd (Hrsg.), Studien zum Wirtschaftsstrafrecht, S. 91–119 [zitiert: *Däubler*, in: Studien zum Wirtschaftsstrafrecht].

Däubler, Wolfgang: Der Streik im öffentlichen Dienst, 2. Auflage, Tübingen 1972 [zitiert: *Däubler*, Der Streik im öffentlichen Dienst].

Däubler, Wolfgang (Hrsg.): Arbeitskampfrecht, 2. Auflage, Baden-Baden 1987 [zitiert: *Bearbeiter*, in: Däubler, 2. Auflage 1987].

Däubler, Wolfgang: Völkerrecht und Europarecht in der Rechtsprechung der Arbeitsgerichte, in: Die Arbeitsgerichtsbarkeit, Festschrift zum 100 jährigen Bestehen des Deutschen Arbeitsgerichtsverbandes, Berlin 1994, S. 619–651.

Däubler, Wolfgang: Das Arbeitsrecht 1 – Die gemeinsame Wahrung von Interessen im Betrieb, Leitfaden für Arbeitnehmer, 16. vollständig überarbeitete Neuausgabe, Reinbek bei Hamburg 2006 [zitiert: *Däubler*, Das Arbeitsrecht 1].

Däubler, Wolfgang (Hrsg.): Arbeitskampfrecht, Handbuch für die Rechtspraxis, 3. Auflage, Baden-Baden 2011 [zitiert: *Bearbeiter*, in: Däubler].

Däubler, Wolfgang/*Hjort*, Jens Peter/*Schubert*, Michael/*Wolmerath*, Martin (Hrsg.): Arbeitsrecht, Individualarbeitsrecht mit kollektivrechtlichen Bezügen, Handkommentar, 3. Auflage, Baden-Baden 2013 [zitiert: *Bearbeiter*, in: Däubler/Hjort/Schubert/Wolmerath].

Däubler, Wolfgang/*Hege*, Hans: Koalitionsfreiheit – Ein Kommentar, Baden-Baden 1976 [zitiert: *Däubler/Hege*].

Decruppe, Hans: Aufrufe zu Flashmob-Aktionen als ergänzende Arbeitskampfmittel zu einem laufenden Streik, Anm. zu LAG Berlin-Brandenburg v. 29.09.2008 – 5 Sa 967/08, Juris Praxis-Report-Arbeitsrecht 1/2009 Anmerkung 1.

Deinert, Olaf: Schranken der Satzungsgestaltung beim Abstreifen der Verbandstarifbindung durch OT-Mitgliedschaften, Recht der Arbeit (RdA) 2007, S. 83–91.

Dieterich, Thomas: Methodische Bemerkungen zu den Aussperrungsurteilen des Bundesarbeitsgerichts vom 16. Juni 1980, in: Festschrift für Wilhelm Herschel zum 85. Geburtstag, München 1982, S. 37–53.

Donat, Ulrike/*Kühling*, Jürgen: Arbeitskampf und Versammlungsrecht, Arbeit und Recht (AuR) 2009, S. 1–10.

Dorssemont, Filip: The right to take collective action under Art. 11 ECHR, in: *Dorssemont*, Filip/*Lörcher*, Klaus/*Schömann*, Isabelle: The European Convention on Human Rights and the Employment Relation, Oxford 2013, S. 333–365 [zitiert: *Dorssemont*, in: Dorssemont/Lörcher/Schömann].

Dreier, Horst (Hrsg.): Grundgesetz Kommentar, Band I Präambel, Artikel 1–19, 3. Auflage, Tübingen 2013 [zitiert: *Bearbeiter*, in: Dreier].

Dribbusch, Heiner: Arbeitskampf im Wandel – Zur Streikentwicklung seit 1990, WSI-Mitteilungen 7/2006, S. 382–388.

Dribbusch, Heiner: Das „Organizing-Modell" – Entwicklung, Varianten und Umsetzung, in: *Bremme*, Peter/*Fürniß*, Ulrike/*Meinecke*, Ulrich (Hrsg.): Never work alone, Organizing – ein Zukunftsmodell für Gewerkschaften, Hamburg 2007, S. 24–52.

Dribbusch, Heiner: Organizing in der Fläche: Die ver.di/SEIU-Kampagne im Hamburger Bewachungsgewerbe, WSI-Mitteilungen 1/2008, S. 18–24.

Dumke, Matthias: Streikrecht i. S. des Art. 6 Nr. 4 ESC und deutsches Arbeitskampfrecht, Frankfurt am Main 2013 [zitiert: *Dumke*].

Dütz, Wilhelm/*Thüsing*, Gregor: Arbeitsrecht, 21., neu bearbeitete Auflage, München 2016 [zitiert: *Dütz/Thüsing*].

Eichmanns, Max: Der Grundsatz der Kampfparität – der augenblickliche Stand der Debatte, Recht der Arbeit (RdA) 1977, S. 135–140.

Engels, Andreas: Verfassung und Arbeitskampfrecht, Berlin 2008 [zitiert: *Engels*].

Erbguth, Jan: Die Rechtsprechung des Bundesverfassungsgerichts und des Bundesarbeitsgerichts zum Grundsatz der Parität im Arbeitskampfrecht – Darstellung und Analyse, Sinzheim 2001 [zitiert: *Erbguth*].

Evju, Stein: Das Recht auf kollektive Maßnahmen unter der Sozialcharta des Europarates, Arbeit und Recht (AuR) 2012, S. 276–289.

Fischer, Thomas: Strafgesetzbuch mit Nebengesetzen, Kommentar, 64. Auflage, München 2017 [zitiert: *Fischer*, StGB].

Fischer, Ulrich: Das BVerfG als Superrevisionsinstanz der Arbeitsgerichtsbarkeit in Arbeitskampfsachen? – Der Flashmobfall in Karlsruhe, Recht der Arbeit (RdA) 2011, S. 50–58.

Fischinger, Philipp S.: Arbeitskämpfe bei Standortverlagerung und -schließung, Berlin 2006 [zitiert: *Fischinger*].

Fischinger, Philipp S.: Zur Begrenzung des Streikrechts durch den Grundsatz der Verhältnismäßigkeit, Recht der Arbeit (RdA) 2007, S. 99–103.

Franzen, Martin: Die neuere Rechtsprechung des Ersten Senats des BAG zum Arbeitskampfrecht, in: Schmidt (Hrsg.), Jahrbuch des Arbeitsrechts Band 47 (2010), Berlin 2010, S. 119–137.

Franzen, Martin: Neuausrichtung des Drittpersonaleinsatzes – Überlegungen zu den Vorhaben des Koalitionsvertrags, Recht der Arbeit (RdA) 2015, S. 141–152.

Franzen, Martin/*Gallner*, Inken/*Oetker*, Hartmut (Hrsg.): Kommentar zum europäischen Arbeitsrecht, München 2016 [zitiert: *Bearbeiter*, in: Franzen/Gallner/Oetker].

Gaede, Karsten: Strafrechtliche Mindeststandards und strafrechtliche Gestaltungsmöglichkeiten im Arbeitskampf, in: Giesen, Richard/Junker, Abbo/Rieble, Volker, Entgrenzter Arbeitskampf?, ZAAR Schriftenreihe Band 37, München 2015, S. 129–159 [zitiert: *Gaede*, in: Entgrenzter Arbeitskampf?, ZAAR Schriftenreihe Band 37].

Gamillscheg, Franz: Die Grundrechte im Arbeitsrecht, Archiv für civilistische Praxis (AcP) 164. Band (1964), S. 385–445.

Gamillscheg, Franz (Hrsg.): Kollektives Arbeitsrecht – Ein Lehrbuch, Band I: Grundlagen/Koalitionsfreiheit/Tarifvertrag/Arbeitskampf und Schlichtung, München 1997 [zitiert: *Gamillscheg*, KollArbR I].

Gaul, Björn/*Janz*, Alexandra: Chancen und Risiken tariflicher Lösungen, Neue Zeitschrift für Arbeitsrecht (NZA) Beilage 2010, S. 60–68.

Gegenwart, Peter: Arbeitskampf im Medienbereich – neue Formen des Arbeitskampfes in der Druckindustrie, insbesondere Betriebsbesetzungen, Frankfurt a. M. [u. a.] 1988 [zitiert: *Gegenwart*].

Gentz, Manfred: Zur Verhältnismäßigkeit von Grundrechtseingriffen, Neue Juristische Woche (NJW) 1968, S. 1600–1607.

Gentz, Manfred: Brauchen wir ein neues Tarif- und Arbeitskampfrecht?, Neue Zeitschrift für Arbeitsrecht (NZA) 1985, S. 305–307.

Gercke, Marco: Anmerkung zu OLG Frankfurt am Main, Beschluss vom 22.5.2006 – 1 Sa 319/05, Multimedia und Recht (MMR) 2006, S. 552–553.

Giesen, Richard: Erweiterte Kampfbefugnisse und Ausweitung des Arbeitskampfrisikos, in: Neues Arbeitskampfrecht? – 7. ZAAR Kongress, München 7. Mai 2010, München 2010, S. 95–116.

Götz, Andreas: Flashmob – Eine arbeitskampfrechtliche Bewertung, Hamburg 2015 [zitiert: *Götz*].

Greiner, Stefan: Anmerkung zum Urteil des BAG v. 22.9.2009 – 1 AZR 972/08, EzA Art. 9 GG, Arbeitskampf Nr. 143, S. 27–57.

Greiner, Stefan: Atypische Arbeitskampfmittel und Kampfpluralität – welche Verteidigungsmittel bleiben?, Neue Juristische Woche (NJW) 2010, S. 2977–2983

Greven, Thomas: Auf dem Prüfstand: Gewerkschaftsstrategien zur Regulierung globaler Konkurrenz, WSI-Mitteilungen 1/2006, S. 10–15.

Greven, Thomas/*Schwetz*, Wilfried: Transnationale Lernprozesse – Erfahrungen mit der grenzüberschreitenden Verbreitung gewerkschaftlicher Strategien, WSI-Mitteilungen 1/2008, S. 25–30.

Grobys, Marcel/*Panzer*, Andrea (Hrsg.): Stichwortkommentar Arbeitsrecht, Alphabetische Gesamtdarstellung, Individualarbeitsrecht/Kollektives Arbeitsrecht/Prozessrecht, 2. Auflage, Baden-Baden 2014 [zitiert: *Bearbeiter*, in: Grobys/Panzer].

Hamann, Wolfgang, „Entwurf eines Gesetzes zur Änderung des AÜG und anderer Gesetze" vom 17.02.2016, Recht der Arbeit (RdA) 2016, S. 136–141.

Hanau, Peter/ *Thüsing*, Gregor: Neue Sensibilisierungen im Arbeitskampfrecht – Der Streik in der Luftfahrt, in: *Thüsing*, Gregor (Hrsg.), Tarifautonomie im Wandel, Köln 2003, S. 35–70.

Hayen, Ralf-Peter/*Ebert*, Franz Christian: Zulässigkeit von Unterstützungsstreiks – Aktuelle Rechtsprechung im Spiegel völkerrechtlicher und rechtsvergleichender Betrachtungen, zugleich Besprechung der Entscheidung des BAG v. 19.6.2007 – 1 AZR 396/06, Arbeit und Recht (AuR) 2008, S. 19–31.

Heckelmann, Dieter: Die Entwicklung des arbeitsrechtlichen Schrifttums im Jahre 1972, Zeitschrift für Arbeitsrecht (ZfA) 1973, S. 425–505.

Hensche, Detlef/ *Wolter*, Henner: Die verhältnismäßige Freiheit – zum Übermaßverbot des Streiks, in: Individuelle und kollektive Freiheit im Arbeitsrecht, Gedächtnisschrift für Ulrich Zachert, Baden Baden 2010, S. 544–560.

Henssler, Martin: Anmerkung zum Urteil des BAG vom 21.6.1988, Sammlung Arbeitsrechtlicher Entscheidungen (SAE) 1989, S. 130–134.

Henssler, Martin: Überregulierung statt Rechtssicherheit – der Referentenentwurf des BMAS zur Reglementierung von Leiharbeit und Werkverträgen, Recht der Arbeit (RdA) 2016, S. 18–24.

Henssler, Martin/*Willemsen,* Heinz Josef/*Kalb,* Heinz-Jürgen (Hrsg.): Arbeitsrecht Kommentar, 7. Auflage, Köln 2016 [zitiert: *Bearbeiter,* in: HWK].

Hesse, Konrad: Grundzüge des Verfassungsrechts der Bundesrepublik Deutschlands, 20. Auflage, Heidelberg 1999 [zitiert: *Hesse*].

Hilgendorf, Eric: Denial of service-Angriffe straflos?, Anmerkung zu OLG Frankfurt am Main, Beschluss vom 22.5.2006 – 1 Sa 319/05, jurisPR-ITR 10/2006 Anm. 5.

Hilje, Moritz: Streikrecht in kirchlichen Einrichtungen?, Berlin 2015 [zitiert: *Hilje*].

Hirschberg, Lothar: Der Grundsatz der Verhältnismäßigkeit, Göttingen 1981 [zitiert: *Hirschberg*].

Hoffmann, Rainer-W.: Arbeitskampf im Arbeitsalltag – Formen, Perspektiven und gewerkschaftspolitische Probleme des verdeckten industriellen Konflikts, Frankfurt [u. a.] 1981 [zitiert: *Hoffmann*].

Hoyningen-Huene, Gerrick von: Rechtmäßigkeitsvoraussetzungen aktueller Arbeitskampfmittel der Gewerkschaften, Juristische Schulung (JuS) 1987, S. 505–513.

Hromadka, Wolfgang/*Maschmann,* Frank: Arbeitsrecht Band 2, Kollektivarbeitsrecht + Arbeitsstreitigkeiten, 5. Auflage, Berlin [u. a.] 2010 [zitiert: *Hromadka/Maschmann*].

Hueck, Alfred/*Nipperdey,* Hans Carl: Lehrbuch des Arbeitsrechts, Band 2 Kollektives Arbeitsrecht, 2. Halbband, 7. völlig neu bearbeitete Auflage, Berlin und Frankfurt a. M. 1970 [zitiert: *Hueck/Nipperdey,* Bd. II/2].

Isensee, Josef: Dienst nach Vorschrift als vorschriftswidriger Dienst, Juristenzeitung (JZ) 1971, S. 73–80.

Isensee, Josef/*Kirchhof,* Paul (Hrsg.): Handbuch des Staatsrechts der Bundesrepublik Deutschland Band VIII, Heidelberg 2010 [zitiert: *Bearbeiter,* in: HStR VIII].

Jacobs, Matthias: Tarifpluralität statt Tarifeinheit – Aufgeschoben ist nicht aufgehoben, Neue Zeitschrift für Arbeitsrecht (NZA) 2008, S. 325–333.

Jacobs, Matthias: Tariffrieden bei Gewerkschaftspluralität, in: Bauer, Jobst-Hubertus/Kort, Michael/Möllers, Thomas M. J./Sandmann, Bernd (Hrsg.), Festschrift für Herbert Buchner zum 70. Geburtstag, München 2009, S. 342–357.

Jacobs, Matthias: „Flashmob" als zulässiges Arbeitskampfmittel? Bundesarbeitsgericht auf Abwegen!, Bucerius Law Journal 2010, Editorial S. 1–2.

Jacobs, Matthias: Das neue Arbeitskampfrecht des Bundesarbeitsgerichts, Zeitschrift für Arbeitsrecht (ZfA) 2011, S. 71–94.

Jacobs, Matthias/*Schmidt*, Laura: Anforderungen an Einschränkungen des Streikrechts, Anmerkungen zu Urteilen des Europäischen Gerichtshofs für Menschenrechte vom 2.10.2014 und 27.11.2014 – Rechtssachen Veniamin Tymoshenko/Ukraine und Hrvatski Lijecnicki Sindikat/Kroatien, Europäische Zeitschrift für Arbeitsrecht (EuZA) 2016, S. 82–96.

Jakobs, Michael Ch.: Der Grundsatz der Verhältnismäßigkeit, Köln [u. a.] 1985 [zitiert: *Jakobs*, Verhältnismäßigkeit].

Jarass, Hans D./*Pieroth*, Bodo: Grundgesetz für die Bundesrepublik Deutschland – Kommentar, 14. Auflage, München 2016 [zitiert: *Bearbeiter*, in: Jarass/Pieroth].

Joachim, Hans G.: Ist der Grundsatz der Verhältnismäßigkeit ein geeignetes Kriterium für die rechtliche Erfassung des Phänomens „Arbeitskampf"?, Arbeit und Recht (AuR) 1973, S. 289–295.

Junker, Abbo: Grundkurs Arbeitsrecht, 16., neu bearbeitete Auflage, München 2017 [zitiert: *Junker*].

Kalb, Heinz-Jürgen: Arbeitskampfrecht – eine systematische Darstellung und Dokumentation der wichtigen arbeitskampfrechtlichen Entscheidungen in Leitsätzen, Neuwied [u. a.] 1986 [zitiert: *Kalb*].

Kemper, Michael: Die Bestimmung des Schutzbereichs der Koalitionsfreiheit (Art. 9 Abs. 3 GG) – zugleich ein Beitrag zur Lehre von den Einrichtungsgarantien, Köln 1988 [zitiert: *Kemper*].

Kersten, Jens: Koalitionsfreiheit als Kampfmittelfreiheit? – Zugleich ein Beitrag zur „Governance der Schwärme", in: Neues Arbeitskampfrecht? – 7. ZAAR Kongress, München 7. Mai 2010, München 2010, S. 61–84.

Kingreen, Thorsten/*Poscher*, Ralf: Grundrechte, Staatsrecht II, 32., neu bearbeitete Auflage, Heidelberg [u. a.] 2016 [zitiert: *Kingreen/Poscher*].

Kissel, Otto Rudolf: Arbeitskampfrecht – Ein Leitfaden, München 2002 [zitiert: *Kissel*].

Kissel, Otto Rudolf: Arbeitsrecht und Staatsvertrag, Neue Zeitschrift für Arbeitsrecht (NZA) 1990, S. 545–552.

Klebe, Thomas: „Flashmob-Aktion ersetzt keinen Arbeitskampf", Interview, Hans Böckler Stiftung – Magazin Mitbestimmung, Heft 11/2009, S. 58–59.

Klumpp, Steffen: Kampfexzess und Veranstalterverantwortung (Arbeitskampfcompliance), in: Neues Arbeitskampfrecht? – 7. ZAAR Kongress, München 7. Mai 2010, München 2010, S. 129–148.

Kluth, Winfried: Gibt es einen numerus-clausus der Arbeitskampfformen? Die Flashmob-Probematik und ihre Folgen, in: Waldhoff, Christian/Thüsing, Gregor (Hrsg.), Verfassungsfragen des Arbeitskampfes, Baden-Baden 2014, S. 102–124.

Konzen, Horst: Gemeinsame Anmerkung zu BAG v. 21.6.1988 und v. 8.11.1988, Entscheidungssammlung zum Arbeitsrecht (EzA) Art. 9 GG Arbeitskampf Nr. 75, 76 und 91.

Konzen, Horst: Gemeinsame Anmerkung zu BAG v. 27.6.1995, BAG v. 11.7.1995, Arbeitsrechtliche Praxis (AP) GG Art. 9 Arbeitskampf Nr. 137, 138, 139.

Konzen, Horst: Europäische Grundrechte im aktuellen Arbeitsrecht, in: Festschrift für Franz Jürgen Säcker zum 70. Geburtstag, München 2011, S. 229–246.

Konzen, Horst: Kampfmittelfreiheit und Flashmob-Aktionen, in: Festschrift für Dieter Reuter zum 70. Geburtstag am 16. Oktober 2010, Berlin 2010, S. 603–625.

Konzen, Horst: Die erweiterte Zulassung des Unterstützungsstreiks, Sammlung Arbeitsrechtlicher Entscheidungen (SAE) 2008, S.1–9.

Konzen, Horst: Der Sympathiestreik bei inkongruenter Tarifzuständigkeit der Tarifparteien, Der Betrieb (DB) 1990 Beilage Nr. 6, S. 1–15.

Konzen, Horst: Streikrecht und Boykott, in: Festschrift für Karl Molitor zum 60. Geburtstag, München 1988, S. 181–205.

Konzen, Horst: Anmerkung zum Urteil des BAG vom 12.3.1985, Sammlung Arbeitsrechtlicher Entscheidungen (SAE) 1986, S. 57–60.

Kraft, Alfons: Anmerkung zu den Urteilen des BAG vom 10.6.1980, Sammlung Arbeitsrechtlicher Entscheidungen (SAE) 1980, S. 297–302.

Krause, Rüdiger: Kollektiver Widerspruch beim Betriebsübergang – Rechtsmissbrauch wegen zu Grunde liegender Zweckverfolgung, Besprechung des Urteils BAG v. 30.9.2004 – 8 AZR 462/03, Recht der Arbeit (RdA) 2006, S. 228–235.

Krause, Rüdiger: Der Flashmob-Beschluss des Bundesverfassungsgerichts – Einladung zur Entgrenzung?, in: Giesen, Richard/Junker, Abbo/Rieble, Volker, Entgrenzter Arbeitskampf?, ZAAR Schriftenreihe Band 37, München 2015, S. 45–83 [zitiert: *Krause*, in: Entgrenzter Arbeitskampf?, ZAAR Schriftenreihe Band 37].

Kreuz, Harald: Der Grundsatz der Verhältnismäßigkeit im Arbeitskampfrecht, Berlin 1988 [zitiert: *Kreuz*].

Krieger, Steffen/*Günther*, Jens: Streikrecht 2.0. – Erlaubt ist was gefällt!?, Neue Zeitschrift für Arbeitsrecht (NZA) 2010, S. 20–23.

Langen, Maike: Flashmob-Aktionen – Ernst zu nehmendes Arbeitskampfmittel oder harmloses Strohfeuer?, Arbeit und Arbeitsrecht (AuA) 2010, S. 154–157.

Lehmann, Friedrich-Wilhelm: Arbeitskampfrecht – Macht der Koalitionen – Ohnmacht der Betroffenen und Drittbetroffenen – Ein Blick zurück und nach vorn, in: Bauer, Jobst-Hubertus/Kort, Michael/Möllers, Thomas M. J./Sandmann, Bernd (Hrsg.), Festschrift für Herbert Buchner zum 70. Geburtstag, München 2009, S. 529–553.

Leinemann, Wolfgang (Hrsg): Kasseler Handbuch zum Arbeitsrecht Band 2, 2. Auflage, Neuwied 2000 [zitiert: *Bearbeiter*, in: Kasseler Handbuch].

Leipziger Kommentar zum Strafgesetzbuch, *Laufhütte*, Heinrich Wilhelm/*Rissing-van Saan*, Ruth/*Tiedemann*, Klaus (Hrsg.), 12. neu bearbeitete Auflage, [zitiert: *Bearbeiter*, in: Leipziger Kommentar].

Bd. V – §§ 110–145d StGB, Berlin 2009

Bd. VII §§ 211–241a; 2. Teilband §§ 232-§ 241a, Berlin [u. a.] 2015.

Lenz, Carl Otto/*Borchardt*, Klaus-Dieter: EU-Verträge Kommentar, 6. Auflage, Köln 2013 [zitiert: *Bearbeiter*, in: Lenz/Borchardt].

Lerche, Peter: Verfassungsrechtliche Zentralfragen des Arbeitskampfes, Bad Homburg 1968 [zitiert: *Lerche*, Verfassungsrechtliche Zentralfragen des Arbeitskampfes].

Lerche, Peter: Übermaß und Verfassungsrecht: zur Bindung des Gesetzgebers an die Grundsätze der Verhältnismäßigkeit und der Erforderlichkeit, Köln 1961 [zitiert: *Lerche*, Übermaß und Verfassungsrecht].

Lieb, Manfred/ *Jacobs*, Matthias, 9. neu bearbeitete Auflage, Heidelberg 2006 [zitiert: *Lieb/Jacobs*].

Lingemann, Stefan: Flashmob-Aktionen sind nicht generell unzulässig, Arbeitsrecht Aktuell (ArbRAktuell) 2009, S. 93.

Loritz, Karl-Georg: Betriebsbesetzungen – ein rechtswidriges Mittel im Arbeitskampf, Der Betrieb (DB) 1987, S. 223–232.

Lörcher, Klaus: Die Normen der Internationalen Arbeitsorganisation und des Europarats – ihre Bedeutung für das Arbeitsrecht der Bundesrepublik –, Arbeit und Recht (AuR) 1991, S. 97–104.

Löwisch, Manfred: Das Übermaßverbot im Arbeitskampfrecht, Zeitschrift für Arbeitsrecht (ZfA) 1971, S. 319–345.

Löwisch, Manfred: Zur rechtlichen Beurteilung besonderer Arbeitskampfmaßnahmen im Medienbereich, Recht der Arbeit (RdA) 1987, S. 219–225.

Löwisch, Manfred: Die rechtliche Bewertung von Betriebsblockaden nach der Sitzblockadenentscheidung des Bundesverfassungsgerichts, Der Betrieb (DB) 1995, S. 1330–1331.

Löwisch, Manfred/*Rieble*, Volker (Hrsg.): Tarifvertragsgesetz – Kommentar, 4. völlig neubearbeitete Auflage, München 2017 [zitiert: *Löwisch/Rieble*].

Löwisch, Manfred/*Caspers*, Georg/*Klumpp*, Steffen: Arbeitsrecht – Ein Studienbuch, 10., neubearbeitete Auflage, München 2014 [zitiert: *Löwisch/Caspers/Klumpp*].

Lübbe-Wolff, Gertrude: Zur verfassungskonformen Interpretation des § 823 BGB im Zusammenhang mit aktiv produktionsbehindernden Arbeitskampfmaßnahmen, Der Betrieb (DB) 1988, Beilage Nr. 9, S. 1–8.

Maaß, Kirstin: Flashmob im Arbeitskampf – eine Neuordnung des Kräftegleichgewichts?, Arbeitsrecht Aktuell (ArbRAktuell) 2009, S. 151–153.

Mangoldt, Hermann v./*Klein*, Friedrich/*Starck*, Christian: Kommentar zum Grundgesetz, Band 1: Präambel, Artikel 1–19, 6. Auflage, München 2010.

Matrai, David/ *Wohland*, Ulrich: Vom Bohren dicker Bretter – Zur gewerkschaftspolitischen Relevanz der Lidl-Kampagne, WSI-Mitteilungen 1/2008, S. 51–54.

Maunz, Theodor/*Dürig*, Günter, Grundgesetz-Kommentar, 78. Ergänzungslieferung, München 2016 [zitiert: *Bearbeiter*, in: Maunz/Dürig].

Mayer-Maly, Theo: Aussperrung und Parität, Der Betrieb (DB) 1979, S. 95–100.

Mayer-Maly, Theo: Die Bedeutung des Grundsatzes der Verhältnismäßigkeit für das kollektive Arbeitsrecht, Zeitschrift für Arbeitsrecht (ZfA) 1980, S. 473–485.

Melot de Beauregard, Paul: Der kollektive Widerspruch der Arbeitnehmer beim Betriebsübergang – gleichzeitig Besprechung des BAG Urteils vom 30.9.2004 – 8 AZR 462/03, Betriebs-Berater (BB) 2005, S. 826–829.

Melot de Beauregard, Paul: Die Rechtsprechung zum Arbeitskampfrecht in den Jahren 2007 bis 2009, Neue Zeitschrift für Arbeitsrecht Rechtsprechungsreport (NZA-RR) 2010, S. 453–456.

Merten, Detlef/*Papier*, Hans-Jürgen: Handbuch der Grundrechte in Deutschland und Europa, Band III, Heidelberg [u. a.] 2009 [zitiert: *Bearbeiter*, in: Handbuch der Grundrechte III].

Mösch, Reinhold: Gilt der Grundsatz der Verhältnismäßigkeit im Arbeitskampfrecht?, Pfaffenweiler 1991 [zitiert: *Mösch*].

Muckel, Stefan: Begrenzung grundrechtlicher Schutzbereiche durch Elemente außerhalb des Grundrechtstatbestandes, in: Festschrift für Hartmut Schiedermair – Die Macht des Geistes, Heidelberg 2001, S. 347–361.

Müller, Gerhard: Die Tarifautonomie in der Bundesrepublik Deutschland: rechtliche und ethische Grundlagen, Berlin 1990 [zitiert: *Müller*].

Müller-Glöge, Rudi/*Preis*, Ulrich/*Schmidt*, Ingrid (Hrsg.): Erfurter Kommentar zum Arbeitsrecht, 13. Auflage, München 2013 [zitiert: *Bearbeiter*, in: ErfK, 13. Aufl.].

Müller-Glöge, Rudi/*Preis*, Ulrich/*Schmidt*, Ingrid (Hrsg.): Erfurter Kommentar zum Arbeitsrecht, 17., neu bearbeitete Auflage, München 2017 [zitiert: *Bearbeiter*, in: ErfK].

Münch, Ingo von/*Kunig*, Philip (Hrsg.): Grundgesetz-Kommentar, Band 1, 6. Auflage, München 2012 [zitiert: *Bearbeiter*, in: Münch/Kunig].

Neumann, Ulfrid: Zur Systemrelativität strafrechtsrelevanter sozialer Deutungsmuster – am Beispiel der Strafbarkeit von Streiks und Blockadeaktionen, Zeitschrift für die gesamte Strafrechtswissenschaft (ZstW) Band 109 (1997), S. 1–16.

Ostendorf, Heribert: Kriminalisierung des Streikrechts – ein strafrechtliches Gutachten zu alten und neuen Streikformen, Neuwied [u. a.] 1987 [zitiert: *Ostendorf*].

Otto, Hansjörg: Arbeitskampf- und Schlichtungsrecht, München 2006 [zitiert: *Otto*].

Otto, Hansjörg: Die Kündigung des Tarifvertrags aus wirtschaftlichen Gründen, in: Arbeitsrecht in der Bewährung, Festschrift für Otto Rudolf Kissel zum 65. Geburtstag, München 1994, S. 787–812.

Otto, Hansjörg: Das BAG: auf dem Weg zum – nahezu – schrankenlosen Arbeitskampf ?, in: Neues Arbeitskampfrecht? – 7. ZAAR Kongress, München 7. Mai 2010, München 2010, S. 15–52.

Otto, Hansjörg: Das konturenlose Arbeitskampfrecht des BAG – Vom Arbeitskampf als ultima ratio zur nahezu unbeschränkten Kampffreiheit?, Recht der Arbeit (RdA) 2010, S. 135–148.

Pache, Eckhard/*Rösch*, Franziska: Die neue Grundrechtsordnung der EU nach dem Vertrag von Lissabon, Europarecht (EuR) 2009, S. 769–790.

Picker, Eduard: Die Regelung der „Arbeits- und Wirtschaftsbedingungen" – Vertragsprinzip oder Kampfprinzip?, Zeitschrift für Arbeitsrecht (ZfA) 1986, S. 199–339.

Picker, Eduard: Die Tarifautonomie am Scheideweg von Selbstbestimmung und Fremdbestimmung im Arbeitsleben – zur Legitimation der Regelungsmacht der Koalitionen –, in: Oetker, Hartmut/Preis, Ulrich/Rieble, Volker (Hrsg.), 50 Jahre Bundesarbeitsgericht, München 2004, S. 795–829.

Picker, Eduard: Der Arbeitskampf in der Rechts- und Wirtschaftsordnung – Zu einer Dogmatik des Arbeitskampfrechts – Teil I: Der Arbeitskampf im Rechts- und Wirtschaftssystem und seine moderne Entgrenzung vom vertrags- zum deliktsrechtlich tatbestandsmäßigen Eingriff, Zeitschrift für Arbeitsrecht (ZfA) 2010, S. 499–585.

Picker, Eduard: Deliktsrechtlicher Eigentumsschutz bei Störungen der Sach-Umwelt-Beziehung – eine Skizze –, Juristenzeitung (JZ) 2010, S. 541–553.

Picker, Eduard: Der Arbeitskampf in der Rechts- und Wirtschaftsordnung – Zu einer Dogmatik des Arbeitskampfrechts – Teil III: Grundsätze eines systemhomogenen Arbeitskampfrechts, Zeitschrift für Arbeitsrecht (ZfA) 2011, S. 443–552.

Preis, Ulrich: Arbeitsrecht, Kollektivarbeitsrecht, Lehrbuch für Studium und Praxis, 3. Auflage, Köln 2012 [zitiert: *Preis*].

Preis, Ulrich/*Sagan*, Adam: Europäisches Arbeitsrecht – Grundlagen, Richtlinien, Folgen für das deutsche Recht, Köln 2015 [zitiert: *Bearbeiter*, in: Preis/Sagan].

Raschke, Joachim: Soziale Bewegungen – ein historischer-systematischer Grundriß, Frankfurt a. M. [u. a.] 1985 [zitiert: *Raschke*].

Rehder, Britta/*Deinert*, Olaf/ *Callsen*, Raphaël: Arbeitskampfmittelfreiheit und atypische Arbeitskampfformen – Rechtliche Bewertung atypischer Arbeitskampfformen und Grenzen der Rechtsfortbildung, Saarbrücken 2012, [zitiert: *Bearbeiter*, in: Rehder/Deinert/Callsen].

Rengier, Rudolf: Strafrecht Besonderer Teil II – Delikte gegen die Person und die Allgemeinheit, 6. Auflage, München 2013 [zitiert: *Rengier*].

Renneberg, Peter: Die Arbeitskämpfe von morgen? – Arbeitsbedingungen und Konflikte im Dienstleistungsbereich, Hamburg 2005 [zitiert: *Renneberg*].

Reuter, Dieter: Für ein konsistentes Arbeitskampfrecht, in: Festschrift für Günther Wiese zum 70. Geburtstag, Neuwied [u. a.] 1998, S. 427–440.

Richardi, Reinhard/*Wlotzke*, Ottfried (Hrsg.): Münchener Handbuch zum Arbeitsrecht, Bd. III – Kollektives Arbeitsrecht, 2. Auflage, München 2000 [zitiert: *Bearbeiter*, in: MüArbR, 2. Aufl.].

Richardi, Reinhard/*Wlotzke*, Ottfried/*Wissmann*, Hellmut/*Oetker*, Hartmut (Hrsg.): Münchener Handbuch zum Arbeitsrecht, Bd. II – Kollektivarbeitsrecht/ Sonderformen, 3. Auflage, München 2009 [zitiert: *Bearbeiter*, in: MüArbR].

Richardi, Reinhard: Arbeitskampfbegriff und Arbeitskampfrecht, in: Recht und Rechtserkenntnis, Festschrift für Ernst Wolf zum 70. Geburtstag, Köln [u. a.] 1985, S. 549–564.

Richter, Marcus: Grenzen aktiver Produktionsbehinderung im Arbeitskampf, Köln 2004 [zitiert: *Richter*].

Rieble, Volker: Arbeitsmarkt und Wettbewerb – Der Schutz von Vertrags- und Wettbewerbsfreiheit im Arbeitsrecht, Berlin [u. a.] 1996 [zitiert: *Rieble*, Arbeitsmarkt und Wettbewerb].

Rieble, Volker: Kollektivwiderspruch nach § 613a VI BGB, Neue Zeitschrift für Arbeitsrecht (NZA) 2005, S. 1–8.

Rieble, Volker: Arbeitsniederlegung zur Standorterhaltung, Recht der Arbeit (RdA) 2005, S. 200–212.

Rieble, Volker: Flash-Mob – ein neues Kampfmittel?, Neue Zeitschrift für Arbeitsrecht (NZA) 2008, S.796–799.

Rieble, Volker: Das neue Arbeitskampfrecht des BAG, Betriebs-Berater (BB) 2008, S. 1506–1515.

Rieth, Horst: „Flashmob" – ein Arbeitskampfmittel?, Sammlung Arbeitsrechtlicher Entscheidungen (SAE) 2010, S. 37–42.

Rosenau, Marc Tobias: Die Koalitionsbetätigungsfreiheit im gewandelten Kontext, Berlin 2013 [zitiert: *Rosenau*].

Rudkowski, Lena: Der Streik in der Daseinsvorsorge, München 2010 [zitiert: *Rudkowski*].

Rudkowski, Lena: Gesetzgeberische Optionen – von der Regulierung des Streiks in der Daseinsvorsorge zur umfassenden Kodifizierung, in: Giesen, Richard/Junker, Abbo/Rieble, Volker, Entgrenzter Arbeitskampf?, ZAAR Schriftenreihe Band 37, München 2015, S. 169–182 [zitiert: *Rudkowski*, in: Entgrenzter Arbeitskampf?, ZAAR Schriftenreihe Band 37].

Rüfner, Wolfgang: Zur Gemeinwohlbindung der Tarifvertragsparteien, Recht der Arbeit (RdA) 1985, S. 193–199.

Rüthers, Bernd: Zur Beseitigung von Arbeitsverträgen durch Aussperrung, Der Betrieb (DB) 1969, S. 967–972.

Rüthers, Bernd: Sonderprobleme der Rechtmäßigkeit von Arbeitskämpfen im Luftverkehr, Zeitschrift für Arbeitsrecht (ZfA) 1987, S. 1–59.

Rüthers, Bernd: Arbeitskampf in einer veränderten Wirtschafts- und Arbeitswelt, Neue Zeitschrift für Arbeitsrecht (NZA) 2010, S. 6–13.

Rüthers, Bernd: Anmerkung zum Kammerbeschluss des BVerfG vom 26.3.2014, Juristenzeitung (JZ) 2014, S. 738–742.

Rüthers, Bernd/*Höpfner*, Clemens: Anmerkung zum Urteil des BAG vom 22.9.2009, JuristenZeitung (JZ) 2010, S. 261–264.

Sachs, Michael (Hrsg.): Grundgesetz Kommentar, 7. Auflage, München 2014 [zitiert: *Bearbeiter*, in: Sachs].

Säcker, Franz Jürgen/*Rixecker*, Roland/*Oetker*, Hartmut/*Limperg*, Bettina: Münchener Kommentar zum Bürgerlichen Gesetzbuch, [zitiert: *Bearbeiter*, in: MüKoBGB].

Band 6 Schuldrecht Besonderer Teil IV, 7. Auflage, München 2017.

Band 7 Sachenrecht, 7. Auflage, München 2017.

Säcker, Franz Jürgen: Von der offenen Arbeitseinstellung zur verdeckten Betriebsblockade – Der Arbeitskampf im Wandel zum Partisanenkampf, Neue Juristische Wochenschrift (NJW) 2010, S. 1115–1118.

Säcker, Franz Jürgen/*Mohr*, Jochen: Das neue Arbeitskampfrecht – Das Ende der Friedlichkeit und die Relativierung absolut geschützter Rechte, JuristenZeitung (JZ) 2010, S. 440–450.

Schaub, Günter: Arbeitsrechts-Handbuch – Systematische Darstellung und Nachschlagewerk für die Praxis, 16. neu bearbeitete Auflage 2015 [zitiert: *Bearbeiter*, in: Schaub].

Scherer, Inge: Grenzen des Streikrechts in den Arbeitsbereichen der Daseinsvorsorge, Berlin 2000.

Schmidt-Rimpler, Walter: Grundfragen einer Erneuerung des Vertragsrechts, Archiv für die civilistische Praxis (AcP) 147. Band (1941), S. 130–216.

Schmitt-Rolfes, Günter: Arbeitsrichter auf Abwegen, Arbeit und Arbeitsrecht (AuA) 2009, S. 631.

Schmitz-Scholemann, Christoph: Vom Flashmob zum Pfandbon – Glanz und Elend im deutschen Arbeitsrecht, Neue Zeitschrift für Arbeitsrecht (NZA) 2012, S. 1001–1011.

Schönke, Adolf/*Schröder*, Horst: Strafgesetzbuch, Kommentar, 29. neu bearbeitete Auflage, München 2014 [zitiert: *Bearbeiter*, in: Schönke/Schröder].

Scholz, Rupert: Die Koalitionsfreiheit als Verfassungsproblem, München 1971 [zitiert: *Scholz*].

Scholz, Rupert: Anmerkung zum Urteil des LAG Köln v. 2.7.1984 – 9 Sa 602/84, SAE 1984, S. 351–353.

Scholz, Rupert/*Konzen*, Horst: Die Aussperrung im System von Arbeitsverfassung und kollektivem Arbeitsrecht, Berlin 1980 [zitiert: *Scholz/Konzen*].

Schreieder, Agnes: Die Lidl-Kampagne – ein Zukunftsmodell für Gewerkschaften, in: *Bremme*, Peter/*Fürniß*, Ulrike/*Meinecke*, Ulrich (Hrsg.): Never work alone, Organizing – ein Zukunftsmodell für Gewerkschaften, Hamburg 2007, S. 153–174.

Schwarze, Jürgen (Hrsg.)/*Becker*, Ulrich/*Hatje*, Armin/*Schoo*, Johann (Mithrsg.): EU-Kommentar, 3. Auflage, Baden-Baden 2012, [zitiert: *Bearbeiter*, in: Schwarze, EU-Kommentar].

Schwitanski, Heinz-Georg: Deliktsrecht, Unternehmensschutz und Arbeitskampfrecht – Versuch einer systemorientierten Harmonisierung, Berlin 1986 [zitiert: *Schwitanski*].

Seel, Henning-Alexander: Neue Spielregel für die Arbeitnehmerüberlassung – Eine Analyse des Referentenentwurf des AÜG, Zeitschrift für das öffentliche Arbeits- und Tarifrecht (öAT) 2016, S. 27–30.

Seiter, Hugo: Streikrecht und Aussperrungsrecht, Tübingen 1975 [zitiert: *Seiter*, Streikrecht].

Seiter, Hugo: Arbeitskampfparität und Übermaßverbot – unter besonderer Berücksichtung des „Boykotts" in der deutschen Seeschiffahrt, Düsseldorf 1979 [*Seiter*, Arbeitskampfparität].

Seiter, Hugo: Betriebsinhaberwechsel – Arbeitsrechtliche Auswirkungen eines Betriebsübergangs unter besonderer Berücksichtigung des § 613a BGB i. d. F. vom 13. August 1980, Stuttgart [u. a.] 1980 [zitiert: *Seiter*, Betriebsinhaberwechsel].

Seiter, Hugo: Die neue Aussperrungsrechtsprechung des Bundesarbeitsgericht, Recht der Arbeit (RdA) 1981, S. 65–93.

Simon, Jürgen: Arbeitsrechtliche und Haftungsprobleme bei der Betriebsaufspaltung, Zeitschrift für Arbeitsrecht (ZfA) 1987, S. 311–352.

Simon, Oliver/*Greßlin*, Martin: Flashmob – eine grundlegende Neujustierung des Arbeitskampfrechts?, Betriebs-Berater (BB) 2010, S. 381–382.

Sproedt, Bernd: Koalitionsfreiheit und Streikrecht in den universellen und europäischen Kollektivabkommen, Heidelberg 1972 [zitiert: *Sproedt*].

Staudinger, Julius von (Hrsg.): Kommentar zum Bürgerlichen Gesetzbuch mit Einführungsgesetz und Nebengesetzen, Buch 2 (Recht der Schuldverhältnisse, §§ 611–613, Dienstvertragsrecht I), Neubearbeitung von Fischinger, Philipp S./ Richardi, Reinhard, Berlin 2011 [zitiert: *Bearbeiter*, in: Staudinger].

Staudinger, Julius von (Hrsg.): Kommentar zum Bürgerlichen Gesetzbuch mit Einführungsgesetz und Nebengesetzen, Buch 2 (Recht der Schuldverhältnisse, §§ 823 A-D), Neubearbeitung von Johannes Hager, Berlin 2017 [zitiert: *Hager*, in: Staudinger].

Steinau-Steinrück, Robert von/*Brugger*, Helen: Arbeitskampfrecht quo vadis?, Neue Zeitschrift für Arbeitsrecht (NZA) Beilage 2010, S. 127–135.

Steinau-Steinrück, Robert von: Kollektive Krankmeldungen als Arbeitskampfmittel, Neue Juristische Woche (NJW)-Spezial 2016, S. 754–755.

Steinbrück, Hans-Joachim: Streikposten und einstweiliger Rechtsschutz im Arbeitskampfrecht der Bundesrepublik Deutschland, Baden-Baden 1992 [zitiert: *Steinbrück*].

Stern, Klaus/*Becker*, Florian: Grundrechte-Kommentar, 2. Auflage, Köln 2016 [zitiert: *Bearbeiter*, in: Stern/Becker].

Sunnus, Michael: Arbeitskampfrecht in Bewegung?, Arbeit und Recht (AuR) 2008, S. 1–12.

Thüsing, Gregor: Der Außenseiter im Arbeitskampf: zur Rechtstellung des nicht und des anders organisierten Arbeitnehmers und Arbeitgebers bei Streik und Aussperrung, Berlin 1996 [zitiert: *Thüsing*].

Thüsing, Gregor: Tarifautonomie und Gemeinwohl, in: Oetker, Hartmut/Preis, Ulrich/Rieble, Volker (Hrsg.), 50 Jahre Bundesarbeitsgericht, München 2004, S. 889–912.

Thüsing, Gregor/*Traut*, Johannes: Zur begrenzten Reichweite der Koalitionsfreiheit im Unionsrecht, Recht der Arbeit 2012, S. 65–73.

Thüsing, Gregor/*Waldhoff*, Christian: Koalitionsfreiheit und Arbeitskampfrecht – Eine verfassungsrechtliche Positionsbestimmung der Flashmob-Entscheidung des BAG, Zeitschrift für Arbeitsrecht (ZfA) 2011, S. 329–389.

Treber, Jürgen: Aktiv produktionsbehindernde Maßnahmen – Zur Zulässigkeit von Betriebsbesetzungen und Betriebsblockaden unter Berücksichtigung des Funktionszusammenhangs von Privatautonomie, Tarifautonomie und Arbeitskampfrecht, Berlin 1996 [zitiert: *Treber*].

Vedder, Christoph/*Heintschel von Heinegg* (Hrsg.): Europäisches Unionsrecht – Handkommentar mit vollständigen Texten der Protokolle und Erläuterungen und des EAGV, 1. Auflage 2012 [zitiert: *Bearbeiter*, in: Vedder/Heintschel von Heinegg].

Wank, Rolf: Grundlagen des Arbeitskampfrechts, in: Arbeitsrecht in der Bewährung, Festschrift für Otto Rudolf Kissel zum 65. Geburtstag, München 1994, S. 1225–1252.

Wank, Rolf: Anm. zu BAG Urteil v. 19.6.2007 – 1 AZR 396/06, Arbeitsrechtliche Praxis (AP) Art. 9 GG Arbeitskampf Nr. 173.

Wank, Rolf: Aktuelle Probleme des Arbeitskampfrechts, Unterstützungsstreik, Streik um Tarifsozialplan, Schadensersatz und einstweilige Verfügung, Recht der Arbeit (RdA) 2009, S. 1–13.

Wagner, Christian: Der Arbeitskampf als Gegenstand des Rechts der Europäischen Union, Berlin 2010 [zitiert: *Wagner*].

Weiss, Manfred/*Seifert*, Achim: Der Streik im Recht der internationalen Arbeitsorganisation, in: Individuelle und kollektive Freiheit im Arbeitsrecht, Gedächtnisschrift für Ulrich Zachert, Baden-Baden 2010, S. 130–146.

Wendt, Sabine: Die Betriebsbesetzung – rechtstatsächliche und rechtsvergleichende Untersuchung einer neuen Arbeitskampfform in Großbritannien, Frankreich, Italien und der Bundesrepublik Deutschland, Frankfurt a. M. [u. a.] 1984 [zitiert: *Wendt*].

Wesch, Martin: Neue Arbeitskampfmittel – am Beispiel von Betriebsbesetzungen und Betriebsblockaden, Berlin 1993 [zitiert: *Wesch*].

Willemsen, Heinz Josef/*Mehrens*, Christian: Anmerkung zum Urteil des BAG vom 22.9.2009 – 1 AZR 972/08, AP GG Art. 9 Arbeitskampf Nr. 174.

Willemsen, Heinz Josef/*Sagan*, Adam: Die Auswirkungen der europäischen Grundrechtecharta auf das deutsche Arbeitsrecht, Neue Zeitschrift für Arbeitsrecht (NZA) 2011, S. 258–262.

Wohlgemuth, Hans: Kampfparität und öffentliche Meinung, Arbeit und Recht (AuR) 1978, S. 325–329.

Wolf, Manfred: Tarifautonomie, Kampfparität und gerechte Tarifgestaltung, Zeitschrift für Arbeitsrecht (ZfA) 1971, S. 151–179.

Wolter, Henner: Aussperrung, Parität und Verhältnismäßigkeit, Arbeit und Recht (AuR) 1979, S. 193–203.

Zachert, Ulrich: Der Streik der Lokführer und die Phantasie der Juristen, in: Sozialer Dialog in der Krise, Festschrift für Ulrike Wendeling-Schröder, Baden-Baden 2009, S. 23–33.

Zechlin, Lothar: Streik, Strafrecht, Polizei – Juristischer Leitfaden für Konflikte mit der Staatsgewalt, Köln 1986 [zitiert: *Zechlin*].

Ziebarth, Wolfgang: Ein Plädoyer für rein „monetäre Arbeitskämpfe" im Bereich der Daseinsvorsorge, Arbeitsrecht Aktuell (ArbRAktuell) 2015, S. 122–125.

Zimmermann, André: Der Referentenentwurf zur AÜG Reform 2017, Betriebs-Berater (BB) 2016, S. 53–57.

Zöllner, Wolfgang: Die Zulässigkeit neuer Arbeitskampfformen, in: *Bettermann*, Karl August/*Zeuner*, Albrecht (Hrsg.), Festschrift für Eduard Bötticher zum 70. Geburtstag am 29. Dezember 1969, Berlin 1969, S. 427–442.

Zöllner, Wolfgang: Aussperrung und arbeitskampfrechtliche Parität, Düsseldorf 1974 [zitiert: *Zöllner*].

Zöllner, Wolfgang: Inhaltsfreiheit bei Gesellschaftsverträgen, in: *Lutter*, Marcus/*Ulmer*, Peter/*Zöllner*, Wolfgang (Hrsg.), Festschrift 100 Jahre GmbH-Gesetz, Köln 1992, S. 85–126.

Zöllner, Wolfgang/*Loritz*, Karl-Georg/*Hergenröder*, Curt Wolfgang: Arbeitsrecht, 7., neu bearbeitete Auflage, München 2015 [zitiert: *Zöllner/Loritz/Hergenröder*].

Zwanziger, Bertram: Nationale Koalitionsfreiheit vs. Europäische Grundfreiheiten – aus deutscher Sicht, Recht der Arbeit (RdA) Sonderbeilage Heft 5, S. 10–22.